Juremir Machado da Silva

En Patagonie avec Michel Houellebecq

Traduction d'Erwan Pottier

CNRS ÉDITIONS

15, rue Malebranche - 75005 Paris

ISBN 978-2-271-07248-1

« Quand tu aimes il faut partir
Quitte ta femme quitte ton enfant
Quitte ton ami quitte ton amie
Quitte ton amante quitte ton amant
Quand tu aimes il faut partir.
(…)
Quand tu aimes il faut partir
Ne larmoie pas en souriant
Ne te niche pas entre deux seins
Respire marche pars va-t'en. »

Blaise CENDRARS

En Patagonie avec Michel Houellebecq

Prolégomènes

J'aime les voyages et les mémoires fugitives.

Mais je hais les voyageurs et leurs récits. Particulièrement quand ils sont tristes et longs. Je ne suis pas le premier à penser ainsi ni le dernier à tomber dans la contradiction. Peut-être ai-je déjà écrit cela avant. Entre moi et mon illustre prédécesseur pour ce type de phrase, Claude Lévi-Strauss, dont l'ombre se lève sur mon passé comme un arbre qui a perdu ses feuilles, il n'y a que des différences. Je ne me réfère pas, évidemment, à ce que quiconque peut penser, vulgairement parlant, de nos parcours différents et de nos statures incomparables. Je fais référence à des choses plus simples. Il ne m'a pas fallu longtemps pour prendre la décision de raconter le voyage que nous avons entrepris – ma femme Cláudia et moi – avec Michel Houellebecq en Patagonie. Il se passa seulement une semaine, pour que je sois déterminé à le faire. Peut-être même moins.

Je suis rentré d'Argentine avec le texte de la quatrième de couverture du livre que, peut-être, pendant mes heures tristes, je devais écrire, ma tête résonnant des vents de Patagonie et des vins rouges de Mendoza. Le style imitait clairement la rhétorique optimiste et vide des publicitaires amateurs et des écrivains débutants en quête de ventes à succès : « Une réflexion profonde, bien que légère, ironique et drôle sur le fait d'écrire, le sens de la vie et la différence entre les pingouins et les loups-marins ». Sans doute peut-on réfléchir sur le sens de la vie et de la littérature à partir de l'expérience des pingouins, des loups-marins et des écrivains en faisant du tourisme...

Claude Lévi-Strauss a vécu sous les tropiques et, après une longue attente, a relaté, plus que tout, sa coexistence avec les Indiens du Brésil. Nous étions tous indiens à l'époque. Cela n'est pas important. Parlons de ce qui doit être raconté. Nous avons fait un voyage touristique au « bout du monde ». Ce furent sept jours entre Buenos Aires, Ushuaia, El Calafate et Buenos Aires à nouveau. Les temps ont changé. Les explorateurs aussi. Nous sommes dans l'ère de l'accélération, des pizzas et du vertige technologique en temps irréel. Ce n'est pas seulement le froid, la courte durée, la nature du voyage et le type de personnes avec qui nous sommes entrés en contact qui séparent radicalement notre « expédition » de celle immortalisée par l'anthropologue français, mais essentiellement deux catégories circonstancielles : « dedans » et « dehors ». Nous sommes allés à l'extérieur, nous avons voyagé à l'intérieur de nous-mêmes. C'est ce récit que j'écris ici : l'histoire d'un voyage à l'intérieur d'un homme – sans double sens, *por supuesto*[1] ! Je ne suis pas allé au lit avec Michel Houellebecq – avec comme toile de fond la splendide Patagonie argentine.

Pourquoi, dès lors, commencer en citant Lévi-Strauss ? Provocation ? Mégalomanie ? Anthropophagie ? Peut-être. Ou pour deux raisons profondes et irréfutables : il y a une homologie entre Lévi-Strauss et Houellebecq. Les deux sont français. Je veux dire, plus ou moins. L'un est né à Bruxelles le 28 novembre 1908, et l'autre sur l'Île de La Réunion, le 26 février 1958 (ou, selon une polémique familiale, en 1956). Je devais essayer de trouver une idée inusitée pour commencer cette histoire. Un voyage, dans tous les cas, est toujours un voyage vers l'inconnu et, même avec des événements minimes ou sans épisode notable, il implique de l'étonnement, des chocs culturels, de se libérer ou non de vérités toutes faites, du relativisme, de l'ethnocentrisme et de nombreuses découvertes qui peuvent marquer profondément sans laisser de traces extérieures. Sauf quelques piqûres et morsures. Les moustiques argentins n'y vont pas de main morte. Entre la carte et le territoire, comme nous le savons, tout est question d'échelle et de couleurs vives. En posant le pied au « bout du monde », à Ushuaia, la ville la plus australe du monde, Michel Houellebecq a tiré laconiquement, entre deux sourires

1. Note du traducteur (NDT) : bien sûr !, en espagnol dans le texte.

mélancoliques pleins de sens énigmatique et délicieusement tortueux, sa première flèche.

— Hummm… Apparemment, le bout du monde est maintenant seulement une stratégie de marketing.

Ce fut certainement un bon départ dans la Terre de Feu.

J'ai traduit deux livres de Michel Houellcbecq en portugais : *Les particules élémentaires*[2] et *Extension du domaine de la lutte*[3], tous deux publiés par Sulina, à Porto Alegre. En fait, j'ai introduit sa littérature au Brésil à une époque où les grandes maisons d'édition ne s'intéressaient pas encore à un énième Français mélangeant essai et fiction. En 1999, il est venu à Porto Alegre. Puis nous nous sommes rendus ensemble à un débat organisé par le journal *Folha de S. Paulo*, dans la capitale pauliste. Je me souviens qu'une critique terriblement ennuyeuse lui reprocha d'avoir du succès, ou quelque chose dans le genre, ou d'être vulgaire et pornographique. Houellebecq, parfois, sortait de sa léthargie pour réagir par un laconique, provocant et surprenant : « Ah, bon ? ».

Ensuite, je suis rentré chez moi et il a continué seul vers Rio de Janeiro et Salvador. Ses romans *Plateforme* et *La possibilité d'une île* sont sortis au Brésil chez la grande maison d'édition Record. À chaque fois, je lui ai envoyé un courriel avec mes

2. Éditions Flammarion, 1998
3. Éditions Maurice Nadeau, 1994

impressions toujours enchantées. Au fil des années, je l'ai interviewé plusieurs fois par fax et par courriel. J'ai accompagné, par conséquent, son entrée comme on dit, dans le club sélect des auteurs de best-sellers. J'ai suivi attentivement ses polémiques, le procès dont il a été l'objet pour ses propos sur l'islam, et les éloges et les critiques de son œuvre. Chaque semestre, j'ai analysé ses livres avec mes étudiants en journalisme qui ont aimé ou détesté ce qu'ils ont lu, mais sans jamais rester indifférents. Il y avait toujours une fille, apparemment naïve, pour dire en tant que lectrice attentive et future critique littéraire : « Bah, ce mec est un pervers. »

Quant aux garçons, ils restaient confinés à des commentaires sur fond de psychologie plus élaborée ou fortement sexiste : « Pour moi, ce taré ne doit coucher avec personne. » Ou : « Ce gars est super dépré ! » Mais il y avait toujours quelqu'un, pour affirmer : « Ce mec est génial ! »

En 2006, j'ai invité Michel Houellebecq à revenir à Porto Alegre pour prononcer une conférence. Il travaillait déjà à l'adaptation de *La possibilité d'une île* pour le cinéma et je lui ai proposé de venir à la fin 2007. Je l'ai programmé pour la fermeture du grand événement culturel *Fronteiras do Pensamento*[4], que j'ai aidé à concevoir avec mon ami Fernando Schuler. Houellebecq me demanda alors de saisir cette occasion pour organiser un voyage en Argentine puis

4. NDT : Frontières de la pensée.

au Chili, où une admiratrice, Loreto Villarroel, souhaitait le recevoir. Ce que j'ai fait. À un moment, il a exprimé son désir d'aller en Patagonie et j'ai immédiatement accepté l'idée d'une excursion en Terre de Feu avec l'écrivain qui satirisa le plus radicalement le tourisme. Alors que nous traitions des aspects pratiques du voyage, les courriels mélancoliques ou ironiques de Michel me surprirent : « Je t'implore d'assumer cette tâche, en laissant de côté la rivalité traditionnelle entre le Brésil et l'Argentine, pour la gloire de la littérature française. C'est une bonne raison pour qu'ils te décernent la Légion d'Honneur. Je vends plus de livres en Argentine que dans tous les autres pays hispaniques réunis. J'ai besoin d'aller jusqu'au bout du monde. Cela fait trois ans que j'ai une voiture et je prends peu l'avion. J'ai besoin de bouger. Ce soir, par exemple, je me sens vieux, et il est vrai que je ne suis plus très jeune. Peut-être que je n'aurais pas d'autre opportunité d'aller en Amérique du Sud. Je dois le faire très calmement. »

J'adore l'Argentine, à commencer par ses vins, qui me passionnent plus que ceux du Chili. J'aime aussi la littérature et le football des *hermanos*[5]. Ce ne fut donc pas difficile d'accepter le défi. J'en parlai à des amis français. Ils s'enthousiasmèrent : « Ce seront des journées très silencieuses, me dirent-ils. Tu vas pouvoir beaucoup réfléchir. » Au fil des mois, cependant, j'ai craint que Michel Houellebecq ne se désiste.

5. NDT : en espagnol dans le texte.

En juillet 2007, il m'envoya un message triomphant : « Tu peux être fier de moi : j'ai subi toutes sortes de pressions dans la production de mon film pour annuler le voyage en Amérique du Sud. Je m'y refuse. Je veux aller au Brésil, en Argentine et au Chili. Je ne reculerai pas. »

J'ai relu plusieurs fois ce courriel et j'en ai tiré une conclusion digne d'un grand analyste de l'âme humaine : il ne viendra pas.

Tout commence à Porto Alegre

Il est venu.

Sans hésiter.

À un moment, craignant qu'il ne se désiste, j'avais usé dans mes courriels de très attrayantes suggestions et de blagues quelque peu douteuses : il y a des adolescentes qui lisent tes livres et qui te trouvent radicalement délicieux. Sa réponse fut immédiate et très objective : « C'est trop tentant. J'adorerais coucher avec des jeunes Brésiliennes qui me trouvent radicalement délicieux, mais cela me semble difficile étant donné le peu de temps que je resterai à Porto Alegre. Tu ne peux pas organiser un concours pour découvrir les plus motivées de ces filles ? Au final, je deviens vieux et ce sera peut-être ma dernière occasion d'aller au lit avec une Brésilienne. »

Je n'ai jamais douté qu'il ironisait.

J'ai aussi fait en sorte qu'il ne reste pas silencieux pendant ses conférences, comme il l'avait fait durant de longues minutes, en 1999. Encore une fois, il fut simple et direct : « J'ai écrit un texte qui me permettra de combler une heure de conférence. »

Le thème choisi ne plaisait pas à mon ami Fernando Schuler, un libéral teinté de gauchisme : *Comment la culture nord-américaine domine le monde.* Je lui ai juré que Houellebecq parlerait d'autre chose, mentant au nom de la gloire de la littérature française au Brésil et de la Légion d'Honneur, mais la conférence, brillante, porta effectivement sur ce thème et, nullement idéologique, séduisit une grande partie du public. Les provocations et les critiques de Houellebecq fusèrent contre bon nombre des plus emblématiques icônes de la littérature française, à commencer par Louis-Ferdinand Céline :

— Je n'ai jamais vraiment aimé Céline [...], dit-il. Je pense qu'en tant que romancier, il a régressé continuellement après *Le voyage au bout de la nuit* et que son style, dont il s'enorgueillissait tant, s'est transformé en tics irritants. En ce sens, il s'est seulement récupéré grâce à ses pamphlets antisémites, ce qui n'est pas surprenant, parce que le style pamphlétaire était le plus approprié à son âme malveillante et pleine de ressentiment.

Le coup de grâce vint avec un geste de la main simulant l'indifférence, comme s'il était commun de tacler l'un des écrivains français les plus célèbres, connu pour son racisme, mais divinisé par son style :

— Céline, à vrai dire, a créé un genre de musique, mais une musique banale, quelque chose entre le jazz et la chanson populaire française du début du siècle.

À propos de la domination insidieuse de la culture américaine dans le monde, liée à la marchandisation de tout, sa plus forte estocade passa presque inaperçue :

— C'est la transformation croissante des romanciers en *storytellers*, affirma Michel d'une voix neutre.

En vérité, la conférence fut un éloge du style d'Alexis de Tocqueville, une déclaration d'amour à la poésie de Baudelaire, et une tentative avouée de donner une nouvelle légitimité à la pensée d'Auguste Comte dont le positivisme influença les républicains brésiliens au point qu'ils inscrivirent ses principes sur notre drapeau : Ordre et Progrès. Comte avait dit amour, ordre et progrès. Nos positivistes ont pensé que le premier terme n'était pas approprié pour le drapeau national et le guillotinèrent. D'Auguste Comte, Houellebecq finit par mettre en évidence l'engagement absolu à la fidélité. Comme en fin de compte, il me revenait de sélectionner les questions du public, j'en profitai pour en inventer une :

— Vous saviez que Comte avait eu une maîtresse brésilienne, une Nordestine appelée Nísia Floresta ?

Michel en resta coi. Il demanda des détails au public, voulut savoir qui avait posé la question. C'est seulement plus tard, dans un bar, après la deuxième bouteille de vin, que j'ai dévoilé mon jeu.

Son passage à Porto Alegre fut bref et il en partit bredouille après avoir tenté pour la seconde fois, à huit ans d'intervalle, de coucher avec la même fille du coin. La première fois, elle avait hésité, puis renoncé et, quand elle voulut le revoir, arriva cinq minutes en retard. À la seconde, nous étions tous ensemble dans un bar de la *Cidade Baixa*, l'enclave bohême de Porto Alegre. Sans aucune langue en commun qui les rapproche, le jeu de séduction était compliqué, d'autant plus que le frère de la jeune femme était avec nous. Essayer de coucher avec quelqu'un par l'entremise d'un interprète, c'est comme tenter de participer à une *party* sans y être invité.

À la fin de la nuit, quand Cláudia et moi nous le laissâmes seul à l'hôtel, Michel résuma cet échec avec détachement :

— Maintenant je sais que la réputation du Brésil dans le monde est très exagérée. Ce n'est pas bon pour l'image du pays.

Je lui promis qu'à la première occasion, je demanderai au président Lula de prendre des mesures appropriées et immédiates au nom de la gloire et de la culture brésilienne.

Nous rîmes comme de vieux amis que nous étions. Il nous embrassa alors, comme le font les Français, même entre hommes, et il entra dans l'hôtel d'un pas hésitant et mou. Nous sommes restés immobiles en l'observant passer la porte-tambour en verre avec maladresse ou manque de volonté, portant son sac à dos d'étudiant ou de jeune branché. Son corps rappelait vaguement celui d'un chameau dans la fraîcheur du soir d'un désert stylisé. J'imaginais, cependant, son âme inquiète comme celle d'un enfant, tourmentée dans le même temps par ses fantasmes et ses désirs récurrents mais tranquillisée par son immense capacité de rire d'elle-même.

Il se retourna encore, au milieu de son parcours maladroit et lent, une cigarette allumée entre le majeur et l'annulaire de la main gauche, et dit, en essayant de parler plus fort dans un effort presque douloureux :

— *Hasta la vista !*

Ce fut ainsi, invaincu, que Michel Houellebecq passa – pour la deuxième fois de sa vie – à Porto Alegre, avant de se diriger vers l'Argentine et de rencontrer le chemin du bout du monde. Il y avait dans son visage piqué un mélange de tendresse sans cause, de patience infinie et de tristesse ou de mélancolie. Ses yeux clairs révélaient parfois une immense douceur sans raison apparente. Chacun de ses mots, même marqué par l'ironie ou le sarcasme, semblait vouloir s'excuser de quelque chose ou montrer de la sympathie pour tout. Un air d'impuissance luttait avec l'assurance d'un homme convaincu dans ses moindres gestes de son talent. Lors de l'ouverture de sa conférence à Porto Alegre, Michel avait impressionné le public par une déclaration énergique et gratuite : « Je ne suis pas modeste. »

Deux jours plus tard, nous allâmes le retrouver à Buenos Aires où il donnait une conférence organisée par l'Alliance Française et précédée d'une médiatisation à outrance par la presse grand public de la ville. Nous arrivâmes dans la nuit. Une fois installés à l'hôtel, j'ai appelé Michel pour l'inviter à dîner. Il était joyeux et bavard. Avant que je puisse confirmer mes soupçons, il lâcha :

— J'ai trouvé une groupie. Une fan follement désireuse d'avoir quelques moments d'intimité avec moi.

— Génial !

— Je vais manger quelque chose avec elle.

— Super ! Vas-y à fond. On passe demain vers neuf heures pour te prendre. Les pingouins nous attendent.

— Bisous, dit-il en riant, avant de raccrocher.

J'ai reposé le combiné, sûr qu'il plaisantait. Après tout, il était déjà tard pour sortir. Cláudia et moi allâmes manger un *asado de tiras* à proximité de l'hôtel et passâmes un certain temps à faire des commentaires sur notre étrange, célèbre et doux compagnon de voyage. Nous connaissions Michel depuis presque dix ans. Nous l'avions déjà vu ivre et éloquent, sobre et recueilli, soudainement amusant, généreux, presque infantile, ou enfermé dans un mutisme inquiétant et sans brèches d'où il sortait, très souvent, par une observation inattendue sur quelque chose d'anodin, avant de lâcher un rire et un signe de la tête typique de celui qui a dit ou entendu quelque chose de déconcertant. Le plus impressionnant était le fait qu'il ne s'irritait jamais d'une quelconque question qui pouvait le surprendre dans ses moments de transe ou de quasi-autisme. Les réponses laconiques ou monosyllabiques, tant caractéristiques de son tempérament réflexif, ne dénotaient aucune contrariété mais, au contraire, l'absence d'une meilleure solution :

— Hummm…

Plus encore que le sexe et les filles, un sujet ne manquait jamais de susciter son intérêt : la littérature. Il suffisait de citer le nom d'un écrivain, d'esquisser une théorie, une opinion, de prononcer le mot magique pour le tirer de sa torpeur apparemment sans métaphysique.

Après notre second litre de bière, Cláudia dit d'un ton curieusement neutre :

— Il est triste et mal-aimé comme un chiot.

— C'est sa façon d'être.

— Je n'ai pas prétendu le contraire.

— Un chiot génial.

— Brillant et irascible.

— Non, ça non. Il ne se plaint jamais de rien.

— Il est tout juste triste comme…

— Comme un tango.

— De temps en temps, on a envie de le prendre dans ses bras.

— *Extension du domaine de la lutte* est le livre le plus triste que j'ai lu de toute ma vie.

— Est-ce qu'il va parler pendant le voyage ?

— Bien sûr que oui. La Patagonie est son rêve. Il ne va pas se taire tout le temps.

— La Patagonie était aussi mon rêve.

— Tu vas le réaliser demain.

— Seulement grâce à Houellebecq.

— Ah non, je vais finir par être jaloux !

Pourquoi la Patagonie ?

Pour amplifier le registre aventurier de notre expédition en Patagonie, nous nous sommes rendus à pied à la rencontre de Michel Houellebecq, traversant l'avenue 9 de Julho en tirant nos valises à roulettes sous le regard impassible des Porteños[1]. Nous arrivâmes tôt à son hôtel dont la réception nous rappela l'entrée de certains musées parisiens : froide, dure et impersonnelle. Michel descendit rapidement. Il nous embrassa avec beaucoup de tendresse. Il était seul. Aucun signe de la groupie dont, du reste, il ne parla plus jamais. Je n'ai jamais vu un homme si discret sur un sujet en général tant prisé des Brésiliens et, pour le moins, si mesuré dans ses commentaires et ses démonstrations jubilatoires. J'en suis venu à imaginer que cette groupie n'était qu'un produit de son imagination.

Le gérant de l'hôtel vint saluer son célèbre client et se faire photographier à ses côtés. Il fit mille sala-

1. NDT : habitants de Buenos Aires.

malecs. Je félicitai Michel pour le traitement V.I.P. que lui avaient réservé l'ambassade de France et l'Alliance Française. Il approuva d'un hochement de tête, puis laissa échapper un rire.

— Le gérant de l'hôtel est le frère du directeur de l'Alliance Française. C'est pour cela que je suis resté dans cet hôtel de luxe.

Nous rîmes aussi discrètement que nous le pûmes.

— Nous sommes en Amérique, mon cher Michel. Ici, tout dépend des relations d'amitié et de parenté, dis-je en essayant d'être bon sociologue, avant de tenter de me racheter. Ils l'auraient fait de toute façon, car quelqu'un de célèbre comme toi, avec tous ces médias autour, mérite ce luxe.

— Le consul français d'Uruguay a appelé pour essayer de me convaincre de détourner le voyage vers Montevideo, répondit Michel.

— C'est une bonne idée, mon vieux. Montevideo est une belle ville décadente. Ça vaut la peine de faire un saut là-bas. Il faudra changer le billet de retour. Nous devrons peut-être demander l'autorisation de l'émetteur à Porto Alegre.

— Ah, c'est à lui de s'en occuper ! S'il y arrive, j'y vais.

Notre voyage commença là. Dans le taxi pour l'Aeroparque, l'aéroport pour les vols intérieurs de Buenos Aires, le silence devenait pesant. Il était si compact qu'il ressemblait à la défense d'une équipe de football argentine. Nous nous étions serrés tous les trois à l'arrière pour laisser l'un de nos sacs sur le siège avant. Nous roulâmes ainsi, le long des bidonvilles. Michel ne jetait pas un seul coup d'œil à la misère sud-américaine. Il était absorbé. En un sens, la pauvreté argentine appelait plus mon attention que la sienne. Sauf s'il avait un regard périphérique extraordinaire qui lui permette de voir tout autour de lui sans faire le moindre mouvement oculaire. Après quinze minutes de silence total, je ne me suis plus retenu. J'ai lancé la question qui était coincée dans ma gorge :

— Et alors, la groupie ?

Michel Houellebecq tourna lentement la tête à droite, afin de fixer un regard diagonal – émettant avec le coin de son œil droit une espèce de jet de lumière fulminant, ironique et sans pitié, mais en souriant – sur mon visage jauni par la lumière du matin et, après un nouveau silence qui dura quelques secondes d'éternité, donna un verdict laconique et définitif :

— Bof !

Nous embarquâmes pour Ushuaia vers midi, après une attente qui ne fut ni longue ni significative, bien que ponctuée par de longs silences dont les significations se perdirent par manque absolu de mécanismes plus sophistiqués pour les interpréter. En fait, il y avait une alternance entre le silence total et le silence partiel, entre le quasi-rien et le rien comme un tout, dans un rythme syncopé, mélodique, pausé, saccadé, vous comprenez ? Quelque chose comme ceci :

— Hummm…

— …

Michel et moi, nous nous assîmes côte à côte dans l'avion. Cláudia préféra rester sur un siège derrière nous, dans une position d'observatrice neutre et dispensée de devoir faire la conversation. Chacun choisit sa tranchée et resta là. Michel se cachait sous la protection d'un volume de taille moyenne. Je me dissimulais, moi, dans les pages fascinantes du *En Patagonie*[2] de Bruce Chatwin. Cláudia, toujours pratique, l'organisatrice de notre excursion – je veux dire, de notre expédition – lisait les meilleurs guides de voyage. Après tout, il fallait bien que quelqu'un sache ce qu'il y avait à faire au bout du monde. De temps en temps, je tournais les yeux pour identifier le livre que Michel tentait de domestiquer, apparemment sans grand enthousiasme. Quand il percevait ma curiosité, je tentais de la déguiser comme je pouvais. En d'autres termes, très mal. Plusieurs fois cependant, je le surpris en train de faire un effort considérable pour mettre son nez sous la couverture de mon livre. Michel faisait alors un geste singulier d'esquive, quelque chose entre menacer de me tirer la langue et faire une grimace involontaire. Je crois que c'était une illusion d'optique. Nous volâmes ainsi une demi-heure, occupés par des livres insaisissables et secrets.

— Il est bien ce livre ? demandai-je tout à coup, surpris d'entendre ma propre voix.

— Hum..., murmura-t-il, en me montrant la couverture.

C'était *La Terre de Feu*[3] de Sylvia Iparraguirre. Je n'avais jamais entendu parler d'elle. Je notai menta-

---

2. Éditions Grasset pour la traduction française
3. Éditions Métaillié pour la traduction française

lement son nom pour le rechercher sur Internet lorsque nous serions à l'hôtel. Je lui montrai mon livre. Houellebecq examina le volume avec la curiosité d'un entomologiste. L'objet appelait son attention, visiblement. Il passa ses doigts sur les pages et la couverture.

— J'ai essayé de le lire il y a vingt ans, dis-je. À l'époque, je n'ai pas aimé. Maintenant, il me paraît excellent, divertissant, plein de tendresse et d'émotion.

— Hum…

— Tu connais Bruce Chatwin ?

— Non.

— Il a eu beaucoup de succès. Ce livre était un best-seller à l'époque de son lancement.

— Ah, bon ?

— Pourquoi allons-nous jusqu'à la Terre de Feu, Michel ?

— C'est l'endroit le plus méridional du monde.

— C'est une raison incontestable.

Je lui traduisis une phrase de Bruce Chatwin : « *Tierra del Fuego.* Terre de Feu. Ces feux n'étaient rien de plus que les feux de camp des Indiens fueguinos. »

— Je suis sûr, Juremir, que, sans trop d'effort, tu peux trouver quelque chose de mieux à citer de ce livre, commenta-t-il.

Nous rîmes comme deux vieux amis en vacances. Je pensai qu'après cela nous entrerions dans une nouvelle phase de silence épais et de méditations interminables. Ce ne fut pas le cas. Michel Houellebecq voulait parler.

— Presque tous les Français qui aiment voyager rêvent de la Patagonie, dit-il en buvant une gorgée de bière. Cela fait partie de notre imagination, de nos mythes, de nos fables modernes, enfin. Je ne sais pas comment cela a commencé, ni quand, mais c'est comme si nous étions à l'extrême, à la limite, à la fin de tout, n'ayant rien à atteindre de plus après.

Plus tard, à Ushuaia, lors d'une vidéo que nous réaliserons avec lui, il répétera à peu près le même discours : « Pour un Français, être en Patagonie donne l'impression même d'être au bout du monde. C'est si mélancolique comme sensation, cette impression que l'on ne pourra pas aller plus loin, – ce qui est faux puisque la Nouvelle-Zélande est encore plus loin de la France que la Patagonie –, mais la Patagonie s'est cristallisée dans l'imaginaire collectif français comme destination lointaine et étrange. Alors, n'importe quel Français, s'il en a la possibilité, ira en Patagonie. »

— J'ai une mission à accomplir en Patagonie, Michel, une mission importante et intransférable, affirmai-je !

— Ah, bon ?

— Je vais prendre possession de la Terre de Feu, au nom de mon ami Jean Baudrillard. Tu seras mon témoin.

— Il te l'a demandé avant de mourir ?

— Bien sûr que non. Il voulait être le roi de Patagonie. Un autre Français, Lucien Sfez, qui a passé quelque temps à Porto Alegre, m'a aussi demandé de faire ça.

— Hum…

— Bruce Chatwin raconte comment débuta cette histoire de rois français de Patagonie.

— Hum…

— Le premier s'appelait Orélie-Antoine de Tounens comme Jean Raspail l'a raconté[4]. C'est en lisant Voltaire qu'il aurait découvert les Indiens du Chili méridional. Il décida qu'il serait le roi d'Araucanie et de Patagonie. En 1859, avec tout l'argent dérobé à sa famille, il partit sur un navire marchand britannique pour sa grande aventure. Le plus incroyable est qu'en peu de temps il fut accepté par les indigènes comme souverain d'un royaume à sa mesure.

— Les Indiens devaient s'ennuyer, commenta Michel.

— Il s'avère qu'un chef indien, Mañil, avait prophétisé avant sa mort que la fin de la guerre et de l'esclavage des Indiens surviendrait avec l'arrivée d'un étranger blanc et barbu, toujours la même histoire. Dans une auberge de Valparaiso, Orélie-Antoine écrivit la constitution de sa monarchie.

— Tu as gardé le livre en mémoire, Juremir ?

— Pour un court moment. J'oublie toujours tout ce que je lis.

— Comment finit le délire de cet imbécile ?

— Les autorités chiliennes n'avaient pas la même sensibilité que les Indiens. Antoine finit par être emprisonné dans une petite ville appelée Los Angeles,

---

4. In *Moi, Antoine de Tourens, roi de Patagonie*, Albin Michel, 1981

un lieu littéralement au bout du monde. Il s'en est pris plein la figure et renonça au trône, qu'il devait léguer, conformément à son plan de succession, à son père. Un consul français le libéra et le renvoya en France, où il reprit goût au pouvoir. Il retourna trois fois en Amérique du Sud et fut rendu trois fois à la France. Il semble que les Indiens l'aient trahi ou se soient désintéressés de lui.

— Quelle persévérance !

— Il était fou.

— J'imagine. Tout roi doit l'être un peu.

— Après lui en vinrent d'autres, un certain Gustave Achille Laviarde, de Reims, actionnaire de Moët et Chandon, qui régna sous le nom d'Achille Ier…

— Il avait dû consommer exagérément les produits de la société dont il était actionnaire, non ?

— Sans doute. Il y eut un autre roi, nommé Antoine Cros, ou Antoine II qui, selon Chatwin, fut le médecin de l'empereur brésilien D. Pedro II. Ensuite, Jacques Bernard, petit-fils de Cros, qui reçut la couronne de sa mère, après s'être distingué comme collaborationniste durant le régime de Vichy. Enfin, plus récemment, un certain Philippe Boiry.

— Je suis très impressionné.

— N'est-ce pas merveilleux ?

— Sans aucun doute. C'est ce que je dis toujours.

— Je vais prendre la Patagonie au nom de Jean Baudrillard.

— Pourquoi estimait-il avoir droit au trône ?

— Je ne sais pas. Peut-être parce qu'il est de Reims comme Achille Ier. Certainement pour une idée pataphysique, paradoxale, ironique, radicale. C'est ça, radicalement maudite.

— Hum…

— Tu veux être le roi de Patagonie, Michel ?

— Non, à la réflexion, non, c'est beaucoup de responsabilité. Je pense que ce serait une source de problèmes. Je refuse.

— Quelqu'un doit reprendre le flambeau.

— Je pense que je pourrais être un bon roi, mais il y a en jeu des éléments stratégiques, économiques, enfin, ce serait une source d'ennui. Tu aimerais être roi, toi ?

— Non, mais je ne suis pas français.

— C'est vrai, être roi est une manie française, affirma Michel.

— Je hais la monarchie. C'est un non-sens. Le roi décide d'avoir des rapports sexuels avec sa femme, et voilà, de cette copulation naît un bébé qui, génie ou idiot, sera notre roi.

— C'est un système qui, par rapport à la démocratie, a bien fonctionné en Europe. C'est un système un peu figé, mais les résultats de la monarchie sont assez bons.

— Tu n'aimes pas la démocratie ?

— Si si, j'aime bien aussi, répondit Michel. La question est de savoir si les gens sont figés dans leurs positions ou s'ils peuvent évoluer. Il y a une controverse. Qu'en penses-tu ?

— Je n'aime pas les rois. Il suffit de penser au prince Charles d'Angleterre, c'est un idiot qui sera roi…

— Non, il ne sera pas roi. Il n'a pas la moindre chance. Le roi sera William, un autre idiot, son fils.

— Quelle différence cela fait-il ?

— L'aristocratie tente de résoudre le problème à un autre niveau, en décidant qui commandera et en éliminant une fois pour toutes la dispute à ce sujet. Même les animaux ont un leader. C'est une question difficile. Dans tous les cas, la démocratie provoque, fréquemment, beaucoup de confusion pour peu de choses.

— La monarchie me dégoûte, dis-je. En Angleterre, elle ne sert qu'à alimenter les tabloïds avec des scandales. Je pense qu'elle est soutenue par eux justement pour créer des histoires qui divertissent la plèbe. Voilà mon hypothèse : la monarchie ne s'effondre pas en Angleterre à cause des tabloïds qui la financent et la préservent. Cette princesse Diana était une totale idiote.

Aucun signe de Dieu

Après cette réflexion inattendue et catégorique sur les formes de gouvernement, qui aurait laissé même Aristote la tête dans les nuages, on retomba dans le silence, chacun plongé dans son livre. Le voyage de Buenos Aires à Ushuaia durait quatre heures et il restait beaucoup de temps pour des débats inhabituels. Lorsque le commandant de bord annonça l'escale à Trelew, déjà en Patagonie, j'étais plongé dans les aventures rocambolesques de bandits américains réfugiés en Terre de Feu, dont le célèbre Butch Cassidy, auteur de coups de maître incroyables, dont le caractère extraordinaire le devint plus encore dans la mesure où ceux-ci avaient été commis, en grande partie, dans la solitude du néant, la tristesse du bout du monde ou dans l'immensité mélancolique du froid austral. C'est peut-être à cause de cela que, regardant par le hublot, je voyais, comme dans un scénario du Vieil Ouest une sorte de désert marron à perte de vue.

Jusqu'à ce jour, je ne sais toujours pas si j'ai vu beaucoup ou trop peu. Mon imagination désordonnée a l'habitude de me laisser sur ma faim. Je suis sûr d'avoir aperçu, lorsque l'avion s'est approché du sol, juste avant de survoler la piste, un loup aux yeux jaunes courant dans les cratères lunaires du désert de Trelew. Je n'en dis rien à mes compagnons de voyage. Quelque chose me disait que Cláudia voyait des petits moutons courant dans l'herbe très verte de Trelew et que Michel distinguait des êtres inimaginables sur un tapis persan, qui sait des licornes, des chevaux de Camargue et des clones de cochon d'Inde enveloppés dans du cellophane. Après que nous soyons repartis, Trelew redevint un nom à peine sonore dans ma mémoire auditive et Michel me proposa un jeu intéressant : prononcer Ushuaia à la manière des Argentins.

— Ussuaia, dis-je en chargeant le s.

— Ussuaiá, dit-il, en appuyant sur la dernière syllabe, comme le font toujours les Français.

Malgré de nombreuses tentatives, nous n'arrivâmes pas à nous corriger mutuellement. Le temps, cependant, étant favorable à des changements radicaux de jeux, je lui en proposai un autre :

— Bruce Chatwin cite Jules Verne à propos de la Patagonie.

— Ah, bon !

— Si, le *Phare du Bout du Monde*.

— Hum...

— Il cite également un certain Stapledon, auteur de *Last and First Men*.

— Hummm...

— C'est une histoire futuriste.

— Humm...

C'est incroyable de voir comment Michel peut dire « hum » avec des intonations et des sens différents. Si j'ai bien compris, il est composé d'environ sept changements de registre, du « hum » dubitatif et ironique, au « hummmm » sarcastique et assassin. Le plus souvent, en Patagonie, il utilisait un « hummm » intermédiaire, un peu nasal, dont le sens semblait être : « On va voir, raconte ! » Il y avait aussi un « hummmmm » d'approximation émis, en général, face à une femme belle et intéressante. Je veux dire très intéressante, car très belle, *por supuesto, no* ?

Je lui lus la note présentée par Chatwin à la fin du livre : « Dans cette mémorable œuvre de science-fiction, l'espèce humaine, désormais complètement américanisée, meurt suite à des épidémies de cannibalisme et de maladies pulmonaires et nerveuses. Toutefois, au sud de Bahia Blanca, un certain nombre d'êtres humains survit, et c'est ainsi que dans ce Lointain Sud naît une nouvelle civilisation sous l'influence d'un adolescent d'une puissance sexuelle prodigieuse, connu comme le garçon qui refusa de grandir. La civilisation patagonienne colonise le reste du monde, mais vu qu'elle n'est pas moins stupide que la précédente, elle s'autodétruit par un cataclysme atomique. » C'était comme trouver le résumé de tous les livres de Michel Houellebecq, d'*Extension du domaine de la lutte* à *La possibilité d'une île*, en passant par *Les particules élémentaires* et *Plateforme*, bien que de manière approximative ou imprécise. Je ne savais pas comment le dire, ou je ne pouvais pas le dire, mais je sentais que c'était ses thèmes préférés.

— Humm…

— Dans *Les particules élémentaires* surgit aussi une nouvelle civilisation…

— Une mutation de civilisation, répondit-il. Un progrès.

— Pourquoi serait-ce un progrès de fait ?

— Pour être le résultat de l'avancée de la science.

— Tu crois vraiment que la science peut améliorer l'homme au point qu'il n'ait plus besoin des dieux ?

Michel Houellebecq me regarda lentement, comme s'il se concentrait pour absorber le bruit de l'avion, puis il sourit, un sourire dévastateur, mêlé d'ironie et de pitié, avant de répondre sèchement :

— Sans aucun doute.

— Éliminer les religions ne signifie-t-il pas appauvrir l'humanité de son patrimoine mythologique et la priver de Dieu comme le gérant de la morale, le garant de l'ordre ?

— Non. L'humanité peut vivre très bien sans dieux.

— Dieu est à la base de l'ordre sexuel, dis-je, en en profitant pour sortir ma théorie favorite. C'est la façon que l'humanité a trouvée pour s'imposer des limites à elle-même. En outre, cela rassure ceux qui ont besoin de l'illusion d'une vie après la mort et ceux qui ne vivent pas sans une idée de transcendance. Nul avec lui, pire sans lui…

— Ça a été ainsi jusqu'à présent. Ce ne sera pas autrement plus tard.

— Tu crois vraiment au positivisme de Comte, à toute cette histoire de stades, enfin, ce truc que l'humanité va surmonter le stade théologique, tout comme le métaphysique, et atteindre le stade positif, scientifique ?

— Bien sûr. Les faits le montrent.

Je ris de son ingénuité. Il rit de la mienne.

C'était certainement une conversation, un tête-à-tête de haut niveau, le plus adéquat possible à huit mille mètres d'altitude. Je décidai de rendre les choses plus légères :

— Tu aimes Jules Verne ?

— Bah, oui !

Le reste du voyage se passa dans le plus pur silence. Ce n'était plus un silence épais, du genre de ceux que l'on tranche comme une pizza tirée d'une boîte, c'était juste un silence obséquieux et diplomatique. Michel ne lut pas plus de vingt pages dans la *Terre de Feu* de Sylvia Iparraguirre. J'avançais aussi, dans ces hauts-là, dans l'univers nostalgique de Bruce Chatwin. De temps en temps, je l'espionnais. Est-ce qu'il chantonnait *Bahia Blanca* ? Il n'y avait aucun signe de Dieu sur son visage fermé. Pas davantage chez le prêtre en soutane qui dormait recroquevillé devant.

Ushuaia en noir et blanc

Nous débarquâmes à Ushuaia un vendredi en fin d'après-midi. Il faisait deux degrés en dessous de zéro. L'aéroport rappelait un chalet sur la montagne. Un chauffeur nous attendait pour le transfert à l'hôtel Las Hayas. Cláudia répandait de la joie, comme elle le fait toujours quand elle arrive dans un endroit inconnu et réputé être beau. Michel et moi étions taciturnes. Je ne peux pas dire que c'était de la tristesse, parce qu'il n'y avait aucune raison, ni de la fatigue, car le voyage n'avait été en rien fatiguant. C'était une atmosphère qui nous enveloppait. Dans mon cas, un étrange sentiment d'inachèvement, de déplacement, de marcher dans le vide. Michel était tout simplement dans un de ses états normaux. On ruminait.

Ushuaia était plongée dans une sorte de brume bleuâtre. La ville surplombait la mer et s'étendait comme un chien paresseux. On pouvait sentir la mélancolie du bout du monde même si ce n'était que le fait d'être imprégnés jusqu'à la moelle de cette idée naïve et touristique. Pour Michel, le concept de bout du monde était simplement géographique, la dernière portion de terre habitée avant la glace infinie. La géographie ne m'a jamais paru aussi sentimentale, voire pathétique. C'était comme entrer dans une carte postale, sans la neutralité des cartes postales. La voiture serpenta dans les rues désertes et s'éloigna du centre pour grimper vers la montagne. L'hôtel Las Hayas, posé au sommet d'une colline, est un point d'observation confortable. De ses fenêtres, on peut contempler la baie d'Ushuaia tout entière.

Tout se mélangea soudainement dans mon esprit. Je tentai de fredonner une musique brésilienne qui parle de Lévi-Strauss, « l'anthropologue Claude Lévi-Strauss a haï la baie de Guanabara… », murmurant dans une litanie silencieuse une « baie triste, une triste baie ». Je ne savais plus si c'était la même chanson ou si cela avait à voir avec un poème de Gregorio de Matos et la guerre de Bahia. Pour une raison que j'ignore encore, j'étais ému et je trouvais la baie d'Ushuaia la plus triste de toutes celles que j'avais déjà vues. C'était comme une photo en noir et blanc, arrachée à un magazine très ancien, aux vagues tons grisâtres, d'où émergeaient des galions du passé sur lesquels des navigateurs solitaires devaient pleurer les blessures d'amour jamais révélées.

Après nous être reposés quelques instants dans cet hôtel accueillant, nous appelâmes un taxi pour découvrir le centre de la ville. Michel voulait trouver des chaussures adaptées au froid. Il finit par acheter un bonnet marron et un imperméable bleu de ceux que l'on peut utiliser pour le froid et la pluie. J'achetai une écharpe rouge et un protège-oreilles. Notre étape suivante fut un supermarché. Michel adorait ce type de magasins. Il se déplaçait au milieu des rayons avec la désinvolture d'un vieux client ou le sérieux d'une femme au foyer. Il examinait même les fruits et les légumes, et s'enchanta à propos de quelque chose qui ressemblait à un chou. Il regardait les prix et les emballages et sortit avec une bouteille de vin rouge argentin et un paquet de café moulu, si je me souviens bien, colombien. Devant notre grande surprise, il expliqua avec un naturel étudié :

— J'emporte toujours une cafetière italienne.

Nous nous baladâmes ensuite dans les rues d'Ushuaia comme si nous parcourions les rues de Cannes, Venise ou Paris. Les marques de notre civilisation étaient partout, une trace certainement capable de s'étendre sur les milliers de kilomètres de la route panaméricaine, de la Terre du Feu à l'Alaska : American Express, Diesel, Puma, Adidas, Renault, Gucci, Sony, Chanel, BMW... Il suffisait de suivre la piste. Michel marchait devant avec son sac à dos de jeune à la mode sur les épaules. À l'intérieur, comme un trésor protégé par une couverture légère, son ordinateur portable, un Macintosh blanc. Moi aussi je fais partie de la tribu des utilisateurs de Mac, avec une petite différence : je laisse le mien à l'hôtel sans le moindre problème. Le vent patagonien soufflait fort, comme pour nous impressionner.

Nous collectâmes les informations essentielles pour la nuit – où dîner et où faire la fête sans perdre de temps et avec une chance d'animer Michel – auprès de types que notre haut pouvoir de communication et de dépassement des barrières culturelles convainquit de nous renseigner : un chauffeur de taxi, supporter de Boca Juniors, un serveur rockeur et un employé dans un magasin de vêtements. Le chauffeur de taxi, fut catégorique :

— La fête, c'est au Saint Christopher. Jusqu'à minuit, ça fait restaurant. De minuit à deux heures du matin, il y de la musique *live.* Après, jusqu'à l'aube, c'est la folie totale.

Michel frissonna. Le chauffeur de taxi donna des détails sur la musique et le nombre de touristes à la recherche d'émotions fortes et d'une nuit de plaisir. Nous rîmes. Michel, assis à côté du chauffeur, semblait se concentrer pour imaginer sa performance dans une rave argentine. Une rave au bout du monde. Bon, ce n'était pas de rave qu'il s'agissait, mais rien ne nous empêchait d'exagérer.

— Il y a une *festa super bacana*, déclara le taxi en portugnol.

Michel était perdu. Je lui traduisis :

— Une fête super déjantée.

— Hummmm…

Avant de sauter hors du taxi, en bon Brésilien, je posai la question que je ne voulais ou ne pouvais taire :

— Boca ou River ?

Les yeux de l'Argentin s'illuminèrent.

— Boca, *por supuesto !*

— Inter[1], répondis-je.

— *Bueno*, comme vous voulez, répondit-il, indifférent.

À 20 heures, poussés par les vents froids de la Patagonie, nous étions déjà dans le restaurant Tia Elvira, malgré les avertissements de notre ami chauffeur de taxi quant à l'absurdité des prix pratiqués, pour manger le *centolla*[2]. L'endroit était agréable, chauffé, bien qu'occupé par des touristes des plus sophistiqués ou riches à la recherche d'une bonne table avant un bon lit. Michel portait déjà l'imperméable qu'il venait d'acheter. Il resta un bon moment à essayer de s'en débarrasser mais sans succès. Une dent de la fermeture à glissière mordait le nylon et bloquait. Il ressemblait à un petit garçon maladroit luttant pour vaincre la résistance d'un objet. Il était prêt à tout déchirer et je commençai à m'inquiéter en regardant ailleurs. Au bout d'un moment, je dis, péremptoire :

— Cláudia, ouvre ce truc-là pour lui !

En quelques secondes, Cláudia, qui est un crack pour cela, le libéra de ce cauchemar. Nous nous mîmes à lire le menu. *Centolla* est un plat de crabes géants, à viande tendre, qui ressemblent plus à des homards. C'est un animal typique des eaux glacées de l'Atlantique Sud et du Pacifique Sud. Enfin, un crabe argentin ou chilien. J'avoue que cela ne m'enthou-

1. Note de l'Éditeur : Boca et River sont des grands clubs de football argentin. L'Inter est l'un des clubs de Porto Alegre, ville de l'auteur.

2. Crabe royal de Patagonie

siasma pas. Cláudia aima davantage. Michel s'en lécha les doigts. Les Français adorent les créatures dégoûtantes de la mer. Les Chinois sont pires encore, eux qui mangent des insectes répugnants. À Pékin, plusieurs mois auparavant, nous avions mangé des grillons, des scorpions et des mille-pattes.

— Cette année, dis-je, Cláudia et moi avons été à l'autre bout du monde et maintenant nous sommes ici au bout du monde.

— Ah, bon ?

— L'autre bout du monde n'est pas la fin du monde.

— Ah, non !

— Nous avons été en Chine.

— Humm…

— Tu as déjà été au Japon, Michel ?

— Qu'est-ce que la Chine a à voir avec le Japon ?

— Eh bien, les deux sont de l'autre côté du monde.

— Hummm…

Nous commandâmes un vin rouge argentin. Si je me souviens bien, un Norton D.O.C. Malbec. Cláudia hésita :

— On ne devrait pas demander plutôt du vin blanc ?

Michel ne répondit pas. Il se contenta de hausser les épaules. Je confirmai la commande initiale. Après tout, nous étions au bout du monde et nous trinquâmes à l'amitié franco-brésilienne en terres argentines. Je m'aventurai dans un dialogue plus politique, en faisant appel à mes compétences géopolitiques.

— Tu as noté, Michel, que l'aéroport d'Ushuaia s'appelle Malvinas Argentina ? Ils n'ont pas encore renoncé.

— Hummm…

— Ils ont pris une raclée des Anglais.

— C'était la dictature argentine, murmura Michel.

Il ne me restait plus qu'à approuver, bien que mon ressentiment de Sud-Américain fût capable de me ranger du côté des miliciens dictateurs contre les « envahisseurs » européens, les colonisateurs, les occupants, les crétins et les goujats. J'utilisai un argument qu'un chauffeur de taxi m'avait fourni, un jour plus tôt, à Buenos Aires :

— Les Anglais veulent aussi une autre île d'ici, l'île de Los Estados. Il paraît qu'il y a du pétrole.

— Il y a des moutons dans les Falk… Il y a des moutons dans les Malouines, marmonna Michel.

Puis il éclata d'un rire fulminant. Cláudia semblait beaucoup s'amuser de notre dialogue. Elle ne faisait aucun effort pour interrompre le flux de notre conversation. La première bouteille disparut avant que nous ayons pu exprimer une seule pensée complète et significative. Nous n'avions pas d'autre alternative que de demander une seconde bouteille de vin, comme on ne change pas une équipe qui gagne, même jouant à l'extérieur, ce que nous fîmes avec l'âme légère et les langues de plus en plus déliées.

— Hummm… L'humanité est étrange, dit Michel.

Ce fut à mon tour de m'étonner :

— Ah, bon ?

— Oui, nous ne pouvons pas vivre sans art.

— Et sans la religion ?
— Bien sûr.
— Pourquoi les religions te dérangent-elles tant ?
— Parce qu'elles sont idiotes.
— Tu as dit cela de l'islam et tu as été poursuivi en justice. Tu ne le regrettes pas ? En outre, les autres ne sont-elles pas semblables ?
— Si, je n'aurais pas dû dire cela. J'ai dit la vérité. Il faut savoir faire la différence entre le mauvais et le pire.
— Je voudrais être poursuivi en justice, affirmai-je.
— Ne dis pas de bêtises, Juremir, déclara Cláudia.
— Hummm…, fit Michel.
— Une lectrice m'a dit que j'étais le Voltaire du Rio Grande do Sul. Voltaire, sans prison ou sans le moindre procès, ce n'est pas drôle. La gloire, c'est d'être poursuivi.
— C'est insupportable d'être poursuivi, murmura Michel.
— Pour un polémiste, c'est tout, dis-je.
— Je suis fatigué des polémiques, confessa Michel.
— Pire que d'être poursuivi, c'est de ne pas être lu.
— Hummm… Le pire est de ne pas être entendu.
— Les critiques te révoltent ?
— Elles m'ennuient.
— Et que fais-tu ?
— Rien. Que pourrais-je faire ?

— Répliquer.

— Où ?

— Dans la presse, dans un blog…

— Dans un blog ?

— Tu as le tien, non ?

— Il n'est plus actualisé depuis plus d'un an.

— Il y avait des textes très tristes dans ton blog.

— Pourquoi tes livres ne sont-ils pas lus, Juremir ? questionna-t-il.

— Peut-être parce qu'ils sont mauvais. C'est l'opinion de ceux qui me critiquent. J'ai un autre avis. Je pense que je suis trop français. J'aime les digressions, les idées, les théories, les personnages qui pensent beaucoup et qui expliquent tout. Je ne raconte même pas toujours une histoire. En général, la critique allègue qu'il y a un manque d'unité et d'histoire. Ou que tout est trop expliqué. Or, selon moi, il y a un manque d'explication chez les auteurs consacrés. Sans compter que j'aime la fragmentation et que j'ai horreur des personnages idiots qui ne pensent jamais.

— Hummm… On m'accuse aussi du même genre de choses. De cela et de bien plus encore. Ils disent qu'il y a trop d'idées et de citations dans mes livres. C'est ridicule. Les livres de Balzac sont remplis d'histoires, et bourrés d'idées et citations.

— Ceux de Machado de Assis, aussi.

— Ma…cha…do… ?

— Le plus classique de la littérature brésilienne.

— Hummm… Et dans ceux de Borges, on n'en parle même pas.

— Tu aimes Borges ?

— C'était un génie.

— Borges et Baudrillard se voyaient complaisamment comme de bons et divertissants imposteurs non dénoncés.

Nous restâmes un moment silencieux, comme souvent, buvant le vin, à petites gorgées chargées de sous-entendus, nous observant placidement. Michel avait déjà les yeux rouges. Je me sentais prêt pour une troisième bouteille. Cláudia observait les autres clients du restaurant, comme si elle faisait une étude ethnographique. C'est alors que je me risquai à poser cette question creuse de journaliste affecté à un article rédigé par des étudiants d'ateliers littéraires à la recherche du sens de la vie.

— Pourquoi écrire, Michel ?

La réponse est venue, hachée, en trois temps, tous précédés de sourires de commisération.

— Pour exister…

— Je sais…

— Pour gagner de l'argent…

— Hum…

— Pour être célèbre…

Un quatrième temps vint après un long silence :

— Pour raconter des histoires…

— Tu es devenu riche, Michel ?

— Pas mal.

— On va au Saint Christopher ? demanda Cláudia.

— Je ne sais pas, il est déjà tard, répondit Michel, hésitant.

— Ah si, on y va, pas question de dormir maintenant, décréta Cláudia. On va faire la fête !

Nous payâmes l'addition, astronomique, et demandâmes où se trouvait le Saint Christopher, situé près du Tia Elvira. Dans la rue, où nous attendait le vent de Patagonie, nous hélâmes un taxi, semblables à des poupées d'hiver avec nos bonnets, châles et manteaux. Nous retournâmes finalement, à l'hôtel, comme de gentils enfants ou des touristes prudents. Pendant le trajet, Michel émit plusieurs fois son grognement :

— Hummmm…

Nos chambres se trouvaient au même étage, côte à côte. Michel s'arrêta à notre porte et resta silencieux, dans un long et énigmatique adieu. Il hésitait. S'agissant d'un romancier tant habitué à l'érotisme débridé, dans ses livres pour le moins, peut-être que notre imagination se précipita. Est-ce qu'il voulait quelque chose ?

— Alors, c'est ça, mon vieux, à demain, dis-je.

— Hummm… Bonne nuit.

Alors que nous étions déjà couchés, Cláudia demanda :

— Est-ce qu'il voulait dormir avec nous ?

— Qu'est-ce que tu crois ?

— Le lit est petit.

— Idiote.

Nous rîmes. Nous fîmes l'amour comme si nous étions des personnages de Michel Houellebecq. Enfin, deux particules élémentaires.

Un drôle de rêve

C'était inévitable. Je rêvai de Michel Houellebecq. Il me prenait en flagrant délit, en train de fouiller dans son site officiel et d'autres adresses virtuelles dans un cybercafé d'Ushuaia. Il ventait beaucoup ; il neigeait. J'annotais frénétiquement sur un bloc de papier des données sur sa vie comme s'il m'était un total inconnu : il est né le 26 février 1956 (il aurait changé la date pour 1958). Père : guide de haute montagne. Mère : obstétricienne, puis anesthésiste. Une demi-sœur de quatre ans plus jeune. Enfance : élevé par Henriette, la grand-mère paternelle communiste, de qui il adopta le nom de Houellebecq, et par la grand-mère maternelle. Il vécut à Dicy (Yonne) et à Crécy-la-Chapelle. Éducation : une partie dans un pensionnat, au lycée Henri Moissan, à Meaux. Surnom donné par ses camarades : Einstein. Plans pour le futur : quelques années de préparation aux grandes écoles. Enseignement supérieur : en 1975, il entre à l'École Supérieure d'Agronomie. Comme Alain Robbe-Grillet ? Comme Robbe-Grillet, bien sûr, si cela a la moindre signification. Enfin, si l'on peut parler de fin, études de cinéma à Paris.

Événements décisifs : la mort de sa grand-mère, en 1978. L'obtention du diplôme d'ingénieur agronome en 1980. Mariage avec la sœur de son meilleur ami. Chômage. En 1981, naissance de son fils, Étienne. Divorce. Crise, dépression, internement en cliniques psychiatriques. Je notais sans penser, les mains raidies par le froid, malgré le chauffage. Michel me regardait sans dire un mot. Il y avait une grande tristesse sur son visage décomposé. Je me sentais honteux. Je voulais arrêter, je ne pouvais pas. Premières publications : *Contre le monde, contre la vie*, biographie de Howard P. Lovecraft, et *Rester vivant* (1991). Prix : Tristan Tzara, pour le recueil de poèmes *La poursuite du bonheur* ; Grand Prix National des Lettres Jeunes Talents, en 1998 pour son œuvre ; Prix de Flore pour *Le Sens du combat* ; Prix Novembre pour *Les particules élémentaires* ; Prix IMPAC, en 2002 à Dublin ; Prix Interallié en 2005 pour *La possibilité d'une île*. J'ai dû en sauter quelques-uns. 1998 : mariage avec Marie-Pierre Gauthier. Je devais cesser de copier tout cela.

— Tu ne sais déjà pas tout, Juremir ? demandait brusquement Michel d'une voix presque inaudible, triste, très triste, en deuil, glacée.

— Si, je sais, mais j'oublie toujours…

— Personne ne voudra lire ça. Ce sera ennuyeux.

— À lire ?

— Je sais que tu vas écrire sur moi.

— Non.

— Tu n'as rien lu sur moi quand tu as traduit *Les particules élémentaires* et *Extension du domaine de la lutte* ? Ne sais-tu pas que j'ai été traduit dans plus de quarante pays ?

— Si, mais...

— Qu'est-ce que tu cherches, Juremir ?

Gêné, je me blottissais contre l'écran de l'ordinateur. Ne sachant pas comment me défendre, je ripostais :

— Pourquoi as-tu enregistré un disque où tu récites tes poèmes, Michel ? Qu'est-ce que tu cherchais avec ça ? Pourquoi ne m'as-tu pas fait parvenir ce disque, *Présence humaine*, hein ? Ce Bertrand Burgalat est un bon musicien ?

Il riait. Ce sourire illuminait son visage irrité.

— Pourquoi devrais-je t'envoyer un exemplaire ?

— Tu m'as envoyé un exemplaire de *Lanzarote*, ton livre avec de belles et tristes photos.

— C'est l'éditeur.

— Il y avait une dédicace.

— Ah, bon ?

— Tu ne te rappelles pas, Michel ?

— Tu a vu l'adaptation que Philippe Harel a fait de *Extension du domaine de la lutte* au cinéma ?

— Non. Tu n'as pas participé à cette adaptation, Michel ?

— Si, si...

Toujours dans mon rêve, je mâchais des cristaux de gingembre pour soulager un mal de gorge. Michel regardait la boîte ronde de gingembre, oubliée à côté de la souris, comme s'il allait m'en demander. Il ne le faisait pas. Je voulais lui en offrir. L'idée ne me venait pas réellement. Elle ne se concrétisait pas. Elle était emportée par le vent de Patagonie. Je pensais à quel point ses livres avaient été vendus. Deux millions d'exemplaires ? Michel me pointait du doigt, soudain en colère. Je voyais son ongle long et sombre. Un mot jaillissait hors de sa bouche :

— Assez !

— Michel, pour l'amour de Dieu, réfléchis, tu aimes Baudelaire comme moi. Nous aimons tous les deux *La Montagne magique*, Huxley, Leonard Cohen, Schopenhauer, Jimi Hendrix…

— Tu n'aimes ni Comte ni Kant, Juremir.

— Et bien…

— Tu n'adores pas Balzac.

— Si, j'aime beaucoup Balzac.

— Ce n'est pas suffisant. En plus, tu aimes Céline.

— Et bien, je…

— Nous sommes très différents, Juremir.

— Tu aimes vraiment Kant, Michel ?

— Beaucoup. C'est un philosophe extraordinaire. Sans compter que ce serait un bon nom pour un chat.

— Dans un de mes romans, le chat s'appelle Schopenhauer.

— Hummm…

— Je connais une fille, très canon, écrivain, intellectuelle, qui a un chien nommé Nietzsche.

— Chien ou chat ?

— Je ne me souviens pas.

— Hummm…

— Elle a une phrase de Nietzsche tatoué sur le corps !

— Hummmmmm… Sur quelle partie du corps ?

— Je n'ai pas vu.

— Un écrivain, Juremir, a besoin d'être plus attentif. La recherche de terrain est essentielle, tu dois toucher.

— Je suis marié, tu te souviens ?

— Hummm… L'art exige tout.

— L'art ? L'art, bien sûr.

— Assez !

— Pourquoi es-tu si triste, Michel ?

— Je ne suis pas triste. Je suis vrai.

— Tu es cynique ?

— Non.

Michel étendait la main vers ma boîte de cristaux de gingembre. Je la mettais dans ma poche. Puis, il n'y avait plus que le vent de Patagonie qui balançait la persienne comme un loir ou comme un castor obstruant un lac. Sous la neige, une cigarette à filtre allumée entre le majeur et l'annulaire de la main gauche, un Indien Alacufe me fixait dans un silence terrifiant. L'atmosphère était sinistre, bizarre, chaotique : un mélange d'arbres morts, de débris d'avions et de navires, de carcasses d'ordinateurs et de bâtiments en feu. Dans une cellule de prison inconnue et rude, brillait sous une bougie une photographie de Jean Baudrillard. Crime : l'élimination de la fin. L'Indien Alacufe, avec son feu entre les doigts, me désignait et balbutiait une poésie d'Eliot. Hummm…

— Ton père aussi a été en Patagonie, Michel.

— Hummmm.

Au bout du monde

Nous prîmes le petit déjeuner très tôt et sortîmes, avec un guide parlant français, pour une promenade au Parque Nacional Tierra del Fuego. Michel était parfaitement silencieux. Je crois que sa voix revint seulement après dix heures du matin. Cláudia et moi jouions avec la sonorité des noms : Baía Lapataia, Tierra del Fuego, *nothofagus*, Canal de Beagle, Cabo de Hornos, Cap Horn, « Ussuaia », Fin del mondo, Passagem de Drake… Là, dans ces terres extrêmes, vécurent les Onas, mangeurs de guanaco, les Yaganes, mangeurs de mollusques, de poissons et de phoques, et d'autres groupes humains, des milliers d'années avant nous qui sommes mangeurs de hamburgers, de fromages pourris et de viande rôtie. Ensuite, comme des exterminateurs du passé et du futur, les Européens sont arrivés avec l'expédition des précurseurs de Magellan en 1520 et, au fil du temps, les Évangélistes, les Anglicans et les Salésiens, porteurs de la Bonne Nouvelle qui ne laissera rien debout, sauf la fin sans illusion comme promesse d'une éternité messianique et sans finalité.

Nous étions là, je le répète, avec l'écrivain qui avait le plus satirisé le tourisme dans les dernières décennies, notamment dans *Plateforme*, et qui avait également raillé à l'extrême, dans *La possibilité d'une île*, les utopies religieuses et leurs messies. Enfin, l'écrivain qui ridiculisa tout, des fraternisations entre collègues aux voyages touristiques. Même ainsi, nous courûmes, sans aucun complexe, pour nous faire photographier devant une plaque à l'authentique inscription simulée : Station du bout du monde. De là partait un petit train touristique. Michel se révéla rapidement être un excellent photographe au grand plaisir de Cláudia. De moi, elle n'attendait déjà plus rien. Je suis un expert en images naufragées. Le prospectus de l'agence de voyages parlait de montagnes, de forêts et de mer.

La cordillère des Andes est un imaginaire qui se vend bien. Le guide semblait avoir un mantra. Toutes les trois phrases, il se référait aux aspects « patagoniens et magellaniens » de la région. À un moment, il expliqua posément :

— Ici commence la célèbre autoroute Panaméricaine, qui va jusqu'en Alaska, en passant par des jungles et des montagnes, au long de 32.424 kilomètres d'aventures.

Nous fûmes impressionnés. Une route est un imaginaire. Encore plus lorsque le guide, oubliant son français de poche, dit fièrement *carretera panamericana*[1]. Ce *carretera* résonna dans mes oreilles comme

1. NDT : route panaméricaine.

quelque chose d'exceptionnel. Sans, bien sûr, aucune raison. Déjà les « 32.424 km d'aventures » me mirent dans un état d'excitation totale. Si ce type était en train de vendre quelque chose, je l'aurais achetée tout de suite. Je décidai, à cet instant, de faire un jour ce voyage de bout en bout avec mon ami Bernard Issler, un professeur septuagénaire qui conduit un gigantesque Land Rover dans les rues de São Paulo, halluciné comme un cowboy montant son cheval fougueux.

Michel somnolait. Cláudia lui donna du coude :

— Hé, Michel, réveille-toi, on y va. Quel silence patagonien et magellanien fais-tu, hein ?

— Hummm...

Il faisait chaud dans la camionnette. Il essaya d'enlever son manteau. La fermeture à glissière était encore bloquée. Je sentais qu'il finirait par le déchirer bien que, paradoxalement, il fût calme, contenu, impassible. Seuls ses doigts tentaient d'échapper à cet auto-contrôle suprême ou inhumain. C'était comme si un adulte tenait la main d'un enfant angoissé. Cláudia se pencha et, avec la même facilité que la première fois, le libéra de cette torture.

— Humm... Elle est vraiment douée pour ça !

Cette scène deviendra un rite. Aussi routinier que son habitude de tenir sa cigarette entre le majeur et l'annulaire ou de sentir son mouchoir roulé en boule comme si c'était une « doudoune » de bébé, ce qu'il faisait pendant des heures, même pendant des marches plus longues. Nous entrâmes dans le parc. Nous n'aperçûmes pas les castors, même si nous observâmes leurs dégâts et leurs barrages, ni, de dos, les animaux annoncés dans les guides touristiques – perroquets, huîtriers ou le fameux caïque –, mais nous trouvâmes une atmosphère hors du temps ou, tout au moins, en mesure de s'imposer naturellement à l'intemporel du tourisme. Nous pensâmes faire tamponner sur nos passeports, dans une sorte de dernier bureau de poste à côté du canal de Beagle, si je ne me trompe pas Puerto Guarani, l'inscription « bout du monde » mais nous renonçâmes à cause de la file d'attente.

Après plusieurs tours, nous descendîmes pour marcher sur les bords du lac Roca dont les eaux mélancoliques nous laissèrent d'humeur tranquille, presque chaude. Michel s'enchanta des lapins aperçus dans le bois. Ce que nous vîmes de plus beau, cependant, fut un pivert, avec sa crête rouge, s'équilibrant sur la verticalité des arbres, comme s'il atterrissait sur une plateforme spacieuse et plane. Après être entrés dans un restaurant où un beau feu brûlait dans une cheminée, nous nous assîmes Michel et moi pour que Cláudia nous prenne en photo dans une pose d'écrivains parlant de littérature sur fond de flammes sacrées du bout du monde.

— Prenons un air intelligent, ordonna Michel.

— Ce sera facile pour nous, plaisantai-je.

Là, à côté de la cheminée, nous eûmes notre première « conversation animalière », sur le modèle des bestiaires décrits par Michel dans *Extension du domaine de la lutte*.

— Le pivert et les lapins donnent de mauvais exemples à l'humanité, affirmai-je de façon péremptoire.

— Hummmm…

— Le pivert ne pense qu'à travailler. Les lapins n'ont pas la moindre idée du contrôle de natalité.

— J'aime les lapins, observa Michel.

— Comment Dieu fit-il pour concevoir tant d'espèces différentes, avec tant de couleurs et de styles de vie ?

— Ce ne fut pas Dieu.

— Ce fut qui alors ?

— La nature.

— Tu as déjà entendu parler de la théorie du « Grand architecte de l'univers » ?

— Hummm…

— Tu ne crois vraiment pas en Dieu ?

— Non. Malheureusement.

— As-tu lu le texte de Jean Baudrillard sur la Terre de Feu ? C'est beau et triste. Il s'appelle : *Terre de Feu – New York, ou le phantasme du bout du monde ?*

— Quel rapport avec les animaux ?

— Aucun.

Il éclata de rire, ce rire typique des Français, un pffff ! Je me sentis obligé de faire une citation intelligente de Baudrillard pour compenser : « Partout le néant, le désert, l'horizon stérile, les perspectives infinies. À vrai dire, il n'y a ici ni nature ni culture, mais une dénégation sauvage de l'une et de l'autre -dénégation du paysage dans le néant du vent, du ciel fuligineux, de la baie inutile… »

Je connaissais le texte par cœur non seulement pour l'avoir traduit, mais aussi pour l'avoir appris avant le voyage, anticipant le besoin de quelque citation pour alimenter une bonne conversation au milieu de la glace. Sauf que je ne m'attendais pas à devoir tirer ma première cartouche près d'un feu de cheminée. Mon côté journalistique affleurait déjà et je me souviens avoir dit :

— Quel bel endroit pour enregistrer une interview.

Cláudia me déçut immédiatement.

— La batterie du caméscope est déchargée, dit-elle.

Michel Houellebecq se limita à observer :

— Oui, cela donnerait une bonne image, comme celles de la télévision.

Le reste de la matinée fut entrecoupé d'observations sur les habitudes des castors, les différences entre la littérature de Catherine Millet et de Christine Angot, la rivalité entre Brésiliens et Argentins dans le football, la politique et la culture, et les preuves de l'existence de Dieu selon certains philosophes rationalistes. Je tentai de lui expliquer la différence abyssale entre Pelé et Maradona. En vain. Je réalisai rapidement que, pour lui, le Pelé brésilien était Gisele Bündchen, la top model. Plutôt parler de religion. Ushuaia était le lien parfait pour assouvir notre désir de métaphysique à bon prix et utiliser nos cartes de crédit.

Nous déjeunâmes à l'Estancia, au centre-ville. Cláudia et moi commandâmes un « agneau patagonien » et une bouteille de Terrazas Malbec. Michel, plus frugal, se contenta d'une salade et d'une eau minérale. Déception magellanienne. Je commençai à penser que l'on allait manger sans prononcer la moindre phrase avec un début, un milieu et une fin, quand il modula sa voix et dit :

— Je préfère dîner. J'aime mieux le dîner.

Profitant du « prétexte », j'enchaînai sur le même rythme endiablé et posai ma question :

— Tu préfères Rimbaud ou Baudelaire ?

— Baudelaire, bien sûr.

— Je préfère Baudelaire aussi… Et les vins argentins aux chiliens. Ils sont plus veloutés.

Michel rit. Son visage entier s'illumina. Chaque fois qu'il riait ainsi, c'était comme si une innocence infantile jaillissait de nulle part, le laissant quasiment sans défense.

— Quel poème de Baudelaire préfères-tu, Juremir ?

— *Le serpent qui danse.* Un des quatre-vingt-quatre poèmes des *Fleurs du Mal* que j'ai traduit pour une nouvelle édition brésilienne.

— Pourquoi as-tu fait ça, traduire à nouveau ?

— Je voulais rendre la poésie de Baudelaire scandaleusement nouvelle. En 1857, lui et Flaubert ont été poursuivis, je crois, pour attentat à la pudeur. Les traductions brésiliennes de Baudelaire pouvaient être lues pendant la messe sans choquer.

— Que j'aime voir, chère indolente, / De ton corps si beau, / Comme / une étoffe vacillante, Miroiter la peau ! récita Michel, avec grande élégance.

Je l'avais déjà entendu réciter ses propres poèmes.

Je fus touché par son amour sincère et sans faste de Baudelaire.

— Baudelaire et Flaubert étaient la perfection la plus absolue, dis-je, ébloui et ivre.

— Au fond, il n'y avait aucune raison pour les poursuivre, osa Michel. Ce sont de belles œuvres, je ne vois vraiment rien d'immoral en elles, rien de vraiment choquant.

— Tu sais bien, pourtant, qu'à l'époque, Baudelaire a fait l'apologie de l'opium et de la prostitution. Madame Bovary est une histoire d'adultère.

— Je sais, sauf qu'il ne s'agit pas d'apologie, répondit-il.

— Toi aussi tu as été poursuivi pour racisme et je ne sais pas quoi d'autre. Sans compter les procès dans le sens métaphorique du terme, pour machisme, xénophobie, stalinisme, et d'autres encore.

— Hummm… Je préférerais que cela ne soit pas arrivé. C'est très pénible. Je préfère oublier.

— Tout a déjà été écrit en littérature, dis-je sans craindre de devenir pompeux et creux.

— N'exagère pas, observa Cláudia.

— Une idée intéressante est de prendre les textes classiques et de continuer, d'inventer de nouveaux développements, des choses comme ça, tu comprends ? Prendre une histoire de Balzac et explorer de nouvelles possibilités à partir du point où il s'est arrêté, suggéra Michel de plus en plus intéressé par la conversation.

— Certains mériteraient d'être réécrits, non ?

— Bien sûr. Mais pas seulement. On fait déjà des choses comme ça. Il resterait encore beaucoup à faire. Les possibilités sont infinies. Cela peut être très amusant et créatif.

— Mais il y en a toujours qui critiquent ce type d'intervention, qui parlent de plagiat ou même d'hérésie.

— Je sais…

— Qui réécrirais-tu ?

— Victor Hugo, par exemple.

— Pourquoi ?

— Parfois, il est prolixe.

— Céline ?

— Ah, oui. Son style est devenu peu à peu un tic nerveux, une manie, une répétition sans créativité.

— On peut écrire beaucoup sans être trop verbeux. Simenon n'est jamais verbeux. Il n'y a jamais d'excès dans ce qu'il écrit.

— J'adorais voir le commissaire Maigret à la télé.

— Tu regardes souvent la télévision, Michel ?

— Un peu…

— Je la regarde environ cinq heures par jour. C'est bien pour se reposer, une manière de rester sans rien faire.

— Hummm… Je peux rester beaucoup de temps sans rien faire, rien même, des jours et des jours, sans la moindre difficulté.

— J'aime de plus en plus les romans policiers.

— Hummm…

— J'adore les livres de Fred Vargas.

— Hummmm…

— Certains d'entre eux se passent du côté

d'Edgar Quinet. J'ai vécu à côté, à Montparnasse, pendant plusieurs années. Je me sens à la maison quand je lis ses livres.

— Hummm... Il y a son *L'Homme aux cercles bleus*... Nous avons de bons auteurs de romans policiers en France, Juremir. C'est une narration agile, convaincante, bien qu'elle puisse facilement déraper. J'aimais beaucoup Jean-Patrick Manchette. Il a écrit des choses géniales.

— *La position du tireur couché.* Celui-là est génial.

— Oui, Mais je pense que son meilleur est *Petit Bleu de la Côte Ouest*.

— Tu as raison.

— Tu préfères les Américains, Juremir, surtout Raymond Chandler, intervient Cláudia, en jouant avec les restes du pauvre agneau patagonien.

— Je les ai découverts en France, dis-je. La littérature française est peu appréciée au Brésil. On la trouve nombriliste, essayiste, cérébrale, ennuyeuse vraiment, avec trop d'idées et pas assez d'histoires.

— C'est la faute du Nouveau Roman.

— J'ai traduit Robbe-Grillet et Claude Simon.

— Hummm...

— J'ai aussi traduit Pierre Michon, qui n'appartient pas au genre du Nouveau Roman, mais qui est un vrai styliste, avec peu d'histoires et beaucoup de phrases très élaborées, une prose poétique élevée à l'extrême. Il est « culte », ici.

— Hummm... Le Nouveau Roman m'ennuie.

Je crois que ce fut l'effet du vin. Ou de l'esprit

argentin créateur de confusion. Je sais seulement que je fus mélancolique d'un coup. Je ne pus pas m'empêcher de dire :

— Écrire est très triste, Michel, une immense tristesse. Tes livres sont tristes à faire mal.

— Et les tiens ?

— Également.

— Pour bien écrire, il faut être sincère, dit Michel avec une cigarette éteinte entre les doigts. Si quelque chose est triste, il faut exprimer radicalement cette tristesse. La littérature ne supporte pas le mensonge. C'est cela qui compte.

Nous demandâmes l'addition et retombâmes dans un silence sans épaisseur, apathique, pathétique. Nous prîmes un café ailleurs. Sur un mur, un graffiti me fit rire : « Le bout du monde est ici. » Nous marchâmes un peu dans la rue, pleine de touristes. Puis, lentement, nous nous dirigeâmes vers le port. L'après-midi serait dédiée à la mer et aux pingouins.

De Dieu, des pingouins et des loups-marins

Les vents patagoniens et certainement magellaniens sifflaient avec force lorsque nous nous embarquâmes sur l'*Ezequiel*, un catamaran de la Rumbo Sur, pour une longue traversée dans le canal de Beagle. Nous étions à plus de trois mille kilomètres de Buenos Aires et à seulement un millier de kilomètres de l'Antarctique. Les montagnes couvertes de neige en arrière-plan d'Ushuaia provoquaient en moi une étrange sensation de bien-être, un mélange d'odeur de chocolat chaud et de feu crépitant dans les cheminées de bons hôtels. Michel préféra s'asseoir à l'intérieur du bateau. Il se rencogna contre la vitre du côté droit et entra en transe. Peut-être pensait-il à Charles Darwin à bord du *Beagle*, dans la lointaine année 1830, traversant ces eaux toujours égales et toujours différentes.

Je pensais à Magellan hibernant pendant cinq mois à l'entrée du détroit qui porterait son nom, matant une mutinerie, contenant sa douleur après avoir perdu plusieurs navires, scrutant les nuits glaciales, exhortant ses hommes à continuer, cherchant la force pour poursuivre l'aventure. Je ne pouvais m'empêcher de penser à la mort au combat de Magellan aux Philippines, à l'impossibilité d'achever son voyage autour du monde. Je pensais aussi aux dix-huit hommes de son expédition qui débarquèrent à Séville en 1522, Juan de Elcano, Francis Alb, Juan de Acurio, Nicolas, Vasco, Diego, Miguel... Ils étaient six Juan. La biographie de chacun d'eux ferait un beau roman. Des choses de moindre importance me faisaient rêver avec la même intensité, comme Magellan découvrant l'Île des Voleurs. Quel beau nom !

Bien sûr, je songeais également à un autre homme, plus méconnu, le Hollandais Willem Schouten qui, en 1616, découvrit le Cap Horn, lieu de toutes les tourmentes et de tant d'aventures naufragées. Je pensais à la nécessité du naufrage, une de mes réflexions récurrentes : il n'existe pas de navigation sans naufrage. Sauf, peut-être, le cabotage. Nous avancions pour voir les loups-marins et les pingouins sur leurs îles. Nous irions jusqu'au phare du bout du monde. Nous resterions plus de six heures sur ce bateau. Je paraphrasais Lacan pour mon propre compte : l'aventure survient dans l'imaginaire. Pas seulement le sexe. Dans la littérature, rien ne se passe. Tout arrive sur le terrain brumeux que nous appelons maintenant imaginaire.

Michel tenta d'enlever son manteau. Cláudia rit aux éclats avant de l'aider une fois de plus. Il resta un temps interminable à renifler son mouchoir. Alors, très sérieusement, sans craindre le ridicule de ma comparaison, je lui dis :

— Me conforter comme écrivain, a toujours signifié pour moi doubler le Cap Horn, tu comprends ?

Michel sourit généreusement :

— Hummm… C'est pathétique.

— Tu crois aux idées de Darwin ?

— Bien sûr. Quelle question !

— Au Rio Grande do Sul, les disciples d'Auguste Comte avaient l'habitude de décapiter leurs ennemis, précisai-je.

— Il y a beaucoup de romans à ce sujet ?

— Quelques-uns.

Pour tuer le temps, nous commandâmes une bouteille de vin rouge, un Santa Julia de qualité moyenne, pourtant le plus cher de la carte. L'alcool rendit le voyage maritime moins serein. Le bateau, même ainsi, paraissait avancer paresseusement. De notre point d'observation, nous apercevions Puerto Williams, le village le plus au sud au monde. Les Argentins et les Chiliens sont en compétition pour le marketing du bout du monde. La propagande argentine paraît plus efficace, avec Ushuaia dominant l'imaginaire occidental, mais le Chili a le mythique Cap Horn et cet extrême Port Williams. Seuls les pingouins, les loups-marins et les phoques réussirent à nous arracher à nos places confortables. Nous filmâmes la découverte d'une « pingouinière » par Michel. Parfois, la caméra semblait le gêner. À d'autres moments, en revanche, il posait presque. Cláudia avait peur de l'ennuyer et ne voulait pas jouer à la groupie. Nous essayâmes de le filmer sans qu'il s'en aperçoive et accumulâmes aussi un amas d'images entrecoupées, tremblées, interrompues.

Devant une île bondée de loups-marins, d'oiseaux et de pingouins, L'Île aux Loups, Michel et moi eûmes notre seconde « conversation animalière », un peu plus métaphysique ou transcendantale. L'esprit de Darwin influença peut-être certaines de nos positions. Après avoir passé quelques minutes accoudé à la rampe du catamaran, photographiant les animaux, entouré de touristes enchantés de découvrir la faune de la Patagonie, Michel retourna à sa place, tira le mouchoir de sa poche et commença à le renifler d'un air rêveur. Lors d'un de mes passages à l'intérieur du bateau pour chercher ma boîte de cristaux de gingembre, il m'interpella :

— J'ai détesté ces loups-marins, dit-il avant d'éclater de rire. Ils donnent un très mauvais exemple à tous.

— Ah, bon ?

— Bien sûr. Je n'ai jamais vu d'animal aussi bas de gamme.

— Comment ça ?

— Ils restent vautrés sur les rochers, comme des fainéants sur un divan, à ne rien faire.

— Je sais, des fainéants buvant de la bière et regardant le football.

— Hummm… Ces animaux n'honorent pas l'espèce. Je ne vois aucune raison pour justifier leur existence. En plus, ils sentent mauvais. Ils laissent une impression horrible.

— Ils me paraissent si philosophiques.

— Tu es devenu fou ?

— Non. Ils me rappellent Diogène, le cynique dans son tonneau, répondant à Alexandre qu'il voulait que le roi s'écarte un peu pour ne pas lui cacher le soleil.

— Je ne suis pas d'accord. Je suis sûr que les loups-marins ne pensent à rien et lâchent des pets tout le temps. Ils ne donnent pas un bon exemple pour les touristes qui ont besoin de modèles à suivre. Ce sont de mauvais exemples pour les enfants et plus encore, pour les adolescents.

— Je ne sais pas, Michel.

— Je ne me prononcerai pas là-dessus. Je réaffirme que ces animaux sont des modèles négatifs pour la jeunesse.

— Et les pingouins ?

— Là, c'est complètement différent. Ils sont sympathiques, élégants et fragiles. Les pingouins recueillent mon approbation.

— Ils semblent à moitié idiots.

— Ah non, Juremir, tu ne peux pas dire cela !

— Pourquoi pas ? Je vois chez les loups-marins un éloge à la paresse, un refus du productivisme occidental. Les loups-marins sont naturellement anticapitalistes. Alors que ces pingouins m'inspirent une certaine méfiance.

— Pas du tout. C'est le contraire. Comment faire confiance à une espèce qui se laisse parasiter par des oiseaux et d'autres animaux, sans esquisser la moindre réaction ? Les pingouins inspirent un certain optimisme, eux. Ils sont un bon paramètre pour l'humanité.

— Je reste dans le doute. Ces loups-marins me font penser à des ermites. Ils ont quelque chose des sages bouddhistes étrangers à la vanité et aux jeux de pouvoir de ce monde éphémère.

Michel lâcha sourdement un de ses rires.

— Ils sont idiots et certainement pleins de poux. C'est tout.

— Comme les ermites.

— Je préfère les pingouins, Juremir.

Je voyais déjà Michel Houellebecq marchant parmi les pingouins, reniflant son mouchoir, une cigarette à la main, tête baissée, le visage éclairé par l'orgueil. Quand nous approchâmes d'une grande pingouinière, le bateau à quelques mètres de l'île, seulement séparé d'elle par une petite surface d'eau tranquille, je rêvai de filmer et d'interviewer Houellebecq au milieu des pingouins. Mais ma capacité à convaincre l'équipage de nous faire aborder l'île me parut insuffisante. Il faudrait, peut-être, les payer et je ne me sentais pas prêt à quelque chose d'aussi radical. J'aurais couru, en outre, le risque que Michel refuse de retourner au navire. J'imaginais déjà les titres des journaux : « Un écrivain français décide de vivre avec les pingouins. » N'avait-il pas dit, un jour, qu'il préférait la compagnie des vaches irlandaises à la cohabitation avec une partie de l'humanité ? J'observais Michel. Il y avait vraiment de l'admiration dans ses yeux quand il observait les pingouins. Nous dûmes disputer de l'espace aux touristes pour faire des photos et de bonnes prises de vue mais Michel ne se montra jamais impatient ou de mauvaise humeur. Il restait impassible. Puis, il nous proposa de revenir à nos places et de boire un peu de vin. Nous commandâmes une seconde bouteille de Santa Julia et la serveuse s'exclama :

— N'est-ce pas richissime tout ça ?

Michel adora cette expression. À partir de ce jour, nous l'utilisâmes à tout propos : tout devint « richissime ».

— Les Brésiliens oscillent entre être des loups-marins ou des pingouins, tentai-je, après avoir trinqué en l'honneur des pingouins.

— Ah bon ! s'étonna Michel, avec un sourire moqueur.

— Je n'ai pas encore vu ici d'animaux ressemblant aux Français. Les loups-marins et les pingouins n'ont pas la manière pour se réclamer de quoi que ce soit.

— Qu'est-ce le Brésil a pour vouloir être grand ? me demanda-t-il, changeant radicalement de sujet.

— Tout. Des richesses minérales, des sols pour tout type de culture, la dimension territoriale, le climat et, maintenant, selon le gouvernement, du pétrole en grande quantité.

— Hummm…

— Nous serons une des puissances du futur, avec la Russie, la Chine et l'Inde.

— Je ne suis pas convaincu. Quelle technologie nécessaire au monde entier le Brésil a-t-il déjà inventé ?

— Nous sommes riches en matières premières nécessaires aux consommateurs du monde entier et à leurs technologies.

— Hummm… Un pays qui ne produit pas de connaissances et de technologies de pointe n'a aucune chance d'être une puissance mondiale. Pour l'instant, vous êtes vraiment forts pour le tourisme sexuel ! affirma-t-il par provocation dans un grand éclat de rire

— Et au football.

— Dernièrement, vous n'avez reçu que des raclées par la France.

— Au moins, nous avons battu l'Argentine.

— Pas en littérature.

— Oui, je m'avoue vaincu, en littérature les Argentins ont une légère avance.

— Légère ? *Il n'y a pas photo*[1] !

— D'accord, Michel, ils nous ont coiffés au poteau, comme on dit. Moi, par exemple, j'adore Robert Arlt et Borges. En revanche, les Américains prennent le même type d'avantage sur les Français, ils marquent des buts en littérature, lui dis-je juste me venger.

— Qui, par exemple ?

— J'aime T.C. Boyle, Chuck Palahniuk, Nick Tosches, un peu Paul Auster…

— Je préfère Brett Easton Ellis, murmura Michel.

— Et en France ?

— Hummm… Il fut un temps où la grandeur d'un pays se voyait à travers les portraits figurant sur les billets de banque.

---

1. NDT : en français dans le texte.

— Maintenant, vous êtes foutus, mon vieux. Vous n'avez même plus de monnaie nationale. Dans l'euro, il n'y a pas de héros.

— Merde.

— Tu parles toujours en francs, Michel ? demanda Cláudia.

— Non, de moins en moins.

— Proust n'a jamais figuré sur un billet français, Michel.

— Nous avons eu Chateaubriand, Victor Hugo, Molière, Racine, Voltaire, Corneille, Pascal, Montesquieu, Saint-Exupéry, enfin, beaucoup de gens de grande valeur…

— Qui valait le plus ?

— Pascal, Molière et Victor Hugo ont valu, à des moments différents, 500 francs. Voltaire ne valait que 10 francs. Je ne sais pas si les critiques littéraires ont été entendus…

— Au Brésil, nous avons eu des princes, des princesses, des généraux et même certains écrivains, je crois. Il y a eu tant de monnaies que je n'arrive pas à me souvenir. Je sais qu'en France, pendant l'Occupation, vous avez même eu le maréchal Pétain…

— Bof !

— La littérature brésilienne est presque aussi forte que nos monnaies, Michel. Oui, sans doute un bon système d'équivalence. Tu aimes Pascal, n'est-ce pas ?

— Hummm…

— Toutefois, tu ne crois pas en Dieu et il était bigot. Je crois que peu furent aussi bigots que lui.

— Il faut voir l'époque où il vivait…

— Voltaire le considérait comme quelqu'un qui lançait de façon éloquente des injures contre le genre humain.

— Hummm…

— C'est ce qu'ils disent de toi aussi, Michel.

Cláudia sourit. Elle paraissait s'amuser beaucoup. Michel Houellebecq marmonna une réponse en plusieurs temps. Après bien des hésitations, il choisit la pondération :

— Je crois que l'humanité peut être meilleure.

— Tu sais ce que Pascal disait à ce sujet ?

— Je ne m'en souviens pas.

— Si l'homme s'élève, je le rabaisse. S'il se rabaisse, je l'élève.

— Hummm…

— Je vois plus Voltaire et toi dans ce rôle.

— Voltaire était triste.

— Que penses-tu du fameux argument du pari de Pascal sur l'existence de Dieu ? Selon Pascal, il n'y a que deux possibilités : ou Dieu existe ou Dieu n'existe pas. C'est comme un jeu. Si je parie un et que je peux gagner trois, cela me motive. Si je peux gagner plus encore, je vais certainement penser à parier. Si je peux tout gagner et ne rien perdre, alors, pourquoi ne pas parier ? Si je parie sur l'existence de Dieu, je gagne une vie terrestre de fidélité, de respect, d'honnêteté, d'humilité, d'amitié, de charité. Si je gagne le pari, Dieu existant, j'obtiens la vie éternelle comme récompense ultime. Si Dieu n'existe pas, je ne gagne pas la vie éternelle, mais je ne perds pas la belle vie sur terre que j'ai eue. Dans tous les cas, je gagne à croire en Dieu. Les chances de gagner sont de cinquante pour cent. Inversement, si l'individu ne fait pas ce pari sur l'existence de Dieu, sa vie sera vide et sans espoir. La perte est immédiate et la possibilité de gain n'existe pas.

J'avais récemment écrit une chronique sur cette question et j'étais encore en mesure de faire un résumé acceptable. Michel Houellebecq m'observa avec attention.

— C'est un argument intéressant, car il ordonne la vie. Malheureusement, il ne prouve pas l'existence de Dieu. Cela prouve seulement qu'avec un dieu l'humanité s'est mieux organisée et s'est imposée des limites. La science remplacera Dieu avec un meilleur résultat, je veux dire, sans les effets pervers de la religion.

— Sans le fanatisme et les guerres de religion ?

— Exactement. Qui possède une vérité révélée peut tuer pour elle, croire que c'est sa mission et l'imposer aux autres.

— Ta croyance en la science, ton positivisme, ton « comtisme » tant étrange deviennent ingénus.

— Étrange, mon « contisme » ? Les faits me donnent raison. Je te l'ai déjà dit, la vérité triomphe toujours. C'est une simple question de temps.

— Sur le drapeau brésilien, il y a une phrase d'Auguste Comte.

— Ordre et Progrès.

— C'était amour, ordre et progrès. Mais nos positivistes ont estimé que le mot amour ne convenait pas sur le drapeau national d'une république sérieuse.

— Il est beau, le drapeau brésilien…

— Un loup-marin n'a pas besoin de dieu, Michel.

— Il n'a besoin de rien, cet idiot.

— Mais il ne peut pas non plus avoir la sensation d'une croyance en quelque chose de plus important, une force, une énergie, quelle qu'elle soit, extraordinaire.

Je parlais comme si j'étais croyant ou l'un de ces hippies qui croient aux pierres, aux énergies et autres fantaisies :

— Le loup-marin doit avoir une place particulière dans l'évolution darwinienne, poursuivis-je. Passant sa vie avachi sur son canapé de pierre, retenant l'énergie, c'est un modèle d'adaptation à l'environnement. Il lui manque juste une bonne télévision.

— Humm… Dans le futur, comme je l'ai déjà expliqué, une religion compatible avec la science et la physique quantique, basée sur l'altruisme et la morale, organisera la vie des hommes. Il y aura une nouvelle ontologie.

Je voulus alors lui parler d'une interview qu'il avait accordée à son ami Fernando Arrabal, mais il ne m'écoutait déjà plus. Lors de sa conversation avec le dramaturge espagnol sur des questions controversées, certaines de ses déclarations étaient très fortes : son absence de désir de vengeance lorsqu'il avait rencontré sur les Champs-Élysées, l'homme, devenu mendiant, qui l'avait battu autrefois dans une salle de bains quand ils n'étaient encore que de jeunes garçons ; la rancœur contre sa mère et son père qui ne lui rendirent jamais visite quand il fut interné dans une clinique psychiatrique et avec lesquels il rompit après le succès des *Particules élémentaires*. Dix ans sans voir son père, dix sans voir sa mère, peu de commentaires sur sa sœur... Les crises de son épouse Marie-Pierre, les nuits passées avec elle dans des clubs Il ne m'écoutait pas. Peut-être que son chien Clément lui manquait. Peut-être pensait-il au comportement et aux choix de sa mère pendant une phase de sa vie. Pensait-il encore à Jacinthe, sa première épouse ? Ou à son fils Étienne ? Je fluctuais.

— Tu crois encore à l'amour, Michel ?

À Arrabal, il avait répondu tristement : « L'homme moderne, obsédé par le travail, évite l'amour. » J'avais devant moi un écrivain célèbre et incompris, défenseur de l'homme et accusé d'antihumanisme, provocateur – il avait proposé d'attaquer l'islamisme avec des mini-jupes –, mais souffrant de carence affective, un idéaliste capable de croire en un gouvernement mondial fondé sur la bonté et la fraternité. Un authentique exemple de Mai 1968 en guerre contre l'esprit de 68. Un libertaire plus proche de Kant que de Nietzsche. Un paradoxe.

Peut-être n'ai-je rien dit pendant notre retour, à la nuit tombante, à Ushuaia dans le canal de Beagle. Il n'y avait plus de vin. Michel, parfois, fixait tendrement Cláudia. D'autres fois, il le faisait avec un sourire étrange. Il était absent et, en même temps, dominait la scène par son silence. Mais quand je parlai à nouveau de Dieu, il me répéta doucement sa devise, identique à celle avouée à Fernando Arrabal : « Nous n'invoquons pas le Saint Nom en vain. » L'*Ezequiel* s'amarra au port. Nous descendîmes lentement.

— Quelle balade richissime, commenta Cláudia.

Saint Christopher de Patagonie

Nous marchions dans Maipú, le vent fouettait nos corps anesthésiés par le vin et le long temps passé assis. Nous montions par la rue principale d'Ushuaia en faisant des commérages sur les célébrités et racontant des blagues. Michel était loquace et divertissant. La terre du bout du monde étalait ses enseignes au néon avec l'élégance d'une débutante d'une riche ville de province. Devant une discothèque, nous vîmes des affiches publicitaires annonçant un spectacle érotique ou quelque chose de ce genre. Michel et Cláudia s'intéressèrent immédiatement au sujet. La porte était fermée. Nous cherchâmes en vain des informations sur les horaires du spectacle mais ne rencontrâmes personne qui pût nous donner espoir. Nous décidâmes alors de dîner et de revenir plus tard pour tenter notre chance.

Nous avions une liste de restaurants recommandés par les meilleurs guides mais Michel préféra commettre une extravagance. À un croisement de San Martín, il vit quelque chose qui lui parut presque fantastique ou totalement différent : un self-service, El Arco-Iris. Il fut ébloui. Nous y entrâmes pour lui donner satisfaction. Il examina les clients et la nourriture disponible avec la curiosité d'un entomologiste. Tout cela était délicieusement touristique pour lui. Il avait le visage illuminé, rayonnant de joie, d'un jeune garçon dans un parc d'attractions rempli de jouets étranges :

— En Europe, le self-service est fréquent dans les entreprises, justifia-t-il. C'est très pratique.

Il choisit un morceau d'agneau patagonien et une salade. Nous commandâmes du vin. Il me demanda quel était mon critère :

— Le nom, plus il est sonore ou poétique, plus il me plaît, et le prix. Je choisis le plus cher dans la limite de mes possibilités, répondis-je.

— C'est un critère de connaisseur, plaisanta-t-il.

La serveuse était sympathique et jolie, *mignonne*[1]. Nous entamâmes la conversation avec elle. Nous voulions savoir où était la fête. Surprise par la question, elle rit beaucoup et nous indiqua le Saint Christopher.

— Aujourd'hui, on n'y coupe pas, Michel, déclara Cláudia.

— Hummm…

Quand nous payâmes l'addition, déjà bien en verve, nous parlions de la vie, d'art, de sexe et de projets pour le futur. Je reprenais certains passages de notre conversation du déjeuner. Avec une voix traî-

1. NDT : en français dans le texte.

nante et fatiguée par le mauvais état de ma gorge enflammée, je dis à Michel :

— Tu as gagné un million d'euros pour aller chez Fayard. Quelle folie ! On dit qu'ils t'ont reçu comme une star.

— Pure médisance des médias. Ils étaient en réunion, je suis passé par là pour dire bonjour. Ce fut tout.

— Tu es très courageux, Michel…

— Non…

— Tu as rompu publiquement avec le puissant groupe Lagardère car il n'a pas tenu sa promesse de financer ton adaptation de *La possibilité d'une île* au cinéma. Je l'ai lu dans ton blog. Tu as dit que tu ne publierais plus jamais chez un éditeur de ce groupe.

— Il n'y a pas eu de rupture. Ce fut seulement, disons, un malentendu. Il a fini par donner l'argent pour mon film. Tout s'est bien fini. Je pense qu'il a acheté mon silence.

— Non, mon vieux, tu as frappé avec la dinde sur la table…

— Hein ?

— Personne ne t'a conseillé d'y aller doucement ?

— Raphaël Sorin, mon éditeur, essaye de me tenir, parfois, à propos de ce que j'écris. Je vis dans la peur des procès. C'est pire qu'avec les avocats. Un jour, moi qui déteste téléphoner, j'ai dû l'appeler pour garantir une chose à laquelle je ne voulais pas renoncer.

J'ai oublié de quoi il s'agissait. Je voulus savoir s'il était un bon réalisateur. Je ne me rappelais pas de son passage par l'école de cinéma mais je me souviens que Michel déclara se sentir très à l'aise sur un plateau de tournage. Parfaitement à l'aise.

— Je n'ai pas la moindre difficulté à donner des ordres. Je le fais avec élégance et sans élever la voix. Je suis très organisé. Je reste calme et m'en sors très bien. Le plus difficile est de supporter les interventions des producteurs.

— Pourquoi de nombreux critiques te haïssent-ils, Michel ?

— Je ne sais pas. C'est bizarre. Certains pensent que je suis un vicieux, presque un maniaque sexuel, un obsédé. En France, Jean-François Kahn et Pierre Assouline me détestent. Ils ont horreur de moi. Je suis un monstre pour eux.

Le lendemain matin, sur Internet, je lus une partie d'un texte assassin d'Assouline à propos de Houellebecq. Le résumé de la critique était cinglant : Michel Houellebecq s'imagine qu'il suffit de rajouter « infernale » devant « petite salope » pour faire baudelairien. Le reste du bombardement, à propos de *La possibilité d'une île*, était rébarbatif et violent : pur art vulgaire de la provocation. Nabokov taxé d'être un « pseudo-poète médiocre… imitateur de Joyce » ; Hegel, un « grossier imbécile » ; les adolescentes, « des petites salopes innocentes prêtes à toutes les dépravations ». La grande contribution de Michel Houellebecq à la littérature serait la revalorisation du point-virgule.

En contrepartie, Laurent Neumann, rédacteur en chef de *Marianne*, définit, avant l'affaire Materazzi, Michel Houellebecq comme le « Zidane de la littérature ». Rien ne devait changer, dans ce sens, après la Coupe du Monde de 2006. Pendant notre conversation dans le self-service, Michel restait gai et vorace.

— Philippe Sollers, sans doute le plus grand dandy des écrivains français célébrés à Paris, paraît bien t'aimer, bien que ton personnage Bruno, dans *Les particules élémentaires*, le traite comme quelqu'un qui ne couche qu'avec des vieilles maintenant que les minettes préfèrent les chanteurs. Tu aimes Sollers maintenant, ou il fait déjà partie du passé ?

— Hummm… Il est intéressant.

— Que détestes-tu le plus quand on parle de tes livres ?

— Qu'ils réduisent mon œuvre à ma biographie.

— Je sais comment c'est. À mon échelle, j'en ai souffert aussi. Qui s'est mêlé encore de ta vie ?

— Un journaliste appelé Denis Demonpion, qui a affirmé avoir écrit ma biographie non autorisée.

Le sexe est entré naturellement dans la conversation. Il était notre aspirateur de vide. Nous arrivions à déjouer les plus grands silences en parlant de littérature ou de sexe.

— Le sexe est très important pour toi, Michel ?

— Bien sûr.

— Tu le pratiques souvent ?

— Maintenant, un peu moins.

— Tu aimes les jeunes filles ?

— Je suis dans la crise de la quarantaine, répondit-il.

— J'ai écrit un livre à ce sujet : pour les hommes dans la crise de la quarantaine et pour les femmes voulant les comprendre.

Il éclata de rire.

— Quelles conclusions en as-tu tirées ? demanda-t-il.

— Il y a plusieurs symptômes de l'arrivée de la crise de la quarantaine. L'intérêt pour les filles de vingt ans en est un.

— Non. C'est le phénomène même. C'est ça la crise de la quarantaine. Avant, je ne pensais même pas aux filles de cet âge.

— Elles peuvent être intéressantes, intéressées et calculatrices, Michel. C'est une question d'analyse combinatoire. En général, les intéressantes sont calculatrices. Et les intéressées n'intéressent pas.

— J'ai toujours été bon en mathématiques.

— Vous êtes deux vieux pervers, se moqua Cláudia.

— Un ami m'a suggéré un pseudonyme pour l'utiliser dans mes livres les plus radicaux, dis-je tout à coup. Je devrais signer Michel Thomas[2].

Il resta figé. Son visage perdit de sa lumière.

— C'est un bon nom, dit-il enfin.

— Pourquoi l'as-tu changé pour Houellebecq ?

— Je voulais rendre hommage à ma grand-mère.

2. Thomas est le patronyme de Michel Houellebecq.

— Peut-être qu'un jour je publierai un recueil de poèmes sous le nom de Michel Thomas, insistai-je.

Michel Houellebecq changea de sujet :

— Un des auteurs que j'ai le plus lu dans ma vie est Staline, dit-il, sans justifier une telle embardée. Je connais comme peu de gens son style et la couleur de ses idées.

Nous demandâmes l'addition. La jolie serveuse nous confirma l'adresse du Saint Christopher. Il suffisait de descendre par Maipú. Je plaisantai encore un peu avec elle :

— Tu ne vas pas à la fête ?

— Seulement très tard, avec mes amis.

— Quelle *chica* richissime, dit Michel en riant.

Dehors, le vent était froid. Rien de nouveau au bout du monde. Nous remontâmes la rue pour assister au spectacle érotique. La maison était toujours hermétiquement fermée. Le Saint Christopher était notre destin.

Michel baya aux corneilles.

Nous marchions encore dans Maipú, fouettés par les bourrasques australes, quand je lui demandai, juste pour tuer le temps et me soulager du froid par le mouvement des idées, s'il vivait en Irlande ou en Espagne. Il grogna :

— En Irlande et en Espagne.

— Tu es parti d'Almeria pour venir au Brésil ?

— J'y suis passé pour changer de vêtements. J'étais en Allemagne et en Belgique pour travailler sur mon film.

— On dit que tu t'es installé en Irlande à cause des impôts trop élevés en France. Que fais-tu à Almeria ?

— J'aime l'Irlande. En Espagne, je ne vais presque jamais en ville. J'habite à la plage. À Vera.

— Tu es marié depuis longtemps ?

— Je ne me rappelle plus. Quinze ans peut-être.

— Tu es heureux ?

— Je veux divorcer.

Nous arrivâmes au Saint Christopher. Il n'était pas loin du port d'où nous étions partis pour notre promenade sur le canal de Beagle. Minuit allait bientôt sonner. Michel traînait les pieds. Nous l'attirions vers la perdition. Nous voulions le voir dans une rave au bout du monde, ou quelque chose comme ça. Nous voulions, nous aussi, que la fête nous avale dans un tourbillon patagonien et magellanien. À l'intérieur, il n'y avait pas encore de musique. J'expliquai que jusqu'à minuit, c'était juste un restaurant. Après, il y aurait de la musique *live*. Enfin, ce serait l'orgie totale.

Les clients, une quarantaine, tous endimanchés, étaient assis autour d'une seule et longue table. Ils parlaient tous à la fois et trinquaient avec effusion. Nous étions arrivés au milieu d'un dîner. Ce n'était pas, pourtant, un dîner ordinaire. Des salades et des viandes arrivaient sur la table à chaque instant. Des filles qui s'étaient bien coiffées pour la fête, avec des tatouages sur les bras et des bijoux voyants, et des garçons à l'air sportif occupaient l'espace avec quelques hommes et quelques femmes plus âgés à la physionomie plus banale. Prédominait ce que les Français nomment une atmosphère *bon enfant*[3].

Nous nous assîmes en face de cette table animée, observant cette fraternisation entre convives comme si nous savions ce qu'elle signifiait. Michel semblait hypnotisé. Il tenta de se débarrasser de son blouson avec beaucoup d'effort et de patience. Après l'avoir laissé souffrir un peu, Cláudia le libéra tendrement, murmurant des mots comme « laisse-moi faire, viens ici, mon pauvre petit ». Il voulait boire une bière et un cocktail bizarre et blanchâtre. Cláudia et moi commandâmes un champagne national. Certaines des Argentines de la table voisine avaient des seins généreux. Les hommes jacassaient, sans dépasser les limites. Un homme chauve fit un petit discours. Tous écoutèrent. Au début, les mots nous parvenaient, étranges, par petits bouts. Puis, le mystère s'évanouit. C'était une commémoration de fin d'année. Une fête d'entreprise. Une réunion festive de fin d'année entre employés, chefs, et gentilles collègues sexy, petits amis et un peu de tout. Tout le monde se contrôlait afin de ne pas s'humilier. Michel soupira profondément. Nous rîmes.

— C'est bientôt Noël, dis-je.

— Où vas-tu le passer, Michel ? demanda Cláudia.

— À Paris. Ce sera sinistre.

— Avec ton fils ? osai-je demander.

---

3. NDT : en français dans le texte.

— Non, nous nous voyons rarement.

Pour changer de sujet, je parlai des belles Argentines en face de nous. Je lui assurai qu'elles commenceraient à danser vers deux heures du matin et que tout serait alors possible.

— Si j'étais jeune et beau, mais je ne le suis pas, je sais que je pourrais avoir l'une d'elles, rumina Michel.

— Même plus d'une, mon vieux.

— Le problème est que je ne suis ni jeune ni beau…

— Le sexe est un système de hiérarchie sociale, non ?

Il plaça sa voix pour demander en plaisantant :

— C'est à moi que tu dis ça, mon cher monsieur ?

— J'ai appris cela dans un livre intitulé *Extension du domaine de la lutte*, d'un auteur français radical et ironique.

— Hummm…

— Tu es riche et célèbre, Michel.

— Elles ne le savent pas.

— J'avais un ami, dont je ne peux oublier la mort, qui disait qu'après quarante ans c'était seulement en payant.

— C'est peut-être une bonne idée. Où ?

— Nous avons encore un capital de séduction à dépenser, mec.

— Ah bon !

— Sarkozy n'est-il pas avec Carla Bruni ?

— Il est président de la République.

— Cécilia l'a jeté même ainsi.

— Elle a toujours été une idiote.

— Que faut-il attendre d'une figurante de télévision qui a épousé un animateur télé comme Jacques Martin ?

— Hummm... C'est Sarkozy lui-même, en tant que maire de Neuilly, qui les a mariés...

— Il les a mariés, et en même temps, a posé ses yeux sur elle...

— Il l'a eue !

— Mais a fini par être trompé.

— Hummm...

— Chaque journée, pour qui le peut, est une journée de chasseur...

— Hummm... Je n'ai plus d'énergie pour chasser.

Alors que Cláudia et moi finissions notre deuxième coupe de champagne, nous demandant encore comment une fête d'entreprise pourrait devenir une rave ou une bonne piste pour une session de marteau-piqueur, en l'absence d'un putain de funk, Michel dormait déjà sur la table, la tête appuyée sur ses bras, candidement blotti dans son sommeil. Nous appelâmes alors un taxi et partîmes sans avoir le courage d'emporter la bouteille. Ushuaia était humide et glacée. La nuit était une enfant argentine. Nous étions deux vieux Brésiliens et un Français. Nous ramenâmes Michel à l'hôtel. En sortant de l'ascenseur, je dis :

— À demain, alors, Michel. Bonne nuit. Repose ta carcasse. Ce fut richissime, mec.

Il resta à nous observer ouvrir la porte de la chambre. Il fit un pas hésitant en avant. Je lui fis un signe.

— Il arrivait déjà ici, dit Cláudia, nerveuse, excitée, alors que je fermai la porte.

— Chienne !

Nous rîmes. C'était ce que nous faisions le plus pendant notre voyage avec Michel Houellebecq au bout du monde, cette Terre de Feu.

La prison du bout du monde

Le dimanche, notre bout de Terre de Feu se réveilla couvert de neige. La baie était toute blanche. Vus de notre chambre, les bateaux amarrés au loin semblaient des fantômes découpés sur un fond de Noël européen. Pour moi, un Noël sous la neige est toujours européen. Certainement, le souvenir d'un Noël passé dans les montagnes du Jura. Le coton s'accumulait sur les branches des arbres et les recouvrait d'une douce blancheur. Cláudia, avec sa généreuse allégresse habituelle, était très heureuse. C'était comme si la nature la récompensait avec un cadeau inattendu. Michel décida de rester dans sa chambre. Cláudia et moi enregistrâmes un bulletin pour la télévision que je ne réussis pas à envoyer par Internet, puis nous allâmes visiter seuls l'ancienne prison d'Ushuaia. Notre ami écrivain refusait de participer à cette expédition au musée situé dans le sinistre bâtiment de la terrible prison où, jusqu'à un passé encore récent, les criminels les plus dangereux d'Argentine finissaient leurs jours.

Nous descendîmes du taxi, sous une nuée de flocons de neige. Cláudia ne se contint pas :

— Comme cette neige est richissime ! cria-t-elle, heureuse de vivre, pétrissant d'énormes boules de neige pour les lancer sur moi.

Dans la prison, chaque cellule était l'écho de l'histoire d'un prisonnier. Cela me fit l'effet d'un hallucinogène. Bien qu'encerclé de touristes, de leurs appareils numériques et de leurs T-shirts Mickey ou Britney Spears, je me sentais entrer dans les pages vivantes d'un roman intemporel de Dostoïevski. Les seuls noms des prisonniers m'ouvraient déjà les sentiers de l'imaginaire : Sacomano ; les frères Bonelli ; El Mejicano ; Carlos Gardel ; l'anarchiste Simon Radovitsky (détenu 155) ; Juan Bernales ; Ladrón de Guevara ; Mateo Banks ; *El Místico* ; Santos Godino, prisonnier numéro 90 ; le *Petiço Orelhudo*[1] ; l'écrivain Ricardo Rojas, prisonnier politique qui écrivit à la prison d'Ushuaia une *Histoire de la littérature argentine*, décrite par le toujours impitoyable et précis Jorge Luis Borges comme plus étendue que toute la littérature argentine, certainement grâce au temps qu'a pu lui consacrer l'auteur.

Cayetano Santos Godino, le *Petiço Orelhudo*, selon le livre de Carlos Pedro Vairo que j'achetai tout de suite après avoir visité la prison d'Ushuaia, a débuté sa carrière d'assassin au début du XXe siècle à Buenos Aires. Il tua de nombreux enfants. C'était sa

1. NDT : Poney Oreillard

spécialité. Lors de son arrestation, il expliqua pourquoi : « Souvent le matin, après avoir écouté les sermons de mon père et de mes frères, je sortais chercher du travail, mais comme je n'en trouvais pas, j'avais envie de tuer quelqu'un. Si je trouvais un enfant, je l'amenais quelque part et je l'étranglais. » Envoyé dans un établissement psychiatrique, il attaqua les patients. Expédié à Ushuaia en 1915, il apprit à lire et à écrire suffisamment pour envoyer des lettres à sa famille qui, à partir de 1933, ne répondit plus. Une information retint mon attention : le 4 novembre 1927, il fut opéré des oreilles : elles étaient décollées, et l'on croyait que son mal venait de là. C'est une hypothèse qui pourrait être explorée plus en avant et qui prouve combien la science était déjà très audacieuse. Godino est mort le 15 novembre 1944, d'une hémorragie interne après avoir pris une raclée des autres détenus pour avoir jeté un chat dans la cheminée.

L'animal préférait la glace.

Presque toutes les histoires des prisonniers d'Ushuaia sont romanesques. Herns, l'équarrisseur, qui jetait les restes de ses victimes dans le lac de Palerme, passa sa vie en prison en travaillant comme boucher. C'était un philosophe intuitif. Il soutenait que l'important est de ne pas se laisser dominer par ses émotions. Au final, tout serait écrit d'avance. Raison pour laquelle, il ne se donnait même pas la peine de s'enfuir. Carlos Gardel, lui, aurait purgé une peine sur la Terre de Feu à cause d'un problème mêlant politique et femmes, pas nécessairement dans cet ordre, avant de commencer sa mythique carrière artistique. Il n'y a pas la moindre preuve de cela, ce qui rend l'histoire, aux yeux de nombreux spécialistes, peu probable. Simón Radovitsky, condamné n° 155, était un anarchiste d'origine russe qui tua le chef de la police, le commissaire Falcão, et son assistant, en faisant exploser une bombe dans leur voiture.

Radovitsky devint un héros pour les anarchistes et réussit à s'enfuir avec l'aide d'un certain Rispoli, connu comme le « dernier pirate de Beagle », mais il fut repris. Un journaliste l'interviewa en prison en 1930. J'aurais adoré le faire. Il finit par être libéré, grâce à une amnistie du Président Irogoyen, mais fut obligé de quitter le pays. Il passa en Uruguay, puis combattit pendant la guerre d'Espagne et mourut, en 1956, au Mexique. Il eut ce que l'on peut appeler une vie mouvementée. Entre autres, il tua huit personnes – trois frères, une belle-sœur, deux nièces et deux passants – dans un endroit appelé Paris, à Azul, dans la province de Buenos Aires. De beaux noms pour une tragédie ! Curieusement, il était propriétaire de deux élevages, l'un d'eux appelé « La Bonne Chance », où il commit quelques-uns de ses crimes. Il a toujours juré son innocence.

À un journaliste, Mateo Banks dit que Dieu était au courant de son innocence. Il parlait avec le Créateur mais pour que l'humanité, elle aussi, prenne conscience de l'injustice commise contre lui, il écrivit ses mémoires – mille deux cents pages ! – qui furent publiées après sa mort. Il espérait qu'apparaîtrait un Zola argentin pour le défendre. « Je suis innocent comme Dreyfus. Dieu le sait. J'ai moi aussi eu mon Île du Diable », déclara-t-il. C'était un magnifique imposteur, un conteur d'histoires au cynisme fantastique, un maître pour vous égarer sur de fausses pistes, bien qu'improbables, au sujet de son odieux passé. Pas moins mystique ou cynique, fut Ladrón de Guevara, le tueur de sa femme et de ses enfants qui, en prison, se tourna vers la religion. Interrogé sur son passé criminel, il répondit candidement : « Tout cela appartient à une autre vie, une vie passée, une vie morte. »

De 1884, lorsque les premiers condamnés arrivèrent, jusqu'en 1947 quand elle fut fermée, la prison d'Ushuaia demeura une forteresse triste fouettée par les vents glacés de la Terre de Feu. Les prisonniers avaient terriblement froid. Leur pire condamnation était certainement de devoir traverser la vie avec l'âme et les os gelés. Ils préféraient un travail pénible et absurde plutôt que de rester à trembler dans les cellules d'un monde sans fin. Dans l'une d'elles, feuilletant le livre que je venais d'acheter, je fis d'étranges associations d'idées. Je m'imaginais prisonnier dans cet endroit horrible, frissonnant de froid, clamant mon innocence, mélangeant les noms, Azul, Palomas (mon village), Paris, Ushuaia, tout, enfin, dans un réseau de connexions improbables, à portée de mains, unies par l'absurdité du crime.

Là, dans la cellule de Ricardo Rojas, je pensai à Michel Houellebecq. Quel étrange personnage ! À la fois doux et agressif, cruel et profondément sensible, vulnérable et impitoyable, génie de l'ironie et de la provocation. Je l'admire beaucoup. Sa force littéraire tient à sa capacité de faire de la littérature avec très peu de littérature. On ne sait jamais si ses personnages reflètent ses pensées et racontent sa vie, ou s'ils nous induisent en erreur, nous déconcertent et nous choquent à partir d'un inextricable mélange de vrai et de faux, d'autobiographie et de fiction, de rancœur et de fierté. Je pensai à ses séjours en cliniques psychiatriques en arrivant à croire qu'ils n'existèrent pas, aux familiers qui ne le visitèrent jamais, au désintérêt précoce de ses parents à son égard – ce qu'ils ont nié –, à sa relation ombilicale avec sa grand-mère communiste, à la vie qu'il eut en internat, à son profond intérêt pour le sexe, les femmes, l'amour et pour la vie. Quelle chose extravagante de passer ainsi, du rien au tout, sans cesser d'être rien après avoir atteint tout ce que, quasiment tous, nous recherchons.

Rarement, je rencontrerai un homme aussi respectueux, préférant se taire plutôt que de nous blesser avec sa forte ironie. Rarement, je rencontrerai un Français si patient. Il se plaignit d'avoir à attendre presque dix heures à l'aéroport de São Paulo, quand il retourna en Europe, et de l'heure à laquelle il devrait prendre l'avion à Santiago do Chile, ce qui l'obligerait à veiller, mais il ne s'irrita pas, acceptant avec résignation la possibilité que rien ne puisse changer. Il faisait du tourisme avec nous sans demander le programme, essayant de se divertir de tout ce que nous pouvions lui offrir. La seule chose qu'il refusa fut la visite du musée de la prison avec nous. Avait-il peur de ses fantômes ? Comme on dit, il ne paye pas de mine quand on le voit. Au fond, il ressemble à un malheureux, abattu, taciturne, déprimé, introverti à l'extrême, maladif.

Pure méprise ! Non pas que tous ces traits puissent être niés mais son intelligence, sa sensibilité et son air affable s'imposent comme une contrevérité puissante. Je ne pus me retenir de l'imaginer écrivant l'histoire de la littérature française dans l'une de ces cellules de la prison d'Ushuaia, au son de Leonard Cohen, avec de longs chapitres consacrés à Baudelaire, Balzac, Céline, Proust… J'imaginai la violence de ses critiques et la beauté de ses éloges sous l'influence de la solitude, du vent patagonien, de l'idée d'être au bout du monde. Sans grande originalité, comme je le dis, je l'imaginai comme un chien, même pas un loup, un chien triste et maigre, errant dans le désert gelé de la Terre de Feu.

Quand nous sortîmes de la prison d'Ushuaia, il neigeait abondamment. Nous n'avions pas la tête à nous en réjouir. La ville paraissait une illustration d'elle-même, faite de traits rapides et sombres. Je serrai fortement la main de Cláudia et nous avançâmes dans les rues désertes avec précaution, comme des chats, et arrivâmes frigorifiés au restaurant El Bodegón Fueguino. Pendant quelques secondes, nous restâmes à l'entrée, un peu hébétés. Puis, l'atmosphère chaude et familiale du lieu nous enveloppa doucement. Des enfants se bousculaient autour des tables. Des bébés criaient à pleins poumons. Les parents s'agitaient. Le chauffage fonctionnait à plein régime. J'attaquai un agneau patagonien pour reprendre des forces et nous bûmes une bouteille de Terrazas Malbec pour oublier les prisonniers de la Terre de Feu et leurs mésaventures au bout du monde.

L'écrivain qui ne se reconnaissait pas

En rentrant à l'hôtel, j'appelai Michel dans sa chambre.

— Tu ne vas pas déjeuner ? demandai-je.

— J'ai mangé quelque chose ici.

— Qu'est-ce que tu as fait ?

— Travaillé. J'ai décidé d'écrire un peu.

— Tu as réussi à avoir une connexion Internet sans fil dans la chambre ?

— Oui, ça fonctionne bien.

— Que dirais-tu de filmer une conversation intelligente avec la caméra de Cláudia ? lui proposai-je.

— Ce n'est pas une mauvaise idée. Allons-y.

— Nous t'attendons à la réception.

Je voulais l'enregistrer avec la baie d'Ushuaia en fond. Les arbres étaient couverts de neige. Ce serait beau. Mais c'était à contrejour et donc de mauvaise qualité. Pourquoi, malgré la technologie, seuls les professionnels réussissent-ils à filmer avec les meilleurs fonds, les rivières, la mer, la vue des fenêtres ? Nous avons dû faire le contraire et tourner le dos au paysage. Les premières images sont ridicules. J'y apparais avec mon écharpe rouge autour du cou, le bras tenant le microphone, assis à côté de Michel, et tous les deux dans le même cadre. Lui a l'air incroyablement ennuyé ou apathique. Notre dialogue, pourtant, débuta par des rires.

— Pourquoi venir en Patagonie ? attaquai-je.

— C'est ça que tu appelles une conversation intelligente ? Tu n'as pas trouvé mieux ? riposta-t-il.

— Ça commence mal, fis-je.

Nous rîmes. Il y avait de la complicité dans nos rires. Cláudia était nerveuse et me regardait, inquiète, par-dessus la caméra.

— C'est mythique pour les Français, reprit-il. Je ne sais pas pourquoi, du reste, tout ce mythe impressionnant fait venir tant de Français en Patagonie.

Notre entretien, que je transcris ici à partir de l'enregistrement, possède son rythme propre. J'ai coupé les hésitations, les longs silences, les articulations dans le désordre tout en restant fidèle au « réel ». Mais le réel est toujours imaginaire.

— Tu as rêvé de la Patagonie dans ta jeunesse ou dans ton enfance ? demandai-je.

— Ah, certainement, cela me rappelle quelque chose, mais je ne suis pas suffisamment vieux pour avoir des souvenirs de jeunesse. Enfin, la Patagonie et les pingouins sont certainement des souvenirs subliminaux.

Nous débutâmes alors une autre de nos « conversations animalière », à titre officiel, pour la postérité.

— Justement, quelle est l'importance des pingouins dans ta vie ? parvins-je à demander sans rire.

— Eh bien, je les ai vus hier pour la première fois et je n'ai pas été déçu. Ce sont des animaux que tout le monde trouve sympathiques, car ils sont fragiles avec leurs petites ailes, leur gros ventre, leurs plumes. Je pense que, si les pingouins étaient tués comme les phoques, il y aurait des réactions beaucoup plus fortes. Ils suscitent de la sympathie parce qu'ils sont un peu maladroits dans leur façon de marcher. En outre, ils donnent l'impression d'une communauté structurée, – si cela est vrai ou pas, je n'ai aucun moyen de le savoir –, dans un environnement hostile, froid, ce qui ne fait qu'augmenter ma sympathie pour les pingouins.

— Tu t'intéresses beaucoup aux animaux ?

— Oui. Le genre fable continue d'être valable. Cela me donne des paramètres pour juger l'humanité.

— Tu as déjà écrit à propos d'autres animaux, mais jamais sur les pingouins.

— Humm… Cela viendra sûrement. En réalité, j'ai vu une ou deux images de pingouins quand j'avais six ans, avec quelques petits commentaires. Le pingouin, dans ce sens, m'a moins marqué que le chimpanzé, que j'ai observé dans des zoos. Il faut un contact direct avec l'animal pour que son image perdure. Je ne sais pas pourquoi le fait de voir de nombreux animaux à la télévision ne suffit pas.

— Il faut les voir directement ?

— Oui, je crois que cela permet une sorte d'identification. Je ne pense pas qu'il soit possible d'écrire seulement à partir de ce qui est vu à la télévision. Il faut un contact direct, expérimenter par soi-même. Nous devons vivre pour rencontrer de vraies personnes…

— En contrepartie, tu n'as pas aimé les phoques ou les loups-marins, ou peut-être les éléphants de mer ?

— Non, ce n'étaient pas des éléphants. De ceux-là, j'ai vu des images, ils sont énormes, mesurent environ sept mètres. Ceux que nous avons vus étaient des loups-marins. Ils m'ont fait mauvaise impression. Ce sont des animaux bas de gamme.

— Qu'est-ce que cela signifie ?

Je connaissais déjà la réponse. C'était une redite, comme si auparavant, à bord de l'*Ezequiel*, nous avions fait une répétition. Même ainsi, au nom de mes futurs téléspectateurs – car je voulais passer l'interview dans mon programme, *Livro Aberto*[1], à la télévision de l'université –, je suivais le scénario.

— Disons que c'est un animal qui n'honore pas la création et dont l'existence ne semble pas nécessaire, répondit Michel. Ils ont un air stupide et mauvais. Tu souris. Je dis quelque chose de ridicule ?

— Non, pas du tout, c'est très intéressant, insolite, différent… Ce n'est pas tous les jours que l'on rencontre un écrivain qui a tant de choses à dire sur les pingouins.

— Mais, ce n'est pas non plus tous les jours qu'un écrivain a l'occasion de rencontrer un animal

1. NDT : Livre Ouvert.

pour la première fois dans sa vie. Le serpent aussi m'a beaucoup impressionné, quand j'ai pu en voir un.

— Dans le livre *Extension du domaine de la lutte*, tu as écrit des bestiaires ou des fictions animalières. Le pingouin pourrait apparaître dans un nouveau bestiaire ?

— Cela pourra arriver. C'est promis. Il y a un bestiaire que je n'ai pas achevé, qui n'est pas entré dans *Extension du domaine de la lutte*, un semi-bestiaire, un dialogue entre un ver et un journaliste, dit-il.

Se moquait-il de moi ? Ou de nous ? C'était hilarant.

— Un pingouin..., reprit-il. J'ai vu des lapins ici aussi. J'en avais déjà vu avant. En Irlande, les lapins sont, en général, des animaux domestiques. En France, on les mange. On les élève dans des cages pour les manger.

— Tu es pour ? Tu en manges aussi ?

— Humm... Si mon niveau moral augmentait légèrement, ce qui peut encore arriver, j'arrêterais de manger des lapins, dit-il, presque dans une apologie de la morale supérieure.

— En revanche, tu n'as rien contre le fait de manger du mouton ?

— Non. Je connais bien les moutons. Il y en a beaucoup en Irlande. C'est un animal stupide, vraiment stupide, ce n'est rien d'autre que de la chair sous une peau. C'est un animal, par ailleurs, peu sympathique. Manger du mouton, pas de problème.

— J'ai l'impression que les animaux t'inspirent beaucoup plus que l'humanité ou que tu as plus d'affection pour eux que pour les hommes…

— Ah, non, non, je n'ai aucune affection pour le loup-marin. L'homme est de toute façon un animal. C'est intéressant de connaître d'autres animaux. Cela facilite les comparaisons. Cela permet de situer l'homme, de le relativiser.

— Pourquoi, réellement, voulais-tu venir en Patagonie ? insistai-je. Pour la solitude, la nature, les animaux, pour écrire plus tard ?

C'est à ce moment qu'il explique pourquoi, dans l'imaginaire des Français, la Patagonie représente le plus lointain possible, bien que la Nouvelle-Zélande soit plus distante.

— Cela te fait réfléchir sur le sens de la vie, cette solitude, le désert ? continuai-je.

— Non, c'est avant tout géographique, brutalement géographique. En termes dramatiques, aller en Patagonie donne l'impression qu'il n'y a plus de lieu où aller, car j'ai déjà vu le désert, encore plus désert qu'ici. La Patagonie signifie avoir fait le tour de tout.

— Parcourir la route panaméricaine, qui va d'Ushuaia à l'Alaska, en passant par un grand nombre de pays latino-américains, sauf le Brésil, ne te donne pas l'impression que ce serait une manière d'aller très loin ?

— Parcourir la route entière ?

— Oui.

— Cela ne semble pas très intéressant. C'est peut-être une route mythique pour les Latino-Américains, mais pas pour les Français. Cendrars a fixé dans ce sens les principaux mythes de la France : la Patagonie et le Transsibérien.

— Devenir un écrivain n'est-il pas aussi un mythe français. Pourquoi es-tu devenu écrivain ?

— Dans ma jeunesse, ce n'était pas un mythe accessible. Ce n'est pas une question de jeunesse pour moi. Dans mon milieu social, ce n'était pas un mythe normal. Donc on ne peut pas dire que j'ai pensé au statut d'écrivain avant d'en devenir un. Ce ne pouvait être un rêve que dans les milieux plus éduqués que le mien. Cela n'apparaissait pas beaucoup à la télé. Il était logique d'ambitionner d'être un chanteur ou un footballeur. Écrivain, c'était pour les classes sociales plus élevées. Cela n'a jamais été l'un de mes rêves.

Nous dûmes arrêter faute de batterie. Quand nous reprîmes, nous étions dans une autre position, sans continuité et j'imaginais commencer cette partie avec de belles photos de Michel en Patagonie. Nous abordâmes ensuite les rois de Patagonie et la monarchie, comme une pause avant d'aller à l'essentiel : l'homme et son œuvre.

— On dit que tu sèmes – je l'ai lu quelque part – de fausses pistes sur ta biographie. C'est vrai ?

— Non. En tout cas, je n'ai pas cette intention. Je réponds simplement. C'est comme lorsque les gens me demandent qui je suis réellement. La question est étrange. On ne sait rien à ce propos.

— Voilà une bonne question. Qui es-tu réellement ?

— Non, je viens de dire que c'est une mauvaise question ! C'est un peu comme les opinions, ce que l'on pense vraiment…

— Je ne sais rien de toi. J'ai lu tes livres, qui sont très intéressants mais sur toi, je ne sais rien, rien, rien…

— Mes livres sont très intéressants ?

— Tu ne le penses pas ?

— Si, si… Enfin, je ne sais pas, je ne les lis pas. Peut-être que moi aussi je suis très intéressant. Il existe une relation assez directe.

— Reprenons. J'ai été ton traducteur au Brésil. Peut-être qu'un jour je serai ton biographe…

— Non.

— Tu refuses ?

— Oui. Je veux dire, peut-être, à partir du moment où je serai mort. Tu es juste un peu plus jeune que moi et tu ne seras pas très en forme quand je serai mort. Je ne sais pas si je ferais un bon sujet de biographie.

— J'ai déjà écrit une biographie. Pourquoi pas la tienne ? Quelqu'un devra le faire.

— Ce sera certainement le cas. Je ne sais pas, cependant, si une biographie apprend quelque chose.

— Si, si… je suis curieux. Pourquoi es-tu né sur l'île de La Réunion. Qu'est-ce que tes parents faisaient là ?

— Je crois que c'était une idée de ma mère. Elle voulait vivre dans un pays tropical afin de se baigner dans la mer tout au long de l'année. Elle est née en Algérie, qui est déjà un pays assez chaud. Je crois qu'à la Réunion c'est un peu comme au Brésil, il y a des gens qui ne font pas grand chose, qui vont à la plage… Ils prennent un bain de soleil, mangent des fruits. Ma mère voulait une vie de ce genre là. Elle était paresseuse, donc.

— Ta mère était algérienne ?

— Elle était française… À l'époque, l'Algérie était une colonie de la France…, précisa-t-il, en se moquant de moi.

— Oui, bien sûr, évidemment, balbutiai-je. Française née en Algérie. Et ton père ?

— Mon père est né à Cherbourg. C'est beaucoup moins ensoleillé. Puis ils sont allés à La Réunion pour mener la belle vie. À l'époque, les Français avaient de l'argent. On pouvait bien gagner sa vie en habitant dans un pays chaud.

— Que faisaient-ils là-bas ?

— Ma mère est médecin. Je crois qu'elle ne faisait rien.

— Et ton père travaillait dans quel domaine ?

— Il ne travaillait pas, dit-il en riant beaucoup. Et, ils devaient faire l'amour, puisque j'existe…

— Tu as des frères ? questionnai-je, connaissant déjà la réponse.

— Pas de ce couple. Une demi-sœur. En résumé, ils ont été en France d'outre-mer à la recherche d'une vie confortable sous les tropiques.

Comme j'insistai pour avoir des détails sur sa relation avec ses parents, Michel me demanda avec une certaine innocence ou ennui :

— Nous n'allons pas parler de ça ?

Je pensais à Blaise Cendrars, cité par Michel, voyageant au Brésil en 1924, où il se lia d'amitié avec les modernistes. Je songeais à son livre *Feuilles de route*, illustré par le peintre Tarsila do Amaral, et aussi à *La fin du monde filmée par l'ange N.-D.* Nous étions au bout du monde. Je me demandais si Michel faisait également des associations de ce genre pendant qu'il parlait. Serait-ce Cláudia l'ange filmant la fin du monde ? Ou serait-ce Michel l'ange filmé au bout du monde ? Je pensais aux vers de Cendrars et à son bras en moins : « Quand tu aimes il faut partir/ Quitte ta femme quitte ton enfant/Quitte ton ami quitte ton amie/Quitte ton amante quitte ton amant/Quand tu aimes il faut partir. » La mère de Michel aurait-elle lu Cendrars ?

— Je suis sûr que tout le monde veut le savoir. Tes livres sont autobiographiques ?

— Non, en général, non. Si je compare avec ce dont je me souviens des pages de mes livres, je ne trouve pas beaucoup de choses en commun. C'est entièrement faux, falsifié. Parfois, il n'y a plus aucune ressemblance. Même quand il en existe, elles sont tellement modifiées qu'elles en deviennent presque le contraire.

— Tu m'as dit que tu mets plus d'un an pour écrire un livre et que tu écris trois heures par jour.

— Oui, je suis lent, je suis un auteur lent. C'est bien comme ça, car je fais de bons livres.

— Tu écris pourquoi ? Pour réussir, gagner de l'argent, parce que tu crois en la littérature, en bref, pourquoi écrire ? demandai-je à nouveau.

— Parce que j'aime les livres. Cela me semble positif d'écrire. J'aime le résultat. Mais j'écris aussi pour avoir du succès. Quand les lecteurs disent qu'ils aiment mes livres, cela satisfait ma vanité. Je suis content.

— Je crois qu'il existe trois types d'opinion sur toi. Il y a ceux qui te considèrent comme le plus grand écrivain de la littérature française contemporaine, il y a ceux qui pensent que tu es un réactionnaire…

— Ce n'est pas incompatible d'être un grand écrivain et un réactionnaire…

— Donc, tu confirmes ?

— Je ne confirme rien. Continue.

— Enfin, il y a ceux qui disent que tu as écrit un grand livre…

— Lequel ?

— *Les particules élémentaires*… Et que tu dois maintenant trouver un nouveau sujet.

— Je pense que tout cela est vrai.

— Tu es réactionnaire ?

— Pas exactement, disons conservateur. Je n'aime pas que l'on change ce qui fonctionne bien. Un réactionnaire, c'est quelqu'un qui croit que l'on peut revenir en arrière, mais cela n'arrive jamais dans la vie. Ce qui est mort est mort. Je ne sais pas si *Les particules* est mon meilleur livre.

— Tu n'y crois pas ?

— Je ne sais pas. Qu'est-ce que tu penses ?

— Je ne peux pas répondre. J'aime tous tes livres et particulièrement *Extension du domaine de la lutte*. Et toi, lequel préfères-tu le plus ?

— Je n'en sais rien.

— Les écrivains n'aiment pas choisir. Je suis sûr que tu as un préféré parmi tes quatre romans…

— Il y a les poèmes aussi…

— Lequel de tes livres est le plus achevé ?

— Je pense honnêtement que c'est *La possibilité d'une île*… mais j'ignore si mon opinion est importante.

— Tu te considères un grand écrivain ?

— Je ne sais pas.

— Tu sais. Tu n'es pas modeste.

— Non, mais tout est relatif. Pour parler de cela, il faut un point de comparaison.

— Céline, par exemple.

— Ah, je crois que je suis meilleur que lui.

— Je le pense aussi. Et par rapport à Albert Camus ?

— Je n'ai pas tout lu de Camus. Il est bon. Au fond, ce n'est pas très important d'être le meilleur. Les gens ne lisent pas quelqu'un parce qu'il est le meilleur, mais parce qu'il est le seul dans un genre.

— Tu es le seul dans ton genre ?

— Oui. Au fond, c'est pour cela qu'on écrit, pas pour être le meilleur, mais pour ajouter quelque chose. On se dit que si on ne le fait pas, personne ne le fera.

— Tu as maintenant décidé de faire du cinéma. C'est pour tenter d'atteindre un public plus large ?

— Non. J'ai déjà un grand public. Non, c'est pour la même raison. Si je ne faisais pas ce film, personne ne le ferait.

— Nous parlons de choses très sérieuses. Tu crois au bonheur ?

— Oui, il existe. Je l'ai déjà vu.

— Dans *Les particules*..., tu dis que seul l'amour compte. Je ne te vois pas comme quelqu'un de si romantique.

— C'est une erreur. Je suis très romantique.

— Tu es souvent tombé amoureux ?

— Souvent.

— Tu crois en l'amour romantique, au bonheur ?

— Je crois en tout... Cela existe.

— Tu ne laisses pas cette impression à tes lecteurs. Ils s'imaginent que tu ne crois en rien.

— Si, mais... Ah, bon ?

— Cela te surprend ?

— Un peu...

— Tu es considéré comme un nihiliste dans tes livres.

— Non, je ne pense pas.

— Tes personnages sont errants, à moitié perdus, des ratés.

— Ah, bon ? Enfin... Cela ne veut pas dire que je ne suis pas romantique. Je décris, en général, des ratés. Il y a toujours quelque chose où ils échouent. On ne peut pas dire qu'il leur manque une idée du bonheur. Dans mes livres, il n'y a pas de personnages sans un objectif acceptable.

— D'accord, mais même ton personnage qui a le plus de succès, le scientifique des *Particules*..., qui connaît la réussite professionnelle, est un raté sur le plan émotionnel.

— Oui, il a une idée de ce qu'il faudrait atteindre. Ce n'est pas ce que l'on appelle un nihiliste. Un nihiliste est quelqu'un qui ne croit en aucune possibilité.

— J'ai déjà lu que tu es l'auteur le plus nihiliste de littérature française contemporaine.

— Ça, c'est un peu irritant, parce que l'on donne à ce mot un sens exagéré. Au début, les nihilistes posaient des bombes, en Russie, ils provoquaient le chaos…

— Tu poses des bombes et provoques le chaos…

— Non.

— Si.

— Je ne le crois pas.

— Tes livres sont des bombes et tu sèmes la confusion dans la culture française… comme un tremblement de terre.

— Oui, mais j'ai un effet positif, constructif.

— Lequel ?

— J'ai engendré des disciples, j'ai joué le rôle d'un reconstructeur. Je n'ai rien détruit de ce qui n'avait pas déjà cessé d'exister. C'est choquant que tu me dises cela car, dans de nombreux pays je suis perçu comme un facteur de renaissance de la littérature française, quelqu'un qui a fait surgir quelque chose de nouveau. Rien à voir avec un nihiliste.

— Je suis d'accord, tu es la renaissance de la littérature française, qui était déjà morte et enterrée. Tu es presque seul.

— Eh bien, peut-être, mais je ne peux pas être étiqueté comme nihiliste.

— Cela t'agace ?

— Oui, parce que, franchement, cela ne s'applique pas à moi.

— Laissons de côté le nihiliste. Si je te dis certains noms, en sachant que tu es doué pour les formules précises et rapides, que me réponds-tu ? On commence par Christine Angot.

— Cela a déjà été fait, Frédéric Beigbeder, dans sa longue carrière littéraire, a dit la meilleure chose à son sujet, un *haïku* : « Christine Angot fait des Légos avec son ego. »

— J'ai l'impression que Beigbeder est le seul écrivain que tu aimes vraiment ?

— Je l'aime bien comme personne. Quant à ses livres, cela dépend. Il est gentil.

— C'est ton ami ?

— Oui.

— Catherine Millet ?

— Ah, elle est un peu l'auteur d'un unique livre, mais il est extraordinaire, *La vie sexuelle de Catherine M.* C'est un classique, son contenu est impressionnant avec un style très proche du français classique, élaboré, élégant. C'est un bon livre qui mérite son succès.

— On dit qu'il est pornographique ?

— Il est indiscutablement pornographique. La pornographie fait partie des sujets possibles, très souvent mal exploitée. Dans le cas de Catherine Millet, non. C'est un livre surprenant, qui laisse une forte impression de clarté, bien écrit, c'est un livre nouveau. Il y a peu de gens ayant une vie sexuelle comme celle de Catherine Millet. Si elle n'avait pas écrit ce livre, personne ne l'aurait fait. C'est important. La question n'est pas d'être meilleur. Les choses restent pour leur originalité et parce qu'elles sont suffisamment parfaites dans leur expression pour créer des références définitives.

— Un dernier nom : Maurice Dantec.

— C'est un cas plus douloureux, car, bien qu'il soit très bon, il devient, parfois, prolixe, verbeux. Quand il est très bon, cependant, alors c'est vraiment très bon.

— Par exemple…

— Je pense que, jusqu'à présent, ce qu'il a fait de mieux, bien que *Les racines du mal* soit très bon, c'est *Le théâtre des opérations…*

— Tu le connais, c'est ton ami ?

— Oui. Nous ne nous voyons pas souvent, car il vit au Canada, mais il est un bon auteur, qui mérite d'être accompagné. Sauf que, de temps en temps… Je ne sais pas pourquoi je le critique. Il a des défauts qui occupent beaucoup de pages…

— Quel est son principal défaut ?

— Parfois, il devient très verbeux. Ce sont des défauts de style. Beigbeder aussi a des défauts, il n'arrive pas à s'arrêter de faire des jeux de mots, ce qui m'agace…

— C'est un truc de publicitaire…

— Ce sont de petits défauts. Il faudrait juste couper ses jeux de mots et ce serait bon, mais chez Dantec cela prend des pages et des pages. C'est un peu comme Victor Hugo. Il écrit avec facilité, mais parfois il y a des pages entières vides. Il faudrait couper plus. Ce sont des auteurs que j'aime bien. Je critique sans méchanceté.

— Et les nouveaux écrivains, Amélie Nothomb, Marie Darrieussecq…

— Je ne les connais pas vraiment. J'aime bien Lydie Salvayre, qui n'est pas connue hors de France.

— Tu as souffert de ne pas avoir gagné le prix Goncourt[2] ?

— Souffert, non. J'ai récupéré rapidement. C'est un honneur important dans la vie littéraire française et cela aurait plu à mon éditeur. Plusieurs membres du jury étaient entièrement de mon côté et ne pas gagner a signifié un échec pour eux aussi. Je le méritais amplement. Cela aurait été plus harmonieux si j'avais gagné.

— Tu fréquentes le milieu littéraire malgré ta réputation de timidité et de reclus ?

— Beaucoup d'écrivains sont ainsi. J'ai déjà été bien intégré. À vrai dire, j'ai une tendance à la misanthropie qui se manifeste de plus en plus avec l'âge.

— De quoi as-tu peur ? De la mort ?

— Non. Pas du tout. J'ai peur de ce qui se passe avant. Il y a tant de choses tristes qui arrivent avant la fin, des nouvelles de la mort d'amis, tout se termine un peu sordidement.

---

2. Note de l'éditeur : Michel Houellebecq a obtenu le prix Goncourt en 2010 pour *La Carte et le Territoire* publié par Flammarion. Ce récit date de 2007.

— Tu as peur de la folie ? Moi j'ai peur de devenir fou, dis-je.

— Je ne l'ai plus mais je l'ai eue. Je pense que cela ne m'arrivera plus. Ce qui est triste, c'est la fin en de très mauvaises conditions, les maladies, la souffrance, recevoir seulement des mauvaises nouvelles… la mort de gens que l'on connaît…

— La mort d'un ami te touche réellement ?

— Cela ne m'est pas beaucoup arrivé jusqu'ici, mais cela arrivera de plus en plus. C'est déprimant.

— Tu as beaucoup d'amis ?

— Pas tant que ça. Mais j'en ai. On commence à recevoir des mauvaises nouvelles et cela me paraît vraiment horrible. On n'en retire aucune sagesse, on ne comprend pas mieux le monde qu'avant, tout est faux, aucune sagesse n'en est retirée, on vit dans un milieu avec un corps, et tout périclite avec le temps. Pour l'instant, je vais bien, j'ai juste besoin de lunettes pour lire, je n'ai pas connu beaucoup de gens qui, depuis, sont morts, mais je sais que cela se produira de plus en plus.

— J'ai perdu deux de mes meilleurs amis. C'est quelque chose que l'on n'oublie pas. Tu es un type triste, mélancolique ?

— Oui, au fond. Je ne suis pas allègre. Soyons honnêtes, je ne vois aucune originalité là-dedans. J'étais un enfant assez gai, comme la plupart des enfants, alors j'ai commencé à percevoir les problèmes. À mesure que la vie passe, nous devenons plus tristes. C'est ainsi pour tout le monde, je ne pense pas que ce soit une psychologie particulière. Simplement, je n'essaie pas de dissimuler les faits. Si c'est triste, je dis que c'est triste.

— Il existe une tendance à associer un écrivain, surtout un écrivain aussi critique et ironique comme toi, à ses personnages. Par conséquent, tout le monde croit que tu as eu une enfance et une adolescence malheureuses.

Je posai la question en pensant au Dublinois Jonathan Swift, merveilleux satiriste qui, comme Houellebecq, fut très souvent accusé de ne pas avoir été un enfant ou d'avoir été un enfant malheureux, ce qui dans le cas de l'auteur des *Voyages de Gulliver* était absolument vrai.

— Non, en aucune sorte je n'ai eu une enfance malheureuse. J'ai eu une adolescence frustrante, mais pas pour les mêmes raisons que les personnages de mes livres. C'est étrange. En fait, je plaisais aux filles, mais je ne savais pas comment faire avec elles… J'avais des idées étranges.

— C'est important, les filles…

— Non. Mais, étant donné que nous parlons de cela maintenant… Dans la description de l'enfance et de l'adolescence de mes personnages, il n'y a rien qui ressemble à ce que j'étais quand j'étais enfant. Si j'écrivais quelque chose d'autobiographique, ce serait complètement différent.

— Tu as été un adolescent joyeux ?

— Pas du tout. Mais sans aucune ressemblance avec mes personnages adolescents. Rien à voir avec Michel ou Bruno. Dans la mesure où l'on peut y comprendre quelque chose.

— Tu n'as jamais travaillé dans l'informatique ? demandai-je, en pensant aussi à ses passages au ministère de l'Agriculture et à l'Assemblée Nationale.

— Si, si...

— Comme tes personnages dans *Extension du domaine de la lutte...*

— Ah, dans ce cas, c'est plus autobiographique, la partie professionnelle est plus autobiographique.

— Et tu connais un Tisserand ?

— Non, pas que je me souvienne. Je n'ai jamais connu quelqu'un que l'on puisse identifier comme Tisserand.

— Pourquoi as-tu eu peur de devenir fou ? J'ai déjà eu ça après une crise d'alcoolisme.

— Ça ne m'est pas arrivé beaucoup. Une fois peut-être j'ai eu des visions. Je voyais des personnes qui me parlaient. C'était étrange. Ce n'est pas arrivé souvent, ce fut une peur passagère qui dura quelques jours, mais me fit peur. J'étais très seul. Ce fut bref, mais je pourrais avoir cette tendance si je commençais à exagérer mon goût pour la solitude. Pourrais-je dire une chose intelligente ?

— Au moins une.

— Au moins une, oui.

Nous nous interrompîmes pour changer la cassette. Cláudia avait découvert des angles fermés, me sortant du cadre pour se focaliser sur le visage de Michel en gros plan. Une force très grande émane de ses yeux bleus tristes. Chaque mot devient plus intense quand on perçoit les détails de sa bouche, de son visage. Parfois, il caressait son oreille droite d'un geste délicat.

— Tu voulais dire quelque chose d'intelligent…, repris-je.

— Eh bien, ce que je voudrais dire n'est pas si notable mais, dans la littérature française, classiquement, parler de soi est un genre littéraire. Montaigne, Rousseau, considérés par les Français comme des classiques universels de la littérature, écrivirent en puisant au fond d'eux-mêmes. Tout auteur français qui veut faire cela se sent donc complètement légitimé, car cela est perçu comme faisant partie de la grande littérature. Si je dis, alors, que je ne suis pas autobiographique, c'est que cela est vrai et qu'il faut me croire, car il n'y aurait aucun problème à l'être.

Michel parlait et je pensais : les Français ont de la chance. Au Brésil, seules les célébrités ont le droit de parler d'elles-mêmes. Les autres, particulièrement les écrivains inconnus, sont accusés, dans ce cas, de narcissisme, d'égocentrisme, de nombrilisme, d'absence de sujet. Comme si le particulier ne contenait pas l'universel.

— Si je ne suis pas autobiographique, c'est parce que je ne me rappelle pas de tout. Je pense que je pourrai être autobiographique plus tard, quand je me rappellerai de tout ce que j'ai vécu. Quand je vois des photos de moi enfant, je ne comprends rien, je n'arrive pas à savoir ce que je pensais. Par rapport à l'adolescence, c'est la même chose. Je n'arrive pas à me reconnaître sur les images.

— Pourquoi ?

— Je ne sais pas. Je vois un type, qui a une expression, mais je ne parviens pas à savoir ce que ce type pense. Ce n'est pas normal.

— Tu ne te reconnais pas ?

— Non. Au fond, je ne me reconnais pas.

— Tu as, dans la tête, une autre perception de toi-même ?

— Les photos contredisent qui je suis.

— Qui es-tu ?

— Ce n'est pas une bonne question.

— Si, si. Je pense beaucoup à ce genre de questions. Je crois que je sais qui je suis.

— Ah oui ? J'ai l'impression, moi, de ne pas savoir réellement qui je suis. Qui sait, peut-être que je mens…

— Tu as dit que tu étais honnête…

— Ce n'est pas incompatible. Je suis très honnête quant à ce que je pense de la vie. Je ne veux pas dire que je vis en inventant des fictions, mais simplement que j'adore raconter des histoires. Quand j'étais enfant, j'aimais déjà modifier les histoires, pas pour me valoriser, mais seulement pour qu'elles deviennent plus intéressantes.

— Dans tes livres, quand tu fais des digressions sur la physique, la biologie, la physique quantique, as-tu des connaissances sur le sujet ou inventes-tu en te fondant sur certaines expressions scientifiques ?

— En général, ce que je raconte n'est pas faux. Il peut m'arriver d'exagérer sur la quantité de concepts scientifiques, car j'aime ça, mais il y a toujours un fondement qui n'est pas facilement réfutable. Je ressens du plaisir à manipuler les concepts scientifiques parce que je trouve cela beau. La réalité n'est pas catégorique, pour cela ma réponse ne l'est pas non plus. L'esthétique des mots, même quand ils n'ont pas de sens, m'intéresse aussi. Je fais les deux.

— Les physiciens et les biologistes se sont-ils déjà manifestés sur ce que tu écris à propos de leurs idées ?

— Non, c'est mieux ainsi, car s'ils se manifestaient, ce serait pour me critiquer...

— Tu ne supportes pas d'être critiqué ?

— Dans ce cas, cela m'ennuierait, car je m'efforce de les comprendre. Ce serait ennuyeux qu'ils considèrent le contenu scientifique de mes livres comme totalement ridicule. J'en souffrirais.

— Quand on a dit que ton style était creux, cela t'a blessé ?

— Non. C'est plus difficile d'écrire ainsi que de faire le malin en inventant un style extravagant et recherché. La simplicité est très difficile.

— Toi qui as habité à Dublin, tu as lu James Joyce ?

— Non. Je vais certainement le faire. Peut-être que je suis un peu vieux pour ce genre de choses.

— Tu as beaucoup parlé de Céline, pas de Proust.

— Proust est un peu dérangeant. Il est nettement meilleur écrivain que moi.

J'aime vraiment Proust aussi. Il est le seul écrivain qui m'affecte totalement : je ne le lis qu'en français. Les traductions publiées au Brésil sont pâles. Au fond, bien que ses admirateurs les plus fanatiques ne tolèrent pas cette affirmation, c'est un moraliste génial qui écrit de la fiction avec une mémoire simulée. Je ne pouvais pas, cependant, continuer de provoquer Michel, car en y réfléchissant bien, je n'ai jamais été capable d'admirer quelqu'un totalement.

— Il est un peu ennuyeux parfois, dis-je.

— Non, tu ne peux pas affirmer cela, Juremir. Il est sublime.

— Pourquoi ne le dis-tu pas plus fréquemment, comme tu le fais à propos de Balzac ?

— C'est que Proust est un auteur qui ne me sert à rien, et ne m'inspire pas. Il est impossible de continuer ce qu'il a fait car il est parfait. Balzac est plus sympathique et sert pour l'inspiration. Proust, dans sa perfection, est inhumain.

— Il était snob.

— Pas seulement. C'est terrible, il était très radical. À un moment, Proust s'est couché et a dit : je vais arrêter de vivre pour écrire. Il en fut ainsi jusqu'à la fin de sa vie.

— Tu veux vivre ?

— Un peu, au moins. C'est impressionnant.

Je respirai profondément et je posai la question suivante en référence au simplisme des journalistes qui adorent les étiquettes : je lui donnai une étiquette que je m'applique à moi-même.

— Es-tu un écrivain maudit ?

— Oui, étrangement maudit, bien que très connu. Un ami m'a dit une fois que je lui rappelais un de ces tableaux où Dieu désigne quelqu'un d'un doigt vindicatif pour être la victime…

— Pourquoi ?

— Je ne sais pas. Il n'y a pas de raison. Il fallait quelqu'un.

— Il t'a choisi. Certains te considèrent comme le nouveau Voltaire, le critique impétueux du retour des religions.

— Je suis un Voltaire plus triste, bien qu'il ne fût pas très gai.

— Il a été en prison.

— Vraiment ?

— Oui.

— Cela a dû être confortable pour lui à l'époque…

— Je t'imaginais, ce matin, à la prison d'Ushuaia.

— Ma situation est pire que celle de Voltaire, plus triste. Je suis contre le retour des religions. En même temps, pourtant, je trouve triste de ne pas croire en Dieu.

— Tu aimerais y croire ?

— Dans un certain sens, oui, car les gens qui croient sont plus heureux. Toutefois, je suis obligé d'être contre les religions, car je suis en faveur de la liberté, pour le droit de dire ce que l'on pense. C'est comme être militant en étant amer d'être militant. C'est pénible.

— La politique et la religion ne sauvent pas l'homme. Mais la littérature ?

— Je n'ai jamais prétendu sauver l'homme, c'est l'avantage.

— Tu n'es pas heureux ?

— Ça dépend…

— Tu es célèbre, riche, tu voyages beaucoup, tu as tout.

— Alors je suis heureux.

— Tu as l'obligation d'être heureux.

— Ok. Pas de problème, répondit-il avec un sourire, en faisant un « V » avec les doigts.

— Merci.

— De rien. Je pourrais dire que j'ai le sida, m'inventer une maladie terrible, poursuivit-il.

— Ta maladie est le talent.

— Ah, c'est gentil !

— Le talent attire des problèmes comme la jalousie.

— Oui. Voltaire est vraiment triste quand il affirme que nous laisserons le monde aussi imbécile et mauvais que quand nous l'avons rencontré. Comme dit Goethe, l'eau recouvre les restes que nous laissons. Il dit cela à propos de celui qui produit une œuvre. C'est beau. Beau et triste.

— Les belles choses ne sont pas toujours gaies. Je regarde par la fenêtre la baie d'Ushuaia. C'est beau… Et en rien gai.

— Oui, grandiose, mais pas gai.

— Elle est triste, cette Terre de Feu.

— Triste, non.

— Mélancolique.

— C'est cela, mélancolique. Nous devons reconnaître que la beauté n'est pas très humaine. C'est autre chose.

Et Michel Houellebecq chante Trenet

Après l'enregistrement, le dimanche, on vint nous chercher pour la seconde partie du voyage. Nous partîmes pour l'aéroport, chacun le nez collé à la vitre de la voiture, dans le plus hermétique silence. Ushuaia nous manquait déjà. Nous laissions derrière nous les pingouins, les loups-marins, les fantômes des prisons et un peu de nous. Nous avions beaucoup rêvé et discuté comme si notre compréhension de nous-mêmes et celle du monde dépendaient de chacune de nos paroles. Nous prîmes le vol pour El Calafate. Michel Houellebecq avait en main un gros volume d'Agatha Christie. Je continuais à lire Bruce Chatwin. Cláudia se délectait de Jorge Luís Borges.

J'avais caché dans le livre de Chatwin un texte de Baudrillard, pris sur Internet, sur la Terre de Feu. Quand Michel, encore à l'aéroport, posa avec curiosité ses yeux sur moi, la lecture d'un fragment surgit spontanément :

— « Les Alakaloufs, eux, ne savaient pas qu'ils étaient au bout du monde. Ils étaient là et nulle part ailleurs – ce que nous ne serons jamais. Pour les navigateurs, les aventuriers, les missionnaires, ce n'était pas non plus la fin : ils découvraient un monde sans commune mesure avec le leur, mais avec lequel se mesurer, une nouvelle frontière. Nous n'arrivons ici aujourd'hui qu'avec l'imaginaire du bout du monde, auquel le voyage spatial a depuis longtemps mis fin. Et, alors que les Fuégiens ne se séparaient jamais de leurs feux (ils les transportaient partout, même sur leurs esquifs, sous forme de braises), notre souci à nous est de transporter partout, même sous les latitudes glaciales, notre froid artificiel. »

— Hummm…

— J'en ai des frissons, confessai-je.

— Comme notre froid artificiel ? plaisanta Michel.

— Comme notre absurde naturel, répondis-je tel un bon et vieux lecteur de Jean Baudrillard.

Nous prîmes place dans l'avion, Cláudia à la fenêtre, moi au milieu et Michel côté couloir. Le vol fut court. À ma surprise, après la collation, Michel commença à parler comme si nous poursuivions un dialogue interrompu :

— Être un écrivain connu fonctionne, très souvent, comme une course d'obstacles à la recherche de la célébrité, dit-il.

— Ah, comme je le sais ! Chaque compétiteur doit être capable d'inventer quelque chose de suffisamment nouveau ou surprenant pour mériter une place sur le podium, dis-je.

— L'important est que cela fonctionne. Après que le sujet est devenu célèbre, même s'il disparaît ou s'il n'est plus lu, il sera toujours considéré comme un écrivain.

— En contrepartie, tant qu'il n'a pas connu un succès critique, ou des ventes, il ne sert à rien que l'écrivain se pense en être un. Le paradoxe de l'écrivain est simple : s'il est critiqué et ne réagit pas, il accepte donc la critique et celle-ci, par conséquent, est pertinente. S'il réagit, cela signifie qu'il ne sait pas accepter une critique et, dès lors, celle-ci est encore plus pertinente.

— Humm… Il y a toujours beaucoup de théories disponibles…

— Ce sont des théories prêtes-à-lancer, plaisantai-je.

— Devenir un écrivain est quelque chose qui peut impliquer beaucoup de souffrance et de déception, concéda Michel.

— Un auteur est celui qui publie un livre. Il y en a beaucoup. Un écrivain est celui qui obtient une forme de reconnaissance pour ce qu'il a publié. On peut publier beaucoup de livres et ne jamais être accepté par ses pairs, par la critique ou par le public comme écrivain. Voilà le problème.

— Certes, mais la reconnaissance doit être une conséquence naturelle, quasi spontanée. On ne peut pas écrire obsédé par l'idée de reconnaissance.

— Tu continuerais à écrire, Michel, si personne n'achetait ou ne lisait tes livres ?

— Hummm…

— Sauf erreur de ma part, je crois que tu as cessé d'écrire de la poésie. Pourquoi ? Tu t'es fatigué ?

— Peu de gens s'intéressent à la poésie.

— Hummm…

— C'est un excellent commentaire, ironisa Michel.

— Un livre, pour moi, n'a pas besoin d'histoire ou d'unité, poursuivis-je, sans me rendre compte que notre dialogue n'était plus cohérent et que je me répétais. D'ailleurs, je déteste tout ce qui est plat. Mais j'adore les explications. Je te l'ai déjà dit, nous sommes des esclaves d'Aristote. N'importe quoi, n'importe quel texte, de mon point de vue, peut être considéré comme un roman. Au Brésil, il faut de l'intrigue, des événements ou des néologismes. Pour moi, ça peut être tout.

— Seulement, ça ne peut pas sonner faux.

— Bingo !

— La vraisemblance est décisive.

— Je sais. Même la description ou la caractérisation d'un fou doit être vraisemblable, sinon cela ne fonctionne pas. Idem pour les délires ou les hallucinations. Le défaut de l'art de l'expérimentation est, très souvent, d'oublier la vraisemblance dans la recherche désespérée de la nouveauté. Cela devient nouveau, même radicalement nouveau, mais cela ne convainc pas. Ça capote, donc.

— Tope là ! s'écria Michel en m'offrant sa main.

— Tu as aimé Ushuaia, mec ?

— *Por supuesto* ! C'est un endroit richissime !

Il y avait une distance raisonnable à parcourir entre l'aéroport de Calafate et l'hôtel Los Alamos, situé au centre de la petite ville. S'il n'y avait pas eu ces maisons aux toits colorés et pentus pour faciliter l'écoulement de la neige – bleus, verts, jaunes, rouges –, je me serais cru au Far West. Je pensai être original en disant cela mais vingt-trois guides, prospectus, bulletins, articles, chroniques et reportages sur le lieu écrivaient la même chose. C'est incroyable comment un endroit sans pauvreté peut donner une sensation absolue de désolation et de misère dans la mesure où l'on peut parler d'un mystère banal, sans transcendance ni métaphysique. C'était à peine une solitude oppressive, bien qu'il y eût des passants et des voitures, dominée par l'aridité en dépit de quelques arbustes sordides et de constructions. Peut-être était-ce une simple impression provoquée par un moment de dépression après tant de bavardages. Qui sait, mon froid existentiel en profitait pour se manifester. Je crois que mon feu s'en serait quasiment éteint.

Michel reniflait son mouchoir. La guide expliquait quelque chose. Cláudia souriait, très heureuse. Nous arrivâmes à l'hôtel qui m'en rappela un autre en Chine, dans la ville de Confucius. Il comprenait plusieurs pavillons situés des deux côtés d'une allée arborée. Je crois qu'il y avait un jardin, un parc, quelque chose comme ça, très beau, calme, chic, avec un léger air de cimetière-parc. Tout fonctionnait bien, sauf la connexion Internet. Michel frappa à la porte de notre chambre. Il voulait boire quelque chose. Nous traversâmes l'allée pour rejoindre le bar. Il y avait un restaurant, un club de remise en forme, si je ne me trompe pas, un billard, des ordinateurs pour Internet, des gens qui conversaient.

Nous bûmes jusque tard. Deux bouteilles d'un pinot noir argentin appelé Fin del Mondo. Il était légèrement fruité. Nous nous amusâmes à faire des phrases idiotes et affectées sur les vins, à la manière de dilettantes éblouis, du genre : « Il sent l'écorce d'arbres tropicaux à la tombée de l'automne » ou « il rappelle vaguement le goût de racines ou de jeunes tubercules avec un parfum de fraises sylvestres ou de champignons de haute montagne. » Michel se montre imbattable dans cet exercice de style.

À un moment, nous commençâmes à parler de la Beat Generation, de littérature nord-américaine et de l'usage de la drogue. Cláudia me souriait comme si elle voulait me protéger d'une chute dans un abîme. Le visage de Michel était étrangement ouvert, bien que ses yeux se fermassent peu à peu. L'endroit n'avait déjà plus d'influence directe sur nous, bien qu'il constituât encore un scénario sans lequel peut-être rien n'arriverait.

— J'adore William Burroughs, dis-je.

— Moi aussi. *Junky* est un livre splendide, affirma Michel en se touchant la tempe comme s'il souffrait.

— Il y a une atmosphère lourde et radicale chez Burroughs qui me fascinait, comme s'il pouvait atteindre mes limites. J'en arrivais à avoir peur à chaque page. Tu sais, ce que c'est que d'être phobique, Michel ?

— J'aimais l'agilité et la force de son texte.

— J'ai voulu être un nouveau Burroughs. Je ne me suis jamais vraiment passionné pour Kerouac.

— Il est bon aussi. Bukowski est encore meilleur.

— Je me rappelle toujours de son histoire à propos de la fille la plus jolie de la ville. Le film de Marco Ferreri, avec Ornella Mutti, est encore imprimé dans ma rétine. Quelle femme !

— Et Ben Gazarra dans le rôle du vieux pervers, ajoute Michel.

— Peut-être que Bukowski est le plus imité actuellement.

— Au Brésil ?

— Oui. Il y a une génération de disciples de Bukowski maintenant, mais pour son côté baiseur et alcoolique, je crois. Quelqu'un a écrit qu'il n'aime pas ses livres car il n'aime pas ses lecteurs. C'est une belle réplique. Les lecteurs de Bukowski sont presque toujours des casse-pieds buveurs de bière et qui se font passer pour de grands baiseurs.

— Hummm…

— Robbe-Grillet aussi est un vieux pervers, non ? Je veux dire, dans ses livres. Son dernier, *Un roman sentimental*, est presque sordide, un traité de pédophilie et d'inceste. Bien sûr, comme toujours, c'est un fantasme d'homme, un sujet immobile.

— Je croyais que Robbe-Grillet était ton ami.

— Mais il l'est. Je lui ai encore parlé au téléphone la semaine dernière. Il est resté, il y a quelques années, plus de dix jours avec nous au Brésil, au festival de cinéma de Gramado, à une centaine de kilomètres de Porto Alegre, un endroit que tu devrais connaître. C'est un homme élégant, distrayant et très intelligent. Sa femme aussi est une personne intéressante. Tu sais ce qu'elle m'a raconté ? Pour l'un des anniversaires de Robbe-Grillet, il y a des dizaines d'années, elle lui a offert une fille, apparemment très jeune et belle, pour une nuit de sexe.

— Ah bon ?

— Maintenant il est vieux et a subi une opération cardiaque mais dans ses livres l'appétit est toujours là.

— Pas de mal.

— J'aimais tout cela, Michel, les Américains pervers et leurs prouesses, principalement celles d'Henry Miller, à l'époque où je me droguais beaucoup.

— Avec quoi ?

— De l'herbe, beaucoup d'alcool et un truc plus lourd, chimique, un médicament pour les fous appelé Artane. J'avais des hallucinations, je devenais cinglé et je finissais désespéré.

— J'ai utilisé presque tous les types de drogues et je n'ai jamais ressenti de peur ou quelque tendance à la dépendance, précisa Michel.

— Vraiment ? Des choses, comme des drogues dures, dans la veine, de l'héroïne, des trucs comme ça ?

— Tout. J'ai toujours pu arrêter quand je le voulais. La drogue ne m'a jamais pris. Je me servais d'elle et c'est tout. Au début, il y avait ce désir d'amplifier la perception. Après, c'était juste un combustible pour quelques sensations. Rien que je ne puisse contrôler ou délaisser quand je le voulais.

— Moi, je craignais devenir fou.

Cláudia s'agitait sur sa chaise. De temps en temps, elle orientait la conversation vers d'autres directions. Elle buvait le vin par petites gorgées. Elle n'aimait pas que je parle de ce passé difficilement surmonté et réussit à dévier le sujet vers la chanson française. Elle parla de Serge Gainsbourg. Michel sourit. « Les femmes c'est du chinois », tentai-je de chantonner. Cláudia se boucha les oreilles. J'étais un peu gêné, car mes amis français font la moue quand je révèle mes préférences. Je citai Charles Trenet. Une lueur apparut sur le visage de Houellebecq.

— Trenet est le talent supérieur, pur, dit-il.

— Ah bon ? Tu préfères Trenet à Gainsbourg ?

— Trenet, c'est le propre du style, l'élégance totale, le niveau maximal de la chanson populaire, donc.

J'en restai coi. Puis, à notre grande surprise, Michel se mit à chanter *Douce France*. Il chantait juste. Sa voix, normalement basse, s'amplifia :

— « Douce France, cher pays de mon enfance… »

Ensuite, nous eûmes droit à un show privé qui atteignit son sommet avec *Que reste-t-il de nos amours ?* et *Verlaine*. À Porto Alegre, comme je le fais avec tous les Français qui me rendent visite, j'avais montré à Michel une édition du journal *Correio do Povo* de 1951 avec une photo de Charles Trenet traîné par les hommes de la police locale. Invité à se produire à Porto Alegre, un dimanche matin, mais voyant que la salle n'était pas comble, le chanteur avait trépigné en répétant : « Je ne chante pas, je ne chante pas, je ne chante pas. » provoquant un vrai tumulte. Il avait dormi à la prison pour apprendre combien il était estimé par le public de la ville, qui refusait de quitter la salle avant de l'avoir entendu.

Michel chantait Trenet. Les serveurs étaient surpris par ce Français si extraverti et ces deux Brésiliens si attentifs. J'avoue que je suis émotif. Écouter Michel Houellebecq les yeux fermés entonner les chansons françaises que j'écoute quotidiennement m'émut. Il y avait là un homme simple et normal, buvant du vin et chantant comme un touriste avec ses amis. Si je n'avais pas chanté aussi faux, j'aurais fredonné avec lui. Je préférai garder ma dignité et l'écouter, lui soufflant les paroles quand il les oubliait. L'émotion, toutefois, fut si forte que, à un moment, j'entonnai d'une voix tremblante quelques notes de *Ménilmontant*. Quelques clients s'empressèrent de demander l'addition. Avant d'être censuré, je me tus. Michel continua. Nous poursuivîmes jusqu'à ce qu'il s'endorme sur la table.

Dans la rue, l'air froid de la nuit nous réveilla en nous arrachant des brumes du vin Fin del mondo. Nous rentrâmes à l'hôtel en riant comme des adolescents revenant d'une fête. Michel chantonnait encore quelque chose de Trenet.

Le bleu cruel des glaciers

Levés tôt pour la promenade des glaciers, nous montâmes dans un minibus qui faisait la tournée des hôtels pour embarquer d'autres touristes. Je craignais que Michel ne s'ennuie, ce qui n'arriva pas, car il était d'excellente humeur. De temps en temps, il souriait, les yeux dans le vague. Entrèrent deux Brésiliennes avec un enfant, puis un homme qui essaya de discuter avec le chauffeur visiblement incommodé. L'ambiance désolée de Far West de Calafate me parut encore plus évidente et quand, finalement, nous atteignîmes le lac Argentina, avec ses eaux turquoises sur fond de Cordillère des Andes, j'étais tombé dans une semi-torpeur. Je me rappelle vaguement que quelqu'un désignait des arbustes épineux, avec leurs fruits de couleur pourpre, et parlait des sorbets de Calafate, *postre de Calafate*[1].

Il faisait très froid malgré le soleil. Je voyais le rien, je sentais le rien, j'expérimentais le vide, j'enten-

1. NDT : desserts de Calafate.

dais le vent, je contemplais les horizons infinis, entre le bleu, le marron et le gris, tentant de discerner les contours de la montagne enneigée, implacable et souveraine, qui nous faisait face. Dans un état étrange, je sentais mon visage se transformer en une figure cubiste. À mon côté, il y avait une femme aux cheveux roux et un homme aux cheveux clairsemés reniflant un chiffon : Cláudia et Michel me paraissaient alors aussi étranges que les touristes qui remplissaient le véhicule et bavardaient en plusieurs langues. En vérité, je somnolais sur le chemin de Punta Bandera, où nous devions prendre un bateau pour naviguer dans le bras nord du grand lac, le plus grand d'Argentine, et admirer les glaciers Upsala, Onelli, Spegazinni. Le voyage dura environ une heure. Je me réveillai quand quelqu'un censé être la guide dit d'une voix claire :

— ... Patagonien et magellanien...

Aux alentours du petit port de Punta Bandera, le nombre de bus et de minibus était considérable. Nous fîmes patiemment la queue pour acquérir nos billets et embarquâmes sur le *Quo Vadis* comme des collégiens montant dans un bus pour un camp d'été. La grande salle était presque pleine. Nous nous assîmes au fond pour avoir une bonne visibilité. Michel et moi étions déjà consciencieusement installés quand Cláudia sortit en courant vers le nez du catamaran. Elle franchit une cloison de verre sans que personne ne puisse l'arrêter, parla brièvement avec une femme et commença à nous faire signe. Beaucoup de gens nous regardaient. Cláudia n'arrêtait pas d'agiter les bras.

— Michel, on ne doit jamais résister à un appel de Cláudia, dis-je. Allons-y, mon vieux, courage.

— Hummm...

Nous nous avançâmes au moment où un petit groupe commençait à se former près de la cloison. Cláudia nous tira vers l'intérieur avec autorité.

— C'est la salle V.I.P., expliqua-t-elle. Il suffit de payer la différence.

Nous nous installâmes dans des fauteuils confortables face à la vitre avant du bateau. Cláudia avait pris de force les meilleures places.

— J'ai toujours voulu être partout un V.I.P., murmura Michel, avant de couvrir sa bouche et de lâcher son rire.

Aujourd'hui, quand je regarde certaines photos prises dans la zone V.I.P. du *Quo Vadis*, je retrouve notre joie quasi enfantine. Nous étions très heureux. Sur l'une de ces images, nous figurons tous les trois, un verre de mousseux à la main – Cláudia entre nous – riant de tout et de rien. Sur une autre photographie, Michel et moi contemplons nos verres, la bouche déformée par le rire. Il est facile de constater que nous étions déjà à moitié ivres. Même la grippe qui me fit souffrir toute la journée n'altéra pas mes bonnes dispositions. Je ne versai jamais autant de larmes ni n'éternuai si souvent que durant le temps où le soleil sur la vitre se répandait sur nous comme un brasier. Je soulageai ma gorge avec une montagne de cristaux de gingembre.

— Ils ne te donneront jamais le Nobel, dis-je, lorsque le *Quo Vadis* s'éloigna du port.

— Ah, bon ?

— Ils l'ont donné à l'ennuyeux José Saramago, pas à Lobo Antunes. Ils préfèrent les bâtisseurs de mythes aux maudits. Un communiste dépassé est meilleur qu'un nihiliste qui a un futur. Tu aimes Lobo Antunes, Michel ?

— Je ne l'ai jamais lu.

— Pour obtenir le Nobel, il faut être constructif, optimiste, positif et humaniste. Le Nobel de littérature est un second Nobel de la Paix ou un prix aux bonnes intentions.

— Je suis tout cela, Juremir.

— Moi aussi.

— Nous n'allons donc pas nous quereller à ce sujet.

— Je t'ai déjà parlé de ma théorie des installations ?

— Hummm... Non.

— Dans une de ces expositions d'art contemporain, comme la F.I.A.C., un artiste célèbre a pendu un slip sale sur une corde à linge. La critique a été éblouie. Une grande partie de la littérature expérimentale, à la recherche désespérée de nouveau, c'est un slip. La nouveauté est visible. Mais elle sent mauvais.

— Quelle merde, hein !

Le commandant du bateau n'arrêtait pas de parler en espagnol et en anglais. Il donnait des explications touristiques, historiques, scientifiques, annonçait les services et les noms des membres de son équipage, martelait des conseils de simple bon sens. Il aurait fait un bon commentateur de football. Je suis sûr qu'il parla de forêts patagoniennes, du parc national des Glaciers, de roches noires, de points d'éruption, de rivières, de cascades et de champs de glaciers, une vraie machine à informations récitées avec enthousiasme : « Le champ de glaciers patagonien, le troisième plus grand de la planète, comprend rien de moins que trois cent cinquante-six glaciers. »

— Putain…

— Hummm…

— Prend une photo de moi avec Michel, Juremir, demanda Cláudia.

Parfois, Michel se bouchait les oreilles avec les mains et, tout à coup, il me regarda et lâcha un rire étouffé.

— Ce type est comme Victor Hugo et Maurice Dantec, dit-il. On pourrait en couper pas mal.

À la fin de la promenade, sur la fiche d'évaluation des services du *Quo Vadis*, il nota : « Trop verbeux. »

La fin de la croisière était encore loin. Nous commençâmes à voir les premiers blocs de glace à la dérive. Ils étaient d'un bleu terriblement bleu. Je tentai de caractériser ce bleu avec un mot et parvins seulement à penser au bleu de méthylène ou aux verres de lait de magnésie, un purgatif, blanc et laiteux dont, enfant, j'avais horreur. Nous découvrîmes un bloc énorme formant une sorte de portail bleu flottant et courûmes à la recherche du meilleur endroit pour le photographier et le filmer. Nous, et les supporters réunis du Flamengo et de Corinthians comme on dit au Brésil. Les touristes criaient, éblouis :

— C'est une cathédrale de glace !

— C'est la porte du paradis !

— Quelle folie bleue !

— C'est un mirage !

Nous, nous nous taisions, tels des dévots priant devant le porche d'une cathédrale de glace, incapables de trouver quelque chose d'original à dire. Vers midi, nous accostâmes dans la baie Onelli et descendîmes à terre pour une promenade à pied jusqu'au lac. Les guides nous réunirent pour nous donner leurs instructions. En voyant le troupeau de touristes, Michel recula, visiblement choqué :

— Waouh, c'est du tourisme pur et dur ! s'exclama-t-il.

Nous laissâmes la troupe partir devant et la suivîmes lentement. Cláudia s'agitait avec ses appareils. Protégé par mon châle rouge, qui me signalait comme un phare en haute mer, je marchais, me mouchant tous les dix mètres tout en essayant de filmer Michel, son chapeau marron enfoncé sur sa tête, avançant entre les arbres, dans un tunnel vert, sans la moindre difficulté bien que les guides aient insisté pour que nous marchions avec précaution. Le marketing du danger est essentiel dans une excursion pour les touristes des cabines V.I.P. comme nous.

La marche dura environ vingt minutes pendant lesquelles, nous vîmes une vache – que nous présumâmes sauvage pour faire crédit au récit d'un guide sur les premiers troupeaux de Patagonie –, un animal avec toutes les caractéristiques nécessaires pour être un lézard et quelques oiseaux. Nous aurions adoré voir un puma, un condor ou un chevreuil. J'imaginai une fable. Cláudia était une cigale qui se prenait pour une fourmi, Michel un pingouin confondu avec un pivert et moi un puma transformé par un mauvais esprit en loup-marin. La cigale-fourmi disait au pingouin-pivert : « Attention aux serpents ». Il répondait : « Hummm… ». J'essayai de continuer l'histoire mais rapidement il manquait quelque chose de spectaculaire et d'édifiant : quelle serait la morale de l'histoire ?

Michel marchait avec l'air d'un penseur reniflant son mouchoir. C'était un petit Rodin en mouvement. Nous arrivâmes au lac. Un spectacle insolite nous attendait : une immense superficie d'eau parsemée de blocs de glace bleuâtres qui ressemblaient à de grosses bulles de mousse de détergent. C'était comme une énorme rivière Tieté – le fleuve pourri qui traverse São Paulo –, mais propre, translucide et originale. Les gens s'extasiaient à nouveau :

— Richissime, dit une Chilienne au cache-col vert.

— Ce sont des bulles de savon bleues, observa une dame.

— Ce sont des poésies de glace bleue, affirma un individu affublé de lunettes graisseuses.

— Que c'est beau, résuma Cláudia.

— C'est détergent, osai-je affirmer.

— Hummm…

— C'est la baie de Guanabara envahie de sacs de lait bleuâtres et de bouteilles de plastique géantes qui flottent, insistai-je.

— Non, c'est du polystyrène, conclut Michel.

Certains de nos compagnons de tourisme s'éloignèrent en hochant la tête. Peut-être comprenaient-ils le français. Nous en profitâmes pour nous prendre en photo dans des poses d'intellectuels introspectifs au bord d'un lac gelé, des installations de polystyrène dans le dos ou des barbes à papa bleues tombées des nuages. En rentrant au *Quo Vadis,* nous eûmes une nouvelle « conversation animalière » à propos des pumas, des condors et, naturellement, des pingouins et des loups-marins. Alors que Cláudia et Michel parlaient de fleurs, de parfums et d'images, je me sentais comme un petit soldat de plomb dans le bois des saisons perdues. Je voulais être écrivain. J'avais déjà publié plusieurs romans, et mon *Getùlio* (sur la vie du plus important dictateur brésilien tué d'une balle dans le cœur) avait figuré pendant quelques semaines, dans la liste des meilleures ventes. Je continuais d'être, cependant, un candidat écrivain suivant les traces de mon ami écrivain. Il n'y avait ni amertume ni jalousie, seulement un profond et inévitable constat.

Cláudia tira de son sac trois sandwichs préparés avec les restes du petit-déjeuner et nous restâmes là, à tuer le temps. Michel fuma trois cigarettes. Il y eut un moment de silence gênant. Enfin, sans que je m'y attende, Michel demanda :

— Qui aimes-tu vraiment chez les écrivains français les plus récents, Juremir ?

Je ne savais pas quoi répondre.

— Il y en a de très drôles, poursuivit-il.

— Vraiment ?

— Dans un livre d'Yves Simon, par exemple, le héros se rend au Japon juste pour voir la floraison des cerisiers…

— Yves est mon ami, répondis-je, embarrassé. Je traduis son livre *Le prochain amour*.

— D'accord, mais cela ne modifie pas le goût de ses personnages pour des voyages aux motifs si exotiques, ajouta-t-il avec un rire étouffé.

— Tes personnages ne font jamais ça ?

— Ah, non ! Ils ne sont pas aussi chics. Ils voyagent pour baiser ou pour faire du tourisme comme tout le monde.

Le troupeau de touristes apparut à l'orée du bois. Michel Houellebecq le regarda, comme s'il observait un vol de papillons. Une dame très grosse ouvrait la marche à pas traînants et de façon triomphante. Un couple d'amoureux s'arrêta pour s'embrasser dans une sorte d'offrande à la nature si généreuse.

— C'est attendrissant, déclara Michel.

L'après-midi était réservé aux glaciers Upsala et Spegazzini, respectivement le plus étendu et le plus élevé du champ des glaciers. Le soleil tapait sur la vitre et chauffait violemment mon visage. Je me sentais terriblement fatigué, mais heureux. Seule me manquait, comme fond musical, la *Pathétique* de Beethoven, la sonate que j'aime le plus écouter, étrangement dans n'importe quelle situation. Je l'ai ainsi écoutée lors d'un match de football de l'International, l'un des deux grands clubs de football de Porto Alegre. Une défaite. Après avoir coupé le son de la télévision, je l'ai remplacé par cette musique qui est devenue fétiche pour moi depuis que j'ai eu quarante ans et cessé d'aller au stade. Sur le *Quo Vadis*, je n'avais aucune chance d'entendre Beethoven, bien qu'il me parût le plus indiqué pour la contemplation de glaciers bleus. Il y avait du rock argentin.

Le glacier Upsala est un immense mur qui bloque le passage des bateaux. Des striures marron serpentent le long de l'immense bloc de glace. Ce sont des moraines, traces de tout ce qui a été arraché au cours de la formation des glaciers, terre, pierres, minéraux divers. Ces matériaux convergent vers les lignes d'accumulation qui salissent la glace en laissant une trace sombre, comme une robe de mariée froissée et maculée de boue. « Comment se forment les glaciers ? » demanda un Brésilienne. Sans attendre la réponse, la centième de la journée, nous allâmes prendre l'air à l'arrière du catamaran. Quand nous revînmes, la guide parlait encore :

— Upsala est un glacier en récession, expliquait-elle.

L'idée me séduisit. La récession des glaces éternelles surgit comme une image libératrice. Une bénédiction. En extase devant l'immensité horizontale de l'Upsala, nous hésitions entre blague et avoir une conversation sérieuse. Ce fut Cláudia qui nous provoqua :

— Le réchauffement global va-t-il détruire tout cela ? Si cela arrive, même Calafate sera inondé.

— À condition que le réchauffement global existe, dis-je. Il y a beaucoup de gens qui en doutent totalement.

— De ton enfance, Juremir, de quoi te rappelles-tu le plus ? me demanda soudain Michel.

Sa question me parut bizarrement à propos tant l'image du glacier ouvrait en moi une cascade de souvenirs inexplicables et forts.

— D'un petit étang, répondis-je. Une flaque, plutôt. Et du vent, le Minuano, soufflant dans Palomas. Je passerais ma vie à me remémorer le souffle du Minuano dans Palomas.

— Je devrais encore me souvenir de tout, dit-il, mais je n'y arrive pas. Beaucoup de choses m'échappent. Je sais que je vais réussir.

— Chez moi, c'est le contraire. Je me rappelle constamment de choses sans importance. Par exemple, de bouts de verre bleu, presque aussi bleu que ces blocs de glace, que je trouvais sous les arbres.

Nous finîmes par arriver devant le glacier Spegazzini. Immense, c'était un gratte-ciel de glace bleutée, s'élevant à cent trente-cinq mètres de hauteur, au milieu du lac. Je laissai échapper un sifflement d'admiration. Les touristes reprirent immédiatement leurs comparaisons..

— C'est un château bleu sur les eaux.

— C'est le château d'une fée.

— C'est une poésie de glace.

Les gens se répétaient. Le bleu profond du glacier me paralysa.

— C'est un mausolée, dis-je.

La mort était là, à l'intérieur. J'en arrivai à imaginer que je pourrais la voir. Il me suffirait de percer le bleu d'un regard de plus en plus aigu. Tout à la fois transparente et compactée, cette couleur me rappela les mausolées bleus du cimetière de Palomas, mon village natal, cloués dans la verdure de la campagne *gaúcha*, comme un corps mystérieux dans la pampa, tout aussi étrange que le glacier Spegazzini s'élevant sur les eaux tel un gigantesque verre de magnésie ou le tombeau d'un général.

Alors que l'un des membres d'équipage plongeait un seau pour recueillir de la glace du lac et refroidir ainsi le whisky de certains passagers, je tapai sur l'épaule de Michel :

— Tu vois la mort, là, mec ?

Il me regarda dans les yeux, cherchant un signe de ma folie ou simplement la clef d'une anecdote, et sourit.

— Hummm…

— Dans Palomas, lorsque le Minuano soufflait à travers les eucalyptus, les jours où le ciel avait le bleu profond de ce glacier, je voyais la mort passer, j'en suis sûr.

Il y avait quelque chose d'une cathédrale gothique dans certaines parties du Spegazzini. Une cathédrale aux vitraux bleus élevant ses immenses aiguilles vers un ciel liquide et menaçant. Je m'efforçai d'être positif. En vain. Chaque seconde, incapable de m'empêcher de penser ainsi, je voyais nos corps – le mien, celui de Cláudia et celui de Michel – être enterrés dans le cœur bleu serein de la glace, dans cet incommensurable joyau où la lumière frappait et revenait après qu'une partie de son intensité aveuglante eut été absorbée, dévorée, avalée.

— Spegazzini reste stable, affirment certains experts, expliqua la guide. D'autres disent qu'il diminue.

Sa voix était aiguë. Mon regard aussi. Celui de Michel était opaque. Tous les autres, y compris Cláudia, avaient les yeux brillants. Le Spegazzini était une pierre brute et brutale, terriblement liquide dans sa solidité éternelle, un paradoxe bleuté flottant, larguant des morceaux, descendant les Andes comme une cascade de meringue, arrachant bois, pierres, animaux, os et terre dans une convulsion organique au nom du bleu le plus intense et féroce.

— C'est un bleu cruel, dis-je.

— Comment le décrire ? demanda Michel, sans réellement attendre une réponse.

— Prendre ce bleu, capturer cette glace, entrer dans cette roche, c'est cela écrire, Michel.

— Capturer la mort… La vie.

— Rien n'est plus difficile à décrire que la nature, dis-je. À l'exception peut-être de l'acte sexuel. C'est toujours de mauvais goût.

— Non. Le sexe c'est facile. Je suis très bon pour ça.

— Trinquons, ordonna Cláudia.

Le mousseux avait l'intensité blanche et pétillante de ce bleu froid congelé en une pierre transitoire pour l'éternité, sachant que l'éternité est un moment de l'histoire du vide. Je ne résistai pas au désir d'une image facile. Elle me vint avec une impulsion touristique inexorable.

— Ce glacier est l'image la plus parfaite de ce que nous sommes dans la vie. Il nous contient parfaitement dans ce que nous avons d'éternels et d'éphémères, de permanents et de mutants.

— Bravo ! s'exclama Michel.

Décontracté social

Nous dormîmes pendant le retour à Punta Bandera. Le voyage en voiture, en bordure du lac Argentina, avec sa collection de reflets, fut de peu de paroles et d'aucune philosophie. Dans l'entrée de l'hôtel, les journaux relataient la prise de fonction de la présidente Cristina Kirchner en Argentine. À la télévision, elle apparaissait élégante et émue, aux côtés de son mari, El Pengüim, apathique comme toujours. L'Amérique du Sud se payait la tête des États-Unis : le Brésil avait un président ouvrier ; la Bolivie, un président indien ; le Venezuela, un président métis. l'Argentine venait de donner le pouvoir à une femme. Restait aux États-Unis de tenter de rattraper le temps perdu en élisant une femme ou un noir pour succéder au pitoyable George Bush.

Cristina Kirchner prit ses fonctions alors que nous visitions les glaciers de Patagonie, indifférents aux faits historiques et étrangers aux nouvelles du moment. Néstor Kirchner, son mari et prédécesseur, avait été gouverneur de la province de Santa Cruz où est située la ville d'El Calafate. Je commentai ces informations pour Michel avec un étonnement feint.

— Cristina Kirchner est devenue présidente sans que nous ayons accordé la moindre importance à cet événement.

— Qui est-ce ?

Je suis sûr qu'il le demandait pour le plaisir, juste pour me provoquer et simuler une totale ignorance de la réalité de notre pauvre et bien-aimée Amérique Latine.

— La femme du président Kirchner, qui a été élue pour lui succéder. Il est surnommé Le Pingouin. Elle est la première femme à parvenir à la présidence argentine.

— Il y a eu Isabelita avant.

— Elle n'a pas été élue présidente.

— Evita Peron n'a pas dirigé le pays ?

— Si, mais elle n'a pas eu le temps d'être élue.

— C'est bien symptomatique de l'Amérique latine, le pouvoir en famille, observa-t-il.

— En France, le Front National n'a-t-il passé certaines mairies du mari à la femme ? demandai-je offensé dans mon orgueil latino-américain. Aux États-Unis, on dirait une dynastie, Bush père, Bush fils, et qui sait, un jour, monsieur Clinton et madame Clinton.

— C'est une bande d'idiots.

— Et Nicolas Sarkozy ?

— Il n'est pas pire que ceux qui l'ont précédé. Il va bien.

— Avec Carla Bruni…

— Il n'est pas le monstre dénoncé par la gauche.

— Les médias vivent en inventant des monstres. Il y a Hugo Chávez au Venezuela, Evo Morales…

— Qui c'est, celui-là ?

— Le président de la Bolivie.

— Où c'est la Bolivie ?

Je ris. Il se fit moins provoquant :

— Je sais que la Bolivie est un pays d'Amérique du Sud, mais elle se situe où exactement mec ?

— Eh bien, mon vieux, j'ai de la peine pour ton professeur de géographie, probablement une femme bien.

— D'accord. Qu'est-ce que vous prétendez faire à Mme Kirchner ?

— Elle a pris ses fonctions en affirmant que les Malouines sont argentines et en traitant les Anglais d'occupants.

— Les Anglais sont fougueux. Ils ne veulent jamais abandonner leur os. Ce sont les Irlandais qui le disent. Elle va attaquer l'Angleterre ?

— Avec des provocations.

— Elle fait bien.

— Elle fait ce qu'elle peut.

— Elle est belle ?

— Il parait qu'elle était très belle lorsqu'elle était jeune…

— Hummm… Toujours le même problème.

— Elle a encore du charme.

— C'est déjà une consolation. Et Lula, le Brésilien, il fait quelque chose ou il est déjà complètement domestiqué ?

— Eh bien, il a donné un peu d'aide aux pauvres et le pays ne se porte pas plus mal qu'avant, mais le gouvernement vit enlisé dans la corruption. Enfin, d'après la droite et les médias.

— Normal.

— Personne ne va en prison.

— Cela semble un système intéressant.

— La masse misérable ne le pense pas.

— Ils ne vivent pas heureux sous les tropiques ?

— Ouais, Michel, comme le dit la chanson de Charles Aznavour, « il me semble que la misère serait moins pénible au soleil ». C'est ce que tu veux dire, non ?

— Oui, non, cela dépend de la température...

Nous avons battu en retraite, chacun dans son coin, à la recherche d'un peu de repos. Cláudia était déjà dans la chambre. À la sortie de l'ascenseur, Michel me posa une question inattendue. Sur son visage illuminé par un sourire différent – pervers, lubrique, diabolique ? –, je pouvais lire de la malice. Je l'entendais déjà me demander d'un ton neutre, chirurgical, aseptique si j'avais déjà eu des relations sexuelles en groupe. Mais la question qui sortit de sa bouche malicieusement souriante était encore plus déconcertante et imprévisible :

— Préfères-tu vraiment les loups-marins aux pingouins ?

Dans la chambre, après avoir regardé les images et les discours de la prise de pouvoir de Cristina Kirchner, j'eus un curieux dialogue avec Cláudia.

Nous tentâmes de définir la personnalité de Michel Houellebecq. Une légère différence de perspective persistait entre nous à son sujet.

— C'est un individu captivant, Cláudia, dis-je.

— De temps en temps, il a une tête de fou.

— Comme nous tous, mais nous ne le voyons pas.

— Il l'a plus que nous. Il en arrive parfois à faire les yeux blancs.

— Ne sois pas provocatrice.

— Je ne provoque pas. Je suis de plus en plus attachée à lui. Mais par moments, il paraît se débrancher.

— Sans doute, des idées qui surgissent en lui. Ce type est un génie.

— Est-ce qu'il n'est pas un peu pervers ?

— Pourquoi dis-tu cela ?

— Je ne sais pas, il a des idées étranges.

— Pas du tout, c'est seulement un Français qui a trop lu Sade. Je parie qu'il n'a jamais utilisé de fouet au lit.

— Je ne sais pas. De ces écrivains, on peut tout attendre.

— C'est un type très bien, Cláudia.

— Je le sais. Parfois, on a envie de le prendre sur ses genoux, surtout quand il renifle son mouchoir… même si c'est un peu dégoûtant, cette manie. Il est très étrange.

— Ce n'est pas mon avis. Je crois que c'est quelqu'un qui a souffert dans la vie : il a été pratiquement abandonné par ses parents, il a subi des humiliations à l'internat, il est né sous une mauvaise étoile, il a lutté pour étudier et, à un moment donné de sa guerre, après un mariage raté et la perte de son emploi, il est tombé dans la dépression et il a peut-être été interné. Mais, quand il a fait surface, Dieu du ciel, quel retournement de situation ! Comme on dit au football, quel chocolat, quel but ! Il est devenu l'écrivain français le plus important. Ce n'est pas rien.

— D'accord, ce gars a du talent, il a vendu un paquet de livres, il sait provoquer, c'est un crack de l'ironie, mais ce n'est pas une raison pour pas être un peu étrange, voire très bizarre.

— Tu l'as déjà dit, Cláudia.

— Bien sûr. Nous avons déjà eu cette conversation.

— Je pense qu'il provoque, en exerçant son sens de l'humour tout le temps, tranquillement.

— Je pense qu'il prêche le faux pour le vrai…

— Ses photos sont superbes.

— Là, il n'y a pas de discussion, on n'en parle même pas, dis-je. Elles sont bien meilleures que les tiennes. Il ne coupe pas nos têtes.

— Quelle importance ? Ses photos sont conventionnelles.

— Baudrillard ne coupait pas la tête des gens et tu ne trouvais pas ses photos conventionnelles.

— À chacun son style.

— Le tien est flou.

— Je pense que Houellebecq est un décontracté social. Il aime parler. Cela faisait longtemps que je n'avais pas rencontré quelqu'un si disponible pour écouter et répondre.

— Plus écouter que répondre.

— Il parle beaucoup. Une fois qu'il a commencé, il ne s'arrête plus. Il devient bavard. Il paraît programmé.

— Il ne s'arrête que lorsqu'il s'endort sur la table. C'est attendrissant !

— La littérature l'a sauvé de la dépression. Grâce à la littérature, il a pu exister. Ça, c'est merveilleux.

— Pourquoi veut-il devenir un cinéaste ?

— Au fond, chaque artiste souhaite être multiple. Autrefois, presque tous les écrivains faisaient un peu de tout, des nouvelles, des romans, de la poésie, des chroniques, des drames, de tout. Ce sont les modernes qui ont inventé cette histoire de spécialisation. En fait, Michel veut expérimenter de nouveaux langages. Il a fréquenté une école de cinéma à Paris.

— Maintenant qu'il a une tête de... comment tu dis déjà ? Comment tu appelles le petit fou qu'il y avait dans ta ville de Livramento ?

— Le petit fou de la Maison Castro.

— Celui-là, oui.

— Ok. J'aime de plus en plus Houellebecq.

— Moi aussi.

— À propos, c'est presque l'heure de dîner.

— Qu'est ce qu'on mange en Patagonie ! s'écria Cláudia ça doit être pour combattre le froid. De manger autant d'agneau patagonien, je vais finir par devenir l'un de ces loups-marins.

— Ne t'inquiète pas, tu seras toujours, comme disent les gens là-bas au Maroc, tu te souviens ? une gazelle.

Cristina Kirchner continuait de parler d'une voix tremblante d'émotion. Non, elle n'était pas en compétition avec Fidel Castro et Hugo Chávez pour le titre du plus long discours. C'était moi qui, pour la vingtième fois, regardais le même reportage.

Derrière elle, Néstor était parfait en pingouin.

De l'intérêt des voyages en bus

Le dîner fut marqué par la découverte d'une nouvelle facette de notre compagnon de voyage : les imitations. Quand nous ouvrîmes la troisième bouteille de Terrazas Malbec accompagnant le sempiternel agneau patagonien, Michel, très à son aise, se lança dans des imitations. Son répertoire s'est montré aussi large que drôle. Dans l'une de ses meilleures, il imita Thierry Ardisson, animateur de l'émission de télévision, « Rive Gauche Rive Droite », le summum du snobisme parisien. Ardisson, toujours vêtu de noir et du gel fixant ses cheveux, parle d'une voix grave et rapide, quoique distinctement, comme pour éviter des problèmes de diction.

— Nous avons ici Juremir Machado da Silva, commença Michel. C'est bien votre nom, non ? Il vient du Brésil et a une relation très forte avec la France. Non, ce n'est pas comme cela qu'il parle…

— Si, on aurait vraiment dit que c'était lui, déclara Cláudia.

— Nous avons ici Juremir Machado da Silva, reprit Michel. C'est bien ça votre nom, non ? Qui vient du Brésil, où il a plusieurs casquettes, il est journaliste, professeur et écrivain. Il a des relations très particulières avec la France…

C'était à se gondoler de rire. Michel engagea une « interview » de quinze minutes avec moi sur le même ton et termina sur :

— Merci, Juremir Machado da Silva, qui vient du Brésil et avec qui nous venons de parler de littérature, de culture et de voyages. *Et c'était très bien pour tout le monde*[1].

Il en resta un peu pour le président Nicolas Sarkozy et le philosophe Bernard-Henri Lévy avec lequel, nous confessa Michel, il était en train de préparer un livre qui serait le grand coup de 2008. Enfin, ce fut au tour de PPDA, qui présentait encore le « 20 Heures », le journal télévisé le plus regardé de France. PPDA, plus de vingt ans à l'écran, mâche un peu les mots et regarde légèrement vers le bas comme s'il était intimidé. L'imitation de Michel était parfaite.

— On dirait que tu ne manques jamais le journal de PPDA, observa Cláudia.

— Il fut un temps où le seul visage de toutes les célébrités françaises que je reconnaissais était celui de PPDA. Je crois que cela veut tout dire.

— Et Claire Chazal ? demandai-je.

— Juremir aime Claire Chazal, se moqua Cláudia.

1. NDT : en français dans le texte.

— J'étais en France quand elle a commencé à présenter le « 20 Heures », les week-ends, expliquai-je. J'ai suivi son parcours, y compris sa liaison avec PPDA, avec qui elle a eu un fils. J'ai même lu le roman qu'elle a publié.

— Quel courage ! ironisa Michel.

— C'est par fidélité que j'ai lu son livre.

— PPDA aussi est romancier.

— C'est son problème, Michel.

— Au Brésil, Claire Chazal ne passerait pas à la télévision, affirma Cláudia comme elle le fait toujours quand il s'agit de son sujet.

— Elle m'a toujours semblé sans sel, précisa Michel.

— Les goûts ne se discutent pas. Elle a un air merveilleux de petite sorcière. Qu'est-ce que j'y peux si elle me plaît ?

— Je préfère Fátima Bernardes, insista Cláudia.

— C'est qui celle-là ?

— La présentatrice du *Jornal Nacional* de Rede Globo, le « 20 heures » brésilien. Elle est mariée avec l'autre présentateur du journal, William Bonner. Ils forment une paire, le couple parfait.

— Que c'est beau ! s'exclama Michel.

— Ils ont eu des triplés, ajouta Cláudia.

— Hummmm… Et cela laisse le temps de présenter le journal ?

— Elle est totalement sans sel, déclarai-je.

— Ah bon ? Je pensais qu'au Brésil seules les nymphettes pouvaient apparaître à la télévision. Je suis déçu.

— Au contraire, les présentateurs des plus fortes audiences sont généralement vieux, bedonnant et moches. Les mannequins qui présentent certains programmes gagnent beaucoup d'argent, mais ne touchent pas le grand public. la meilleure façon de conserver son emploi est d'épouser le propriétaire de la chaîne. Ou le sponsor.

— N'exagère pas, Juremir, dit Cláudia.

— Je n'ai jamais été aussi pondéré.

— Hummm…

— C'est le monde post-68, une « société du spectacle », théorisai-je, en vidant un nouveau verre de vin argentin.

— Ah, non ! s'exclama Michel. C'est le rock qui changea, pour le meilleur ou pour le pire, le monde. Pas 68.

Où d'autres voient la marque de Mai 1968, avec les utopies des étudiants se transformant en réalités nécessaires, Houellebecq ne voit que l'action révolutionnaire du rock. C'est quelque chose qui m'échappe complètement dans la mesure où je n'ai pas écouté les Beatles pendant mon adolescence. J'ai découvert Janis Joplin, Jimmy Hendrix et la marijuana à presque vingt ans et seulement prêté attention à la musique des Rolling Stones quand ils firent leur méga show sur le sable de Copacabana, à Rio de Janeiro, en 2006, alors que j'étais plongé dans la crise de la quarantaine.

— Quelle chanson exactement ? demanda Michel, visiblement enchanté par mon ignorance du rock.

J'aime toujours exagérer cette méconnaissance, du reste presque totale, pour souligner ma décontraction dans ce monde où nous vivons et amuser mes amis.

— La plus célèbre, balbutiai-je.

— *Satisfaction* ?

— Celle-là même, Michel.

Michel commença à chanter. Il n'avait rien à envier au charisme de Mick Jagger, la star qui ne le fascina jamais. Il lui manquait, toutefois, ses vêtements et son air de crétin. Je le provoquai en tentant ma chance dans le rôle de John Lennon. Entre une chanson et une imitation, nous inventâmes un petit jeu. Imaginer ce que faisaient à l'époque des gens comme Benoît XVI, Ben Laden, Mick Jagger et le Dalaï Lama. Je me rappelle seulement de l'hypothèse émise par l'un de nous sur la façon dont Ben Laden se serait occupé :

— En se masturbant sur un exemplaire de *Playboy*.

Ce n'était pas très original. Le vin était en train de dévaster rapidement notre créativité et nous libérait pour rire de tout et de rien. Jusqu'à ce que je demande à Michel, avec le sérieux du journaliste, quelque chose qui pouvait être mal interprété, bien qu'il en eut parlé dans des magazines à grand tirage et en toute décontraction :

— Tu as vraiment pratiqué beaucoup le sexe en groupe ?

— Oui, je pense que je peux dire ça. J'ai eu l'impression que tout cela n'était qu'une grande partouze.

L'environnement était des plus propices pour des révélations et des confidences. Je sentais que quelque chose allait sortir et nous lier l'un à l'autre pour toujours. Ce n'était qu'une question de minutes et de quelques verres de vin supplémentaires. Aucun tabou ne pourrait résister à une nouvelle session de dialogues patagoniens et magellaniens. Restait à connaître la teneur de ce qui allait venir. J'en eus la chair de poule à l'avance. Avant minuit, au sommet de notre complicité et encouragés par cette atmosphère propice aux secrets, nous trouvâmes qu'il y avait entre nous trois, réunis par la littérature en Patagonie et autour d'une bouteille de vin choisie sur la seule sonorité de son nom, un point commun indélébile et indestructible, une sorte de marque d'identité tribale ou un signe tatoué sur la peau des membres d'une secte inconnue : Alliance Voyages.

— Nous étudiions à l'Alliance Française, sur le boulevard Raspail, à côté d'Alliance Voyages, se souvint Cláudia. On prenait le catalogue avec tout le programme de voyage et on le faisait, un par un, les week-ends et les jours fériés.

— Moi aussi j'ai exploré presque tous les parcours d'Alliance Voyages, déclara Michel.

— Nous avons découvert une grande partie de l'Europe en voyageant dans leurs autobus colorés, dis-je. Notre premier voyage fut pour la Belgique et les Pays-Bas. J'ai été choqué à Amsterdam…

— À cause des femmes dans les vitrines ?

— Évidemment.

— C'est drôle, j'ai toujours trouvé tout cela normal. Je veux dire, extrêmement fonctionnel et adapté au climat.

— Les Européens sont libertins.

— Vraiment ? Moi, je les ai toujours trouvés puritains.

— Ceux qui ont bourlingué avec Alliance Voyages sont marqués à tout jamais, Michel. Je n'ai jamais rien vu de plus multiethnique qu'un de ces autocars. Une semaine passée entre Paris, Rome, Florence et Venise, est une expérience anthropologique inoubliable. On apprend beaucoup sur l'art, la Renaissance, le baroque, l'ascension et la chute de l'Empire romain, les différents us et coutumes, et même sur les odeurs de pieds nationales et universelles.

— Je suis d'accord. J'ai complété ma formation culturelle sur l'Europe transbahuté par les autocars d'Alliance Voyages, confia Michel avec gravité.

— Peut-être nous sommes-nous croisés dans l'un de ces bus dans les années quatre-vingt-dix, se demanda Cláudia.

— Notre rêve était de passer d'Alliance Voyages à Nouvelles Frontières, du bus à l'avion, dis-je.

— Hummm… Tout bien pensé, je crois qu'Alliance Voyages me marqua plus que Nouvelles Frontières.

— Nous aussi. Passer de l'un à l'autre était une question d'ascension sociale, de portefeuille mieux garni, cela voulait dire qu'on était sorti du trou, précisai-je.

— Je n'étais pas encore en condition ascendante, précisa Michel. Je ne voulais tout simplement pas rester immobile.

— Tu suivais consciencieusement le guide avec le petit drapeau ? demandai-je pour me moquer de lui.

— Il n'y en avait pas toujours. Enfin, je m'en arrangeais.

Nous étions pratiquement de la même génération, nous étions unis pour toujours par un lien indissoluble, profond et aux conséquences indéniables. Nous appartenions au groupe select de ceux qui avaient connu les voyages bon marché en Europe. Ensuite, bien sûr, nous avions refait à plusieurs reprises tous ces parcours en avion, en voiture, en train, ou en bateau, invités pour le travail, en vacances, ou pour voir un tableau de Vermeer… Notre ascension sociale, plus encore celle de Michel Houellebecq, fut vertigineuse et pourrait servir de modèle à ceux qui perdent la foi. La preuve en était irréfutable : nous étions, enfin, dans le groupe de ceux qui font des excursions chères et à la carte pour débattre des pingouins. Des associations comme le Lion's Club, le Rotary, le Y.M.C.A. et d'autres du même genre devraient nous inviter à donner des conférences édifiantes pour les jeunes. Après tout, nous étions de grands motivateurs.

— Hummm… En regardant maintenant en arrière, je peux dire que j'ai été heureux au temps d'Alliance Voyages, avoua Michel, avec beaucoup de sincérité.

— J'ai été très heureuse, moi aussi, dit Cláudia.

— Ouais. On pouvait rencontrer beaucoup de gens. Aujourd'hui, j'ai l'impression que voyager est le meilleur moyen de n'avoir à parler à personne. Dans un voyage bien organisé, entre nous, on ne rencontre pas grand monde, sauf les serveurs et chauffeurs de taxi, déplorai-je.

— Pas nécessairement, contesta Michel.

— À deux, peut-être, fit Cláudia. Celui qui voyage seul rencontrera certainement beaucoup de gens, partout.

— J'ai des doutes, insistai-je. Celui qui pense qu'en voyageant il va coucher avec beaucoup de belles femmes, rentre chez lui, en général, sans y avoir réussi. Les femmes fuient les solitaires. Toute personne seule a l'air suspect. Le solitaire couche avec plein de monde s'il va dans les endroits appropriés et s'il paye. Dans ce cas, si vous me permettez, pas besoin de voyager.

— J'ai rencontré beaucoup de gens en voyage, reprit Michel, en se grattant la tête comme un enfant mort de sommeil se caressant les cheveux avant de dormir. Des gens intéressants.

— Et tu as couché avec ?

— Ah, oui. Cela m'est arrivé.

— Gratuitement ?

— Oui, on peut dire ça, bien qu'il existe des paiements indirects ou, disons, lorsque chacun peut se sentir gratifié par diverses formes de paiement.

— Voyager est aujourd'hui un mythe de l'industrie du tourisme. Une personne achète un paquet et pense qu'elle va trouver l'aventure, le sexe, le bonheur et des nouveautés partout, avec sécurité, confort et un bon prix, expliquai-je. Chaque touriste est un pigeon potentiel.

— Il peut l'être, soupira Michel. Que faire ? Les vacances sont longues, les jours fériés aussi, la journée de travail n'arrête pas de diminuer. Il faut bouger.

— C'est avec Alliance Voyages que nous sommes allés à Florence, là où j'ai été ébloui par les fesses du David de Michel-Ange. J'ai écrit un article sur ce sujet et une femme s'en est indignée contre moi.

— Comme c'est curieux ! Je n'ai jamais eu la moindre attraction pour les fesses de David, observa Houellebecq.

— Elles sont fermes.

— C'est de la pierre.

— Elles paraissent vraies.

— Oui, elles paraissent. L'artiste avait un certain talent. Enfin, à chacun ses préférences. Ce ne sera pas moi qui te jugerais. J'ai déjà vu des fesses plus attrayantes à Florence.

— Mais pas aussi célèbres.

— Ok. T'as gagné.

— Laisse tomber ! Nous n'allons pas nous chamailler pour des fesses aussi antiques et qui ont été vues par autant de gens.

— J'ai connu Dublin lors d'un voyage avec Alliance Voyages, confia Michel. J'ai été ébloui.

— Alors, tu n'es donc pas allé à Dublin pour fuir le fisc ?

— Sans aucun doute cette première visite a davantage compté.

— Quelqu'un va faire une thèse sur l'influence d'Alliance Voyages dans la construction de ton imagination sur le tourisme et la vision du monde de certains de tes personnages. C'est un sujet qui promet, osai-je.

— Il faudrait en faire une aussi sur l'importance des Monoprix dans ma vie.

— C'est un sujet plus palpitant que l'autre. Dans ma vie parisienne, le supermarché Inno a été décisif. Au début, seuls les magasins Tati et le supermarché d'à côté étaient accessibles.

— Vous étiez au bas de la hiérarchie sociale.

— Toi aussi, non ?

— Provisoirement.

— C'était aussi notre cas. Après être devenu correspondant d'un journal brésilien à Paris, le jeu a changé. La vie de boursier était trop dure.

— Imaginez seulement celle d'un agronome poète…

— Je devais écrire sur des sujets bizarres : volley-ball, Salon de l'automobile, des choses comme ça. Une fois, ils m'ont envoyé au Salon de l'Automobile à Genève. J'ai acheté tous les magazines spécialisés que j'ai trouvés et je les ai lus dans le train. J'ai écrit des textes mémorables. Aujourd'hui, hélas ! quand je les relis, les dimanches pluvieux, je n'y comprends strictement rien.

— Moi aussi je me suis beaucoup servi de magazines pour construire certaines situations dans mes romans. Je reste satisfait des résultats. C'était consistant.

— Au début, Michel, il faut faire des choses folles pour sortir de l'isolement et essayer de comprendre un lieu.

— Par exemple ?

— À Paris, les premiers temps, perdus et tristes, Cláudia et moi allions aux funérailles de célébrités.

— Ah bon ! Et de qui ?

— Nous sommes allés à la messe pour Marlène Dietrich, à La Madeleine... À l'enterrement d'Yves Montand...

— Hummmmmm...

— Je fabriquais des souvenirs pour le futur, dis-je.

— J'ai eu une passe difficile, murmura Michel. Elle fut utile. J'ai lu beaucoup. Pendant cinq ans pratiquement, je n'ai mangé que de la baguette et du fromage.

— Même les plus puants ? questionna Cláudia.

— Je suis expert en fromages, dit Michel.

— Nous, au début, on n'arrivait à manger que du comté qui est propre. Les plus forts nous donnaient envie de vomir.

— C'est une question de raffinement. Ou de nécessité, expliqua Michel en bâillant.

— Tu n'as pas peur de mourir en étant avec moi, Michel ? demandai-je soudain.

— Je devrais ? Je ne t'imagine pas en tueur en série.

— Il ne faut pas s'y fier. J'ai déjà tué plusieurs Français.

— Qui ?

— Je ne veux pas trop te faire peur. J'en citerai quelques-uns : Félix Guattari, Gilles Deleuze, Jean-François Lyotard.

— Deleuze s'est suicidé.

— Je sais. Par ma faute.

— Ah bon !

— En fait, il suffisait que je propose une interview à un grand intellectuel français pour qu'il meure. Avec Guattari, nous avons fixé la date un mois à l'avance et nous sommes partis en Grèce. À Paros, j'appris sa mort par les journaux.

— C'était une coïncidence.

— Tu crois ? Tu connais ce proverbe chinois ? Si un cheval gagne une course, c'est de la chance, s'il en gagne deux, c'est une coïncidence, s'il en gagne trois, parie sur lui.

— Tu es un oiseau de mauvais augure ?

— Je pense que oui. Après avoir beaucoup insisté, j'ai obtenu une interview avec Gilles Deleuze. Deux jours avant notre rencontre, ne se jette-t-il pas par la fenêtre ?

— Hummm…

— Avec Lyotard, ça a été pis encore. Disons que ce fut tragicomique. Nous avons beaucoup parlé par téléphone. Il faisait en sorte que je me sente intelligent, un exploit. Nous avons fixé deux rencontres. Nous sommes allés chez lui. Nous avons frappé. Personne n'a ouvert. Nous avons insisté. Rien n'y a fait. Nous sommes rentrés, déçus, et c'est à la maison que nous avons appris par la télévision la nouvelle de sa mort. Une demi-heure plus tard, sa femme a appelé et, très gentiment, a excusé son mari pour ce qui était arrivé et m'a expliqué qu'il ne pourrait plus me recevoir. Je n'ai rien trouvé d'intelligent à dire.

— À la réflexion, tu as vraiment un air dangereux, effrayant, Juremir. J'aurais dû me méfier de cette idée de venir au bout du monde. Je vais faire attention.

— Vraiment, tu sais discuter.

— Je suis bon aussi pour le silence.

— La chose qui me terrifie, dis-je, c'est quelqu'un qui doit payer pour être écouté. C'est pour cette raison que j'écris. Tout ce que je n'arrive pas à dire, je le mets dans mes romans. Personne ne les lit mais, au moins, je ne dépense pas d'argent avec un psychanalyste. Parfois, j'ai vraiment envie de raconter quelque chose à un ami. Ensuite, je réfléchis et j'abandonne. La moindre observation pendant mon récit peut me décourager. C'est vraiment triste d'acheter les heures d'un psychanalyste.

— C'est idiot, décréta Michel.

— Heureusement que l'on peut écrire.

— L'art, c'est ça. Je le pense vraiment : une forme d'expression libre qui contribue à transformer la banalité de l'existence. Ou alors ce n'est pas de l'art.

— L'art, c'est la transgression ?

— Hummm… Tout compte fait, oui.

Notre ivresse était une œuvre d'art. Seule Cláudia connaissait le chemin du retour, qui consistait à traverser l'avenue et à entrer dans le pavillon en face. Michel, après avoir dormi sur la table, fut incapable de distinguer les billets argentins. Je tentai de chanter un tango. J'en fus dissuadé par le regard suppliant du serveur.

Le dilemme de l'enfant

La guide fut catégorique : « Aller en Patagonie et ne pas avoir vu le Perito Moreno, c'est comme aller à Rome et ne pas voir le pape ou aimer le football et ne pas avoir entendu parler de Maradona. » Nous n'avions pas la moindre envie de ne pas aller à Perito Moreno, ni d'entrer dans des conflits nationalistes et footballistiques. Michel, de mon point de vue, s'y entend très peu sur ce sujet si important, bien qu'il eut certainement choisi Zidane. Moi, par provocation, en Argentine, j'avais défendu Pelé. Au Brésil, jàurais fait exactement le contraire. À Porto Alegre, dans sa conférence déconcertante, Michel avait présenté le football comme un substitut de la guerre ou comme un instrument de sublimation des énergies agressives naturelles. C'était une bonne façon de flatter les Brésiliens. Dans tous les cas, le football et la religion sont deux moyens très efficaces de domestiquer les pires instincts humains, sauf quand les effets indésirables l'emportent, quelque chose qui n'arrive, en général, qu'une fois par semaine.

En chemin pour voir le « pape » de la glace, le colossal et incontournable Perito Moreno, le ciel nous offrit gratuitement un goût de paradis ou – dans des termes encore plus conventionnels – une carte postale du paradis : un bel arc-en-ciel sur le lac Argentina. Nous nous arrêtâmes pour prendre des photos. Devant les icebergs, les couleurs flottaient dans l'air. Michel et Cláudia lâchèrent quelques soupirs d'admiration et, je le jure, j'eus alors la preuve définitive que mon ami écrivain n'était pas un cynique. Un homme qui, après avoir écrit des chefs-d'œuvre, soupire face à un arc-en-ciel mérite le respect et les applaudissements.

Perito Moreno se révéla être un glacier confortable et pratique. On peut l'approcher à pied grâce à des passerelles. C'est un voile de mariée dérivant sur la rivière. Parfois, on entend un bruit, une détonation, et l'on voit des blocs de glace se détacher du mur principal et tomber à l'eau. Le glacier continue de s'étendre. Dans son mouvement, il a fini par toucher l'une des berges de la rivière, bloquant l'écoulement de l'eau d'un bras vers l'autre, ce qui élève son niveau. En forçant le passage, l'eau s'infiltre dans les glaces, jusqu'à ce que survienne le phénomène le plus attendu : la rupture du glacier. Miné de l'intérieur, il explose ou implose dans un feu d'artifice de glace pure et l'eau reprend son cours.

Comme on peut s'y attendre, Michel et moi eûmes une conversation instructive sur l'obstination des glaciers et la volonté persistante des eaux à suivre leur cours naturel. Sans être experts en glaciers ou en comportements obsessionnels, nous n'eûmes aucun mal à admettre que l'image du terrible combat du glacier et de l'eau devrait être utilisée dans les manuels de développement personnel.

— Le glacier est aussi de l'eau, pondéra Michel.

— C'est une lutte entre deux frères siamois, l'eau et la glace, l'état liquide et l'état solide d'une même chose, répondis-je.

— L'un se transforme en l'autre pour perpétuer le combat, concéda Michel, visiblement contaminé par l'originalité de nos découvertes à caractère psychologique et anthropomorphique.

— C'est une tragédie digne de Racine ou de Corneille, risquai-je, totalement ébloui par cette hypothèse.

En vérité, la visite à Perito Moreno nous permit de relever les données comparatives de réalités européennes, asiatiques, africaines et latino-américaines hautement pertinentes pour le développement du tourisme globalisé. Je dirais même plus, des informations capables d'invalider l'ethnocentrisme européen, autrement dit l'eurocentrisme qui a fait tant de mal au monde et, en particulier, à l'Amérique Latine depuis que les Espagnols ont débarqué ici, déterminés à civiliser les Indiens avec la politique de la croix et de l'épée. Après nous être repus d'images du glacier et pris des centaines de photographies posant en touristes intelligents et cultivés, nous allâmes aux toilettes. Au nom du réalisme et de la parfaite chronologie des faits, je dois dire que je fus le premier, conduit par un terrible besoin d'expulser l'eau minérale gazéifiée que j'avais bue en quantité astronomique le soir précédent pour aider à faire passer les bouteilles successives de Terrazas Malbec.

Michel me croisa à mon retour. Chaque fois que j'ai fini de me soulager, je me sens comme un Gene Kelly chantant sous la pluie. Un aveu qui ne manquera pas de ravir les lecteurs désireux de tout connaître de l'intimité d'un auteur. J'attendais dans les escaliers que Michel, pressé par le même besoin que moi, se libère aussi. C'est toujours émouvant d'attendre qu'un écrivain célèbre ait fini d'uriner. Encore plus quand on a face à soi la démesure du Perito Moreno. Quand il revint, après dix minutes de recueillement, conformément aux normes internationales, il était – je crois que cette expression ne pèche pas par exagération ou impropriété – transfiguré. Il y avait plus de lumière que jamais sur son visage lunaire et espiègle. Un sourire malicieux étirait ses lèvres de part en part, ses yeux clairs brillaient comme un bloc de polystyrène gelé et patagonien. Je crois que je n'ai jamais vu Michel Houellebecq aussi beau. Je me préparai à entendre quelque chose de définitif, fruit de son implacable capacité d'observation. Comme toujours, mon ami et écrivain préféré ne me déçut pas.

— Ce sont des toilettes du premier monde, lança-t-il.

— Très propres.

— Plus que cela ! Elles sont spacieuses, très propres, presque transparentes, chics, élégantes, tout y brille, chaque matériau est extraordinaire.

— Un point pour les Argentins, admis-je.

— Richissime, compléta Michel.

— C'est bon de pisser avec classe. Ce n'est pas un hasard si les riches ne pissent pas n'importe où. Ça a du sens.

— Je n'aurais jamais imaginé qu'il existât des toilettes comme celles-ci dans le tiers monde, à disposition des touristes, avoua Michel avec un mélange de solennité et d'ironie dans la voix.

— Ne t'avais-je pas dit que la Patagonie nous surprendrait ?

— Bien sûr, mais je ne m'attendais pas à tant de luxe.

— Vous, les Européens, vous êtes toujours ethnocentriques.

— Pas du tout. De sorte que je reconnais facilement les mérites des autres peuples, avec ces toilettes.

— Tu connais le paradoxe de l'ethnocentrisme, Michel ?

— Je vais bientôt le connaître...

— C'est le même que la supériorité morale de l'homme sur les animaux. Pourquoi l'homme ne devrait-il pas sacrifier des animaux, puisque les animaux, selon la chaîne alimentaire, sacrifient d'autres animaux et qu'ils ne se risqueraient pas à manger une petite fille ?

— Je ne sais pas. Si c'est un mouton ou un loup-marin...

— Parce que l'animal agit par instinct. Il n'a pas conscience de ce qu'il fait. Il revient à l'homme d'être moralement supérieur et de ne pas commettre ce que l'animal commet.

— Conclusion ?

— Même quand l'homme ne veut pas se juger supérieur aux autres animaux, il commet un anthropocentrisme, car seul lui-même peut décider de ne pas commettre un tel acte.

— Hummmm…

— Avec l'ethnocentrisme, c'est la même chose. Pourquoi ne pouvons-nous pas juger, critiquer et condamner les valeurs d'une autre culture alors que cette autre culture juge, critique et condamne les nôtres ? Nous ne le pouvons pas pour ne pas être ethnocentriques. Toutefois, l'autre culture est également ethnocentrique…

— Nous ne devons pas commettre la même erreur…

— En d'autres termes, nous pardonnons, car ils ne savent ce qu'ils font. En conséquence, en ne nous considérant pas culturellement supérieurs aux autres, nous devons nous sentir moralement supérieurs, magnanimes, généreux… Cet autre, pourtant, n'est pas seulement une tribu récemment découverte aux confins de l'Amazonie mais, par exemple, les Arabes.

— Hummmm… Il n'existe aucun ethnocentrisme quand il s'agit de valeur universelle. Il existe une idéologie ou superstition, coupa Michel, contemplant la descente vers les toilettes.

Ce fut l'une des conversations de sortie de toilettes la plus originale que j'aie jamais eue. Perito Moreno était devant nous. Sur le parking, les voitures et les bus se disputaient l'espace. Les touristes émerveillés bavardaient en plusieurs langues. La Babel du tourisme se montrait palpitante et réussie. Michel Houellebecq et moi venions de vivre une expérience interculturelle inoubliable. En quelques minutes, nous étions passés par une situation d'étonnement, « d'entraillement », dans le sens anthropologique du terme, où nous étions allés jusque dans les « entrailles » de l'autre, rien de plus qu'un choc culturel, et par une réflexion aussi abstraite et philosophique que possible. D'un certain côté, ce fut une « conversation animalière » de plus.

Nous prîmes un bateau pour aller admirer le Perito Moreno de l'autre côté. Le trajet ne fut ni long ni chic. Il n'y avait pas d'espace V.I.P à bord. Nous fûmes un peu perdus. Michel et moi, pour des raisons incontournables que je révélerai bientôt, nous eûmes une conversation sur les enfants et sur la religion, sans parler d'une discussion que, en l'absence de terme plus approprié, je qualifierais d'urologique. Décidément, jamais le tourisme n'avait été honoré, lors d'un même voyage, d'autant de réflexions supérieures sur des thèmes cruciaux pour le futur de l'humanité. Un petit garçon commença à pleurer comme un possédé. Rien ne le consolait. Cláudia était dehors, le long des rambardes, mitraillant le paysage avec son infatigable appareil photo numérique.

Les parents de l'enfant essayaient de le réduire au silence de la façon la moins bruyante possible, conformément aux préceptes en vogue dans la culture occidentale, même au bout du monde. Ils voulaient éviter un scandale encore plus grand, ou limiter les décibels des pleurs. Il était évident qu'ils avaient envie d'étouffer le petit ou, pour le moins, de le bâillonner. Ils en furent sans doute empêchés par le fait que les techniques pédagogiques les plus modernes ne recommandent aucune de ces deux alternatives pour maîtriser les enfants démoniaques. Du moins, selon ce que nous pouvons présager, devant un public instruit comme celui qui fait du tourisme en Patagonie, discute de l'existence de Dieu et de la différence entre les pingouins et les loups-marins. J'imaginai que Michel réfléchissait aux effets néfastes de Mai 1968 sur l'éducation infantile. La mère décida de faire appel à la bonne humeur dans l'espoir de s'en tirer par l'application d'une pédagogie ludique et sans punition.

— Pourquoi tu ne te tais pas ? demanda-t-elle, en provoquant le petit garçon avec une référence explicite à l'épisode encore récent et drôle du « Ferme-là » du roi d'Espagne à l'arrogant et bavard dictateur du Venezuela.

Le petit garçon ne se laissa pas impressionner. Soit, il n'était pas au courant de cet épisode, amplement diffusé sur toutes les télévisions, y compris dans les programmes pour la jeunesse, et ne pouvait donc pas saisir l'intertextualité de la langue maternelle, soit il était favorable à Hugo Chávez, hypothèse qui me parut hautement probable dans la mesure où son braillement s'intensifia après cette question de la bien informée, bien que désespérée, femme de langue espagnole. En vérité, les cris de l'enfant commençaient à présenter un risque écologique, vu qu'ils pouvaient facilement provoquer une rupture dans la partie centrale du Perito Moreno. En outre, le nombre de petites détonations n'arrêtait pas d'augmenter et la tragédie était imminente. Impuissante, la mère répéta et déclencha l'hilarité générale :

— *Por que no te callas* ?

Le diablotin passa immédiatement à vingt décibels environ. Rarement, sauf peut-être en écoutant Maria Callas, j'entendis un aigu aussi cristallin. Michel Houellebecq me fit signe de l'index pour que je m'approche de lui. Je m'exécuta immédiatement mais sans comprendre, car, comme à son habitude, il parlait très doucement. Quand nos visages se touchèrent presque, il susurra le plus faiblement qu'il put, dans un filet de voix :

— Tu peux me rendre un service ? C'est seulement une question de volonté...

— Bien sûr. Que veux-tu ?

— Peux-tu jeter cet enfant à la mer ?

— Avec ou sans bouée ?

— Mieux vaut sans. Sinon nous allons continuer à subir ces hurlements.

Malgré le bien-fondé de sa demande et en accord, certainement, avec la majorité du bord, je refusai. Ce fut difficile. J'hésitai même. Je n'avais jamais rien refusé à Michel. Les images, pourtant, de la prison transformée en musée d'Ushuaia, me dissuadèrent. Je ne voulais pas être confondu avec le Petiço Orelhudo. En plus, je suis très frileux. Je fis mes sincères excuses à mon ami pour l'indélicatesse que les coutumes occidentales et la morale chrétienne m'obligeaient à pratiquer contre toutes les normes de civilité..

— Cláudia veut un enfant, dis-je.

— Refuse.
— Je ne peux pas. Moi aussi j'en veux un.
— Tu as entendu le bruit que ça fait ?
— Oui. Mais ça passe.
— Quel est le problème alors ?
— Nous avons tardé à prendre la décision. Mes spermatozoïdes sont des disciples de Rubinho Barrichello.
— Qui c'est celui-là ?
— Le petit protégé.
— Il est encore temps de changer d'avis.
— Tu as un fils, Michel.
— Je sais.
— Vous vous entendez bien ?
— On ne cohabite pas beaucoup.
— Tu le regrettes ?
— Hummm…
— Ce sujet t'ennuie ?
— Qu'est-ce que tu vas faire pour booster tes spermatozoïdes et avoir, à temps, quelqu'un pour crier comme un possédé dans tes oreilles vingt-quatre heures sur vingt-quatre ?
— Je pense que nous allons recourir à l'insémination artificielle.
— Tu pourrais avoir six enfants à la fois…
— Dans ce cas, je serais dans un beau pétrin. Je devrai fuir de la maison ou en jeter quelques-uns à la mer. Cela n'arrivera pas, je le sais. J'ai confiance en la prudence de mes spermatozoïdes. Ils ne sont pas assez fous pour me mettre dans une telle situation.

— Oui. On peut toujours faire comme on faisait d'habitude avec les chats à une époque plus libérale.

— Je l'ai moi-même fait quand j'étais adolescent. J'ai de la pratique. Les chatons et les chiots ne proliféraient pas. Maintenant, il y a des chiens baladés dans des poussettes.

— Vraiment ? J'aimerais voir ça.

— Je ne veux pas être seul dans ma vieillesse, Michel.

— Quelle connerie ! Les enfants s'en vont avant ou te mettent dans un asile. Je veux dire, dans une maison de repos. Il vaut mieux garder de l'argent pour engager une infirmière.

— Je pense qu'on va courir le risque.

— Achetez un chat, proposa Michel.

— Je n'aime pas les animaux qui laissent leurs poils sur mon canapé.

— Un chien.

— Je n'ai aucune vocation pour descendre un chien dans la rue. Merde pour merde, si je peux choisir, je préfère l'enfant. C'est un point de vue, disons, humaniste.

— Hummm… Les merdes des enfants peuvent devenir plus importantes et sérieuses au fil du temps.

— Avoir un chat ou un chien, c'est avoir un enfant sans la responsabilité que cela implique. C'est un fils de substitution, dis-je, en pensant surtout aux gens qui embrassent leur chien sur la bouche, dorment avec lui et adorent les animaux.

— Louez un enfant pour jouer au papa et à la maman, insista-t-il.

— Nous n'avons pas ce service au Brésil.

— Pays en retard.

— Nous avons déjà de bons services de livraison de pizza et même de drogue. Je ne demande que des pizzas, bien que, de ce que l'on m'a dit, cela soit plus lent et beaucoup plus cher.

— Bon, je t'ai prévenu.

— Ce sera ce que Dieu veut.

— Comment savoir ce qu'il veut ou pas ?

— En parlant avec ses représentants sur terre, Michel. Ou en tentant d'interpréter ses messages.

— Ce serait si bon de croire à une religion.

— J'ai un ami qui dit que les religions traditionnelles sont des prostituées qui sont devenues respectables pour services rendus, ou pour leur temps de service.

— Certaines ne deviendront jamais respectables.

— Mon ami soutient que toutes les religions sont de simples superstitions et que les religions monothéistes sont des superstitions qui se croient meilleures que les autres.

— Même chose pour les idéologies. Tout est une question de légitimité. Cela fonctionne seulement pour celui qui croit.

— Nietzsche avait tort ? L'humanité est vraiment un troupeau et a besoin de pasteurs pour la conduire ?

— Peut-être.

— Ils disent que Dieu créa le monde, Michel. Ils disent aussi que l'homme a créé Dieu. Dans ce cas, qui a créé le monde ?

— Hummmm… Je peux répondre une fois que je le saurai ?

— D'accord. Je pense que je peux attendre encore une semaine.

Il décréta une trêve. Le Perito Moreno était une forteresse de glace devant nous. Michel marmonnait. Cláudia nous emmena dehors. En vain. Nous étions dans un moment de dialogue important. Une passagère abandonna à côté de moi une revue en espagnol. Il y avait un article sur le mythe de la taille du pénis dans les rapports sexuels. Le sujet était vieux, mais amusant. Principalement, des avis de spécialistes.

— Tu penses qu'un gros pénis est un passeport, Michel ?

— Pardon ?

— Un gros sexe fait-il la différence ?

— Cela dépend où il va être utilisé.

— Cela fait ou non une différence ?

— Je ne sais pas. Il existe un imaginaire à ce sujet. Certaines femmes aiment. Voire l'exigent. Au minimum, rêvent de ça. Mieux vaut en avoir un plus grand que plus petit. Qu'est-ce que tu en penses ?

— Je suis satisfait de la taille du mien.

— Un gros pénis peut ne pas faire de différence en termes de performances, un vagin trop grand si.

— Qui a la plus grosse : les Français ou les Brésiliens ?

— Hummm… Je ne suis pas spécialiste de ce sujet.

— Moi non plus.

— Je voudrais en savoir plus sur la sexualité des Brésiliennes, dit-il. Dommage que je n'aie jamais couché avec une Brésilienne.

— Nous sommes à égalité. Je n'ai jamais couché avec une Française.

— Ce sera une perte pour la littérature.

— Oui. Peut-être que cela nous empêchera de remporter le Nobel.

Lorsque nous laissâmes le Perito Moreno derrière nous, le temps était clair et la température agréable. Des morceaux de glace s'effondraient, avec des claquements de feux d'artifice dans notre dos. La nature affichait sa beauté de façon obscène. Nous étions des touristes satisfaits.

Dans la voiture, alors que tout le monde dormait, je lâchai un cri, presque aussi strident que celui de l'enfant :

— Merde. J'ai oublié mon ordinateur portable !

— Où ? s'inquiéta Cláudia.

— Dans la chambre d'hôtel.

— Nous avons réglé la note. Nous n'avons plus la chambre d'hôtel. Il doit déjà y avoir un autre occupant dans cette chambre.

— Je sais, je sais, mais mon ordinateur est resté là.

— Hummmmmm…

La Patagonie est post-moderne

Je me précipitai dans l'hôtel. La simple idée de ne plus retrouver mon ordinateur me brûlait les pieds sur la Terre de Feu. Ce n'était pas l'appareil lui-même qui me préoccupait, c'était mes fichiers. Un Jiminy Cricket riait en moi. « Tu t'inquiètes de ce qui a le moins de valeur », disait-il. Je lui dis de la fermer. Le moment ne se prêtait pas à la critique littéraire. La réceptionniste limait ses ongles tranquillement et ne se montra pas affligée lorsque je l'interpelai avec anxiété.

— Un ordinateur portable ? Dans la chambre ? Non, on n'a rien trouvé.

Le vent gelé de Patagonie sifflait dans mes oreilles. Je pressentais déjà l'incident diplomatique, car les pires insultes contre les Argentins se formaient déjà dans ma tête. Est-ce qu'ils pensaient que nous avions oublié la tricherie de la Coupe du Monde en 1978 ?

— Il se trouvait en haut d'un placard, insistai-je.

— Je suis désolée. Aucun ordinateur n'a été localisé.

Michel et Cláudia se regardaient sans trouver les mots pour me consoler ou m'aider à débloquer la situation.

— J'ai oublié mon ordinateur dans la chambre, répétai-je.

— Un ordinateur ? demanda une seconde réceptionniste, surgie de je ne sais où.

— Oui. Un ordinateur portable.

— On en a trouvé un ce matin.

— Vraiment ? s'étonna la première.

— Je vais appeler la responsable du ménage, dit la seconde.

Je respirai à nouveau et entrevis le salut de trois ou quatre chefs-d'œuvre de la littérature universelle dans un avenir très proche, sachant qu'attendre la mort pour avoir du succès ne m'a jamais excité.

Nous nous assîmes dans le hall de l'hôtel en attendant de récupérer mon précieux Mac. Une demi-heure s'écoula sans que les réceptionnistes ne me fassent le moindre signe. Avaient-elles oublié ? La chef des réceptionnistes avait-elle déjà terminé son travail ? Mon ordinateur était-il déjà parti avec quelqu'un d'autre ? Michel tira son Mac de son sac à dos et vérifia ses courriels. Cláudia feuilletait des magazines. Je tentais d'imaginer les plans de Cristina Kirchner pour donner un boom économique à l'Argentine. Rien ne me calmait. Plus le temps passait, plus l'angoisse montait. Je tentai de trouver une explication à mon oubli.

— Cláudia m'a demandé de descendre la valise.

Alors, j'ai inversé l'ordre dans lequel je fais toujours et je n'ai pas prêté attention à l'ordinateur.

— Ah, c'est la faute de Cláudia maintenant ! s'exclama Michel.

— Non, ce n'est pas ce que je voulais dire. Personne n'est coupable. Je veux dire, je suis coupable.

— Hummmmmmmm...

Alors que je me sentais prêt à hurler que Maradona était un imposteur, un drogué, qui n'arrivait pas à la cheville de Pelé, la première réceptionniste me fit signe. Je courus vers elle. Elle me repoussa froidement :

— Nous faisons le nécessaire, monsieur. Attendez.

Je retournai m'asseoir, furieux. Je préparai des insultes contre Kirchner sous le regard ironique de Michel. S'ils ne m'apportaient pas mon ordinateur immédiatement, je taxerais Kirchner de créancier international, de voleur de vieux épargnants italiens et même de proxénète politique et de démagogue. Ils allaient voir ça ! Le F.M.I. ne leur causerait pas autant de dommages. S'ils ne m'indemnisaient pas au cas où l'ordinateur n'aurait pas été trouvé, je me lancerais dans une agression plus radicale, calomnieuse, vile et répugnante. Je dirais : « Borges n'a jamais été capable d'écrire un roman. Et les îles Malouines, ou plutôt les Falkland, sont aux Anglais. »

Heureusement pour les relations triangulaires entre le Brésil, l'Argentine et la France, la réceptionniste numéro deux surgie de nulle part revint avec mon ordinateur.

— Excusez-nous pour l'attente, dit-elle.

— Mais non, cela n'a pas été long du tout, affirmai-je.

Nous allâmes déjeuner à Libertadores, la rue principale de Kansas City, je veux dire, El Calafate. J'imaginais John Wayne sortant de *La prisonnière du désert* pour boire un whisky en Patagonie et célébrer le succès de sa vengeance contre les maudits Comanches qui avaient massacré la famille de son frère et séquestré sa nièce. Il était tard. Les restaurants ne servaient déjà plus. Nous déambulâmes d'un côté et de l'autre au son de la délicieuse musique du vent de Patagonie. Terre de Feu, estomac vide. Finalement, fatigués de chercher, nous attachâmes nos chevaux dans un coin et nous mangeâmes dans un mélange de bar et de restaurant, extrêmement moderne et à la mode, baptisé Casablanca. Bogart se substitua à John Wayne.

Le lieu lui était entièrement consacré à travers des images du film *Casablanca*. Vous savez, cette affiche du film avec Bogart et Ingrid Bergman immortalisés dans une désespérante aura romantique d'adieux fatals ? Je méditai. Cela ne pouvait être qu'un signe du destin. Casablanca est l'un de mes films préférés. Je voyais déjà Michel Houellebecq chanter *As time goes by*. Tout dans ce lieu perdu du richissime « Far West » patagonien et magellanien faisait penser au classique des classiques romantiques, le mélancolique *Casablanca*. Le bar était une citation grandeur nature, l'intertextualité pure, un pastiche, une parodie, tout et rien, une image. La Patagonie, était définitivement postmoderne et ne le savait même pas. Au Casablanca d'El Calafate, cependant, on n'écoutait que du rock et de la musique électronique.

Nous décidâmes de radicaliser et de mettre les pieds dans le plat : nous commandâmes sans baisser les yeux un steak-frites. Le bar était rempli de garçons musclés et de jeunes et belles femmes pétulantes. Certains jouaient du piano sur les claviers de leurs ordinateurs en profitant de la connexion gratuite du Casablanca : Wifi au « Far West ». Tout était si moderne que les pingouins et les loups-marins furent immédiatement fossilisés dans notre mémoire récente. Nous étudiâmes attentivement la carte des vins et, après un vrai concile, pariâmes sur une valeur sûre et à l'excellente sonorité : un Terrazas Malbec. Depuis une semaine, nous avions acquis des habitudes et des routines à une vitesse impressionnante. Si nous étions restés quelques jours de plus dans la « région », nous serions devenus péronistes et supporters de Boca Juniors. Notre capacité d'adaptation à l'environnement était presque aussi parfaite que celle des loups-marins. Dommage que nous nous soyons manqués de plusieurs années avec Charles Darwin car nous aurions beaucoup compté dans sa théorie sur l'involution des espèces.

À la table voisine, bruyantes et heureuses, trois adolescentes ou, qui sait, un peu plus que cela, disons aux alentours de dix-sept à dix-neuf ans, mais avec l'apparence de filles de quinze ans, la mentalité de onze, la libido et la tactique provocatrices de vingt-et-un ans, commandèrent une pizza. Michel s'intéressa immédiatement au phénomène. Je peux l'affirmer en qualité d'observateur neutre et bien positionné dans le champ de recherche, c'était de fait un spectacle incomparable à voir de sa chaise. J'étais bien assis. Je me contentais donc d'observer.

Les filles riaient de tout et de rien. Arriva un garçon de leur âge qui commença, comme l'on disait il y a quelques décennies, à faire du plat à la plus blonde. Elles écoutaient toutes et riaient. Elles avaient, comme le disait ma grand-mère, un rire débile. Le petit playboy usa son latin, je veux dire, son espagnol, pendant environ dix minutes. Les trois filles mangeaient leur pizza avec les mains et se barbouillaient délicieusement. Elles tiraient sur le fromage jusqu'à ce qu'il se rompe et se colle contre leur nez ou leur bouche. Assise en face de moi, Cláudia les observait du coin de l'œil. Michel était face à elles et les dévisageait sans la moindre gêne.

— Je crois que le garçon va bien s'en sortir, risquai-je.

— Pas maintenant, dit Cláudia.

— Peut-être, suggéra Michel.

L'approche du garçon ne réussit pas, à moins qu'un accord n'eût été conclu pour produire son effet plus tard. Il monta les escaliers et rejoignit ses amis sur la mezzanine. Les trois gazelles gloussèrent comme si on les chatouillait. La vie leur semblait terriblement amusante pour des raisons qu'elles étaient seules en mesure de déchiffrer. Elles n'étaient pas, pourtant, semblables aux autres filles du même âge du monde entier. Et nous, nous savons que ce genre de rire gratuit passe en même temps que la jeunesse. Le serveur apporta la glace demandée par Cláudia. Les filles salivaient devant ces boules colorées, trois petites chiennes pavloviennes blondes et rieuses, affectueusement parlant.

— C'est tellement beau de voir des jeunes filles manger une pizza avec leurs mains, tu ne trouves pas, Michel ? demandai-je en constatant qu'il ne les quittait plus des yeux.

— Ce serait encore plus beau de les voir manger une glace.

— Tu crois qu'elles vont demander une glace ?

— Bien sûr. Tu n'as pas vu comment elles ont lorgné celle de Cláudia ? On va attendre et voir. Du calme.

— Pourquoi trouves-tu plus beau de les voir déguster une glace ?

— Elles vont sortir leur langue.

— Ah, c'est évidemment érotique !

— Hummm…

— Tu aimes lécher, Michel ?

— Pourquoi pas ? Et être léché.

Nous attendîmes qu'elles achèvent leurs pizzas et commandent le dessert. Je ne pus m'empêcher de faire une provocation.

— Tu es vraiment dans la crise de la quarantaine, Michel. Les jeunes femmes commencent à te faire perdre ton sérieux avec leurs gesticulations.

— Elles sont belles.

— Je vois. Il n'y a pas une controverse au sujet de ta vraie date de naissance ou quelque chose dans le genre ?

— C'est une vieille histoire.

Après avoir répondu, il resta pensif. On pouvait voir qu'il descendait en lui-même. Une ligne sombre, comme l'une des moraines des glaciers que nous avions vues, coupa le bleu intense de ses yeux presque liquides d'être si clairs et si vifs.

— Quand j'étais petit, à l'école, une fille plus vieille que moi venait toujours me parler, reprit-il. Cela me perturbait. Je ne savais pas très bien comment réagir ou me comporter. Elle s'intéressait à moi d'une façon curieuse. Elle était toujours après moi lors de la récréation, parlait avec moi, se montrait attentionnée, affectueuse même, pleine de tendresse et d'attentions. Je me sentais à la fois attiré et gêné.

— J'imagine la scène. Elle était belle, c'était la fille la plus désirée du collège et, provoquant la jalousie des grands, elle était à tes trousses.

— Plus ou moins. Je ne sais pas exactement ce qu'elle voulait de moi. Je sais qu'elle m'impressionnait.

— Elle a été ton premier amour ?

— Je ne sais pas. Je me souviens bien d'elle. Ce n'était pas une situation normale. C'était fascinant. Ça me remuait.

— Est-ce que, même plus grande, elle aurait voulu te dépuceler ? Il y a des femmes qui adorent les hommes intelligents.

— Je pense que les femmes me sentaient fragile et voulaient prendre soin de moi. Une professeure d'allemand m'a marqué. Elle croyait en moi. Elle faisait l'éloge de mes progrès dans cette matière. J'ai été un excellent élève d'allemand. Aujourd'hui encore, je pense à tout cela, de façon confuse, bien sûr, car je ne parviens pas à reconstituer tous les fragments. Il manque des pièces.

— Moi aussi, j'ai été passionné par la première professeure qui m'a donné des cours. Elle s'appelait Eulália et ressemblait à une poupée de porcelaine. Ce fut la première femme que je vis en mini-jupe, à Palomas, le village où j'ai grandi.

— Palomas est vraiment ton *bled*[1] ?

— Oui, c'est mon village, mon coin.

— C'est incroyable comment les lieux de l'enfance ne nous quittent plus jamais. C'est comme si nous vivions pour devoir porter cela.

— Ça et nos amours mal résolus.

— Je ne crois pas avoir été amoureux de mon institutrice, dit Michel, après un instant de réflexion.

— Ton initiation sexuelle a été compliquée ?

— Non, au contraire, elle fut excellente, très bonne même. Elle ne s'est pas produite avec cette camarade plus âgée dont je viens de parler, mais ce fut très bon, agréable. Je m'entendais bien avec les filles, bien que je ne sache pas très bien comment les traiter. Et la tienne ?

— La seconde, celle qui vaut vraiment, fut normale.

— Et la première ?

— Bon, la première ne compte pas. Ce fut avec un mouton.

---

1. NDT : en « français » dans le texte

— Maintenant je comprends tout, c'est pour ça que tu n'as pas apprécié quand j'ai dit du mal des moutons !

— Non. Il n'y a pas eu d'amour ou de passion entre nous.

— Cela aurait pu être une passion « animalière », non ?

Nous rîmes beaucoup. L'atmosphère du Casablanca était parfaite pour les confidences, même les plus improbables ou compromettantes. De temps en temps, Michel levait la tête pour fixer les mangeuses de pizza, apparemment rassasiées. Des traces de ketchup traînaient dans les assiettes et sur les serviettes. Les filles continuaient de parler et de rire sans s'arrêter. Je crois qu'elles observaient du coin de l'œil l'homme qui les examinait frontalement. C'est à ce moment-là, en essayant d'être drôle, que je commis une erreur, une indélicatesse, une grossièreté qui coupa chez Michel le flux des souvenirs et la tendresse des confessions les plus inattendues de tout notre voyage.

— On appelle ça la branlette, Michel.

— Pardon ?

— Ce moment d'indécision typique de l'adolescence, quand nous n'avons pas le courage de sauter sur les filles que nous désirons et qui nous désirent, c'est le moment de la branlette.

— Hummm…

Il se ferma comme une huître. Une ombre de tristesse se substitua à la lumière malicieuse qui jouait sur son visage alors que l'on espérait le moment où les filles demanderaient une glace.

— Ça a été dur la vie à l'internat ? demandai-je en désespoir de cause, m'enferrant davantage.

— J'ai survécu, fut sa seule réponse.

— Elles ne vont pas demander de glace, décréta Cláudia.

— Mais si, bien sûr qu'elles vont, dis-je, plus pour soulager la tension que par conviction.

— Eh bien, il ne reste plus qu'à imaginer ce que nous perdons, soupira Michel, visiblement détendu.

Le pire était passé. Il me restait encore assez de courage pour suggérer un titre à l'image que nous ne verrions pas :

— Des filles rient et mangent une glace au bar du Casablanca, à El Calafate, en Patagonie argentine.

— On peut faire pire, concéda Houellebecq.

Je lui donnai raison. Nous attendîmes l'addition en silence, en comptant les morts et les blessés. La vie continuait.

— C'est toujours la même histoire, dis-je, presque en chantant. La lutte pour l'amour et pour la gloire…

— Pour le pouvoir et pour la gloire, corrigea Michel.

— C'est la même chose, affirmai-je.

Michel ne chanta pas *As time goes by*. Nous ne saurons jamais si les filles rieuses avaient pris une glace ou si elles étaient restées avec les garçons de la mezzanine à la tombée de la nuit. Il ventait dans les rues d'El Calafate. Nous allâmes m'acheter des chaussures.

Le fantôme de Borges

Nous avançâmes tous les trois dans la rue, côte à côte, les mains collées au corps, comme si nous marchions vers le duel final. Kid Juremir, Butch Houellebecq et la *pistoleira* Cláudia (elle ne va pas aimer cette idée !) se dirigeaient vers le règlement de comptes à Calafate Corral sans aucune trace de peur dans leurs yeux glacés et leur nez rouge. Aucun adversaire, cependant, ne surgit pour nous défier. Ils ne savent pas à quoi ils ont échappé. Ils n'imaginent même pas combien il y avait de froideur dans nos gestes. Privés de combat, nous entrâmes dans un magasin de Libertadores pour choisir des chaussures. C'est une de mes manies. J'ai déjà acheté des chaussures, un peu partout, au Pérou, en Uruguay, au Venezuela, au Chili, en France, bien entendu, en Allemagne et en Argentine. Dans les aéroports, je coupe mes cheveux et je lis Simenon. À l'étranger, j'achète des chaussures et j'imagine un livre avec un écrivain célèbre comme personnage. Acheter des chaussures et couper ses cheveux en voyage est une façon rationnelle, pas nécessairement bon marché, de tuer le temps et de résoudre des questions pratiques. J'avais déjà acquis des bonnes chaussures brésiliennes à l'étranger à des prix raisonnables. Michel resta assis sur un rocher du parterre central de l'avenue pour nous attendre.

J'achetai une bonne paire de chaussures noires. Dans les magasins brésiliens, curieusement, je ne trouve que des chaussures qui ressemblent à des chaussures de sport (je déteste les baskets presque autant que je déteste les films brésiliens et les romans sans ironie) ou à des grosses chaussures d'hommes d'affaires qui ressemblent à des cercueils, aussi lourdes que des sabots et dures comme des fers à cheval dominicaux. Le voyage, pour moi, était donc complet. J'avais des chaussures pour l'année à venir. Nous retrouvâmes Michel. Il avait l'air d'une statue. Si l'on avait eu du plâtre, nous aurions pu faire un moule parfait pour sa statue ou son masque mortuaire. Il était pourtant bien vivant. Sa toque marron enfoncée sur sa tête, il regardait les confins de la rue comme s'il cherchait à aller jusqu'aux montagnes. Sans plaisanter, c'était le regard du coyote.

— Quel est le sens de la vie, Michel ?

— J'allais presque le découvrir quand tu m'as interrompu, répondit-il. Maintenant, je ne sais pas quand je serai en mesure de percer ce mystère. J'étais vraiment tout près…

Nous rentrâmes à l'hôtel comme des brigands froids ou congelés. Nous pensâmes jouer au billard pour tuer le temps mais il était tard pour un changement de comportement si radical. Il ne nous restait plus qu'à partir, à tourner le dos au « Far West » patagonien et magellanien comme des héros solitaires qui auraient rempli la mission ordonnée par le destin, même sans croire au destin et sans avoir compris la mission. Nous nous rendîmes immédiatement vers l'aéroport où, par hasard, nous eûmes notre dernière et plus grave « conversation animalière ». Ce fut juste après l'enregistrement, quand Michel décida d'agir avec détermination en demandant du vin pour nous trois. Je ne vous lasserai pas avec le sérieux de ce dernier dialogue de nature métaphysique et fondé sur nos innombrables lectures au long de vies dédiées à l'humanisme. Je ferai seulement un résumé de ce choc philosophique passionnant.

— L'homme est bien pire que le loup-marin, Michel.

— Ah, non ! Moi par exemple, je suis meilleur.

— Je ne parlais pas des exceptions. À ta place, je ferais comme Evaristo Carriego avec les gringos, dans cette histoire de Jorge Luis Borges, et je ne me contenterais pas de tourmenter les loups-marins. Je mettrais un point d'honneur à les calomnier.

— C'est exactement ce que je fais depuis que je les ai vus.

— Je peux dire que l'homme est vil, mauvais, menteur et capable de laisser ses propres enfants à la dérive. Que peux-tu dire de pire sur ces pauvres loups-marins ?

— Ils ne servent strictement à rien.

— Je n'ai jamais entendu parler d'un génocide commis par des loups-marins furieux contre des hérétiques.

— Ils sont trop paresseux pour cela.

— Ils n'ont jamais produit un Paulo Coelho.

— Peut-être qu'ils voudraient lire Paul Lapin s'ils étaient capables de la moindre chose, se moqua Michel, ravi de découvrir que *coelho* signifie lapin.

— Tu veux diffamer l'humanité, Michel ?

— Je ne tiens pas à perdre mon temps.

Je vous laisse le plaisir d'imaginer la suite. Ce n'est pas difficile. Il suffit d'utiliser le ton de Pascal ou de Voltaire dans leurs diatribes contre le genre humain ou contre les vendeurs de superstitions. Qui n'a lu ni Pascal ni Voltaire peut se satisfaire de Paulo Coelho et de Dan Brown. Dans ce cas, cependant, l'homme et le loup-marin y gagneront des qualités capables de faire rougir un pingouin maladroit. À l'aéroport, nous vécûmes encore une histoire exemplaire. Le chauffeur qui nous emmenait montra jusqu'où allait l'orgueil argentin. Il attendait patiemment que nous enregistrions les bagages. Nous pensâmes qu'il espérait un pourboire. Je lui offris de l'argent. Il se raidit comme si j'avais craché sur le drapeau national :

— Non, dit-il, en faisant un geste de la main ouverte.

Je reculai, rouge de honte.

— Nous n'avons pas encore terminé, ajouta-t-il.

La jeune femme nous donna finalement nos cartes d'embarquement. Il n'y avait rien de plus à demander.

Alors, avec la même fierté, le chauffeur brisa le silence :

— Vous devez payer la taxe d'embarquement là-bas, dit-il.

— Hein ? répondîmes-nous d'une seule voix.

— Nous avons été très honorés de votre visite poursuivit le chauffeur. Bon voyage et j'espère que vous reviendrez un jour. Adieu !

Ce fut l'adieu le plus solennel de ma vie.

Dans le vol pour Buenos Aires, chacun de nous s'est replongé dans des méditations transcendantales d'altitude et dans quelques pages de nos livres respectifs. Michel avançait pas à pas, de suspense en suspense, dans un pavé signé Agatha Christie. Cláudia regardait ses films et ses photos. J'essayais de me rappeler la Patagonie en relisant quelques pages de Bruce Chatwin.

Au cours du repas, servi avec cette fermeté qu'ont les Argentins lorsqu'ils font une passe au football, Cláudia me fit atterrir un peu. J'étais dans les nuages.

— Qu'est-ce que tu as aimé le plus en Patagonie ?

— Les pingouins.

— Vraiment ?

— Oui, je suis sérieux, les pingouins, le bleu profond des glaciers et le vent soufflant dans les rues d'Ushuaia.

— Pourquoi les pingouins ?

— Ils me font penser à Michel Houellebecq.

— Et s'il te comparait aux loups-marins ?

— Je me sentirais blessé, je me défendrais en citant Marcel Proust : « Longtemps, je me suis couché de bonne heure… »

— Hummm…

Nous rîmes, avant de nous embrasser.

— Je suis un loup-marin, dis-je encore. Je veux dire, j'envie le stoïcisme des loups-marins, cet air de cow boy…

Nous laissâmes Michel Houellebecq à l'accueil de son hôtel, le plus chic de Buenos Aires, et demandâmes au chauffeur de taxi de nous emmener au Suipacha. Nous convînmes d'aller ensemble à Ezeiza, le matin suivant. Avant de monter dans la voiture, je provoquai Michel avec une question originale :

— Alors qu'as-tu pensé de la Patagonie ?

— Richissime !

— C'est bien ce que j'imaginais.

— Et toi ?

Je pensai répondre que je détestais les voyages et les voyageurs, mais je ne sus pas mentir juste pour citer Claude Lévi-Strauss.

— Pour le bout du monde, mon vieux, on peut dire que ça fut un bon début, dis-je.

Il alluma une cigarette.

— Où que tu ailles, Michel, prend ton feu avec toi.

— Jusqu'au bout du monde…

À l'hôtel, j'allumai mon ordinateur portable et écrivis comme un aveugle du nom de Borges imitant Borges, dans un village à l'extrême sud du nom de Palomas, faussement confondu par des détracteurs avec une imitation surréaliste de Macondo, sachant que Palomas a toujours existé : « L'homme qui débarqua à Buenos Aires, en 2007, s'appelait Michel Houellebecq et était écrivain. En 2077, un de ses petits-fils, Miguel Houellebecq, fut le secrétaire d'une bibliothèque municipale à Ushuaia et se sentit profondément argentin. »

Toutes mes obsessions et redites tiennent dans ce paragraphe que je n'ai pas oublié d'enregistrer.

Écrire encore et toujours

Il y eut une erreur de calcul. Nous sommes très bons en erreurs de toutes sortes qui se répètent, comme des duels improbables, en histoires probables de Borges. Lors du départ, nous nous étions trompés au sujet de l'hôtel de Houellebecq, obligeant une réceptionniste d'un autre hôtel à affirmer, après beaucoup de recherches et de flegme *portenha* et de dédain britannique : « Je n'ai pas de réservation à ce nom. » Au retour, nous commîmes la même erreur. Le taxi dut faire le tour du mauvais hôtel, mais réussit à trouver celui de Michel, malgré des divergences entre Cláudia et moi : elle voulait tourner à droite et moi à gauche. Pour notre retour au Brésil, nous devions partir une heure avant Michel. J'appelai notre presque ex-compagnon de voyage et le lui expliquai. Après un bref silence, il déclara :

— Ah, bon…

— Je suis désolé.

— Moi aussi.

À vrai dire, il n'y eut pas d'embouteillage et nous arrivâmes trop tôt à l'aéroport. Nous avions réservé nos places et attendions Michel en face du guichet où il devait faire son enregistrement. Mais au bout d'une demi-heure, nous dûmes partir.

Nous rentrâmes à Porto Alegre avec un doute : Michel était-il arrivé à temps pour embarquer ? Ne s'était-il pas endormi ? Cláudia, toujours tendrement pragmatique, trouva finalement une réponse qui n'admettait aucune réplique :

— Il a l'air assez grand garçon.

— Tu vas continuer à le taquiner ?

— Je ne l'ai jamais taquiné. Par ailleurs, entre nous, je l'ai même pris en affection.

Pendant le bref voyage à Porto Alegre, entre un journal et des images récupérées pas Cláudia, ressurgit du fond de ma mémoire le fragment d'une brève conversation que j'avais eue avec Michel dans la rue principale d'Ushuaia, en sortant du supermarché. Pourquoi avais-je oublié cette discussion ? Quelle était la signification de ce lapsus ? En fin de compte, tout bien pensé, pour moi, d'un point de vue intime, elle avait été l'un des moments les plus fascinants de notre courte et divertissante proximité.

— Pourquoi écris-tu, Juremir ? m'avait-il demandé.

— Par incapacité de m'arrêter…

— Hummm…

— J'ai réussi à arrêter de boire…

— Ah bon !

— Au début, je voulais exister, être connu…

— Qu'est-il arrivé après ?

— J'ai pensé que j'étais capable de bien raconter une histoire.

— Les deux choses ne sont pas incompatibles.

— Non. Cela change juste tout dans la vie.

— J'ai l'impression que oui.

— Le plus grave, Michel, c'est que j'en suis venu à croire en mon style, mon aptitude, mon regard sur les choses. En d'autres termes, j'ai commencé à me donner le droit d'avoir un style.

— Qu'est-ce qu'il y a de mal à cela ?

— Je deviens idéaliste et romantique. Je rêve de vivre seulement de la littérature. Je veux que tout mon temps soit consacré à écrire.

— C'est grave.

Je vacillai un instant. Un frisson me parcourut, un de ceux qui nous prennent avant une forte grippe d'été. Je me suis penché comme si j'allais vomir.

— Tu ne te sens pas bien ? demanda Michel.

— Je me sens écrivain.

— Je sais, je suis déjà passé par là.

Tout devint nébuleux et légèrement dissocié. Il me restait environ vingt citations de Borges à faire, dont une, recueillie dans Evaristo Carriego, à propos d'un quartier appelé Terre de Feu, autour d'un fleuve, d'un cimetière et d'une prison, mais je me retins, dignement. Je ne voulais pas me sentir enfermé dans un univers littéraire ni avoir à expliquer ce qui m'échappait comme un glacier à la fois éternel, bleu comme un mausolée imaginaire, et en constante liquéfaction. À ce moment-là, le pas presque aussi ferme que celui d'un pingouin, je compris Michel Houellebecq grâce à ce qu'il ne m'avait pas répondu.

— Qu'est-ce que la littérature, Michel ?

— Hummm ...

Je lisais la réponse sur ses lèvres qui refusaient, de s'entrouvrir, demeurant comme une rose flétrie et sans parfum dans la haie vivante d'un pays lointain.

— Michel...

— Hummm...

— Qu'est-ce que la littérature ?

— La littérature est une façon de tromper la mort.

— De ne pas mourir ?

— Oui, presque.

— De s'accrocher à la vie ?

— De mourir lentement.

— D'exister ?

— De ne pas s'effacer totalement.

— Je sais, je sais... Qu'est-ce que la mort ?

— Tu ne pourrais pas me demander quelque chose de plus facile ? s'insurgea Michel.

— Non. Rien ne me vient. Qu'est-ce que la mort ?

— Une fiction, je veux dire, une fin pour une fiction.

— Tu as raison, la mort est un coup de maître.

— Peut-être. Personne n'échappe à son destin.

— Je sais. Je jure que je sais. Être écrivain, c'est comme être homosexuel, tu comprends ? C'est comme être gay. Contrairement à ce qu'il se dit presque partout, il ne s'agit pas d'une option, mais d'une découverte dont on ne peut pas fuir.

— Un homosexuel veut être accepté.

— Un écrivain aussi.

— Tu te trouves bon ?

— Seul moi puis dire ce que j'ai à dire.

Certains dialogues sont plus instructifs et profonds dans la mesure où ils sont visiblement sous-entendus. J'aurais pu dire impétueusement ce qui me venait à l'esprit :

— Michel, je sais ce qui te fait écrire…

— Hummm…

— Je l'ai toujours su, je peux te le garantir, depuis le premier de tes livres que j'ai lu un après-midi grisâtre, à Paris.

— Et bien ?

— Je sais ce qui te fait écrire…

— Hummm…

— La tristesse.

— Ah bon !

— Tu es un triste, Michel.

— Ah, oui ?

Le titre du plus beau livre de Juan Carlos Onetti, *Aussi triste qu'elle*, me venait sur le bout de la langue :

— Aussi triste que moi.

— Pourquoi serais-tu triste ? Cláudia est avec toi, dit-il.

— La tristesse, – je paraphrasais sans me sentir idiot –, c'est comme l'après-midi, comme la poésie et comme la rose, sans un pourquoi.

— Ah, bon ?

— Oui.

— Je ne le soupçonnais même pas.

— Avec moi, Michel, tu apprends toujours.

— Je suis un bon élève.

— Nous verrons à la fin du semestre, après les examens. Faisons maintenant un petit test. En quelle année Magellan découvrit le détroit qui porte son nom ?

— Hummmm… Le professeur n'est pas obligé d'informer à l'avance ses élèves du jour de l'examen ?

— D'accord. Je préviendrai. Il n'y aura pas d'excuse.

— Je serai bien préparé.

Le sérieux, définitivement, ne nous allait pas. Je pense que j'ai rarement rencontré un individu aussi sérieusement drôle. Ou serait-ce le contraire ? Quel contraire ?

— À quoi sert la littérature, Michel ?

— À faire rire.

— Ah bon ?

— À faire rire face à la mort.

Nous rîmes. Cláudia rit aussi.

Tout était fiction dans notre réalisme touristique.

— J'ai peur de la mort, finis-je par dire.

— Sois tranquille, elle prévient toujours avant d'arriver, dit Michel.

— Ah bon ?

— Quelques secondes avant de se présenter…

— Quelques secondes ? Qu'est-ce que c'est que cette histoire ?

— C'est plus que suffisant.

— Plus que suffisant ? Pour quoi faire ?

— Pour savoir que l'on meurt.

C'était morbidement logique et fatal. *Chapeau*[1] !

Je débarquai à Porto Alegre brûlant de désir d'écrire et sûr que je mourrais de cela. C'est dégénératif. Écrire, voyez l'énormité de la découverte, même si on n'apprend pas en écrivant, ce n'est pas comme faire du vélo : on ne tombe pas nécessairement en cessant de pédaler, on oublie juste avec le temps. Il vaut mieux continuer de pédaler.

Après quelques jours, j'envoyai un courriel à Michel pour lui dire notre joie d'avoir voyagé avec lui. Il répondit qu'il avait passé de bons moments avec nous. Je lui demandai des nouvelles de son passage à Santiago. La réponse qu'il m'envoya fut laconiquement prolixe et définitive : « Au Chili, ça a été encore meilleur qu'à Buenos Aires. »

Hummm…

1. NDT : en français dans le texte.

Clap de fin

Alain Robbe-Grillet mourut le 18 février 2008. Cláudia et moi nous nous promenions, dans un village très pauvre et beau d'Alagoas au nord-est du Brésil. Le téléphone portable sonna. Luis Gomes, éditeur *des Derniers Jours de Corinthe*, tout comme d'*Extension du domaine de la lutte* et de *Particules élémentaires*, m'annonça la nouvelle. J'ai toujours peur quand le téléphone sonne au bout du monde. Je me suis assis sur le bord de la rivière là où elle fait un coude et se confond avec un village, mais je ne pleurai pas. Je vis des enfants et des adolescents qui se baignaient, des femmes lavant leur linge sur une pierre et une vieille toute contente avec un mégot dans sa bouche édentée, allant et venant avec deux seaux d'eau. Je contemplai les hommes torse nu, couchés dans l'ombre des arbres, ou jouant aux dominos, et les baraques de l'autre côté de la rue. S'il n'y avait pas eu les antennes paraboliques au-dessus de chaque cabane, j'aurais dit que là, le temps avait oublié de passer. Alain Robbe-Grillet, que j'avais invité, devait venir à Porto Alegre en avril 2008 pour le cycle de conférences « Fronteiras do Pensamento[1] ». Cinq jours après la mort du génial vieux salaud français, Michel Houellebecq eut cinquante ans. Ou pas ? Sa mère qui, par la suite publia un livre pour expliquer ses problèmes avec son célèbre fils, garantit qu'il modifia son âge. De nombreux critiques ont exploré ce détail anecdotique, dont l'importance pour la carrière de Houellebecq est d'une magnitude extraordinaire : aucune.

Au milieu des cocotiers, pensant aux nombreux critiques de Robbe-Grillet et de Houellebecq, j'en arrivai à me rappeler les miens avec lesquels, comme je ne me contente pas de les ennuyer ou de les calomnier, j'adore me fâcher afin qu'ils me dénoncent avec la blague toute prête que je leur fournis : je continuais de pédaler. Je traversai la rivière. Était-ce une autre ? Était-ce la même ? Était-ce une autre courbe de la même rivière ? Ou une autre rivière se courbant pour nous permettre de traverser le paradis en hommage aux livres qu'Alain Robbe-Grillet laissa ? Robbe-Grillet, paraît-il, n'aimait pas Michel.

Je continue de pédaler. *Work in progress.*

Je me trompai quant au jour, mais peut-être pas à l'année de naissance de Michel. Ou était-ce le contraire ? Une gaffe dont je n'ai pas encore déchiffré le mystère. Je lui envoyai un courriel de félicitations quelques jours à l'avance. Il commençait ainsi : « Nous

1. NDT : Frontières de la pensée.

sommes ici dans un paradis appelé Saint Michel des Miracles[2] et pensons à toi. »

Avec sa britannique élégance française, il feignit de n'avoir pas remarqué l'erreur : « Vous n'allez pas trop au paradis, non ? » m'écrivit-il.

Je répliquai : « Au paradis, on peut se tromper sur la date d'anniversaire des amis. »

Pas la mort.

Je me demandai si Michel Thomas, qui deviendrait Houellebecq, avait été réellement, un jour, comme il l'avoua dans une interview avec Fernando Arrabal, interné dans des cliniques psychiatriques. Pourquoi avais-je ce doute ? Je ne sais pas. Peut-être que je le sais : il me paraît en deçà et au-delà de la dépression.

Plus d'un an après avoir écrit ce récit qui se termine ici, je lis, enfin, le livre de Denis Demonpion sur Houellebecq, ainsi que le règlement de comptes publié par Lucie Ceccaldi et *Ennemis publics*, l'échange de correspondance entre Michel et Bernard-Henri Lévy, qui vint également au Brésil, trois fois, par mon intermédiaire. Rien n'a changé pour moi. Ma narration est restée intouchée. Je n'ai jamais douté que la littérature de Michel Houellebecq est une œuvre d'art ancrée dans l'ironie radicale et l'humour cruel, non réductible à la biographie de l'auteur, bien qu'il soit extrêmement habile à employer quelques éléments biographiques pour, ensuite, les exploser comme quel-

2. NDT : en français dans le texte.

qu'un qui tire sur un miroir. Dans les romans de Houellebecq, seul le style compte. C'est une pure forme. Une forme pure. Seulement esthétique.

Nous perdurons dans la glace éternelle.

Et entrons ainsi, comme des particules sans extension, dans un bleu éternel et gelé où des petits feux s'allument de temps en temps sur des îles impossibles. Patagonie, Terre de Feu, loups-marins, pingouins, amis et écrivains se sont, peu à peu, convertis en images pour toujours congelées.

HanseMerkur
Reiseversicherung AG
Ausgezeichneter Reiseschutz
EINFACH CLEVER!
Young Travel,
die Spezial-Produkte
der HanseMerkur für:
✔ Junge Leute
✔ Schüler
✔ Au-Pairs
✔ Work & Travel
✔ Studenten
✔ Praktikanten
✔ Doktoranden
... und vieles mehr.
Informieren lohnt sich!
Service-Hotline:
040 4119-3000
E-Mail:
reiseinfo@hansemerkur.de
A 541 09 16

Arafurasee
Timorsee
Darwin
INDISCHER OZEAN
Golf von Carpentaria
Korallensee
Northern Territory
Cairns
Tanami-wüste
Große Sandwüste
Queensland
Kleine Sandwüste
Gibson-wüste
Alice Springs
Uluru
Simpson-wüste
1
3
Western Australia
Strze-lecki-wüste
2
Brisbane
Große Victoria-Wüste
South Australia
New South Wales
Perth
Sydney
Adelaide
JBT
ACT
Canberra
Große Australische Bucht
Victoria
Melbourne
INDISCHER OZEAN
1 Pedirkawüste
2 Tirariwüste
3 Sturt
Tasmanien
Hobart
ACT = Australian Capital Territory
JBT = Jervis Bay Territory
0 200 1000 km

Katharina Arlt und Melanie Schmidt

Work & Travel

in

Australien

Richtig vorbereiten, reisen und jobben

MANA

Bibliografische Information der Deutschen Nationalbibliothek
Die Deutsche Nationalbibliothek verzeichnet diese Publikation in der Deutschen Nationalbibliografie; detaillierte bibliografische Daten sind im Internet über http://dnb.dnb.de abrufbar.

2. Ausgabe, 2017

Satz und Layout:
Jürgen Boldt

Druck: Dardedze, Riga

ISBN: 978-3-95503-091-9 (print)
978-3-95503-092-6 (epub)
978-3-95503-093-3 (pdf-ebook)

Bildnachweis

Titelfoto:
Katharina Arlt

Bilder im Textteil:
Katharina Arlt und Melanie Schmidt, außer:

Lencer (2 cc-by-sa), Esther Sauerwein (86), Stefano Lubiana (93 cc-by), Martyman (158 cc-by-sa), gemeinfrei (70, 154)

Alle Informationen in diesem Buch sind von den Autoren mit größter Sorgfalt gesammelt und vom Lektorat gewissenhaft bearbeitet und überprüft worden. Inhaltliche und sachliche Fehler können dennoch nicht ausgeschlossen werden. Sowohl der Verlag als auch die Autoren übernehmen keinerlei Verantwortung und Haftung für sachliche und inhaltliche Fehler.

Vorwort

Tasche packen und auf in die Welt. Die Freiheit genießen, den Alltag hinter sich lassen. Fremde Länder erkunden, neue Kulturen entdecken. Träume wahr werden lassen und den australischen Wind spüren. Die Sonne und das salzige Meerwasser prickeln auf deiner Haut, der Sternenhimmel leuchtet hell über deinem Lagerfeuer. Es gibt kaum ein größeres und atemberaubenderes Erlebnis als Work & Travel in Australien!

Hier lernst du absolute Selbstständigkeit, schulst deine Toleranz, stärkst deine Persönlichkeit und erlebst den kulturellen Austausch auf die lebendigste Weise. Du erlebst die spannendsten Abenteuer und hältst dich mit den verrücktesten Gelegenheitsarbeiten über Wasser. Vom Tellerwäscher zum Perlentaucher, vom Flyer-Verteiler zum Blogger weltweit. Nichts ist unmöglich.

Das Land Down Under – hier ist wirklich alles „anders herum“: Die Jahreszeiten sind vertauscht, die Flüsse fließen *upside down*, die Sprache wird zum *Strine* und die Tierwelt ist mehr als exotisch. Wombat, Schnabeltier, Koala und Co. sorgen für Furore. Uralte Regenwälder beherrschen das Land genauso wie die unglaubliche Weite des trockenen Outbacks. Und nicht zu vergessen: die einsamen und strahlend weißen Strände am türkisblauen Meer.

Die Kultur der Aborigines ist ebenso einzigartig. Wandere durch die *Dreamtime* der Ureinwohner, spiele Didgeridoo und iss Bush Tucker. Fühle die spirituelle Verbindung zwischen Mensch und Natur und lass dich von ihr in den Bann ziehen.

Du bist jung, du bist neugierig und bereit, deinen Horizont zu erweitern und das schönste Ende der Welt zu entdecken?!

Auf geht’s!

Meeresrauschen und warmer Sand – Australiens Strände gehören zu den schönsten der Welt!

Mit diesem Ratgeber helfen wir dir bei deiner Vorbereitung und geben dir wertvolle Reise-, Spar- und Verhaltenstipps, damit dein persönliches Work & Travel-Jahr zum absoluten Erlebnis wird!

Viel Spaß bei der Planung und auf deiner Reise durch Down Under!

Melanie und Katharina

HERALD SUN
AUSTRALIA DAY
CITY CIRCLE TRAM

Flinders Street Railway Station und
Free City Circle Tram in Melbourne

1 | Work & Travel

1.1 Was ist Work & Travel?

Work & Travel ist eine ganz besondere Form des Reisens. Dabei lernen junge Menschen fremde Länder und deren Einwohner, Kulturen und Sprachen kennen und füllen ihre Reisekasse durch kurzzeitige Gelegenheitsjobs auf. Work & Travel bietet die Möglichkeit, sich die Welt anzusehen.

Das speziell für Australien vorgesehene Work & Holiday Visum wurde aufgrund eines bilateralen Abkommens zwischen Deutschland und dem 5. Kontinent eingeführt. Seit 2000 nutzen es jährlich tausende junge Erwachsende und machen Australien zur Hochburg für Backpacker. Denn neben Engländern und Franzosen, sind Deutsche die am häufigsten anzutreffenden Rucksacktouristen im Land.

Von vielen wird das Work & Travel-Erlebnis als Mittel zum Aufpolieren der englischen Sprache und zur Festigung der eigenen Persönlichkeit gesehen. Arbeitstätige nutzen den Auslandsaufenthalt vor allem als Motivationsschöpfung oder Pause vom Alltag im Job sowie zur Vorbeugung eines Burnouts. Bis heute ist Work & Travel der spannendste Weg, ein Land und seine Eigenheiten kennenzulernen, Abenteuer zu erleben oder einfach mal Ferien vom deutschen Alltag zu machen.

1.2 Passt Work & Travel zu mir?

Work & Travel ist der Traum von vielen: Sachen packen und ab in die Welt! Die Freiheit genießen, Experimente wagen, Erfahrungen machen. Ob Work & Travel zu dir passt, kann man nicht genau sagen. Nicht jeder kann sich darauf einlassen, seinen Alltag und den gewohnten Luxus aufzugeben, um

Eukalyptus auf dem atemberaubenden Plateau des Kings Canyon

in einer vollkommen fremden Umgebung neu anzufangen. Manch einer stellt erst im anderen Land fest, dass er für das einzigartige Erlebnis nicht geschaffen ist. Aber auch das ist in jedem Fall eine Erfahrung und hilft dir bei der Formung deiner Persönlichkeit. Wenn du aber wissen möchtest, ob du zumindest die Grundvoraussetzungen eines Travellers down under erfüllst, dann musst du nur folgende Fragen mit Ja beantworten können:

- Bist du bereit dich selbst besser kennenzulernen?
- Hast du Lust auf Neues, auf Herausforderungen und Abenteuer?
- Bist du neugierig auf andere Kulturen und eine andere Sprache?
- Bist du flexibel und offen, deinen gewohnten und vielleicht luxuriösen Alltag hinter dir zu lassen?
- Möchtest du wissen, wie sich ein Känguru anfühlt, wie der Regenwald klingt oder die Wüste riecht?
- Hast du ausreichend finanzielle Mittel, um dich am schönsten Ende der Welt über Wasser zu halten?

Das beeindruckende Sydney Opera House zum Anfassen nah

Ja?! Glückwunsch! Work & Travel ist sehr wahrscheinlich das Richtige für dich!

Unterwegs lernst du deine Stärken und Schwächen kennen und trainierst deine Selbstständigkeit, Organisationsfähigkeit und Toleranz. Auch wenn du kein perfektes Englisch sprichst, Gelegenheiten zum Sprachtraining hast du down under genug. Nach deiner Rückkehr wirst du die Welt ganz sicher mit anderen Augen sehen und bestenfalls dein Leben lang von deinem persönlichen Work & Travel-Abenteuer zehren.

1.3 Warum nach Australien?

Warum nicht?!

Australien hat einfach alles: Strahlend weiße Sandstrände, atemberaubende Küstenlandschaften, schneebedeckte Berge, wilde Regenwälder, das einsame Outback und lebendige Städte. Die Tier- und Pflanzenwelt ist so einzigartig wie die Kultur der Aborigines. Die Menschen sind die freundlichsten und hilfsbereitesten Bewohner, die du dir vorstellen kannst.

An jeder Ecke findest du Sehenswürdigkeiten, Abenteuer, Kultur und neue Freundschaften. Das Land ist auf Backpacker wie dich bestens eingerichtet. Die Infrastruktur ist gut ausgebaut. Das Reisen ist sicher und unkompliziert für Jung und Alt genauso wie für Mann und Frau.

Australien muss man einfach erlebt haben! Und Work & Travel ist die beste Möglichkeit, den schönsten und vielleicht vielseitigsten Kontinent der Welt auf individuelle Weise zu entdecken.

1.4 Kann ich mir ein Work & Travel-Abenteuer in Australien leisten?

Zugegeben: Work & Travel ist nicht unbedingt billig. Wenn du ein Work & Travel-Abenteuer planst, musst du das Finanzielle stets im Blick haben. Jeder reist unterschiedlich: Der eine spart beim Essen, der andere bei der Unterkunft und manch einer möchte einfach alles erleben – egal zu welchem Preis. Es ist schwer zu sagen, wie viel genau alles kosten wird. Um dir einen Überblick zu verschaffen, haben wir aber die wichtigsten und notwendigen Ausgaben einmal für dich aufgezählt:

Finanzierung

Es ist möglich, dass du dir deinen Australienaufenthalt mit einem dortigen Job finanzierst. Wir raten dir aber, so viel Geld mit nach Australien zu nehmen, wie du kannst. Schließlich willst du in Down Under ja nicht nur arbeiten, sondern auch was erleben!

Bereits in Deutschland erwarten dich folgende Ausgaben:

- Rucksack: ab 100 EUR
- Visum: ca. 270 EUR (390 AUD)
- Reisepass und Dokumente: ca. 100 EUR
- Flug/Flug mit Organisation: ca. 1.200 EUR / 1.700 EUR
- Auslandskrankenversicherung: ca. 500 EUR
- Bei der Einreise nachzuweisende finanzielle Mittel: ca. 3.500 EUR

Auch das Leben in Australien will finanziert werden! In der Regel gibst du in den Großstädten mehr Geld aus als in den ländlichen Regionen. Pro Tag brauchst du um die 70 australische Dollar (AUD) für Unterkunft und Verpflegung (eine Übernachtung im Hostel kostet schon mal 40 AUD, auf dem Campingplatz hingegen manchmal nur 10 AUD; Essen gehen ist teuer, selbst kochen dagegen günstiger). Wenn du *low budget* lebst, kommst du auch mit 30 bis 50 Dollar täglich aus. Zusätzlich musst du mit Kosten rechnen für:

- Transport (eigenes Auto, Bus- oder Zugpässe etc.)
- Aktivitäten (Selbstentdecker oder geführte Gruppenreise? Sonnenuntergang oder *skydive* am Strand?)
- Sonstige Ausgaben (Handy, Souvenirs etc.)

Lebensunterhaltskosten für eine Woche, Beispiele

- **Unterkunft:** 70 (Campingplatz) bis 250 AUD (gehobenes Hostel oder günstige WG)
- **Verpflegung:** 70 (selber kochen) bis 140 AUD (öfter Essen gehen)
- **Transport:** 15 bis 30 AUD (variiert stark, je nachdem, ob du mit dem eigenen Auto unterwegs bist, täglich fährst, welches Zugticket oder welchen Bus-Pass du hast und wie weit die Reiseetappe geht)
- **Sonstige einmalige Kosten (Souvenirs, Touren etc.) wie zum Beispiel:** Taronga Zoo Sydney ca. 50 AUD, Uluru-Kata Tjuta Nationalpark Permit für 3 Tage ca. 30 AUD, Flug über das Great Barrier Reef ca. 200 bis 400 AUD

Pro Woche hast du laufende Ausgaben zwischen 200 und 400 AUD. Zusätzlich investierst du hier und da Geld für Luxusartikel, Souvenirs oder Touren. Am Anfang wirst du sicherlich mehr Geld ausgeben. Mit der Zeit hast du aber den Dreh raus, die ersten Anschaffungskosten hinter dir und weißt genau, wie und wo du sparen kannst.

Wenn du monatlich zwischen 1.000 und 1.500 AUD einplanst, bist du auf der sicheren Seite. Geld ausgeben geht in Australien sehr schnell. Vor allem, weil es so viele und fantastische Sachen zu erleben und auszuprobieren gibt.

Das klingt erst einmal viel. Aber *no worries*! Verglichen mit deinen alltäglichen Kosten in Deutschland und

den einzigartigen Erfahrungen, die du in Australien machen wirst, lohnt es sich garantiert!

Natürlich hängen deine Ausgaben ganz von deinem individuellen Lebensstil und Komfortbedürfnis ab. Je besser deine Reisekasse gefüllt ist, umso mehr Spaß wirst du in Down Under haben. Wir empfehlen dir auf jeden Fall schon im Vorfeld, soviel wie möglich zu sparen. Vielleicht kannst du Familie und Bekannte von deinem wertvollen Auslandsabenteuer begeistern und erhältst finanzielle Unterstützung?! Und dank des Visums kannst du in Australien jederzeit einen Job anfangen, um wieder ordentlich Dollar in deine Reisekasse zu bringen.

1.5 Wann ist der richtige Zeitpunkt?

Dein Work & Travel-Erlebnis kannst du starten, wann immer du willst! Die meisten Backpacker beginnen ihre Abenteuerreise am Ende eines Lebensabschnittes wie zum Beispiel nach Ende der Schulzeit oder des Studiums, manch einer nach einer gescheiterten Beziehung. Viele möchten auch ihren Trott unterbrechen und sehnen sich nach einer Auszeit vom Job oder dem deutschen Alltag. Wann du deine Reise beginnst, hängt in der Regel nur davon ab, wann du selbst für deine individuelle Reise bereit bist.

Der Start in dein Work & Travel-Abenteuer ist das ganze Jahr über möglich. Bedenke bei deiner Planung aber, dass Jahreszeit, Klima und Jobsituation eine entscheidende Rolle bei deiner Ankunft und für deine Reiseroute spielen. Viele Backpacker brechen im europäischen Herbst, also im australischen Frühling, auf. Deshalb ist es zu dieser Zeit in den größeren Städten ziemlich schwierig einen Job zu finden, denn die Konkurrenz ist dann groß. Wenn du dir aber erst einmal Zeit nehmen möchtest, um Land und Leute kennenzulernen, ist dieser Zeitpunkt perfekt.

2 | Vorbereitungen

2.1 Checkliste

Vorfreude ist ja bekanntlich die schönste Freude. Jetzt geht es an die Vorbereitungen und deine Vorstellungen und Träume können immer mehr Gestalt annehmen. Bevor du nach Down Under startest, gibt es einiges zu organisieren. Der Work & Travel-Aufenthalt kann recht spontan geplant werden. Wesentlich entspannter ist es aber, wenn du dir genügend Zeit für die Organisation und deine Entscheidungen lässt. In der Regel reichen 6 Monate Zeit gut aus, um deinen Traum von Work & Travel wahr werden zu lassen.

Damit deine Vorbereitungszeit Spaß macht und ohne Stress ablaufen kann, haben wir dir eine kleine Checkliste mit einem groben Zeitplan zusammengestellt.

Checkliste

2 bis 3 Monate vor Abreise:

- Reisepass/Internationalen Führerschein/Internationalen Studentenausweis auf Gültigkeit prüfen bzw. neu beantragen
- Visum beantragen
- Flug buchen
- Organisation buchen
- Verträge/Abonnements kündigen
- Impfpass auf Aktualität prüfen
- Wohnung kündigen und Wohnsitz ummelden (für das Visum benötigst du einen festen Wohnsitz in Deutschland)
- Krankenkasse kündigen

1 bis 2 Monate vor Abreise:

- Gesundheits-Check
- Ausrüstung wie Backpacker-Rucksack besorgen
- (Auslandskranken-)Versicherungen abschließen
- Unterkunft für die ersten Nächte buchen
- Arbeitsplatz kündigen

2 bis 3 Wochen vor Abreise:

- Nachsendeauftrag bei der Post stellen
- Abschiedsparty feiern
- Informations-Ordner mit Vollmachten für Kontaktperson erstellen
- Gegebenenfalls Bargeld bei deiner Bank wechseln lassen

Letzte Woche vor Abreise:

- Rucksack probepacken

2.2 Working Holiday Visum

Um als Work & Traveller Australien zu erkunden, benötigst du das Working Holiday Visum (Subclass 417). Dieses Visum erlaubt dir innerhalb von maximal 12 Monaten das Land der niedlichen Koalas zu erkunden

Ohne geht es nicht: Der gültige Reisepass!

und zwischendurch deine Reisekasse mit verschiedenen Jobs aufzubessern. Wie oft, wo und wie lange du arbeitest, bleibt dir überlassen. Beim gleichen Arbeitgeber kannst du bis zu 12 Monate beschäftigt sein, musst allerdings nach maximal 6 Monaten den Arbeitsort wecheln. Arbeiten ist aber nicht alles! Mit dem Visum kannst du nämlich auch studieren! Es erlaubt dir für maximal 4 Monate die Teilnahme an vielen Kursen und Fortbildungen.

Mit dem Visum ist es auch möglich, Down Under innerhalb der 12 Monate beliebig oft zu verlassen und anschließend wieder einzureisen. Viele Backpacker nutzen diese Option, um einen Abstecher nach Neuseeland zu machen. Aber vergiss nicht, dass dein Visum durch diese Unterbrechung nicht verlängert wird.

2.2.1 Beantragung des Visums

Die Antragstellung des Visums ist schriftlich per Post, persönlich bei der australischen Botschaft in Berlin oder über das Online-Verfahren (eVisitor) möglich.

Da der Postweg recht lange dauern und unsicher sein kann, ist davon abzuraten. Wenn du dein Visum direkt in Berlin beantragst, kannst du es sofort mitnehmen. Und auch bei der Online-Variante erhältst du eine Antwort-E-Mail innerhalb von wenigen Minuten oder spätestens nach zwei Tagen. Falls du in deinem Posteingang keine Benachrichtigung findest, solltest du auch in deinem SPAM-Ordner nachsehen. Den Status deines Visumantrags kannst du jederzeit online überprüfen. Dazu brauchst du nur deine *Transaction Reference Number* (TRN), die du nach der Bezahlung erhalten hast.

Visum-Voraussetzungen

Um das Working Holiday Visum zu erhalten, musst du:

- deutscher Staatsbürger sein
- bei der Beantragung zwischen 18 und 35 Jahre alt sein
- einen deutschen Reisepass besitzen, der bei der Einreise noch mindestens 6 Monate gültig ist (bei längerer Reise entsprechend länger)
- gesund sein, d.h. nicht an Tuberkulose, Blutkrankheiten, Krebs, Herzkrankheiten, Hepatitis B oder C, HIV positiv, Nierenleiden, Lebererkrankungen, Geisteskrankheiten oder schweren Atemwegerkrankungen leiden
- deinen Wohnsitz in Deutschland haben

Außerdem darfst du:

- keine Kinder mit nach Australien bringen (einige Organisationen verlangen auch, dass du kinderlos bist)
- keine kriminelle Vergangenheit haben

Für die Online-Beantragung benötigst du eine Kreditkarte. Falls du bei der Antragstellung keine eigene hast, kannst du auch die Kreditkarte eines Verwandten oder Freundes nehmen. Wichtig dafür ist nur, dass die Gebühr von der Karte bezahlt werden kann.

Das Visum beantragst du online unter www.immi.gov.au. Hier gibst du deine persönlichen Daten an, die bei der Einreisebehörde DIAC gespeichert und bei deiner Einreise in Australien mit deinem Reisepass abgeglichen werden. Weitere Hilfe findest du auch bei der Australischen Botschaft (www.australian-embassy.de).

Das Working Holiday Visum kostet 390 Dollar (ca. 270 EUR) und ist unabhängig von der Gewährung zu zahlen. Die Antragstellung solltest du spätestens 6 Wochen vor deiner Abreise erledigt haben. Bitte bedenke, dass du besser erst dein Visum und dann deinen Flug sowie weitere Reisetermine festlegst. Denn auch wenn es nicht oft vorkommt, dein Visumantrag könnte abgelehnt werden. Wären dann dein Flug und deine erste Übernachtung schon gebucht, könnten zusätzliche Kosten auf dich zukommen. Aber *no worries*! In der Regel passiert das nicht und du hältst oft bereits nach wenigen Minuten deine Eintrittskarte nach Down Under in der Hand!

2.2.2 Einreisebestimmungen

Für deine Einreise nach Australien sind Visum und Reisepass unabdingbar. Spezielle Schutzimpfungen sind nicht nötig. Dennoch solltest du überprüfen, ob deine Standardimpfungen aktuell sind, und sie gegebenenfalls wieder auffrischen (siehe Kapitel „Gesundheitsvorsorge“).

Außerdem musst du finanzielle Mittel von etwa 5.000 Dollar (ca. 3.500 EUR) vorweisen können, die zeigen, dass du dich versorgen und dir jederzeit ein Rückflugticket kaufen kannst. Das wird bei der Einreise stichprobenhaft überprüft. Als Nachweis reicht normalerweise dein Rückflugticket oder eine Kopie vom Kontoauszug eines deutschen Kontos, das auf deinen Namen läuft. Wer auf Nummer sicher gehen will, kann sich bei der Bank eine mit Stempel beglaubigte Kopie seines Kontoauszugs geben lassen.

Beachte auch, dass die Ein- und Ausfuhr von Pflanzen- und Tierprodukten sowie diversen Lebensmitteln verboten ist. Die einzigartige Natur Australiens soll schließlich vor Schädlingen und Krankheiten geschützt bleiben. Daher solltest du deine Schuhe und andere Kleidungstücke oder Campingsa-

Visum/Reisepass

Deine Visum- und Reisepass-Daten werden miteinander gekoppelt und bei deiner Einreise überprüft. Deswegen müssen die Angaben unbedingt richtig sein. Solltest du vor deiner Abreise zum Beispiel einen Zahlendreher bemerken oder einen neuen Reisepass benötigen, kannst du im Notfall eine E-Mail an **evisa.whm.helpdesk@immi.gov.au** schicken und dein Visum an deinen richtigen Reisepass angleichen lassen. Die Behörde benötigt dafür deinen Vor- und Nachnamen, deine TRN (Transaktionsnummer) des Visums, dein Geburtsdatum und eine Kopie des neuen Reisepasses. Für die Änderung musst du mit einigen Tagen rechnen.

chen vor Reiseantritt gut säubern, falls du auf einem Bauernhof gearbeitet oder dich in der Natur aufgehalten hast. Alle Lebensmittel, die du während deiner Landung in Down Under noch bei dir hast, müssen auf der Passagier-Einreisekarte (*Incoming passenger card*) deklariert werden. Die Einreisekarte bekommst du automatisch im Flugzeug ausgehändigt. Sei auf sorgfältige Kontrollen gefasst und rechne bei nicht angegebenen Gegenständen mit hohen Strafen! Also lieber mehr als zu wenig angeben!

2.2.3 Zweites Working Holiday Visum

Das Working Holiday Visum wird pro Land nur einmal im Leben vergeben. Solltest du aber länger als 12 Monate in Down Under reisen und arbeiten wollen, ist eine Verlängerung um ein weiteres Jahr möglich.

> **Touristenvisum**
> Lust auf deine Familie oder Freunde Down Under?! Sie können dich für maximal 3 Monate in Australien besuchen und müssen dafür nur ein Touristenvisum bei der Australischen Botschaft (**www.australian-embassy.de**) beantragen. Das ist kostenlos und gilt 12 Monate.

Für die Beantragung des zweiten Working Holiday Visums musst du in deinem ersten Work & Travel-Jahr mindestens drei Monate im Bereich Erntehilfe, Farmarbeit, Fischfang, Mienenarbeit oder auf dem Bau gearbeitet haben. Deine geleistete Arbeit musst du mit Hilfe von Gehaltsscheinen und Belegen der Arbeitgeber nachweisen. Das Pensum kannst du auch bei verschiedenen Arbeitgebern erledigen. Auf der Website der australischen Einwanderungsbehörde (Department of Immigration and Border Protection) findest du das Formular *Working Holiday visa - Employment verification (Form 1263)*, das du deinem Arbeitgeber vorlegen musst.

Aber Vorsicht bei der Arbeitswahl: Du musst für deine Arbeit bezahlt werden und in einer anerkannten Region Australiens beschäftigt sein! Zu den ausgeschlossenen Gebieten

zählen zum Beispiel Sydney, Newcastle, Wollongong, NSW Central Coast, Brisbane, Gold Coast, Perth, Melbourne und ganz Australian Capital Territory.

Bei der Antragstellung des Second Working Holiday Visa kannst du dich in Australien aufhalten. Falls du dich auf dem Roten Kontinent befindest und das Visum bewilligt wurde, zählt dein Einreisetag (also mit dem ersten Working Holiday Visum) als Beginn deiner 24 Monate Work & Travel. Solltest du dich nicht (mehr) in Australien befinden und dein zweites Visum wurde bestätigt, laufen deine weiteren 12 Monate Down Under-Abenteuer ab dem Tag, an dem du wieder in Australien gelandet bist.

2.3 Reise ich mit einer Organisation oder plane ich alleine?

Ob mit oder ohne Organisation – beide Möglichkeiten sind zu empfehlen. Es kommt allein auf dich und deinen Charakter an, welche Vorbereitungsart du wählst. Die Reise mit einer Organisation bedeutet keinesfalls, dass du nicht auch vollkommen selbstständig in Australien unterwegs bist. Entscheidungen gibt es down under schließlich noch genug zu treffen, unter anderen auch, in welchen Umfang du den Service der Organisationen in Anspruch nimmst. Das Reisen ganz auf eigene Faust kann etwas Geld sparen, wenn dir die Suche nach den besten Angeboten Spaß macht. Und es gibt dir das Gefühl der vollkommenen Selbstständigkeit. Das heißt aber trotzdem auch immer, dass du vor und während deiner Reise andere um Hilfe bitten wirst. Die moderne Mischung aus beidem ist eine gute Kompromiss-Lösung, die aber nicht unbedingt zu den sparsamsten Varianten gehört.

Damit dir die Entscheidung etwas leichter fällt, haben wir die wichtigsten Punkte für dich zusammengefasst:

2.3.1 Reisen mit einer Organisation

Eine Organisation ist sehr praktisch, gerade für den bequemen Start im neuen Land. Sie nimmt dir Arbeit ab, erspart dir die Suche nach guten Angeboten und gibt dir die Sicherheit, dass du in der Not einen Ansprechpartner in Australien hast. Vor allem Letzteres kann für deine Eltern und Angehörigen sehr beruhigend sein. Erfahrungsgemäß wirst du die Organisation im Verlauf deiner Reise aber nicht mehr oft brauchen, weil du dich bald alleine zurecht finden wirst.

Reisen mit einer Organisation

Vorteile	Nachteile
• die Organisation bucht Flüge und Versicherungen zu einem guten Preis-Leistungs-Verhältnis (meistens mehrere Kombi-Pakete zur Auswahl) • bequemer Start, denn z.B. Steuernummer, Bankkarte, SIM-Karte und eine Unterkunft für die ersten Nächte werden für dich organisiert • oftmals startest du in einer Gruppe und findest schnell Gleichgesinnte • Ansprechpartner bei kleinen und großen Problemen via E-Mail, Telefon und in den australischen Großstädten auch persönlich • seriöse und feste Postadressen, z.B. für die Angabe bei Formularen • schwarze Bretter mit Job-/Verkaufsaushängen, an denen du auch selbst inserieren kannst • persönliche Hilfestellung bei der Bewerbung und der Jobsuche • Zugriff auf exklusive Datenbanken	• kostet meistens etwas mehr Geld • du machst nicht die Erfahrung, eine australische Steuernummer selbstständig zu beantragen, eigenständig den Flug zu buchen etc. (keine vollkommene Selbstständigkeit) • ein eingeschränktes Angebot (Flüge, Versicherungen etc. sind in verschiedenen Paketen vorgegeben) • keine Garantie für einen Job oder die Lösung deiner Probleme 

Bekannte und zuverlässige Organisationen, die dir Work & Travel-Pakete anbieten, sind u.a. TravelWorks, Stepin und AIFS. Wenn du dich für eine Organisation entscheidest, solltest du vor allem darauf achten, dass die Agentur genügend, d.h. lange und umfassende Erfahrungen hat. Schau dir auch an, welche Leistungen, Kosten, Anlaufstellen in Australien und Abflugtermine die einzelnen Organisationen anbieten. Die Bewertungen von anderen Backpackern in unterschiedlichen Internetforen sind da sehr hilfreich.

2.3.2 Die Reise selbst organisieren

Die Erfahrung zeigt, dass du deine Reise auch ohne Probleme selbstständig planen kannst. Die Organisation von Flügen, Versicherungsschutz etc. ist nicht schwer (siehe Kapitel „Informationen zum Flug“ etc.), benötigt aber viel Zeit.

Das Internet und viele Reisebüros bieten dir Lösungen an, die auf das Backpacking ausgelegt sind. Bei Fragen und Problemen im Land selbst, helfen dir oft auch die Australier und andere Backpacker. Allerdings bist du von Anfang an auf dich

Die Reise selbst organisieren	
Vorteile	**Nachteile**
• du kannst dir genau aussuchen, was und wie du es möchtest (vollkommene Selbstständigkeit) • der Vergleich verschiedener Angebote im Voraus bringt dir einen guten Überblick, was es in Australien so alles gibt • spart etwas Geld, wenn du gute Angebote findest	• mehr Eigeninitiative und Aufwand durch Recherche • spart nicht immer Geld (abhängig von günstigen Angeboten) • keine direkten Ansprechpartner vor und während der Reise • keine feste Anlaufstelle in der Not (auch für die Zuhausegebliebenen)

alleine gestellt und planst deine Reise nur nach deinen eigenen Erfahrungen. Um offen für neue Möglichkeiten zu sein, solltest du dich daher immer auch mit anderen austauschen.

2.3.3 Der moderne Mix

Eine weitere, aber nicht immer die kostengünstigste Möglichkeit ist die Mischung aus beidem: Überwiegend planst du deine Reise selbst, gibst aber einzelne Aufgaben an Organisationen ab. Bei vielen Work & Travel-Agenturen und einigen Anbietern kannst du ein sogenanntes Willkommens- oder Basispaket (*Starter-Package*) erwerben. Du kaufst beispielsweise ein Steuernummer- und SIM-Karten-Paket und ersparst dir den Aufwand der Beantragung und Anbietersuche.

Diese Pakete sind natürlich nicht kostenlos. Die Anbieter verlangen meist Gebühren für ihre Dienstleistungen, die du bei der eigenständigen Beantragung nicht hättest. Dennoch sind sie eine gute Option, um möglichst selbstständig und individuell zu planen, und dabei nicht jede Aufgabe allein bewältigen zu müssen.

2.4 Reise ich allein, zu zweit oder in der Gruppe?

Was will ich als nächstes machen? Wo geht die Reise hin? Kaufen wir dies oder das? Bleiben wir noch an diesem schönen Ort oder reisen wir sofort weiter? Diese Fragen stellen sich während der Reise immer wieder. Ob allein, zu zweit oder in der Gruppe – jede Art zu Reisen hat Vor- und Nachteile. Eine perfekt geplante Reise gibt es meistens nicht.

Was jetzt?

Stell dir vor, du bist mit deinem Camper unterwegs und bleibst mitten im Outback liegen. Das ist auf jeden Fall ein Abenteuer – versprochen! Und jetzt:

- bist du auf dich ganz allein gestellt
- hast du deinen Partner bei dir, den du die letzten Monate pausenlos gesehen hast
- steckst mit deiner Reisegruppe fest, in der nun jeder die verrücktesten Lösungsvorschläge zum Besten gibt.

Was würde dir am besten gefallen?

2.4.1 Alleine reisen

Australien ist ein sicheres Land, das du auch gut alleine erkunden kannst (auch als Frau!). Ohne andere unterwegs zu sein hat den Vorteil, dass du keine Kompromisse eingehen musst. Du kannst jederzeit tun, wonach dir ist – nach Norden oder nach Süden fahren, arbeiten oder Urlaub genießen. Du erlebst die absolute Freiheit und lernst dich selbst intensiv kennen. Nur deine Tagesform, das Wetter und dein Portemonnaie bestimmen, wo es lang geht.

Leider musst du aber auch alle Entscheidungen selbst treffen und alles auf eigene Kosten finanzieren. In Notsituationen bist du auf dich gestellt. Und manchmal kann es ziemlich einsam sein.

Dass du dich allein auf den Weg machst, bedeutet aber nicht zwangsläufig, dass du während deiner Reise allein bleiben musst. In Australien findest du überall Gleichgesinnte, mit denen du dich zusammenschließen und austauschen kannst. Oft finden sich schon direkt nach der Ankunft kleine Reisegruppen zusammen, die ihr Work & Travel-Erlebnis gemeinsam bestreiten. Und wenn es doch nicht so ganz passt, könnt ihr natürlich auch jederzeit wieder getrennte Wege gehen.

2.4.2 Reisen in der Gruppe

Zu zweit oder in der Gruppe reisen bedeutet immer Kompromisse eingehen! Ihr verbringt enorm viel Zeit auf engstem Raum, das kann manchmal ziemlich anstrengend sein. Sprecht über eure Ziele und eure Vorstellung von Work & Travel, bevor ihr euch zusammen auf den Weg macht. Das erspart eine Menge Streitereien unterwegs. Denn Diskussionen lassen sich auf dieser Reise nicht vermeiden, weil immer wieder neue Entscheidungen getroffen werden müssen. Es ist nicht immer einfach, die passenden Reisegefährten zu finden. Manch einer will möglichst viel in kurzer Zeit erleben, ein anderer relaxt gern mehrere Tage am selben Ort. Auch die Frage nach dem Komfort (wo schlafe ich, wann oder wie oft mache ich Pause oder koche eine Mahlzeit etc.) steht immer wieder im Mittelpunkt heißer Diskussionen.

In der Gruppe reisen bedeutet aber auch, dass ihr Erfahrungen teilen und euch später über gemeinsame Erinnerungen freuen könnt. Ihr könnt euch in der Not gegenseitig helfen und auch die Kosten für große Anschaffungen wie zum Beispiel ein Auto, aber auch für Unterkünfte, Attraktionen oder Essen sind natürlich geringer. Und falls du mal zu müde bist, um eine Entscheidung zu treffen, kannst du einfach mit deiner Reisegruppe mitziehen. Klingt doch bequem, oder?!

2.4.3 Reisen mit dem Partner

Du glaubst, deinen Partner zu kennen?! Bei eurem Work & Travel-Abenteuer werdet ihr euch noch besser kennenlernen! Das bestätigen alle, die ihre Reise als Paar angetreten sind. Man sieht sich 24/7 und erlebt alle Höhen und Tiefen gemeinsam. Zusätzlich stellt sich unweigerlich die Frage: Wie attraktiv findet ihr euch noch, wenn ihr tagelang ohne Du-

sche auskommen musstet? Es ist also vorprogrammiert, dass es irgendwann auch ziemlich anstrengend werden kann. Dafür hast du einen Reisepartner, den du gut kennst und dem du vertrauen kannst. Ihr habt gemeinsame Interessen und wisst genau, wie der andere tickt. Wenn ihr euch auf die Nerven geht, unternehmt einfach auch mal etwas getrennt. Egal, wo ihr in Australien seid, es bietet sich überall die Gelegenheit verschiedene Sachen zu machen. Wichtig ist es, dass ihr euch aufeinander verlassen könnt, besonders in der Notsituation. Die Australienreise ist perfekt, um das größte gemeinsame Abenteuer zu erleben oder einfach festzustellen, dass man nicht füreinander geschaffen ist.

Kleiner Tipp: Fixiert euch nicht zu sehr aufeinander, sondern seid immer auch offen für andere Mitreisende und deren Geschichten. So erlebt ihr einfach mehr und geratet in Abenteuer, an die ihr selbst nie gedacht hättet: coole Partys, unbekannte Orte, Adrenalinkicks durch Extremsportevents …

Wie reise ich?

Jeder reist auf seine Art. Wie genau DU reisen möchtest, wirst du wahrscheinlich erst auf deiner Reise feststellen. Wichtig ist, dass du so unterwegs bist, wie es dir am meisten Spaß macht. In der Regel ergeben sich verschiedene Konstellationen von ganz allein. Sei immer offen und hab keine Angst vor Veränderungen!

2.5 Informationen zum Flug

Nachdem du dein Visum in der Tasche hast, solltest du dich um die Buchung deines Flugs kümmern. Wenn du mit einer Organisation reist, sind die Flugkosten wahrscheinlich im gebuchten Work & Travel-Paket enthalten. Dann hast du weniger Stress, kannst jedoch nur aus vorbestimmten Reiserouten und Fluggesellschaften wählen.

Mit dem Flugticket in der Tasche rückt Australien ein wenig näher

Wenn du deine Reise selbst organisierst, solltest du dich bereits 6 bis 8 Monate vor Reisebeginn nach passenden Flügen umsehen. Denn es gilt: Je eher, umso günstiger! Natürlich kannst du darauf hoffen, kurzfristig einen preiswerten Flug zu bekommen, aber verlassen solltest du dich darauf nicht.

Eine Menge Geld spart die Buchung von Hin- und Rückflug. Zumal ein vorhandenes Rückflugticket die Einreise erleichtert (siehe Kapitel „Working Holiday Visum“).

Da Flüge nicht mehr als 350 Tage im Voraus fix gemacht werden können, kann es passieren, dass du deinen Flug nach Hause umbuchen musst. Das ist aber ganz einfach und kann mit einem kurzen Anruf bei der Fluggesellschaft erledigt werden. Je nach Anbieter fallen bei der Umbuchung Gebühren an.

Für deine Reiseroute könnte auch ein Gabelflug von Interesse sein. Gabelflüge ermöglichen dir, in einer Stadt zu landen und in einer anderen wieder abzufliegen. Solltest du beispielsweise ausschließlich die australische Ostküste erkunden wollen, kannst du in Melbourne landen und in Cairns wieder abfliegen.

Unterkunft buchen

Zeitgleich mit der Flugbuchung solltest du dir eine Unterkunft in deiner Ankunftsstadt suchen, damit du ein Bett für die erste Nacht oder besser gleich für die ersten drei Nächte hast. Schließlich musst du auch erst einmal in Australien ankommen und dich zurechtfinden.

Vielfliegermeilen sammeln

Die meisten Fluggesellschaften bieten ein kostenloses Vielfliegerprogramm an. Melde dich dort an, denn bei deinem Flug nach Australien kannst du viele Meilen sammeln und sie später in einen Freiflug oder in ein Upgrade umtauschen.

Die meisten Flüge nach Australien starten in Frankfurt/Main oder München. Wenn du nicht im Umfeld wohnst, erkundige dich bei deiner Fluggesellschaft, der Bahn oder im Reisebüro nach Rail&Fly-Tickets. Sie sind in der Kooperation zwischen der Deutschen Bahn und vielen Fluggesellschaften entstanden. Damit kommst du mit der Bahn zu einem vergünstigten Preis oder sogar kostenlos zu deinem Zielflughafen.

Der Flug ans andere Ende der Welt ist leider nicht billig. Die Preise variieren stark je nach Saison und Anbieter. In der Regel gilt: Flüge im deutschen Frühling, d.h. im australischen Herbst sind günstiger, Flüge in der Weihnachtszeit, d.h. im australischen Sommer teurer. Für ein Einwegticket (*one way ticket*) musst du mit 700 bis 900 EUR, für ein Hin- und Rückflugticket (*return ticket*) mit 900 bis 1.400 EUR rechnen. Wenn du studierst, solltest du bei den Fluggesellschaften auch nach Studententarifen fragen.

Round the World Ticket

Bei Rucksackreisenden ist das Round the World Ticket sehr beliebt. Damit kannst du eine Route mit kurzen oder längeren Aufenthalten in verschiedenen Ländern planen. Das Ticket ist maximal 12 Monate gültig und nicht verlängerbar. Der Preis hängt von der Anzahl der Flüge und Flugmeilen ab.

Tipps für den langen Flug

Damit dir während des Flugs nicht langweilig wird, haben fast alle Fluggesellschaften Unterhaltungsprogramme an Bord. Aktuelle Musik und Filme lassen die Zeit schneller vergehen. Auch dein Reiseführer, griffbereit im Handgepäck, steigert die Vorfreude während des Flugs. Vergiss nicht, öfter mal deine Füße zu kreisen und immer mal wieder aufzustehen, um deine Beine zu bewegen. Und auch Kompressionsstrümpfe helfen gegen schwere Beine oder Thrombose und werden auf dem Flug von vielen jungen Menschen getragen!

Viele internationale Fluggesellschaften wie Qantas, Ethiad Airways oder Emirates bieten Routen nach Australien an. Welche du wählst, hängt unter anderem auch davon ab, wo du landen möchtest: Soll dein Work & Travel-Abenteuer in Adelaide, Brisbane, Cairns, Darwin, Melbourne, Perth oder Sydney starten? Alles ist möglich!

2.5.1 Zwischenstopps

Für die Wahl deines Flugs ist auch die Reisedauer wichtig: Um von Deutschland nach Down Under zu gelangen, musst du mit einer Reisezeit zwischen 20 und 30 Stunden und mindestens einem Zwischenstopp rechnen. Direktflüge von Europa nach Australien sind noch nicht möglich.

Dafür gibt es aber viele Stopover-Optionen, wobei die beliebtesten Ziele in Asien liegen: Singapur, Dubai, Abu Dhabi und Bangkok. Viele Backpacker nutzen den Stopover für einen längeren Aufenthalt, um mal wieder in einem richtigen Bett zu schlafen oder etwas Neues zu sehen. Überlege, ob das auch für dich in Frage kommt, denn normalerweise verlan-

gen die Fluggesellschaften für die Reiseunterbrechung keinen Aufpreis. Es fallen also nur Übernachtungs- und Verpflegungskosten an.

Die Wahl deines Zwischenstopps musst du schon bei der Flugbuchung mit angeben, aber das Datum des Weiterflugs kannst du vor Reiseantritt umbuchen. Allerdings solltest du die länderspezifischen Einreise- und Zollbestimmungen beachten!

2.6 Versicherungen

Das Portemonnaie geht verloren, der Camper ist kaputt oder der Zahn tut weh. Unvorhersehbares passiert schneller als du denkst und kann ein großes Loch in deine Reisekasse reißen! Was also tun? Um unbeschwert reisen zu können, solltest du gut versichert sein!

Vor Reiseantritt solltest du gut überlegen, welche Versicherungen du tatsächlich brauchst. Folgende Möglichkeiten gibt es:

- Auslandskrankversicherung (auf jeden Fall!)
- Haftpflichtversicherung
- Gepäckversicherung
- Unfallversicherung
- Reiserücktrittsversicherung

Gesundheit

Deine Gesundheit ist das A und O einer schönen Reise! Wenn du gut auf dich Acht gibst und ausreichend versichert bist, hast du am meisten Spaß. Neben den üblichen Versicherungsgesellschaften bieten dir viele Organisationen und Agenturen gute Versicherungspakete an.

Gut versichert? Der Skydive ist ein toller Fun- und Adrenalin-Kick

Bevor du neue Versicherungen abschließt, überprüfe deine bestehenden Versicherungen und kläre, ob sie auch im Ausland in Kraft treten. Je nach Länge der Reisedauer lohnt es sich, den Leistungsanspruch zu unterbrechen oder gar zu kündigen.

Für den Auslandsaufenthalt kommen viele verschiedene Versicherungsgesellschaften in Frage, die unterschiedliche Leistungen und Preise haben. Die meisten sind mittlerweile auf Backpacker vorbereitet und bieten Pakete an, die dich rundum versorgen. Schau dir die einzelnen Leistungen genau an, denn diese Pakete sind nicht immer auf dich persönlich zugeschnitten. Sind beispielsweise auch Extremsportarten bzw. „Gefährliche Tätigkeiten" (Fallschirmspringen, Bungee Jumping etc.) enthalten? Ist eine Versicherung (zum Beispiel Haftpflicht) schon vorhanden? Natürlich musst du aber auch nicht für jede mögliche Situation vorbereitet sein.

2.6.1 Auslandskrankenversicherung

Der Versicherungsschutz der gesetzlichen und teilweise der privaten Krankenkassen gilt nicht außerhalb von Europa.

Aus diesem Grund ist das Abschließen einer Auslandskrankenversicherung ein absolutes Muss!

Unter der Vielzahl der Versicherungsanbieter haben vor allem HanseMerkur und TravelSecure ein gutes Preis-Leistung-Verhältnis. In der Regel übernehmen alle die Kosten für die ambulante und stationäre Heilbehandlung. Viele Versicherungen zahlen einen medizinisch notwendigen Rücktransport (zum Beispiel wenn nicht die geeignete medizinische Ausrüstung vorhanden ist), andere bieten auch einen medizinisch sinnvollen Rücktransport an. Letzteres gewährleistet, dass du auch dann nach Hause transportiert wirst, wenn dies unter psychischen Gesichtspunkten den Heilungsprozess fördert.

Außerdem solltest du darauf achten, dass dein Versicherungsanbieter keinen oder nur einen sehr geringen sogenannten „Selbstbehalt" verlangt. „Selbstbehalt" ist der Betrag, den du selbst beim Arzt bezahlen musst, also: deine Selbstbeteiligung. Alles, was deinen „Selbstbehalt" übersteigt, übernimmt die Versicherung. In der Regel sind die Tarife mit zu zahlendem „Selbstbehalt" günstiger, aber nicht unbedingt besser.

Da du in Australien sicherlich arbeiten willst, um internationale Erfahrungen auf dem Arbeitsmarkt zu sammeln und deine Reisekasse aufzubessern, solltest du darauf achten, dass die Versicherung auf Work & Travel ausgelegt ist. Das heißt, dass nicht nur der Urlaub, sondern auch das Arbeiten abgesichert ist.

Weitere Pluspunkte, die eine Auslandskrankenversicherung haben sollte:

- Freie Arzt- und Krankenhauswahl
- Rückerstattung von Beiträgen bei vorzeitiger Rückreise
- Übernahme von schmerzstillenden Zahnbehandlungen
- Zahlung von ärztlich verordneten Arznei-, Heil- und Verbandsmitteln

- Absicherung von ambulanten und stationären Behandlungen
- Keine vorherige Gesundheitsprüfung

Beim Planen deines Work & Travel-Abenteuers solltest du bedenken, dass du alle Versicherungen vor Reiseantritt abschließen musst. Dadurch kommen noch einmal Kosten auf dich zu. Eine Auslandskrankenversicherung für ein Jahr kostet zwischen 350 und 800 EUR. Das ist nicht viel, wenn man es auf ein Jahr verteilt und bedenkt, welche hohen Kosten in Extremfällen entstehen könnten.

Solltest du eine günstigere Versicherung finden, überprüfe noch einmal die maximale Auslandsaufenthaltsdauer. Viele bieten dir nämlich einen Tarif für höchstens 6 Wochen an – ein Zeitraum, der vermutlich für die meisten Backpacker zu kurz ist. Solltest du schon vor Reisebeginn über ein zweites Work & Travel-Jahr nachdenken, wäre es nicht verkehrt, darauf zu achten, dass dein Auslandskrankenschutz nicht nach den üblichen 12 Monaten endet und du deinen Tarif auch aus dem Ausland ändern kannst.

Weiter nach Nordamerika

Wenn du eine Weiterreise in die USA oder/und nach Kanada planst, wirst du mit einer höheren Gebühr deiner Auslandskrankenversicherung rechnen müssen. Da die dortigen medizinischen Untersuchungen und Behandlungen teurer sind, unterscheiden die Anbieter zwischen einer Versicherung weltweit und weltweit inklusive USA/Kanada.

Da deine deutsche Krankenkasse während deiner Zeit in Australien keine Versicherungsleistungen erbringt, kannst du Geld sparen und die Mitgliedschaft vor Reisebeginn kündigen. Das ist ohne Probleme möglich, da alle deutschen Krankenkassen durch die Versicherungspflicht gezwungen sind, dich nach deiner Reise wieder aufzunehmen. Du musst also keine Angst haben, ohne gesetzliche Krankenkasse dazustehen oder dich notgedrungen bei einer privaten anmelden zu

müssen. In den meisten Fällen wirst du deine Krankenkasse allerdings nicht frei wählen können, sondern nur bei deiner „alten" wieder aufgenommen werden.

Alternativ kannst du dich auch als freiwillig versichertes Mitglied bei deiner deutschen Krankenversicherung anmelden. Mit der sogenannten Anwartschaftsversicherung zahlst du für die Dauer deiner Reise eine geringe Gebühr (ca. 45 EUR pro Monat), hast allerdings keine Leistungsansprüche.

2.7 Gesundheitsvorsorge

Du willst topfit in Australien unterwegs sein?! Dann mach noch einmal einen Gesundheits-Check bei deinem Hausarzt und gehe zur Vorsorgeuntersuchung bei deinem Zahnarzt ein bis zwei Monate vor deiner Abreise. Nichts ist schlimmer, als während des Surfens bei Sonnenaufgang von quälenden Zahnschmerzen geplagt zu sein.

Auch deinen Impfpass solltest du rechtzeitig kontrollieren. Es sind zwar keine speziellen Impfungen für deinen Aufenthalt in Down Under erforderlich, aber die Standardimpfungen gelten im Allgemeinen als wichtiger Rundumschutz. Dazu zählen Tetanus (Wundstarrkrampf), Diphtherie (Infektion der oberen Atemwege), Pertussis (Keuchhusten), Poliomyelitis (Kinderlähmung) sowie Impfungen gegen Hepatitis A und B. Fehlt etwas, dann schnell beim Hausarzt auffrischen lassen. Notfalls beziehungsweise kurzfristig ist auch eine praktische Kombi-Impfung mit mehreren Impfstoffen möglich.

Achtung Sonne: Aufgrund der dünnen Ozonschicht ist die Sonneneinstrahlung in Australien sehr stark. Die Gefahr von Sonnenbrand ist hier viel größer als in Deutschland. Die Hautkrebsrate ist auf dem 5. Kontinent so hoch wie in keinem anderen Land der Welt. Um dich optimal vor der Sonne zu schützen, solltest du regelmäßig eine Sonnencreme mit ho-

hem Lichtschutzfaktor benutzen (auch bei bewölktem Himmel!) und eine Kopfbedeckung tragen. Auch Sonnenbrille und weite Kleidung, die deine Haut bedeckt, sind im Freien ein wichtiger Schutz.

2.8 Sonstige Vorbereitungen

2.8.1 Brauche ich einen Sprachkurs?

Hab keine Angst vor der englischen Sprache. Auch wenn es am Anfang etwas holprig sein sollte, die alltäglichen Begriffe lernst du automatisch. Die Aussies sind die liebenswertesten und hilfsbereitesten Menschen auf der Welt. Mit Händen und Füßen kannst du dich mit jedem verständigen. In der Regel reicht also dein Schulenglisch aus.

Sprachkurse sind dann hilfreich, wenn du recht schnell in einem Büro oder einem anderen „gehobenen" Gewerbe arbeiten möchtest, wo hervorragendes Business English gefordert wird. Für die Arbeit auf Farmen oder für den Alltag benötigst du nicht unbedingt einen Sprachkurs.

Wenn du dich aber sicherer fühlen möchtest oder deine Englischkenntnisse aufbessern willst, kannst du entweder vorher einen Englischkurs in einer Volkshochschule belegen oder zu Beginn deiner Reise eine Sprachschule direkt in Australien besuchen.

Englisch

Am besten lernst du die englische Sprache, indem du dich viel mit den Australiern unterhältst und an ihrem Leben teilnimmst.
Wenn du einen Reiseführer mitnimmst, dann auf Englisch. So lernst du gleich auch die englischen Begriffe.

Wohin soll es gehen?
Du hast die Wahl!

Die meisten Organisationen und viele Agenturen bieten Englischkurse mit unterschiedlichen Sprachniveaus und kleinen Teilnehmerzahlen an. Wie lange der Kurs dauert, kannst du selbst entscheiden; der Mindestzeitraum liegt jedoch bei zwei Wochen. Für einen deutlichen Lernerfolg empfehlen wir einen 4-Wochen-Kurs. Der längere Zeitraum macht sich natürlich auch bei den Kosten bemerkbar: Für einen 2-wöchigen Englischkurs in Australien zahlst du mindestens 700 AUD; für jede verlängerte Woche musst du ca. 350 AUD dazu rechnen. Hinzu kommen Verpflegungs- und Unterkunftskosten. Während deines Sprachkurses wirst du in einer Gastfamilie oder einem Wohnheim untergebracht. Wer einen Sprachkurs nicht in Deutschland, sondern Down Under besucht, hat den Vorteil, in seiner Freizeit das Land und seine Bewohner kennenzulernen und seine neuen oder aufgefrischten Kenntnisse gleich im Alltag anzuwenden. In den Kursen triffst du auch Gleichgesinnte, mit denen du später gemeinsam etwas unternehmen kannst. Einige Sprachschulen bieten zudem eine anschließende Job- oder Praktika-Vermittlung an und erleichtern dir damit den Einstieg auf dem australischen Arbeitsmarkt.

2.8.2 Reiseroute planen

Willst du wissen, wie ein Koala riecht, wie australisches Bier schmeckt, ob das Great Barrier Reef wirklich so farbenprächtig ist oder ob die Wüste so unendlich trocken und weit ist, wie alle behaupten? Bevor du nach Australien aufbrichst, solltest du eine grobe Vorstellung davon haben, welche Ziele du down under hast. Wo liegen deine Interessen, welche Sehenswürdigkeiten wolltest du schon immer besuchen und welche Art Abenteuer möchtest du unbedingt erleben?!

Generell empfehlen wir dir, dich nach deiner Lust und Laune und vom australischen Wind durch das Land führen zu lassen. Dennoch werden einige Faktoren deine Reise beeinflussen: So musst du zum Beispiel bedenken, dass es in manchen Regionen eine Regenzeit gibt, während andere Teile Australiens gerade unter unglaublich hohen Temperaturen und Trockenheit leiden. Der 5. Kontinent hat verschiedene Klimazonen (siehe Kapitel „Klima“), die du bei der Planung deiner Reiseroute unbedingt berücksichtigen solltest. Auch die Jobsituation kann ein wichtiges Kriterium sein. Die meisten Arbeitsstellen gibt es bei der Erntearbeit. Hier kommt es aber immer darauf an, wann was wo Saison hat und gepflanzt, geerntet oder verpackt wird. Auch die Ankunft der anderen Backpacker solltest du nicht außer Acht lassen. Vor allem im September und Oktober zieht es viele Traveller nach

Geld

Nimm so viel Geld mit, wie du kannst! Das erleichtert die Wahl der Reiseroute und macht den Start in dein Work & Travel-Abenteuer einfacher und flexibler.

Party

Bald geht es los! Da wird es Zeit auf Wiedersehen zu sagen. Vielleicht mit einer Abschiedsparty?!

Down Under. Wenn du in diesen Monaten in Australien ankommen und sofort nach einem Job suchen möchtest, bist du in den Ankunftsstädten Sydney oder Melbourne einer besonders hohen Zahl von Konkurrenten ausgesetzt. Auch die Preise beim Autokauf steigen zu dieser Zeit enorm, weil die Nachfrage sehr hoch ist. Andererseits triffst du zu diesem Zeitpunkt die meisten Reisestarter an einem Ort.

Bist du erst einmal in Australien angekommen, eröffnen sich dir unendlich viele Möglichkeiten. Was du tust und wohin deine Reise als erstes gehen soll - das entscheidest allein du. Wir raten dir aber davon ab, sofort nach Ankunft allein und unvorbereitet in das Outback zu fahren. Du orientierst dich besser und integrierst dich leichter in das australische Leben, wenn du die ersten Tage in einer bewohnten Gegend verbringst.

2.8.3 Alltag aufgeben

Habe ich noch etwas vergessen? Ganz sicher! Bei der Planung deines Work & Travel-Abenteuers passiert es schnell, dass du Offensichtliches übersiehst. Schließlich musst du auch noch alltägliche Dinge rechtzeitig erledigen. Hast du dir schon überlegt, was mit deiner Wohnung oder deinem WG-Zimmer passieren soll? Das müsstest du vor dem Abflug fristgerecht kündigen oder untervermieten. Bedenke, dass du während deiner Work & Travel-Zeit in Australien eine deutsche Meldeadresse haben musst (siehe Kapitel „Working Holiday Visum“). In der Regel reicht die Ummeldung zum Wohnsitz der Eltern oder von Bekannten.

Damit wichtige Post nicht verloren geht, kannst du bei der deutschen Post einen Nachsendeauftrag stellen. So werden deine Pakete und Briefe sicher zur neuen Adresse umgeleitet.

Auch bei deiner Arbeitsstelle musst du rechtzeitig deine Kündigung einreichen oder bei deinem Chef nach einer län-

Qantas ist Australiens bekannteste Airline

geren Auszeit fragen. Immer mehr Arbeitgeber sehen Work & Travel als Weiterbildung, Motivationsschöpfung oder wichtige Pause und gewähren oft das sogenannte Sabbatical – eine mehrmonatige Auszeit vom Joballtag. In diesem Fall müsstest du nach deiner Reise nicht nach einem neuen Job in Deutschland suchen.

Eine weitere wichtige Frage, die oft vergessen wird: Hast du noch laufende Abonnements oder Verträge? Auch die solltest du rechtzeitig kündigen oder einfrieren lassen, um unnütze Kosten während deiner Reise zu verhindern.

Damit lästige Probleme in Deutschland deinen Australienaufenthalt nicht beeinträchtigen, ist es sinnvoll, einem Familienangehörigen oder einer vertrauten Person eine Vollmacht auszustellen. So kann er oder sie eventuelle Angelegenheiten wie das Ausfüllen von Formularen oder Bankgeschäfte stressfrei für dich erledigen. Damit deine Vertrauensperson bei Bedarf an die notwendigen Informationen kommt, ist ein Ordner mit den wichtigsten Dokumenten sehr hilfreich. Darin stellst du alles zusammen, was während deiner Abwesenheit von Bedeutung sein könnte: eventuell

offene Rechnungen, Vertragsnummern, Bankdaten, Hausschlüssel etc.

Und was ist mit Bargeld für die Reise? In der Regel brauchst du kein Bargeld mit nach Australien zu nehmen: Bereits an den Flughäfen stehen überall Bankautomaten (ATMs) und auch die meisten Unterkünfte sind optimal ausgerüstet. Wenn du dich sicherer fühlen möchtest und nicht direkt nach der Ankunft in Australien einen Bankautomaten suchen willst, dann kannst du zwischen 50 und 100 Dollar, beispielsweise für das Flughafen-Taxi oder den Bus, mitnehmen. Australisches Bargeld bekommst du in Deutschland bei deiner Bank. Meistens ist der australische Dollar dort nicht vorrätig und die Beschaffung braucht daher ein paar Tage Zeit. In der Regel dauert das aber nicht länger als zwei Wochen.

Sind alle Aufträge und Fristen geklärt, geht es natürlich noch zum Shopping. Schließlich muss noch die passende Ausrüstung her. Den richtigen Rucksack und praktische Funktionskleidung, wie zum Beispiel Wanderschuhe, wirst du in Australien auf jeden Fall benötigen. Viele der Outdoor-Shops bieten dir ein riesiges Sortiment an praktischen Dingen für den Reise-Alltag oder dein Camping-Equipment. Überlege genau, was du wirklich benötigst! Übergepäck auf dem Flug ist teuer und macht dir auch in Australien keine Freude. Die meisten Dinge kannst du auch noch down under besorgen, wenn du sie brauchst. Die Ausrüstung zum Zelten oder zum Reisen mit dem Auto gibt es hier sogar sehr günstig von anderen Backpackern.

Rollkoffer

Rollkoffer sind für Work & Travel nicht zu empfehlen!

Bist du erst in Australien, wirst du einen ganz neuen Alltag und andere Gewohnheiten kennenlernen. Wenn du dich von deinem alten Leben verabschiedest, warum dann nicht auch gleich von einigen Gegenständen und unnötigem Ballast trennen?! Bevor du Deutschland verlässt, kannst du viele deiner Möbel und Gebrauchtsachen verkaufen (an Bekannte, Ebay etc.). Das erspart dir Arbeit und Platz beim Umzug und

Sparsam packen

Alles, bei dem du denkst „vielleicht“ oder „könnte ich eventuell gebrauchen“, kannst du mit gutem Gewissen zu Hause lassen. Australien ist ein modernes Land, in dem du alles besorgen kannst, was dir fehlt.
Vermeide große Teile und unnötige Dinge! Hast du die Wahl zwischen elektrischen und manuellen Geräten (wie beispielsweise bei einer Zahnbürste), dann solltest du die Variante mitnehmen, die keinen Strom verbraucht. Das bewährt sich spätestens dann, wenn du mitten im Regenwald oder am einsamen Strand bist und weit und breit keinen Strom zapfen kannst.

bringt noch einmal ein bisschen Geld in deine Reisekasse. Vor allem Kleidung und technische Geräte wie Kühlschrank, Fernseher oder Drucker, die vielleicht kaputt gehen, wenn du sie längere Zeit nicht benutzt, eignen sich dafür gut.

2.9 Ich packe meinen Rucksack ...

2.9.1 Der richtige Backpacker-Rucksack

Die Wahl des richtigen Backpacker-Rucksacks ist sehr wichtig. Er wird auf deiner Reise dein bester Freund oder Feind, denn du trägst ihn fast jeden Tag mehrere Stunden auf deinen Schultern – vor allem auf mehrtägigen Wanderungen. Das wichtigste ist, dass dir dein Rucksack gut passt, d.h. dass er deiner Größe und deinem Gewicht entspricht. Das größte Volumen ist keinesfalls das Beste, denn schließlich musst du alles, was du einpackst, auch mit dir herumtragen! Was genau den perfekten Rucksack ausmacht, ist bei jedem unterschiedlich. Auf jeden Fall solltest du ihn vorher an- oder ausprobieren. Der professionelle Outdoor-Store nebenan hilft dir dabei weiter.

2.9.2 Was nehme ich mit?

Alles ist organisiert, der Flug ist gebucht – jetzt geht es an das Taschepacken! Nun musst du dir genau überlegen, was du in Australien wirklich benötigst. Bedenke immer, dass alles, was du mitnimmst, Gewicht auf deinen Schultern ist! Mach dich nicht unbeweglich, denn garantiert führt dich dein Work & Travel-Abenteuer an die schönsten und manchmal verrücktesten Orte – da willst du ganz sicher nicht durch dein vollgepacktes und überschweres Reisegepäck eingeschränkt sein.

Natürlich musst du deinen Rucksack nach deinen persönlichen Bedürfnissen packen. Wir haben dir aber die wichtigsten Dinge zusammengestellt, die du zu Beginn deiner Reise brauchst.

Dokumente und Finanzen

Generell solltest du alle wichtigen Dokumente als digitale Kopie mitnehmen, beispielsweise auf einem USB-Stick oder in der Cloud gespeichert. Um deine Dokumente auf der Reise optimal vor Nässe oder Sand zu schützen, ist eine wasserdichte Dokumententasche oder ein gut verschließbarer Zip-Beutel sehr nützlich. Traveller-Schecks oder eine große Summe Bargeld brauchst du zur Einreise und auch während der Reise nicht. Bereits am Flughafen und fast überall down under findest du Bankautomaten (ATMs), an denen du bequem an Geld kommst.

- Flugticket
- gültiger Reisepass
- Visum und Zahlungsbestätigung
- Nachweis deiner finanziellen Mittel
- Personalausweis
- Versicherungsunterlagen wie z.B. Auslandskrankenversicherung
- Internationaler Führerschein

- vorgeschriebene Bewerbung, Lebenslauf, Arbeitszeugnisse (Kopien auf einem USB-Stick etc. reichen aus)
- Passbilder
- Adresse der ersten Unterkunft
- Belege bereits gebuchter Touren
- Nummern und Adressen von Notfallkontakten, Versicherungen, Banken etc. (falls du beispielsweise deine Visa-Karte sperren lassen musst)
- internationaler Schüler-/Studentenausweis
- Impfpass, medizinische Dokumente (falls nötig)
- Geldkarte/Kreditkarte
- TAN-Liste für Online-Banking
- Ggf. Bargeld (wir empfehlen ca. 50 bis 100 AUD für den Start, um am Anfang das Taxi vom Flughafen in die Stadt o.ä. bezahlen zu können)

Kleidung

Leichte und dünne Kleidungsstücke sowie Funktionskleidung sind praktisch, sparen Platz und Gewicht. In der Regel kommst du mit 7 T-Shirts aus, schließlich gibt es auch down under genügend günstige Waschmaschinen oder andere Waschmöglichkeiten. Die folgende Liste versteht sich inklusive Handgepäck und bereits beim Hinflug getragener Kleidung:

- Mütze/Kopfbedeckung
- Sonnenbrille
- 2 lange Hosen und 1 x kurze Hose/Rock
- Jacke/Regenjacke
- 7 T-Shirts
- 2 Pullover (auch in Australien kann es kalt und regnerisch sein)
- 1 Abendgarderobe (wenn du planst in der Gastronomie zu arbeiten oder stilvoll auszugehen)
- 2 Paar Schuhe (1x leichte und 1x feste Wanderschuhe)
- 10 x Unterwäsche und 2 BHs

- 10 Paar Socken
- Badesachen
- Pyjama
- Sport-/Wanderbekleidung

Elektronik

- USB-Stick/externe Festplatte
- Kamera mit Akku / Ersatzakku und Ladekabel
- Laptop/Notebook/Tablet mit Ladekabel
- Stromadapter
- Handy/Smartphone (ohne SIM-Lock) mit Ladekabel
- Ggf. Solar-Ladestation für Elektrogeräte

Pflege/Kultur

Für die ersten Tage reichen viele der Kultursachen als Reise-/Probepackung aus. Du kannst sie später in so gut wie jedem Geschäft nachkaufen und wirst feststellen, dass sie den australischen Gegebenheiten besser angepasst sind:

- Zahnbürste, Zahnpasta, Zahnseide
- Duschgel/Seife, Haarshampoo (gibt es praktisch als Kombi-Produkt)
- Gesichtscreme/Bodylotion
- Sonnencreme
- Kamm
- Deo
- Rasierer, Rasierschaum
- Brille und Etui/Kontaktlinsen und -flüssigkeit
- Tampons/Binden (für einen Monat)/Mooncup
- Nagelschere und Pinzette, Mini-Handspiegel
- Ggf. Make-up (das Nötigste)
- Handtuch
- Taschentücher

Reiseapotheke

- Mittel gegen Schmerzen, Durchfall, Reisekrankheit
- individuell benötigte Medikamente
- Anti-Baby-Pille (Jahresvorrat) oder Alternative
- Pflaster
- kleines Desinfektionsspray

Sonstiges

- kleiner Tagesrucksack für Wanderungen etc.
- Reiseführer
- Schweizer Taschenmesser/Multitool
- kleine Taschenlampe
- Reise-Nähset (Nadel und Faden)
- Uhr/Wecker (falls nicht im Handy/Smartphone integriert)
- kleines Vorhängeschloss zum Verschließen von Rucksack oder Schließfach
- durchsichtiger Beutel für Flüssigkeiten im Handgepäck

Handgepäck

In dein Handgepäck gehört alles, was du für den langen Flug und den ersten Tag in Australien benötigst. Es kann nämlich vorkommen, dass der Backpacker-Rucksack von der Fluggesellschaft erst mit einem späteren Flug gebracht wird. Was in dein Handgepäck kommt, wählst du aus der obigen Liste aus. Beachte, dass spitze Gegenstände wie Nagelschere oder Nadeln nicht ins Handgepäck dürfen und du in der Regel maximal 5 Kilogramm mitnehmen darfst.

- alle wichtigen Unterlagen
- Flüssigkeiten/Cremes im durchsichtigen Plastikbeutel und nur in erlaubter Menge (max. 100 Milliliter)
- Medikamente (nur für den Flug und die ersten Trage, ggf. mit englischer Bestätigung vom Arzt)
- 1 x Unterwäsche und T-Shirt
- Zahnbürste, Zahnpasta

2.9.3 Was lasse ich zu Hause?

- Luxusgegenstände (zum Beispiel Haartrockner)
- mehrere Packungen Sonnencreme, Duschgel, Shampoo (Die Produkte in Australien sind den dortigen Verhältnissen besser angepasst und überall erhältlich. Für die ersten Tage reichen Probepackungen.)
- unnötige Campingausrüstung (Wenn du noch nicht weißt, ob du zelten wirst.)
- Ordner mit den wichtigsten Dokumenten/Informationen sowie eine Vollmacht für Familienangehörige oder Vertrauensperson
- Hausschlüssel
- Bettwäsche (In den Hostels steht dir alles zur Verfügung. Die Benutzung von selbst mitgebrachten Bezügen oder Schlafsäcken ist nicht erlaubt.)
- alte Angewohnheiten

Übergewicht

In der Regel darfst du auf dem Flug nicht mehr als 20 Kilogramm mitnehmen ohne zuzuzahlen!

2.9.4 Wie packe ich meinen Rucksack?

Jeder packt sein Reisegepäck anders. Mit Kompressionsbeuteln oder auch einfach ein paar Plastiktüten bringst du Ordnung in dein Gepäck. Wenn du Kleidung wie Hosen und Shirts zusammenrollst, spart das eine Menge Platz im Rucksack.

Die schweren Gegenstände platzierst du am besten mittig und nah am Rücken. Achte auch darauf, dass du das Gewicht ausgeglichen verteilst, damit der Rucksack beim Gehen nicht zur Seite schwankt und unnötig zur Last wird. Dein fertig gepackter Backpack sollte am Ende nicht mehr als ein Viertel deines Körpergewichts schwer sein. Wenn du ungefähr 60 Kilogramm wiegst, sind das maximal 15 Kilogramm Rucksackgewicht. In der Regel kommst du aber mit 10 bis 14 Kilogramm Reisegepäck sehr gut aus.

3 | Ankunft im neuen Land (*G´Day Australia!*)

Fremde Sprache, andere Geräusche, neue Gerüche und Linksverkehr! Der Start in der Großstadt am anderen Ende der Welt ist nicht einfach. Alles ist neu, die Regeln sind ungewohnt und die ersten Entscheidungen und Behördengänge müssen gemacht werden. Das ist anstrengend. Lass dich aber nicht stressen, mach eines nach dem anderen.

Am angenehmsten ist es, in den ersten Tagen die Behördengänge mit Sightseeing zu verbinden. Es gibt so viel zu sehen und zu erleben. Wie wäre es also erst einmal mit einem Spaziergang über die Harbour Bridge mit Blick auf das Opera House in Sydney, einem entspannten Nachmittag im Kings Park von Perth oder einem Kaffee auf dem Federation Square in Melbourne?!

Du wirst schnell feststellen, dass viele Work & Traveller sofort in Panik auf Arbeitssuche gehen. Lass dich von dem Stress anderer nicht anstecken. Hast du genug Geld in deiner Reisekasse und bist nicht sofort auf Arbeit angewiesen? Warum dann nicht erst einmal losreisen?! Australien ist groß und es gibt so viel zu entdecken! Ist das Reisebudget knapp, schau dich nach einer Arbeit um, die zu dir passt. Aber besser in den umliegenden Gegenden als in der Großstadt, wo alle suchen.

Vorsicht Kulturschock: Der Anfang ist nicht leicht – leider. Manch einer weiß nach seiner Ankunft gar nicht, was er zuerst machen soll. Die Leute sind merkwürdig, du verstehst den australischen Dialekt nicht, das Essen schmeckt nicht

Immer mit der Ruhe

Eines nach dem anderen. Komm erst einmal an, atme tief durch und erkenne, dass du endlich am Ziel bist – *G'Day Australia*!

Einige Kreuzungen Down Under
können ziemlich verwirrend sein

wie sonst und irgendwie sieht alles anders aus als in deinen Träumen. Spätestens dann, wenn du dich fragst, was du hier überhaupt machst, spricht man vom Kulturschock. Dieses ziemlich verwirrende Phänomen ist ganz normal und geht auf jeden Fall vorbei, wenn du dich von deinen Gewohnheiten lösen kannst. Um den Kulturschock zu überwinden, ist es wichtig, dass du positiv denkst und die australische Kultur bewusst wahrnimmst und erkundest. Nur, weil es anders ist, ist es nicht gleich schlecht! Sei offen für die Menschen und sprich viel mit anderen. So bekommst du gleich auch ein paar gute Insider-Tipps von Backpackern oder Australiern, die dir im Alltag und auf deiner Reise weiterhelfen. Besonders wichtig ist es auch, dass du dich von zu Hause und von Deutschland löst. Du musst nicht jeden Tag mit Daheim telefonieren und deine E-Mails checken, um zu wissen, was zu Hause passiert. Lass dich auf dein neues Leben und den neuen Alltag down under ein. Dann wirst du dich ganz natürlich an alles gewöhnen und deinen Weg gehen.

3.1 Das Wichtigste zuerst: Wie komme ich vom Flughafen in die City?

Nachdem du deinen ersten Fuß auf australischen Boden gesetzt hast, stellt sich natürlich die Frage: Wie komme ich vom Flughafen in die Stadt?! Wie du zum Beispiel zu deinem Hostel kommst, kannst du auf jeden Fall vor Reisebeginn planen. Nach dem langen Flug und der Ankunft im neuen Land ist die Suche nach der passenden Transportmöglichkeit nur ein weiterer Stressfaktor. Das heißt aber nicht, dass es unmöglich ist.

Geld abheben
Bankautomaten, an denen du Geld abheben kannst, heißen in Australien *Automated Teller Machine* – ATM. Die Bezahlung mit der Karte nennt man übrigens EFTPOS (*Electronic Fund Transfer at Point Of Sale*).

Es gibt viele Transferservices wie Taxis (Sammeltaxis), die direkt am Flughafen auf Traveller warten. Auch spezielle Backpacker-Shuttle-Services bringen dich in die Stadt. Manche Hostels bieten dir bereits bei der Buchung einen Abhol-Service an. Frag einfach mal nach! Weitere Möglichkeiten sind natürlich auch Busse, Regional- und S-Bahnen oder weltweit agierende Fahrvermittlungen wie Uber – je nach Ankunftsstadt.

3.2 Was mache ich gegen Jetlag?

Du hast mehr als 20 Stunden in einem Flugzeug verbracht und mehrere Zeitzonen überwunden. Die Zeitverschiebung zwischen Australien und Deutschland liegt zwischen 8 und 11 Stunden (je nach deutscher Sommer-/Winterzeit und Ort in Australien). Dein Schlaf-Wach-Rhythmus ist gestört. Und auch die Anstrengung der Reise selbst macht sich bemerkbar. Da ist es ganz normal, dass du einen Jetlag hast. Du fühlst dich müde und erschöpft. Übelkeit, Unwohlsein und Appetitlosigkeit sind weitere Begleiterscheinungen. Und auch Stimmungsschwankungen sind in den ersten Tagen normal.

Blick vom Olympic Drive auf Harbour Bridge und Sydney City

Um einen Jetlag zu vermeiden oder abzumildern, solltest du vor und während des Fluges viel Flüssigkeit und leichte Gerichte zu dir nehmen. Verzichte auf Alkohol! Bist du endlich in Down Under angekommen, pass dich so schnell wie möglich dem australischen Alltag an. Stell deinen Tagesablauf auf australisch um und übernimm die dortigen Essenszeiten, Schlafzeiten etc. Auch wenn du müde bist, geh mitten am Tag NICHT schlafen! Sonst verschlimmerst und verlängerst du deinen Jetlag! Und auch wenn du zur Mittagszeit noch keinen Hunger verspürst, eine kleine und leichte Mahlzeit solltest du essen.

Ganz wichtig ist es, dass du dich nach deiner Ankunft down under im Freien aufhältst. Geh raus in die Helligkeit, damit sich dein Körper an die neue Zeit gewöhnt! Auch ausreichend Schlaf ist in der ersten Nacht besonders wichtig! Dann klappt der Start in den nächsten Tag umso besser.

Jetlag überwinden

- viel Flüssigkeit und leichte Mahlzeiten vor und während des Flugs
- schnelle Anpassung an den australischen Alltag (Essenszeiten, Schlafzeiten etc.)
- Aufenthalt im hellen Tageslicht (an der frischen Luft)
- ausreichend Schlaf in der ersten Nacht
- keine Überanstrengung in den ersten 2 Tagen

Generell solltest du dich in den ersten zwei Tagen nicht überanstrengen. Wir empfehlen dir, nach deiner Ankunft eine kleine und entspannte Sightseeing-Tour an der frischen Luft. Nach 2 bis 3 Tagen hast du in der Regel deinen Jetlag überwunden. Manchmal kannst du aber auch nach mehreren Tagen noch leichte Begleiterscheinungen spüren. Aber irgendwann wird sich deine innere Uhr auf australisch umstellen.

3.3 Wie eröffne ich ein australisches Konto? (*open a bank account*)

Es lohnt sich auf jeden Fall, in Australien ein Konto (*bank account*) zu eröffnen. Das erleichtert jede Bezahlung sowie (kostenloses) Geldabheben und Geldverdienen überall down under. Wenn du arbeiten gehen möchtest, ist ein australisches Konto sogar notwendig für die Gehaltsüberweisungen. Die Westpac Bank, ANZ, NAB und die Commonwealth Bank zählen zu den größten Banken in Australien und sind in fast jedem Ort zu finden. Sie bieten dir günstige Konditionen an und sind im Hinblick auf Service und Möglichkeiten auf Work & Holiday Maker wie dich eingestellt.

> **Kontoeröffnung**
> Ein Konto in Australien ist wichtig. Für die Eröffnung benötigst du deinen Reisepass und eine australische Postadresse. Achtung: Die Zusendung der Bankkarte braucht bis zu sieben Tage.

Die Eröffnung eines australischen Bankkontos ist ziemlich leicht: Geh einfach in eine Filiale deiner Wunschbank und sage den Angestellten, dass du Backpacker aus Deutschland bist und ein Bankkonto eröffnen möchtest. In der Regel wissen die Bankangestellten dann sofort, was du brauchst. Die eigentliche Kontoeröffnung kann bis zu zwei Stunden dauern. Nimm dir genug Zeit, um im Gespräch mit dem Bankangestellten alles zu erfragen, was

Die Größe der Münze entscheidet nicht über den Wert

du nicht verstehst. Bänker sprechen manchmal in ihrer ganz eigenen Sprache. Bitte sie einfach darum, es dir dann noch einmal verständlicher zu erklären. Oft ist es so, dass du zur Eröffnung des Kontos eine erste Einzahlung von 20 oder 50 Dollar machen musst. Damit der Account aktiviert werden kann, ist es ratsam, bei der Eröffnung Bargeld dabei zu haben.

Die Bank schickt dir deine Bankkarte dann per Post an deine australische Adresse. Das kann bis zu sieben Tage dauern. Als Adresse kannst du meistens deine Unterkunft angeben. Viele Banken bieten dir auch die Selbstabholung in einer Filiale an. Frage einfach danach.

Wenn du ein australisches Konto eröffnest, erkundige dich auch gleich nach einem Superannuation-Account. Das ist vergleichbar mit einem Rentenkonto, das du benötigst, wenn du arbeiten gehst. Der Superannuation-Account wird aber sonst auch von deinem ersten Arbeitgeber eröffnet. (Mehr dazu siehe Kapitel „Superannuation“)

3.3.1 Die Kontoeröffnung von zu Hause aus

Bei der Westpac Bank kannst du bereits von zu Hause aus online auf deren Homepage ein kostenloses Australien-Bankkonto eröffnen. Das Westpac Choice Konto ist ein normales Girokonto und in den ersten 12 Monaten gebührenfrei. Das Konto kannst du frühestens ein Jahr vor deiner Australienreise eröffnen.

Deine Bankkarte holst du dann in deiner Wunsch-Westpac-Filiale in Australien ab. Bei der Onlinebeantragung musst du also bereits die australische Bankfiliale angeben, in der du deine Karte abholen möchtest. Diese kannst du über den Kundenservice der Westpac aber berichtigen lassen, falls sich dein Ankunftsort in Australien ändert. Wenn du deine Bankkarte down under abholst, benötigst du lediglich deinen Reisepass zur Identifikation.

Bucks

In Down Under bezahlt man mit dem Australischen Dollar (AUD). Der Wechselkurs zum Euro schwankt sehr stark. Meistens liegt er zwischen 0,60 und 0,90 EUR.

3.3.2 Brauche ich ein deutsches Konto für Australien?

Ein deutsches Konto ist gerade zu Beginn der Reise sehr hilfreich. Vor allem, wenn es Verzögerungen mit deiner australischen Bankkarte geben sollte. Australien ist teuer; daher wird es am Anfang notwendig sein, schnell und sicher an Geld zu kommen. Auch im Verlauf deiner Reise ist es ratsam, eine Zweitkarte zur Sicherheit zu haben, falls du deine australische Bankkarte verlierst oder sie gestohlen wird.

3.3.3 Deutsche Kontogebühren in Australien

Viele Banken nehmen eine hohe Gebühr für die Bargeldabhebung oder die Bezahlung per Karte im Ausland. Zum Glück

gibt es Wege, diese zusätzlichen Kosten zu umgehen: Mit der EC-Karte der Deutschen Bank beispielsweise kannst du Geld an Automaten der australischen Westpac Bank kostenlos abheben. Und auch die Kreditkarte der Deutschen Kreditbank (DKB) ermöglicht die gebührenfreie Bargeldabhebung an allen Automaten mit Visa-Zeichen auf der ganzen Welt. Achte bei deinem deutschen Konto darauf, dass du vor deiner Abreise das Auszahlungs- und Überweisungslimit entsprechend eingestellt hast. So kannst du teure Anschaffungen wie ein Auto oder eine Tour problemlos im Ausland bezahlen.

3.4 Wie beantrage ich eine Steuernummer? (*applying for a Tax File Number - TFN*)

Wenn du in Australien arbeiten möchtest, brauchst du eine Steuernummer (*Tax File Number* – TFN). Damit sparst du eine Menge Steuergeld und hast mehr für deine Reisekasse übrig. Die Steuernummer kannst du kostenlos online auf der Seite der australischen Regierung (Australian Taxation Office, www.ato.gov.au) beantragen. Das geht allerdings nur von Australien aus.

Für die Beantragung deiner Backpacker-Steuernummer (TFN *for temporary visitors / holiday makers*) brauchst du deinen Reisepass, dein Visum, eine E-Mail-Adresse, eine australische Postadresse und eine Telefonnummer. Oft kannst du auch die Adresse deiner Unterkunft oder des Büros deiner Organisation angeben.

Steuernummer

Für die Beantragung benötigst du: Reisepass, Visum, E-Mail-Adresse, australische Adresse und Telefonnummer. Nach spätestens 28 Tagen Bearbeitszeit sollte die Steuernummer bei dir sein.

Nachdem du das Online-Formular abgeschickt hast, dauert es bis zu 28 Tage, bis die TFN per Post bei dir ankommt. Bei der Online-Beantragung wird dir bereits eine vorzeitige Steuernummer (*application number*) angezeigt. Diese kannst

du sofort bei der Jobsuche verwenden. Sollte deine TFN nach 28 Tagen noch nicht bei dir angekommen sein, beantrage einfach eine neue Nummer. Die alte verfällt automatisch und macht dir keinen Ärger. In Australien kannst du deine TFN nämlich sooft beantragen, wie du willst.

Hast du deine vorläufige Steuernummer bereits benutzt und deine TFN ist nach der Frist noch nicht bei dir angekommen, dann kontaktiere das Australian Taxation Office per Telefon oder E-Mail noch einmal und frage nach. Sollten deine Unterlagen mit der TFN verloren gegangen sein, senden sie dir deine Daten noch einmal zu.

Wenn du die australische Steuernummer nicht selbst organisieren möchtest, kannst du diese Aufgabe auch bequem abgeben. Mittlerweile gibt es eine Reihe von Agenturen, die für dich die Beantragung der Steuernummer übernehmen. Anbieter wie beispielsweise Reisebine.de kosten zwar Geld, aber ersparen dir die Mühe sich durch die englischen Formulare zu quälen. Bei den meisten Anbietern kannst du die TFN bereits in Deutschland anfordern. Sobald du in Australien gelandet bist, schicken sie deinen Antrag los. Du bekommst die TFN dann innerhalb der 28 Tage per SMS oder E-Mail zugeschickt.

3.5 Kommunikation

Die Kommunikation mit anderen, vor allem mit den Zuhausegebliebenen, ist in Zeiten von Internet, Skype und

Handy/Smartphone mitnehmen

Am günstigsten ist es, wenn du dein deutsches Handy/Smartphone mit nach Australien nimmst und dir dort eine Prepaid-SIM-Karte kaufst. Achte darauf, dass dein Handy kein SIM-Lock hat.

WhatsApp sehr einfach. Aber auch über klassische Medien wie Handy oder Telefonzelle lässt sich problemlos und günstig nach Hause telefonieren. Und vergiss nicht, dass jeder gerne Post aus fernen Ländern bekommt. Wieso also nicht auch Postkarten an Freunde und Verwandte schreiben?!

3.5.1 Brauche ich ein australisches Handy (*mobile phone*)/Smartphone?

Das Land bereisen, den Alltag hinter sich lassen und der Zivilisation Ade sagen – für viele ist die Reise durch Australien eine Gelegenheit, sich von dem ständig klingelnden Gerät zu lösen. Zugegeben: Ein Handy/Smartphone ist nicht immer notwendig. Aber gerade für die Jobsuche und in der Notsituation ist es wichtig, ein schnelles Kommunikationsmittel zu haben. Aber auch die australischen Kontakte und der Anruf nach Hause sollten nicht vernachlässigt werden! Und wenn du ungestört die Schönheit der Natur genießen oder allein entspannen möchtest, kannst du dein Handy ja auch einfach ausschalten.

Deutsche Netz-Anbieter im Ausland zu benutzen ist umständlich und sehr teuer. Deinen bereits bestehenden Vertrag in Deutschland solltest du kündigen oder möglichst pausieren, aber auf keinen Fall mit nach Australien nehmen. Dort erwarten dich mit deinem deutschen Telefonanbieter zu hohe Kosten, wenn du nach Hause oder innerhalb des Landes telefonieren möchtest. Es lohnt sich, Down Under eine australische SIM-Karte zu kaufen.

In Australien gibt es, wie bei uns auch, eine riesige Auswahl an Mobilfunkanbietern, die dir günstige Tarife offerieren. Optus, Telstra und Vodafone sind die größten Unternehmen in Down Under. Sie haben eine sehr gute Netzabdeckung, sind aber meist teurer als kleinere Anbieter wie Gotalk oder Lebara Australia. Wir empfehlen dir, bei der Wahl deines An-

Unzählige Plastikkarten von Bank, Hostel, zum Billig-Telefonieren …

bieters zu schauen, was zu dir passt. Welche Gebühren und welche Netzabdeckung brauchst du? Viele Anbieter haben spezielle Prepaid-Plans für Backpacker.

Ein Vertragsabschluss ist oft mühsam oder nur für Australier erlaubt. Die Prepaid-Konditionen sind dagegen sehr flexibel und preiswert. In der Regel liegen die Tarife beim Telefonieren von Australien nach Deutschland bei wenigen australischen Cent pro Minute. Manche Mobilfunktarife umfassen sogar günstige Flatrates speziell für Deutschland. Aber aufgepasst: Fast alle Anbieter erheben bei jedem Gespräch eine einmalige Verbindungsgebühr mit dem Ausland (*connection fee*) von ca. 0,30 AUD pro Anruf. Zudem ist die Grundlage der Gebührenberechnung eine Einheit von 30 Sekunden, nicht von einer Minute wie bei uns.

3.5.2 Woher bekomme ich meine australische SIM-Karte?

Handys und Smartphones kosten in Australien mehr als in Deutschland. Die SIM-Karten dagegen gibt es zu günstigen Konditionen, meist zu einem Spottpreis von 2 AUD. Die Ge-

räte findest du in Fachgeschäften in den Städten, die SIM-Karten auch in Supermärkten und Shops *all over OZ*.

Mittlerweile gibt es einige Agenturen, die dir *Starter-Packages* (zum Beispiel erste Übernachtungen plus Einführungskurs vor Ort, Steuernummer- und SIM-Pakete) anbieten. So übernehmen sie für dich die Organisation der SIM-Karte und schicken sie dir dann zu. Das spart Arbeit, kostet allerdings zusätzliches Geld.

3.5.3 Öffentliche Telefonzellen

Telefonieren kannst du auch in öffentlichen Telefonzellen, die es in Australien häufiger als in Deutschland gibt. In den Großstädten findest du sie an fast jeder Straßenecke und selbst in kleinen Orten stehen sie mindestens in der Nähe der Supermärkte.

Zum Billig-Telefonieren gibt es in vielen Shops und Discountern eine Telefon-Karte speziell für Auslandsanrufe, die sogenannte *calling card*. Damit kannst du von einem australischen Festnetzanschluss oder einer Telefonzelle aus sehr günstig nach Hause telefonieren.

Ist das Guthaben der Karte aufgebraucht, kaufst du dir einfach wieder eine neue. Und wie funktioniert die *calling card*? Ganz einfach: Auf der Karte steht eine Telefonnummer, die du vor jedem deiner Anrufe zusätzlich wählen musst. Du gibst die Nummer vor der eigentlichen Telefonnummer ein und wirst so über den

Notrufnummer

Notruf, Rettungsdienst, Polizei: **000**

Einen Notruf kannst du auch mit einem Handy ohne Guthaben absenden. Natürlich sollten ein Netz und genügend Akku-Leistung vorhanden sein. Der Notruf wird an die nächstgelegene Leitstelle gesendet.

Vorwahlnummern

- Von Deutschland/Österreich/Schweiz nach Australien: 0061
- Von Australien nach Deutschland: 001149
- Von Australien nach Österreich: 001143
- Von Australien in die Schweiz: 001141

Selbst in kleinen Orten wie Bombala stehen öffentliche Telefonzellen

Günstigtarif geleitet. Mit der Nummer kannst du auch das Restguthaben abfragen und behältst so einen optimalen Überblick über deine Kosten. In Städten und in den Telefonanlagen der Hostels funktionieren die Karten ohne Probleme. In kleinen abgelegenen Orten sind aber nicht alle Telefonzellen für die *calling cards* freigegeben.

3.5.4 Internet

Vor allem die Zuhausegebliebenen möchten deine Abenteuer gespannt verfolgen und gerne regelmäßig von dir hören. In der heutigen Zeit ist es nicht schwer, alle auf dem Laufenden zu halten. Dafür ist eine gute Internet-Verfügbarkeit wichtig, die glücklicherweise auch in allen bewohnten Gebieten Australiens gewährleistet ist. Erwarte aber nicht, dass du beispielsweise während deines gesamten Trips durch das Rote Zentrum eine Internet-Verbindung aufbauen kannst. Nur in „größeren" Outback-Orten wie Coober Pedy oder Alice Springs wirst du online gehen können.

Mit dem Mobile Broadband USB-Stick unabhängig im Internet surfen

Viele Telefonanbieter stellen dir neben der SIM-Karte auch praktische Mobile-Broadband-Pakete zur Verfügung. Hier bekommst du einen USB-Stick mit einem bestimmten Datenvolumen, um im Internet zu surfen. Die Pakete sind sehr praktisch, wenn du deinen eigenen Laptop dabei hast und ortsunabhängig surfen möchtest. Ansonsten gibt es auch Telefon- und Internetpakete, bei denen das Datenvolumen für das Internet über die SIM-Karte läuft.

Neben Internetcafés haben auch die meisten Hostels und Campingplätze *wifi* (WLAN) oder internetfähige Computer, die du gegen eine Gebühr benutzen kannst. Die Preise variieren stark und werden meist nach Zeit abgerechnet.

Wenn du Geld sparen willst, könntest du eine öffentliche Bibliothek aufsuchen, die es auch in den kleineren Städten gibt. Fast alle können dir die Internetnutzung ermöglichen. Oft ist der Internetzugang in den Bibliotheken an eine bestimmte Datenmenge gebunden oder zeitlich eingeschränkt. Für ein fröhliches „Hallo“ nach Hause wird es aber allemal reichen!

Internetsurfen ...

... kann in Australien ziemlich teuer sein, ist aber so gut wie überall möglich.

Online-Kommunikation

Skype, WhatsApp, Instagram, Snapchat, Twitter, Facebook – die Möglichkeiten sind vielseitig. Je nach Internetgebühr kannst du günstig oder kostenlos online telefonieren, chatten und Fotos, Snaps, Videos, Beiträge teilen. Ein eigener Blog ist besonders spannend für Familie und Freunde aus aller Welt. Damit hast du auch gleich ein prima Reisetagebuch für später angelegt.

Viele Cafés bieten beim Kauf eines Kaffees oder Snacks *free wifi* an. Kostenlosen und zeitlich unbegrenzten Internetzugang gibt es neuerdings auch in einigen Stadtzentren (*Central Business District = CBD)* größerer Städte, beispielsweise in Perth oder Melbourne. Hier kannst du nach Lust und Laune im Internet surfen, solange du dich im Stadtzentrum aufhältst.

Du siehst: Mit einem internetfähigen Gerät (Smartphone, Tablet, Laptop) ist der Kontakt mit Zuhause gar nicht schwierig. Trotzdem kann es passieren, dass deine Meldungen aufgrund der Zeitverschiebung oder weil gerade keine Möglichkeit zum Aufbauen einer Internetverbindung besteht, etwas verspätet nach Hause gelangen. Zumal du viele neue Dinge im Kopf haben wirst, die Zeit wie im Fluge vergeht und du ohne böse Absicht vielleicht auch mal vergisst, dich zu melden. Damit keine Unruhe aufkommt, solltest du das deinen Angehörigen im Voraus erklären und sie während deiner Reise darüber informieren, was du planst und wann du vielleicht nicht erreichbar sein wirst.

3.5.5 Wie erhalte oder verschicke ich Post?

Wenn du durch das Land reist, hast du in der Regel keine feste Postadresse. Diese benötigst du jedoch, wenn dir wichtige Dokumente wie deine Steuernummer oder Bankkarte

zugestellt werden sollen. Und auch dein Arbeitgeber wird manchmal danach fragen.

Wer mit einer Organisation reist, kann die Adresse eines der Büros in Down Under angeben. Häufig ist auch ein Postfachservice im Work & Travel-Paket enthalten.

Vor allem für Alleinorganisierer ist der Poste Restante Service der australischen Post interessant: Briefe und Pakete mit einem „Poste Restante"-Vermerk können an das General Post Office (GPO) deines derzeitigen oder nächsten Aufenthaltsortes versendet werden. Hier werden sie bis zu 4 Wochen kostenlos aufbewahrt und können gegen Vorlage des Reisepasses von dir abgeholt werden. Eine Voranmeldung ist nicht nötig. Gegen eine Gebühr kannst du deine Sendung auch an ein anderes Postamt weiterschicken lassen. Die jeweiligen Adressen und Postcodes erhältst du auf den Websites der australischen Post (www.auspost.com.au). Unzustellbare Post geht natürlich wieder an den Absender zurück.

Postal Code?

Kein Problem:
0800 Darwin NT
0870 Alice Springs NT
2000 Sydney NSW
3000 Melbourne VIC
4000 Brisbane QLD
4870 Cairns QLD
5000 Adelaide SA
6000 Perth WA
7000 Hobart TAS

Die Anschrift für postlagernde Sendungen muss beispielsweise nach Brisbane folgendermaßen aussehen:

Name, Vorname
c/o Poste Restante
General Post Office
Brisbane, QLD 4000
Australia

Wie schicke ich Post nach Hause?

Jeder bekommt gerne Post aus der Ferne! Aber um Waren von einem Ende zum anderen Ende der Welt zu verschicken, musst du geduldig sein und mit teuren Portokosten rechnen. Zum Beispiel dauert die Versendung einer Postkarte oder eines bis zu 50 Gramm schweren Briefes aus Australien nach

Postämter erkennst du fast immer am australischen Postzeichen

Deutschland etwa 3 bis 10 Werktage und kostet 2,95 AUD. Um Pakete nach Hause verschicken zu lassen, hast du im Grunde folgende Möglichkeiten:

- *Sea Mail*: Die preiswertere, aber recht langsame Variante ist der Seeweg. Die Zustellung eines maximal 20 Kilogramm schweren Pakets kostet circa 175 AUD und dauert ungefähr 3 Monate.
- *Air Mail*: Die schnellere, allerdings teurere Option ist via Luftpost. Hier kostet die Versendung eines maximal 20 Kilogramm schweren Pakets um die 200 AUD und benötigt bis zu 6 Werktage.

Egal, für welche Option du dich entscheidest: Informiere dich unbedingt über die aktuellen Einfuhrbestimmungen! Außerdem empfehlen wir dir, die Sendung in einer Plastiktüte einzupacken und beim Verpacken nicht mit Klebestreifen (*sticky tape*) zu sparen. Vor allem für den Seeweg solltest du dein Paket sicher packen.

Je nach Wichtigkeit lohnt es sich auch über eine Versicherung nachzudenken, die man bei der Australischen Post extra

bezahlen muss. In diesem Fall solltest du die Preise einiger Transportunternehmen (beispielsweise Jetta Express, Professional Freigh Service) vergleichen, um Geld zu sparen.

Weihnachtspost

Im November und Dezember gibt es eine australische Besonderheit im Briefverkehr: Wer in dieser vorweihnachtlichen Zeit eine Karte in einem Umschlag verschickt und mit „Card Only“ vermerkt, zahlt ein geringeres Porto.

Pakete von zu Hause

Australien hat aufgrund seiner Abgeschiedenheit eine einzigartige Flora und Fauna entwickelt. Um sie zu schützen, hat das Land strikte Quarantänebestimmungen. Solltest du dir von zu Hause aus etwas zuschicken lassen, bedenke, dass der Australische Quarantäne- und Inspektionsdienst (AQIS) alle Pakete kontrolliert. Das Verschicken von Nahrungsmitteln, Tierprodukten oder pflanzlichem Material ist verboten, um die Einfuhr von Schädlingen oder Krankheiten zu verhindern.

3.6 Lebensmittel (*grocery*)

Die australische Küche ist vielseitig! Als Strafkolonie Großbritanniens hat die englische Küche langen und intensiven Einfluss auf das australische Essen genommen. Gerne wird zum Beispiel Bacon and Eggs zum Frühstück gegessen. Der große Zuwachs an vielen unterschiedlichen Nationalitäten führte zu einem riesigen Sammelsurium verschiedenster Gerichte und Zubereitungsarten. Viele Einwanderer brachten ihre Lieblingsrezepte mit und machten die australische Küche zu dem, was sie heute ist: ein buntes Potpourri, das international hoch gelobt wird.

In Down Under mischt sich so gut wie alles von asiatisch bis kontinental. Dennoch hat der Australier viele (leckere) Eigenheiten, die du natürlich ausprobieren solltest:

Die wohl typischste Spezialität ist das Vegemite. Aussies streichen es meistens wie wir unsere Nutella auf ein Brot. Aber Achtung, Vegemite hat schon so einige erschrockene Grimassen bei Backpackern verursacht, als sie den Aufstrich gekostet haben. Der Hefeextrakt schmeckt sehr salzig und bitter und ist nicht für jeden etwas. Probieren solltest du es aber trotzdem!

Rezept für australische Lamingtons

Zutaten für 12 Stück

Teig:
125 g Butter
200 g Zucker
1 TL Vanillearoma
2 Eier
1/8 l Milch
2 Tassen Mehl
2 TL Backpulver

Glasur:
2 Tassen Puderzucker
3 EL Kakaopulver
30 g Butter
100 ml heißes Wasser
2 Tassen Kokosraspeln

Zubereitung:
Butter mit Zucker, Vanillearoma und Eier vermengen und abwechselnd Milch und das mit Backpulver vermischte Mehl unterrühren. Eine möglichst hohe Backform (18 x 28 x 3 cm) einfetten, mit Mehl bestäuben und die Masse einfüllen. Den Kuchen bei ca. 180 Grad Celsius für 20 bis 30 Minuten im Ofen backen. Anschließend aus der Form nehmen, am besten auf einen Rost legen und abkühlen lassen. Danach in 6 x 7 cm große Stücke schneiden.
Für die Glasur Puderzucker und Kakao in eine Schüssel sieben. Nun werden die zerlassene Butter und das heiße Wasser untergerührt. Die Schüssel sollte in leicht kochendem Wasser stehen, damit die Glasur nicht vorzeitig erstarrt. Jetzt die einzelnen Kuchenstücke mit zwei Gabeln in die Glasur tauchen und danach in den Kokosraspeln rollen. *Enjoy*!

Bei allen dagegen beliebt sind Lamingtons und Tim Tams. Letzteres sind Schoko-Keks-Riegel, die es in fast jedem Geschäft und in unzähligen Varianten gibt. Ebenfalls süß und lecker sind die einheimischen Honigsorten, die Australien zu bieten hat. Sie zählen unter Kennern zu den besten der Welt.

Auf der Speisekarte wirst du häufig eine große Auswahl an Fisch und Meeresfrüchten finden. Vermutlich am bekanntesten ist der Barramundi. Er gehört im Northern Territory und an der Ostküste zu den begehrtesten Speisefischen.

Für Fleischliebhaber ist Australien besonders interessant. Lädt dich ein Aussie auf ein Barbecue ein, kommt neben Rind und Lamm, auch Känguru-, Emu- und Krokodilfleisch auf den Grillrost. Generell lieben die Australier das Grillen und genießen dazu gerne ein kühles Bier.

Eine weitere Spezialität ist der Meat Pie, eine mit Hackfleisch gefüllte Blätterteigpastete. Den „Fleischkuchen“ bekommst du wie bei uns die Currywurst in so gut wie jedem Imbiss, vor allem in den ländlichen Regionen.

In den letzten Jahrzehnten hat auch die traditionelle Ernährungsweise der Aborigines Eingang in die australische Küche gefunden. Das sogenannte Bush Tucker besteht ausschließlich aus einheimischen Pflanzen und Tieren und wurde mittlerweile von vielen Gourmet-Restaurants entdeckt. Auch auf touristischen Outback-Touren wird oft mit einem Bush Tucker-Essen geworben. Im Alltag wirst du vor allem auf einheimische Gewürze wie *Lemon Myrtle* (Zitronenaroma) oder *Tasmanian Pepper* (Tasmanischen Pfeffer) stoßen.

3.6.1 Wo kaufe ich Lebensmittel ein?

In Australien gibt es überall Lebensmittelmärkte und Discounter. Woolworth, Coles und Aldi (ja, Aldi!) sind die größten und günstigsten Supermarktketten down under.

Runde Preise

In Australien sind die Preise genau auf den Cent wie 0,99 AUD angegeben, werden aber an der Kasse auf ein Vielfaches von 5 Cent auf- oder abgerundet. Die Preise, die mit 1 bis 4 Cent enden, werden abgerundet; 6 bis 9 Cent aufgerundet. Endet der Preis mit 5 Cent entscheidet der Verkäufer beziehungsweise das Geschäft, wie gerundet wird.

Da findest du alles, was du brauchst – sogar Kleidung und Drogerieartikel. In den großen Städten sind die meisten unter der Erde. Sie haben oft nur einen kleinen Eingang irgendwo an der Straße und sind nicht immer auf den ersten Blick zu erkennen.

Auf dem 5. Kontinent ist alles etwas größer, deshalb gibt es auch in den Supermärkten die meisten Produkte in XXL-Boxen und in günstigen Massenangeboten wie etwa 5 Produkte zum Preis von 3. Getränke werden oft in 3- oder 4-Liter-Mengen verkauft. Ob das für dich immer ein gutes Angebot ist, musst du selbst entscheiden. Schließlich müssen die Waren und Lebensmittel ja auch durch die australische Hitze transportiert werden.

Aufgrund des für die Landwirtschaft günstigen Klimas gibt es in Australien viele einheimische Delikatessen. Das Obst und die verschiedenen Gemüsesorten sind hier besonders frisch und geschmacksintensiv. Kein Wunder, liegen doch beispielsweise die Bananenplantage oder das Zucchini-Feld nicht weit weg. Für frisches und vor allem günstiges Obst und Gemüse sind die vielen Stadt-Märkte perfekt, die es in jeder Großstadt gibt. Hier entdeckst du australische Besonderheiten und kannst das quirlige Marktleben der Aussies miterleben. Neben preiswerten Lebensmitteln findest du auf den Märkten oft auch Souvenir-Stände und andere Shops.

Kühlbox

Damit deine Lebensmittel nicht verschimmeln, solltest du über die Anschaffung einer Kühlbox nachdenken. Vor allem, wenn du mit dem Auto unterwegs bist, ist der sogenannte Esky unglaublich praktisch!

Stell dich darauf ein, dass die Lebensmittel in Australien teurer sind als bei uns. Vor allem Milchprodukte wie Joghurt oder Käse kosten down under besonders viel Geld. Was zunächst abschreckt, erscheint nach einer

Frisches (und günstiges) Obst und Gemüse gibt es auf den Märkten

Weile aber logisch. Schließlich ist das verfügbare Jahreseinkommen in Australien höher als in Deutschland.

Dafür sind die Öffnungszeiten in Australien sehr kundenfreundlich – selbst in kleineren Städten. In den meisten Orten kannst du dein Geld sogar rund um die Uhr los werden. In sogenannten 24/7-Läden bekommst du an jedem Tag und zu jeder Uhrzeit die wichtigsten Dinge.

3.6.2 Wo stehen die alkoholischen Getränke?

Natürlich wird auch in Australien Alkohol wie Bier, Wein oder Ähnliches getrunken. Alkoholische Getränke findest du aber nur in lizenzierten Geschäften. Die sogenannten *liquor stores* oder *bottle shops* sind manchmal in separaten Ecken der größeren Supermarktketten oder direkt im Nebengebäude zu finden. Natürlich gibt es auch private *bottle shops*. Um Alkoholmissbrauch zu verhindern, haben diese Läden besondere Öffnungszeiten. In Northern Territory beispielsweise darf kein *takeaway alcohol* vor 14 Uhr verkauft werden.

Im Vergleich zu Deutschland sind alkoholische Getränke teuer. Unter Backpackern ist daher vor allem Goon beliebt – das ist Wein, der in 2, 4 oder 5 Liter-Kartonboxen verkauft wird. Er ist deutlich billiger, verursacht aber auch gerne einen Kater am Folgetag.

3.6.3 Wo koche ich? (*cooking*)

Die Einkaufstüten aus dem Supermarkt sind voll und dein Magen knurrt. Was nun? Es gibt viele Möglichkeiten, sich in Australien leckeres Essen zuzubereiten. Fast alle Unterkünfte haben eine große und für jedermann benutzbare Küche. Hier findest du Töpfe, Geschirr, Herd und Kühlschrank – alles, was du eben für deine Lebensmittel und zum Kochen brauchst. Wenn du Gast bist oder an der Rezeption um Erlaubnis fragst, kannst du dich hier ganz nach deinem Geschmack austoben. Aber am Ende das Kücheputzen nicht vergessen!

In fast jedem Hostel findest du auch Lebensmittel *for free*. Manche Hostelbetreiber stellen ihren Gästen Grundgewürze wie Salz und Pfeffer zur Verfügung; andere locken sogar mit kostenlosem Pancake-Frühstück. Bei vielen Unterkünften findest du einen Bereich, in dem Zutaten und übriges Essen (zum Beispiel angefangene Nudelpackungen, offene Saftflaschen) gelagert werden können. Sie werden von abgereisten Backpackern zurückgelassen und sind für alle da. Es gilt aber: Wer es zuerst nimmt, bekommt es.

Bierseelige Australier

Australier lieben Bier! Darum gibt es auch nicht nur eine Sorte, die du probieren kannst, sondern viele! Jeder Bundesstaat und jedes Territorium hat seine eigene Lieblingsmarke, die am besten *on tab*, d.h. frisch gezapft serviert wird. In Queensland ist zum Beispiel XXXX (sprich: *fourty ex*) und in Victoria Carlton Draught beliebt.

Schwieriger als die Getränkewahl ist vermutlich die Entscheidung für die richtige Glasgröße. In der Kneipe kannst du einen *pint*, *schooner*, *pot* oder *butcher* bestellen. Die Größen variieren aber in den verschiedenen Regionen.

Alkohol trinken ist in Australien ab einem Alter von 18 Jahren erlaubt.

Alternative zum Esky: Die Styropor-Box aus dem Supermarkt

Bist du mit dem Camper oder Auto unterwegs, eignen sich ein eigener Gaskocher und ein kleiner Topf zum Kochen besonders gut. Das nötige Equipment kannst du in fast allen Kaufhäusern besorgen. Die Campingplätze sind auch oft mit einer *camp kitchen* ausgestattet, die jeder Gast nutzen kann.

Darüber hinaus findest du überall in Australien BBQ (*barbecue*)-Plätze mit Metallgrillplatten. Sie kosten nichts und sind vor allem an Stränden und in den Stadtparks zu finden. BBQs sind eine wirklich tolle Sache, um sich günstig zu verpflegen und dabei neue Leute kennenzulernen! Sie werden von Backpackern, aber auch von den Australiern

Geld sparen

Um Geld zu sparen, solltest du in den großen Supermärkten einkaufen und mit anderen gemeinsam kochen. In Australien gibt es im Lebensmittel-Regal einige Besonderheiten. So findest du das normale Speiseöl zum Beispiel in Spray-Dosen. Das ist beim Kochen zunächst etwas ungewohnt, erweist sich aber bald als sehr praktisch – vor allem unterwegs.

Waldbrandgefahr!
Das Kochen über offenem Feuer ist besonders in Nationalparks und an vielen anderen Orten Australiens verboten.

sehr gerne benutzt und stehen manchmal an den ungewöhnlichsten Orten. Ab und zu sind sie sogar mit einer Steckdose ausgestattet, mit der du deine Elektrogeräte kostenlos wieder aufladen kannst. Weil Australier und andere Reisende die BBQs besonders schätzen, ist es wichtig, dass du den Platz sauber verlässt, damit auch andere ihn wieder nutzen können.

3.6.4 Wo gehe ich essen?

Backpacker verpflegen sich gerne günstig: Nudeln mit Tomatensoße, Bohnen aus der Dose – und das fast täglich. In Australien gibt es aber auch sehr viele gute Restaurants und Cafés. Vor allem Melbourne ist als kulinarische Hochburg bekannt.

Down under in einem Restaurant essen zu gehen, ist lecker – aber meist auch ziemlich teuer! Die günstigste Variante und bei Rucksacktouristen sehr beliebt sind asiatische Restaurants. Asian Cuisine ist in Australien weit verbreitet. Oft bekommst du hier ein gutes Essen schon ab 10 AUD und liegst damit wesentlich günstiger als in anderen Gaststätten, in denen eine normale Mahlzeit ohne Getränk ab 20 AUD kostet.

Natürlich haben sich auch Fastfood-Ketten wie McDonald's, Kentucky Fried Chicken oder Hungry Jacks (Burger King) in Australien niedergelassen. Sie sind eine schnelle und gegenüber anderen Restaurants preiswerte Möglichkeit. Leider ist das Essen nicht gerade ausgewogen oder gesund.

Für den 5. Kontinent typisch sind auch die sogenannten BYO-Restaurants (*Bring Your Own*). Hier wird in der Regel kein Alkohol verkauft. Du kannst aber deine Getränke wie Bier oder Wein selber mitbringen, vom Kellner öffnen lassen

Schnelles Frühstück nach australisch-britischer Art

und im Restaurant genießen. Dafür fällt nur das Korkengeld (*corkage fee*) an, dass der Kellner für das Servieren der Gläser und der mitgebrachten Getränke bekommt. BYO-Restaurants sind auch unter Australiern eine gängige Art Essen zu gehen.

3.7 Wie finde ich die interessantesten Sehenswürdigkeiten?

Das Beste an Work & Travel ist das Sightseeing! Jede Stadt und jeder kleine Ort hat seinen eigenen Charme: Von spirituell bis sportlich, von entspannt bis abenteuerlich.

Damit du die besten Spots deiner Umgebung nicht verpasst, gibt es mehrere Anlaufstellen, die dir Tipps zum Sightseeing geben können. Du übernachtest in einem Hostel oder Hotel? Dann wissen die Mitarbeiter an der Rezeption garantiert, was du dir unbedingt ansehen solltest und was es speziell in diesem Ort zu erleben gibt. Oft haben sie kostenlose Stadtpläne für dich ausgelegt und klären dich auch gleich über das Wetter der nächsten Tage auf.

Blick vom Mrs. Macquarie`s Chair Aussichtspunkt auf Sydney

Weitere Informationsquellen sind natürlich der klassische Reiseführer und einzelne Reise-Apps einiger Bundesstaaten oder Städte. Sie verraten dir die wichtigsten Sehenswürdigkeiten der Region und informieren dich über aktuelle Events. Um mehr Insider-Tipps und vielleicht auch ein paar Geheimtipps zu bekommen, solltest du mit den Leuten in deiner Umgebung sprechen. Ganz spontan kannst du auch einen freundlichen Australier auf der Straße ansprechen. So übst du nicht nur dein Englisch, sondern erhältst auch gleichzeitig die interessantesten Ratschläge und Stadtgeschichten dazu.

Zudem gibt es in jedem Ort ein Informationscenter. Hier erfährst du alles Wichtige über Sightseeing, Eintrittspreise, Fahrtrouten und was du noch so benötigst. In Visitor Centres kannst du auch Touren buchen. Beachte aber: Hier gibt es nicht immer die günstigsten Angebote. Vergleiche die Preise auch mit den *Tour-Packages*, die viele der Unterkünfte speziell für Backpacker anbieten. In manchen Städten, darunter zum Beispiel Sydney, gibt es in einigen Straßen auch kleine Kioske, die offiziell als Information ausgeschildert sind. Sie können dir mit Kartenmaterial und wichtigen Details weiterhelfen.

> **Kostenlos in der City unterwegs**
> In manchen Städten gibt es kostenlose Busse oder Bahnen, die überwiegend die großen Sightseeing-Punkte verbinden. In Melbourne gibt es zum Beispiel eine ganze *Free Tram Zone*, in der du alle Straßenbahnen kostenlos benutzen kannst.

Zuletzt die für viele wohl spannendste Art, die Umgebung zu erkunden: einfach drauf los gehen. Bei dieser Variante findest du vielleicht nicht immer alle Sehenswürdigkeiten; es macht aber auf jeden Fall Spaß. Lass dich von deiner Neugier und deinem Bauchgefühl leiten und erlebe spontane Abenteuer ganz nach dem Zufallsprinzip.

3.8 Was mache ich, wenn ...

... die Bankkarte/Kreditkarte verloren geht?

Du lässt sie sofort sperren. Das machst du über die Notrufnummer deiner australischen Bank oder im Falle deiner deutschen Karte über den zentralen Sperrnotruf in Deutschland (116 116 oder online unter www.sperr-notruf.de). Um die Karte zu sperren, brauchst du deine Kontonummer und die Bankleitzahl beziehungsweise die Kreditkartennummer.

... der Reisepass verloren geht?

Den Verlust des Reisepasses musst du sofort der örtlichen Polizei melden. Danach beantragst du einen neuen Pass bei der deutschen Auslandsvertretung (Botschaft und Konsulate). In der Regel braucht der neue Pass zwischen 6 und 8 Wochen. Du kannst dir aber auch einen vorläufigen Pass ausstellen lassen, der innerhalb von 24 Stunden fertig und ein Jahr gültig ist.

... dringend Geld aus Deutschland benötigt wird?

Mit Geldtransfer-Anbietern wie Western Union oder MoneyGram kann man dir innerhalb von wenigen Minuten Geld

in die ganze Welt schicken. Du hast die Wahl, ob es deinem Konto gutgeschrieben oder in einer Filiale down under zur Abholung bereitgestellt wird. Ansonsten gibt es die übliche Methode der Überweisung. Sie benötigt in der Regel einige Tage und kostet je nach Bankinstitut unterschiedliche Überweisungsgebühren.

… wenn ich Heimweh habe?

Heimweh ist ganz normal, wenn man sich auf einer langen Reise befindet. Du sehnst dich nach deinem gewohnten Umfeld, nach deinen sozialen Kontakten und etwas Ruhe. Stress und Schlaflosigkeit sind oft Gründe für das auftretende Heimweh.

In diesem Fall solltest du dir ein paar Tage Ruhe gönnen. Ganz wichtig ist es, dass du auch in Australien soziale Kontakte aufbaust. Gemeinsame Unternehmungen wie Partys oder Kochabende, Touren oder einfach nur Gespräche bei einem Kaffee beugen dem Heimweh vor. Sprich auch mit anderen Reisenden und lass dich mit interessanten Gesprächen und frischen Ideen ablenken.

… wenn ich krank bin?

Auch in Australien gibt es rezeptfreie Medikamente in Drogerien und Apotheken. Solltest du ernsthafte gesundheitliche Probleme haben, musst du einen Allgemeinarzt (*general practitioner* – GP) aufsuchen. Er überweist dich gegebenenfalls zu einem Facharzt. Die medizinische Versorgung in Down Under entspricht den allgemeinen westlichen Standards.

Unvorhergesehenes

Sei auch auf unerwartete Probleme gefasst. Aber *no worries*: In Down Under findest du überall Hilfe!

4 | Work

Als Bartender in der lebendigen Innenstadt von Adelaide, als motivierter Erntehelfer auf einer Zitronen-Farm bei Katherine oder als Servicekraft in einem Hotel in Surfers Paradise – als Backpacker in Australien hast du die Wahl! Je nach Region und Saison findest du in so gut wie jedem Bereich Arbeit und kannst mit dem richtigen Job schnell eine Menge Geld verdienen. Du besserst aber nicht nur deine Reisekasse auf, sondern lernst auch den internationalen Arbeitsmarkt kennen. Das ist vor allem für deinen späteren Lebenslauf gut. Natürlich erlernst du bei der Arbeit auch Fähigkeiten und Fertigkeiten, die dir vorher fremd waren. Selbstständigkeit, Anpassungsfähigkeit, körperliche Arbeit, Business English und besonders aufgeschlossenes Teamwork sind nur einige davon.

Manche Arbeitgeber verlangen bereits bestimmte Vorkenntnisse und Fähigkeiten von dir. Lass dich nicht abschrecken, wenn du nicht alle Kriterien sofort erfüllst. Du willst den Job haben und fühlst dich der Aufgabe gewachsen? Dann bewirb dich einfach getreu dem australischen Motto: *No worries.*

4.1 Was für Jobs kann ich machen?

Die Antwort auf diese Frage ist einfach: (fast) alles. In Australien kannst du deinen Ideen und Fähigkeiten freien Lauf lassen und tun, wonach dir ist. Am häufigsten finden Backpacker Jobs in diesen Branchen:

- Erntearbeit (*fruit picking and packing*)
- Farmarbeit (*farm work*)
- Promotion und Events (*street marketing*)
- Fabrikarbeit (*factory work*)
- Arbeit als Küchenhilfe (*kitchen hand*)
- Servicekraft in Hotels oder Restaurants

Arbeitssuche

Mittlerweile gibt es ziemlich viele Backpacker und auch sehr viele Einheimische, die in Australien auf der Suche nach Gelegenheitsjobs sind. Einen guten Job zu finden ist daher nicht immer leicht. Aber mit der richtigen Einstellung, Eigeninitiative und ein bisschen Glück findest du überall Arbeit.

Die Jobs im Bereich der Gastronomie sind genauso vielfältig wie die Angebote im Eventbereich. Oft finden Backpacker auch spannende Jobs als Housekeeper, Möbelpacker, Babysitter oder in einem der vielen Büros down under. Irgendwo ist eben immer was los. Auch in der Tourismus-Branche (Aushilfe im Resort, Ski- oder Surf-Lehrer) und auf dem Bau (Maler, Gerüstbau, Maurer) werden zahlreiche Arbeitskräfte benötigt. Oder wie wäre es beispielsweise mit einer Ausbildung zum Jackaroo / zur Jillaroo? Dann kannst du in den Weiten des Outbacks arbeiten und erlebst den authentischen Farmeralltag *as it's best*. Und auch das WWOOFing ist eine tolle Variante, sparsam in Australien zu leben und dabei den Alltag vieler Australier kennenzulernen. Hast du bereits eine abgeschlossene Ausbildung oder gar gearbeitet? Dann kannst du deine gelernte Tätigkeit natürlich auch in Australien ausüben: Ob Frisör oder Fleischer – handwerkliche Berufe und tägliche Dienstleistungen werden in Australien nicht nur hoch geschätzt, sondern auch gut bezahlt!

Branchen-Qualifikationen

Für manche Branchen benötigst du gesetzlich vorgeschriebene Qualifikationen, die dir durch Zertifikate bestätigt werden. Das sind zum Beispiel:

- Alkohol-Ausschank-Lizenz (*Responsable Service of Alcohol Training* – RSA)
- Spielautomaten-Lizenz (*Responsable Gambling Service* – RCG)
- Sicherheitskurs für Bauarbeiter (*White Card*)

Die meisten Kurse benötigen nicht viel Zeit und funktionieren ähnlich wie das RSA-Training (siehe Kapitel „Alkohol-Ausschank-Lizenz“).

4.1.1 Erntehelfer und Farmarbeit (*fruit picking and farm work*)

Beim Ernten (*fruit picking*) heißt es: Raus in die australische Natur und fest mit anpacken! Fast jeder Backpacker hat wenigstens einmal auf einer Farm gearbeitet oder bei der Erntearbeit geholfen.

Das *fruit picking*, auch *farm work* oder *harvest jobs*, ist besonders beliebt bei den Rucksacktouristen, denn hier finden sich die meisten Arbeitsplätze. Ob als *blueberry picker*, *banana packer* oder *farm hand* – es gibt Hunderte von verschiedenen Möglichkeiten. Beim *fruit picking* lernst du verschiedene Arbeitstätigkeiten und die Natur Australiens kennen. Und nicht selten kommt es vor, dass du während deiner Arbeit im Freien ein Känguru über deinen Arbeitsplatz hüpfen siehst. Darüber hinaus verdienst du bei der Erntearbeit schnell Geld, brauchst keine Vorkenntnisse und triffst auf Gleichgesinnte, mit denen du dich austauschen kannst. Und wenn du lange genug dabei bleibst, kannst du sogar dein Working Holiday Visum um ein weiteres Jahr verlängern (siehe Kapitel „Zweites Working Holiday Visum“).

Die Erntearbeit ist saisonale Arbeit. Es gibt eine Reihe von Harvest-Kalendern (zum Beispiel Harvest Trail), die dir genau sagen, wo wann welche Gemüse- oder Obstsorte Saison hat und dementsprechend für Arbeitsplätze sorgt. Auch die Weinregionen bieten nur zu bestimmten Zeiten

Anstrengend

Die Farm- und Erntearbeit ist körperliche Arbeit. Trotzdem zählt sie zu den häufigsten Tätigkeiten von Backpackern in Down Under und ist irgendwie auch ein Muss für das australische Work & Travel-Erlebnis.

Beliebte Arbeit eines Work & Travellers: *blueberry picking*

Jobs an. Das Ernte-Business ist fast das ganze Jahr über irgendwo in Australien möglich. Von September bis April ist jedoch die Hochsaison.

Egal ob *fruit picking*, *packing* oder *farm work* – die Arbeit ist in jedem Fall körperlich anstrengend! Neben den eigentlichen Tätigkeiten machen dir auch die heißen oder tropischen Temperaturen oder der niederprasselnde Regen zu schaffen. Solltest du keine Kondition haben, ist die Arbeit am Anfang ziemlich schwer. Aber *no worries*, du gewöhnst dich erstaunlich schnell daran. Und sind die Erntetage auf dem Feld mal unerträglich heiß, sorgen manche australische Arbeitgeber gern auch mal für einen Eisblock zur Abkühlung.

Das *picking* ist körperlich anstrengender als das *packing*, vor allem auf den Bananenplantagen. Es kann aber vielseitiger und spannender sein. Das *packing* ist in der Regel etwas einfacher und wird daher häufiger an Frauen vergeben. Meistens wiegst du die Obst- oder Gemüseware ab und verpackst sie in Kartons. Dabei bist du überwiegend in einem überdachten Lagerhaus (*shed*) und vor den Wetterverhältnissen geschützt.

Neben *picking* und *packing* kannst du auch als Aushilfe auf einer Farm arbeiten (*farm work*). Oft suchen Tierfarmen robuste Helfer. Schließlich müssen die Tiere gefüttert, Ställe ausgemistet, Zäune repariert oder Rinder markiert werden. Und auch bei der Gartenarbeit, im Haushalt oder mit der Beschäftigung der Kinder gibt es immer etwas zu tun. Zudem können Bauarbeiten oder Ähnliches bei der Farmarbeit anfallen. Die australischen Farmen sind groß, daher ist meist immer ausreichend Arbeit vorhanden.

Sei kreativ!
Die Ernte- und Farmarbeit muss sich nicht auf Obst oder Gemüse beziehen! Wie wäre es also mit einem Job als Muschel-Putzer beim *pearling* auf einer Perlenfarm?!

4.1.2 Arbeiten im Gastronomiebereich

Ob im Café, im Hotel-Restaurant oder beim Catering Service, als Kellner, Servicekraft oder Küchenhilfe – die Gastronomiebranche bietet dir viele verschiedene Jobs an. Vor allem in den Großstädten und dort, wo viele Touristen sind, gibt es die meisten Arbeitsplätze in diesem Bereich – und leider auch die größte Backpacker-Konkurrenz. So vielseitig wie die Jobs in der Gastronomie sind auch die Arbeitszeiten. Hier musst du dich darauf einstellen, dass du öfter abends, nachts, am Wochenende oder am Feiertag arbeitest. Viele der Restaurants, Bars oder Pubs haben bis spät in die Nacht geöffnet.

Die Arbeit im Gastronomiebereich ist oft stressig und körperlich sehr anstrengend. Schließlich müssen die 200 Kilogramm Gemüse im Akkord geschnitten oder die 150 Gäste auf der Café-Terrasse bedient werden. Du erhältst hier aber nicht nur einen besonderen Einblick in die Arbeitsabläufe, sondern auch in das muntere Alltagsleben der Australier und lernst zum Beispiel als Kellner viele nette Menschen kennen. Da du in diesem Job mit Gästen oder Kunden zu tun hast, solltest du sehr kommunikativ sein.

Alkohol-Ausschank-Lizenz (*Responsable Service of Alcohol Training*)

Je nachdem, in welchem Gastronomiebereich du einen Job suchst, benötigst du verschiedene Qualifikationen. Wenn du an einer Bar, als Kellnerin im Restaurant oder an einem Ort arbeiten möchtest, an dem Alkohol ausgeschenkt wird,

Nach einer langen Schicht als *kitchen hand*

brauchst du eine Alkohol-Ausschank-Lizenz, das sogenannte RSA-Zertifikat (*Responsable Service of Alcohol Training*).

Das RSA-Zertifikat kannst du vor Ort mit einem Kurs oder ganz leicht über einen Online-Test erwerben, zum Beispiel bei OnlineRSA oder TCP Training. Die Schulung vor Ort dauert ca. 6 Stunden und kostet um die 140 AUD. Hier lernst du vor allem den verantwortungsvollen Umgang mit Alkohol und erhältst Tipps, wie du dich gegenüber alkoholisierten Personen verhalten solltest. Der Online-Test ist günstiger als der persönliche Kurs (ab ca. 40 AUD). Diesen kannst du bereits von Deutschland aus machen.

Achtung: Jeder australische Bundesstaat hat seine eigenen Richtlinien. Das RSA-Seminar (online oder persönlich) bezieht sich immer auf den jeweiligen Bundesstaat, für den du das Zertifikat erwirbst. Für manche, wie etwa Victoria, ist es Pflicht, den RSA-Kurs persönlich zu besuchen. Um nicht unnötig Geld auszugeben, solltest du dir vorher überlegen, wo du arbeiten möchtest und dann das für die Region entsprechende RSA-Training absolvieren. Hast du eines der Zertifikate erworben, benötigst du manchmal nur ein Upgrade, um in einem anderen Bundesstaat arbeiten zu können. Informationen dazu findest du auf den offiziellen Regierungsseiten der Bundesstaaten sowie bei den Kurs-Anbietern.

4.1.3 Eventbereich und Street Marketing

Du möchtest mit einem Gelegenheitsjob schnell und spontan ein bisschen Geld verdienen?! Die Arbeit im Eventbe-

reich und Street Marketing bietet dir dafür viele Möglichkeiten. Du kannst Flyer verteilen, Unterschriften sammeln, Einlasskarten bei Großveranstaltungen kontrollieren sowie Security-, Service- oder Putzjobs für Veranstaltungen annehmen – je nach Fähigkeiten und freien Arbeitsstellen. Erkundige dich auf deiner Reise einfach nach speziellen Veranstaltungen in deiner Umgebung. Vor allem bei Großevents werden für eine kurze Zeit immer viele tatkräftige Mitarbeiter gesucht. Dazu zählen unter anderem Sportereignisse wie beispielsweise der Australian Grand Prix (Formel 1) oder die Australian Open (Tennis), alljährliche öffentliche Events wie Silvester oder der Australia Day, aber auch kleinere Festivals, Konzerttouren oder spezielle Veranstaltungen in Unterhaltungsparks. Nicht nur in den großen Städten bieten sich dir Möglichkeiten, in diesem Bereich spontan zu jobben. Auch kleine und entlegene Orte lieben Feste und Veranstaltungen, bei denen du am Eisstand oder in der Imbissbude aushelfen kannst.

Die meisten Organisatoren suchen Arbeitskräfte für die Dauer des gesamten Veranstaltungszeitraums. Bedenke, dass viele Großevents auch vor Beginn und nach dem Ende kräftige Unterstützung für Aufbau, Abbau oder sogar schon bei der Planung brauchen!

Eventorganisatoren, aber auch normale Dienstleistungsfirmen oder Restaurants benötigen meist Unterstützung bei der Öffentlichkeitsarbeit (*promotion*). Beim sogenannten Street Marketing bist du oft Berater beziehungsweise Verkäufer, der für die Unternehmen von Tür zu Tür geht und deren Werbetrommel rührt. Diese Jobs erhältst du häufig sehr spontan. So steht beispielsweise am Morgen ein Aushängeschild im Geschäft oder eine Anzeige in der Zeitung, dass jemand gebraucht wird, der Flyer oder Gratisproben verteilt. In der Regel meldest du dich beim Arbeitgeber (persönlich oder per Telefon ist es immer am besten) und kannst sofort für

In den Straßen der Großstädte ist immer etwas los!

ein paar Stunden arbeiten. Am Ende des Tages bekommst du deinen Lohn und kannst mit ein paar Dollars mehr in der Tasche weiterreisen.

Wenn du viel reden kannst und überzeugend im Small Talk bist, dann ist der *promoter job* genau das Richtige für dich. In der Regel sollst du den Leuten dabei das Produkt des Arbeitgebers verkaufen (von der Haarbürste bis zum Vertrag über regelmäßige Spenden an die Tierschutzorganisation). Meistens wirst du als Promoter nach deiner Leistung bezahlt, d.h. nach der Zahl der verkauften Produkte. Das kann sehr gut funktionieren und schnell viel Geld in deine Kasse bringen. Wenn du aber kaum etwas verkaufen kannst, wird es schnell frustrierend. In diesem Fall solltest du dich besser nach etwas anderem umsehen.

4.1.4 Fabrik- und Lagerarbeit (*factory work*)

Viele Fabriken und Lager suchen zuverlässige Hilfskräfte in ganz Australien. Manche Fabriken liegen am Rand der

Großstadt, andere in vollkommener Abgeschiedenheit auf kleinen Inseln. Auch hier sind deiner Kreativität kaum Grenzen gesetzt, denn es gibt die unterschiedlichsten Branchen, darunter beispielsweise Fleisch-, Käse-, Saatgut- oder Zitronenfabriken, Möbellager oder Warenhallen der großen Supermarktketten.

Die Arbeit in den Fabriken und Lagern umfasst oft Tätigkeiten wie Ware abfüllen, verpacken und umlagern. Sie kann schnell eintönig sein und ist häufig körperlich anstrengend, wird dafür aber fast immer nach Stunden bezahlt. Die Anstellung in den Fabriken ist oft auf längere Zeit angelegt und umfasst gern 2 oder 3 Monate. Ausnahmen bestätigen natürlich die Regel.

Viele Fabriken bekommen zeitlich begrenzte, aber riesige Sonderaufträge, bevor eine Großveranstaltung in der Umgebung stattfindet. So werden beispielsweise in der Nähe von Melbourne 1 bis 2 Monate vor den großen Sportevents wie dem Melbourne Cup oder der Formel 1 Mitarbeiter in Fabriken gesucht, die bei der zusätzlich anfallenden Arbeit helfen (zum Beispiel Tausende von Informations-Flyern oder Karten in Kisten verpacken).

4.1.5 Das Leben als Jackaroo/Jillaroo

Du träumst vom australischen Cowboy-Leben? Dann brauchst du mehr als den obligatorischen Akubra Hat – den beliebtesten Cowboy-Hut der Australier!

Die Ausbildung zum Jackaroo beziehungsweise zur Jillaroo (weibliche Form) ist eine ganz besondere Art, den Alltag der australischen Outback-Farmer kennenzulernen. Du lebst mit den Farmern auf einer Ranch, die oft weit abgelegen von jeglicher Zivilisation liegt. Hier lernst du, wie du auf australische Art reitest, Schafe scherst, Zäune baust, ein Lasso

wirfst oder wie das Vieh eingetrieben werden muss. Vom Trip durch die trockene Wüste über einen Ausritt auf dem Pferderücken inmitten von Kängurus bis zum Ausklang des Tages am Lagerfeuer unter dem Sternenhimmel ist oft alles dabei.

Jackaroo oder Jillaroo wirst du mit einer speziellen Ausbildung, die du Down Under machen kannst. Diese dauert meistens eine Woche und kostet um die 600 AUD. Danach kannst du dich auf vielen Farmen als Jackaroo oder Jillaroo einstellen lassen. Die authentische Farmarbeit ist aufregend und einzigartig. Allerdings ist sie auch körperlich anstrengend und manchmal nichts für schwache Nerven. Vor allem dann nicht, wenn der Zuchtbulle beschnitten oder das niedliche Lamm geschlachtet werden muss.

4.1.6 Arbeiten für Kost und Logis

Eine gute Variante, um sparsam durch das Land zu reisen, ist die Arbeit für Kost und Logis. Oft gibt es die Möglichkeit, auf Campingplätzen, Farmen oder in Hostels stundenweise oder halbtags zu jobben.

Im Allgemeinen umfasst die Arbeit Tätigkeiten wie Putzen, die Aushilfe an der Rezeption oder handwerkliche Unterstützung bei Reparaturen und Ähnliches. Im Gegenzug bekommst du Verpflegung und Unterkunft günstiger oder sogar kostenlos. Besondere Vorkenntnisse oder Fertigkeiten werden von den meisten Unterkünften nicht gefordert.

Wenn du für eine gewisse Zeit (es reichen manchmal schon zwei Wochen) am selben Ort bleiben möchtest, ist das eine prima Lösung. Du arbeitest für ein paar Stunden und hast davor oder danach genug Zeit für Freizeitaktivitäten in der Umgebung. Oft stellen dir die Australier einen derartigen Job spontan zur Verfügung, wenn du sie darauf ansprichst.

4.1.7 WWOOFing

WWOOFing ist eine tolle Gelegenheit, die Arbeitswelt und das australische Leben hautnah kennenzulernen. Als WWOOFer hilfst du den Australiern bei ihrer täglichen (Farm-) Arbeit und nimmst am Alltag und am Leben der Familien teil. Ob als Babysitter oder als Zaunreparierer – die Australier freuen sich nicht nur über deine Hilfe, sondern möchten auch dich kennenlernen und dir ihre Kultur näher bringen. Ihr könnt voneinander lernen, Geheimtipps (Kochrezepte, Sehenswürdigkeiten, Angewohnheiten) austauschen und manchmal sogar Freunde fürs Leben werden.

Als WWOOFer verdienst du kein Geld. Dafür bekommst du aber eine kostenlose Unterkunft und Verpflegung. Für die Volontärarbeit von maximal 6 Stunden pro Tag brauchst du keine besonderen Vorkenntnisse.

WWOOFing ...

... steht für Willing Workers on Organic Farms, d.h. für die Arbeit auf Bio-Farmen und Bauernhöfen.

WWOOFen kannst du, wenn du dich als Mitglied des WWOOFing-Programms registrierst. Das machst du, indem du das WWOOFing-Buch für eine Gebühr von ca. 70 AUD kaufst. Mit diesem Buch erhältst du automatisch deine WWOOFing-Mitgliedsnummer und die Adressen und Kontaktdaten der WWOOFing-Farmen. Zudem bekommst du einen Zugang zur Online-Datenbank mit den aktuellen WWOOFing-Mitgliedern und Bewertungen der einzelnen Arbeitsplätze. In der Regel suchst du dir eine Farm oder Familie aus, rufst an und findest heraus, ob der WWOOFing-Platz noch frei ist oder überhaupt für dich in Frage kommt.

Das Buch mit den Adressen, Telefonnummern und deiner Mitgliedsnummer bekommst du online von der WWOOFing Organisation (www.wwoof.com.au) oder auch in einem der Backpacker Traveller Center überall in Australien.

Vorsicht, WWOOFing hat auch seine Nachteile: Manche Familien nutzen dich als kostengünstige Arbeitskraft aus. Es kann vorkommen, dass du den ganzen Tag schuften musst und dafür in einer schmutzigen Unterkunft wohnst. Wir raten dir daher, bereits am Telefon alle wichtigen Fragen mit dem WWOOF-Host (dem Farmer) zu klären. Erkundige dich vor allem nach:

- der Art der Unterbringung
- den Arbeitstätigkeiten und -zeiten
- der Mindest- oder Maximalaufenthaltsdauer
- den Mahlzeiten (Vegetarier haben es oftmals schwerer)
- anderen Backpackern auf der Farm (Als Frau solltest du unbedingt erfragen, ob auch andere weibliche Personen auf der Farm leben.)

Wenn du bei deinem „Vorstellungsgespräch" am Telefon auf deinen gesunden Menschenverstand und dein zuverlässiges Bauchgefühl hörst, kann eigentlich nichts schief gehen. Viele WWOOF-Hosts sind einfache Großfamilien mit Kindern und vielen Tieren, die gerne einen Einblick in ihren biologischen Land- und Gartenbau ermöglichen wollen und sich über zuverlässige Hilfe freuen. Und sollte es dir nicht gefallen, kannst du jederzeit gehen.

4.1.8 Volontärarbeit (*volunteering*)

Tasmanischer Teufel, Wombat, Känguru und Co. – neben den einzigartigen Tieren besitzt Australien auch eine atemberaubende Pflanzenwelt und die beeindruckende Kultur der Aborigines. Du möchtest dich zum Schutz von Nationalparks, Kulturrelikten und einheimischen Tieren oder Pflanzen einsetzen? Dann kannst du dich als Volontär (*volunteer*) bei zahlreichen Projekten und Schutz-Organisationen melden. Geld verdienst

Weinlese im Derwent Valley auf Tasmanien

du dabei nicht. Dafür erlebst du Australiens faszinierende Einzigartigkeit hautnah. Und oft werden dir als Gegenleistung die Unterkunft und Verpflegung für deine Arbeit bereitgestellt.

Eine der bekanntesten Nonprofit-Organisationen in Down Under ist Conservation Volunteers Australia. Sie setzt sich in ganz Australien für den Naturschutz und die Erhaltung indigener Kultur ein. Meist zahlst du eine Anmeldegebühr oder Transport- und Unterkunftskosten, die je nach Projekt und Ort variieren, und kannst dafür ehrenamtlich tätig sein. Die Arbeitsaufgaben sind vielseitig. So kannst du zum Beispiel Tiere beobachten, neue Wanderwege in den Nationalparks anlegen oder Bäume pflanzen. In jedem Fall leistest du einen wichtigen Beitrag zur Erhaltung der Schönheit und Besonderheit Australiens!

4.2 Was brauche ich für die Arbeit?

Um in Australien arbeiten zu können, brauchst du das Working Holiday Visum, eine australische Steuernummer und ein aus-

Arbeitskleidung findest du in Second Hand Shops

tralisches Bankkonto (siehe Kapitel „Wie eröffne ich ein australisches Bankkonto“ und „Wie beantrage ich eine Steuernummer“). Für viele Jobs benötigst du zudem eine schriftliche Bewerbung. In der Regel erklärt dir dein Arbeitgeber genau, was du benötigst, bevor du mit der Arbeit anfängst. Arbeitswerkzeuge wie Messer, Eimer, Schutzkleidung oder Ähnliches wird dir von deinem Chef meist kostenfrei zur Verfügung gestellt.

Arbeitsbekleidung

Für jede Arbeit musst du natürlich entsprechend angezogen sein. Wenn du in einem Büro, Restaurant oder Hotel arbeitest, benötigst du auf jeden Fall ordentliche bis gehobene Kleidung (beispielsweise Anzug oder Blazer) und festes Schuhwerk (keine Flip Flops).

Bei der Tätigkeit in manchen Fabriken oder auf Farmen empfehlen wir dir alte Kleidungsstücke, die schmutzig werden oder kaputt gehen können. Du brauchst jedoch keine speziellen „alten“ Sachen von Deutschland aus mitzunehmen. In den Städten und meist auch in der Nähe großer Erntegebiete, gibt es viele Second Hand Shops und Läden der Salvation Army. Hier bekommst du Hosen, Shirts, Hüte oder auch Arbeitsstiefel zum sehr günstigen Preis. Die meisten Shirts oder Hosen gibt es schon ab 1 AUD.

Sonnenschutz und Verpflegung

Bei der Arbeit im Freien ist es immer wichtig, dass du deine Haut gut vor der Sonne schützt. Weite Shirts und ein Sonnenhut sind bei einigen Farmern oder Arbeitgebern bei der Ernte sogar ein Muss. Achte auch darauf, dass du dich gut mit Sonnenschutzmittel eincremst.

Was eigentlich selbstverständlich ist, oft aber in der Aufregung in den ersten Tagen vergessen wird, ist die Verpflegung. Gerade bei körperlich anstrengender Arbeit solltest du immer ausreichend Wasser (!) und kleine Snacks wie Müsliriegel oder Obst dabei haben.

4.3 Wie und wo finde ich einen Job?

Du hast dir deinen Traumjob ausgesucht?! Dann beginnt nun die Suche nach der richtigen Arbeitsstelle. Sei dir dabei immer bewusst, dass du leichter eine Arbeit findest, wenn du hinsichtlich Job, Ort und Zeit flexibel und spontan bist. Es gibt vielseitige Möglichkeiten, um Down Under an Arbeit zu kommen:

4.3.1 Schwarze Bretter (*notice boards*)

Du findest viele Aushänge zu Jobangeboten an Schwarzen Brettern in den Hostels oder den Büros der Organisationen. Auch in den Supermärkten oder anderen öffentlichen Räumen gibt es Schwarze Bretter mit Inseraten. Natürlich kannst du auch selbst einen Aushang machen.

Achte auch auf Zettel in Cafés, Restaurants, Bibliotheken und Shops. Die meisten Arbeitgeber informieren so über ihre freien Stellen.

4.3.2 Tageszeitungen/Magazine (*newspapers*)

Vor allem samstags und mittwochs sind die Tageszeitungen voll mit Stellenanzeigen. Manche *newspapers* erhältst du bereits am Vorabend des Veröffentlichungsdatums, etwa gegen

23 Uhr. Damit kannst du am nächsten Morgen besonders frühzeitig mit deiner Jobsuche und deinen Anfragen bei den Arbeitgebern beginnen. Eines der bekanntesten Jobmagazine Down Under ist das TNT-Magazin. Es enthält viele Stellenanzeigen und Ratschläge rund um das Thema Job sowie zu den Bereichen Unterkunft, Sightseeing und Attraktionen. Das Magazin findest du auch online unter www.tntmagazine.com.

4.3.3 Von Tür zu Tür (*door-knocking*)

Um in Australien einen Job zu bekommen, musst du oft hartnäckig sein und dich auch initiativ bewerben. In der Regel gehst du daher von Tür zu Tür oder von Café zu Restaurant zu Büro. Beim sogenannten *door-knocking* gehst du einfach bei den potenziellen Arbeitgebern vorbei und fragst nach einer freien Stelle. Um dich spontan persönlich zu bewerben, benötigst du Reisepass, Lebenslauf (*resume*) und Steuernummer (TFN). Manchmal ist es hilfreich, zu betonen, dass du Working Holiday Maker bist und deine Erfahrung durch den jeweiligen Job bereichern möchtest. Auch Putzen in einem Restaurant kann eine wertvolle Erfahrung sein!

Das *door-knocking* oder auch *jobhunting* ist nicht ganz einfach, denn du wirst viele Ablehnungen bekommen. Verlier aber nicht den Mut und stell dir selbst einen Plan für die Jobsuche auf. Beispielsweise kannst du ein paar Stunden täglich für die Jobsuche einplanen und dich den restlichen Tag mit Sightseeing beschäftigen oder Leute treffen.

4.3.4 Organisationen und Agenturen

Wenn du mit einer der Work & Travel-Organisationen oder Job-Paketen einzelner Agenturen nach Australien kommst,

erhältst du oft eine gute Hilfestellung bei deiner Arbeitssuche. Bei den großen Organisationen hast du in der Regel die Möglichkeit, in deren oft exklusiven Jobdatenbanken nach passenden Stellen zu suchen. Auch kleinere Work & Travel-Agenturen bieten dir Jobpakete an, in denen Zugangsdaten zu speziellen Online-Jobbörsen oder -Foren enthalten sind. Viele geben dir auch eine individuelle Hilfestellung. Per Telefon oder bei einem persönlichen Gespräch erhältst du Ratschläge für deine Arbeitssuche und kannst dich über aktuelle Jobangebote informieren.

4.3.5 Infocenter

Eine weitere Anlaufstelle sind die Informationscenter, die du in fast jedem Ort findest. Bei einigen liegen Listen mit Arbeitgebern und Suchanfragen aus oder sie wissen, wo in der Umgebung Arbeitsplätze vergeben werden.

4.3.6 Online-Portale

Eine weitere wichtige Quelle bei der Jobsuche sind die diversen Online-Portale. Jobbörsen wie beispielsweise www.jobs4travellers.com.au, www.backpackerjobboard.com.au oder www.fruitpickingjobs.com.au sind nur drei von vielen Möglichkeiten. Eine weitere gute Job-Datenbank ist auch die offizielle Seite der Regierung, die www.jobsearch.gov.au. Ein absoluter Tipp ist die Plattform www.gumtree.com.au. Eigentlich ist Gumtree eine praktische Tausch- und Verkaufsbörse, aber immer mehr Australier bieten hier auch Jobs aus verschiedenen Bereichen an. Dort kannst du zudem deine eigene Suchanzeige aufgeben, die von vielen Arbeitgebern gelesen wird.

4.3.7 Zeitarbeitsfirmen/Arbeitsvermittler (*employment agencies*)

Auch in Australien gibt es viele private Arbeitsvermittler. Anders als bei uns in Deutschland spielen sie für Jobsuchende in Australien eine große Rolle. Und das Beste ist, dass sie auch für Working Holiday Maker zur Verfügung stehen. Vor allem im Hotel- und Gastgewerbe sowie in den Branchen Industrie, Administration und Kinderbetreuung können dir die Zeitarbeitsfirmen und Arbeitsvermittlungen weiterhelfen.

Bei einem Termin mit einer der Jobagenturen solltest du immer gepflegt und ordentlich gekleidet erscheinen. Auch deinen Lebenslauf und deine Referenzen musst du zum Gespräch dabei haben. Der erste Eindruck ist oft entscheidend darüber, für wie seriös und arbeitswillig dich die Zeitarbeitsfirma hält. Meistens bekommst du zuerst einen Job für wenige Tage angeboten, damit dich die Agentur besser einschätzen kann. Leistest du gute Arbeit, klappt es auch mit einer langfristigen Anstellung.

4.3.8 Harvest Trail Hotline

Wenn du nach Arbeit im Erntebereich suchst, kannst du spezielle Harvest Hotlines anrufen. Die bekannteste ist die Hotline des National Harvest Telephone Information Service. Die aktuelle Nummer findest du auf der Website der Regierung unter https://jobsearch.gov.au/harvest.

Hier kannst du dir online oder per Telefon Informationen über Erntearbeiten für ganz Australien einholen. Harvest Trail gibt dir zudem Hinweise zur aktuellen Lage, damit du zum Beispiel weißt, ob die Mangoernte in Darwin schon begonnen hat oder erst später als geplant starten wird. Harvest Trail und die entsprechende Harvest Line vermittelt dir auch

einen Job, wenn du danach fragst. Manchmal braucht es aber eine gewisse Zeit, bis du eine Stelle angeboten bekommst. Mit dem National Harvest Trail Guide, der auch auf der Website der australischen Regierung zu finden ist, bekommst du alle wichtigen Informationen und einen umfangreichen Erntekalender aller Obst- und Gemüsearten in Australien.

4.3.9 Working Hostels

In den Regionen, in denen besonders viele Arbeitsplätze für Backpacker vorhanden sind, gibt es sogenannte Working Hostels. Das sind eigentlich normale Hostels, in denen du wohnen kannst. Ihre Besonderheit liegt in ihren umfassenden Kontakten zu australischen Farmen und Unternehmen, die Backpacker als Arbeiter suchen (vorrangig bei der Ernte). Working Hostels können dir also aktiv bei der Jobsuche helfen oder dich gleich an einen Arbeitgeber vermitteln. Einige der Hostels organisieren auch die Fahrt zum Arbeitsplatz und zurück. In der Regel wirst du mit deinen Backpacker-Kollegen via Shuttle-Bus zu den Feldern oder Plantagen gebracht und nach der Arbeit wieder abgeholt.

Vorsicht: Manche Working Hostels wollen, dass du eine gewisse Mindestzeit bei ihnen wohnst und haben dennoch bis zum Ende der Frist keinen Job für dich arrangiert. Deren einziges Ziel ist es leider, dir das Geld aus der Tasche zu ziehen. Sollte dir versprochen werden, dass du erst in 4 oder 6 Wochen eine Arbeit vermittelt bekommst und bis dahin im Hostel bleiben kannst, ist das meist ein Anzeichen für eine leere Versprechung. Erkundige dich am besten bei anderen Backpackern in den Hostels, wie die Situation aussieht, bevor du dich einmietest.

4.3.10 Mit den Leuten sprechen (*small talk*)

Verschwende nicht zu viel Zeit mit der mühseligen Jobsuche, wenn du nicht unbedingt musst. Gelegenheiten ergeben sich oft auch per Zufall auf deiner Reise. Du lernst wahrscheinlich deinen neuen australischen Arbeitgeber in einem Pub oder auf einem Straßenfest kennen oder triffst andere Backpacker, die dir einen Job vermitteln. Die Australier sind voll und ganz auf jobsuchende Working Holiday Maker vorbereitet. Wichtig ist, dass du dich mit anderen über die Arbeitswelt unterhältst. Oft kennen die netten Australier von nebenan jemanden, der jemanden kennt. Sprich mit ihnen und auch mit anderen Backpackern über deren Erfahrungen und lass dir am besten Telefonnummern geben, damit du bei dem potenziellen Arbeitgeber anrufen und nachfragen kannst. Manchmal wissen auch die Mitarbeiter in den Hostels, wo gerade freie Backpacker-Jobs zu haben sind. Oder bist du gerade in einem Supermarkt einkaufen? Dann frag doch einfach mal dort nach, ob ein Job frei ist.

Reden ist Gold

Sprich mit anderen über ihre Arbeitserfahrungen: WO haben sie gearbeitet und WIE waren die Arbeitsverhältnisse.

4.4 Ich finde keinen Job, was mache ich?

Die erfolglose Suche nach der richtigen Arbeit kann schnell frustrierend sein. Viele Rucksacktouristen kennen diese Situation: Überall sind die Plätze bereits belegt, denn die Zahl der Backpacker ist außerordentlich hoch. Und dann wird auch noch das Geld in der Reisekasse immer knapper. Aber lass dich davon nicht unterkriegen. Stellen gibt es down under

viele! Wenn du offen und flexibel bist, ist es so gut wie überall möglich, eine Arbeit zu finden.

Wichtig ist es, bei der Suche nach Arbeit nicht den Mut und die Kreativität zu verlieren. Es gibt sehr viele Jobs, die wir uns in Deutschland kaum vorstellen können. Wie wäre es also mit einer Anstellung als Perlentaucher, Inselwart, Koalafänger oder als *boat steward* am Great Barrier Reef?!

Wenn du dich nach Arbeitsplätzen umhörst, sei stets freundlich und achte auf ein gepflegtes Aussehen. Eine positive Ausstrahlung hat schon so manchem Backpacker zu einem Job verholfen. Binde dich nicht an einen bestimmten Ort, sondern sei bereit, woanders hinzugehen – selbst, wenn es dich in die entlegenste Gegend führt oder du für einen (sicheren) Job erst einige Tausend Kilometer zurücklegen musst. Auch wenn du keine praktischen Vorkenntnisse hast: Mach dir deine persönlichen Stärken klar und beweise dem Arbeitgeber, dass du mehr als geeignet für den Job bist und zuverlässig arbeiten kannst.

4.5 Bezahlung (*payment*)

Glückwunsch, du hast eine Arbeit gefunden. Endlich kommt das erste Gehalt und die Dollars rollen in deine Tasche! Der Lohn wird in Australien wöchentlich ausgezahlt. Meistens bekommst du ihn von deinem Arbeitgeber auf dein australisches Konto überwiesen. Oft werden dir auch Gehalts-Schecks ausgegeben, die du dann bei deiner australischen Bank einlösen musst. Selten wird dir der Lohn bar auf die Hand gegeben.

Der durchschnittliche Lohn für Backpacker liegt bei 17,70 AUD pro Stunde. Das variiert natürlich je nach Branche, Region, Saison und Qualifikation. Hast du beispielsweise einen Job beim *fruit picking* im Bundesstaat Queensland

Sei motiviert und ehrgeizig!
Dann klingelt es in der Reisekasse!

und wirst nach Mindestlohn bezahlt, liegt der Stundenlohn bei knapp 19 AUD. Als Kellner in einem Restaurant in Perth kannst du an einem Feiertag, der immer besonders gut bezahlt wird, auch gern einmal 28 AUD pro Stunde verdienen und erhältst zusätzlich etwas Trinkgeld. Die Höhe der Bezahlung ist so vielseitig wie die Jobmöglichkeiten selbst. In der Regel solltest du aber nicht weniger als 15 AUD pro Stunde verdienen.

4.5.1 Stundenlohn vs. Akkord-/Vertragsarbeit (*hourly paid vs. contract jobs/piece rate*)

Oft locken Arbeitgeber mit viel Geld, das du verdienen kannst, wenn du gute Arbeit machst. In sogenannten *contract jobs* wirst du nicht nach Stunde, sondern nach Stück bezahlt. Das heißt, du verdienst dein Geld, je nachdem, wie viel du erntest oder leistest.

Manchmal ist das angebotene hohe Gehalt nur ein Lockmittel, um dich als billige Arbeitskraft einzustellen. So wird dir zum Beispiel ein hoher Lohn vorgerechnet, wenn du eine

bestimmte Menge Früchte pflückst. Am Ende stellt sich dann aber heraus, dass diese Masse gar nicht zu schaffen ist und du viel weniger verdienst als gedacht.

Es ist am Anfang immer sicherer, sich per Stunde bezahlen zu lassen, denn dann weißt du auch genau, wie dein Gehalt am Ende der Woche aussieht. Solltest du ein verlockendes Jobangebot erhalten und bist mit den Tätigkeiten vertraut, kann es sich durchaus lohnen es auszuprobieren. Und wenn dir der Job nicht gefällt, kannst du ihn ja jederzeit kündigen.

Bezahlung

Stundenlohn ist besser als nach Akkord bezahlt zu werden. Der Lohn ist sicher und fix.

4.5.2 Muss ich in Australien Steuern bezahlen? (*tax*)

Mit dem richtigen Job, verdienst du in Australien schnell viel Geld. Aber auch hier zieht dir das Finanzamt einen Steuerbetrag (*tax*) von deinem Gehalt ab. Seit 2017 zahlst du als Working Holiday Maker mit einer Steuernummer 15 Prozent Einkommensteuer. Die Steuer ist ab dem ersten verdienten Dollar fällig – unabhängig davon, wo, als was oder wie lange du bei einem Arbeitgeber beschäftigt bist.

Die Steuererklärung machen (*tax return*)

Jeder, der in Australien gearbeitet und dafür Geld erhalten hat, muss eine Steuererklärung machen. Geld zurück bekommst du vor allem dann, wenn du für den Job notwendige Ausgaben hattest, zum Beispiel für Arbeitskleidung, Werkzeug oder RSA Kurse. Für die Rückerstattung musst du die Kaufbelege mit einreichen! Auch wenn du später wieder einmal in Australien einreisen möchtest, solltest du eine Steuer-

Steuerjahr

Das australische Steuerjahr endet immer am 30.06.! Je nachdem, wann du in Australien unterwegs bist, wird die Steuererklärung bereits fällig, während du Down Under bist.

erklärung machen, um eventuelle Probleme mit australischen Ämtern zu vermeiden.

Es gibt eine Reihe von Agenturen (*tax agencies*), die für dich gegen eine Gebühr die Steuererklärung übernehmen. Taxback.com und Pinkcow sind zwei der internationalen Agenturen, die dir dabei helfen. Hier kannst du sogar vorher kostenlos checken lassen, wie viel Steuergeld du zurück bekommen würdest. Natürlich kannst du die Steuererklärung auch selbst via E-Tax über das Tax Return Programm auf der Internetseite des Australian Taxation Office (www.ato.gov.au) machen. Die englische Steuererklärung ist nicht unbedingt einfach, mit der Hilfe-Option aber auf jeden Fall machbar.

4.5.3 Superannuation (Australische Rente)

Wenn du in Australien arbeitest, dann zahlt dein Arbeitgeber für dich die sogenannte Superannuation, kurz *Super*. Das ist so etwas wie die australische Rente. Du selbst zahlst nichts in deine Rentenkasse ein. In der Regel bekommst du von deinem Arbeitgeber zum Anfang ein Formular dazu ausgehändigt. Hier wird vordergründig nach deinen persönlichen Daten und deinem Superannuation Account gefragt. Diesen kannst du bei der Eröffnung deines australischen Bankkontos gleich mit beantragen, musst du aber nicht. In Australien ist dein Arbeitgeber nämlich auch dazu berechtigt, für dich ein Superannuation-Konto bei der Bank seiner Wahl zu eröffnen.

Der Super-Account kostet eine geringe Gebühr im Monat, sobald das erste Mal Geld überwiesen wurde. Woche für Woche sammelst du aber Rentengeld vom Arbeitgeber, dass dir nach deiner Ausreise aus Australien ausgezahlt werden kann (siehe Kapitel „Goodbye Australia und Willkommen zurück in Deutschland“).

4.6 Kündigung und Fristen (*periods of notice*)

In Down Under läuft vieles lockerer als in Deutschland ab. Das ist auch im Bereich des Arbeitsmarktes oft nicht anders. Lange und starre Fristen gibt es daher in den typischen Backpacker-Jobbranchen nicht unbedingt. Die Kündigungsfrist liegt im Normalfall bei 2 Wochen, kann aber je nach Arbeitgeber sogar noch verkürzt werden.

Als Working Holiday Maker bist du meist als Gelegenheitsarbeiter (*casual*) angestellt und kannst jederzeit fristlos gekündigt werden, wenn beispielsweise äußere Umstände wie schlechtes Wetter bei der Ernte die Arbeit verhindern. Dein Arbeitgeber kann dich dann auch ohne Bezahlung für den Tag oder die Dauer der Regenzeit nach Hause schicken.

Das klingt erst einmal schlimm, ist es aber gar nicht. Denn als Backpacker hast du so die Freiheit, spontan zu gehen. Vor allem, wenn sich ein Jobangebot auftut, bei dem du ein paar Dollars mehr pro Stunde verdienen oder bessere Arbeitskonditionen haben würdest, kannst du kündigen und den neuen Job anfangen. Der Fairness halber solltest du deinem Arbeitgeber immer rechtzeitig Bescheid geben, dass du die Arbeit aufgeben willst. So hat er genug Zeit, einen Ersatz für dich zu finden.

Sei fair und respektvoll!

Einige Backpacker geben die Arbeit spontan auf und kommen einfach am nächsten Morgen nicht mehr zur Arbeit. Das ist nicht nur unfair den Arbeitgebern gegenüber. Es wirft auch ein schlechtes Bild auf alle, die nach dir kommen. Macht ein Unternehmen zu viele schlechte Erfahrungen, wird es voraussichtlich keine Rucksacktouristen mehr einstellen. Das schadet nicht nur den einzelnen Travellern, sondern macht auch die Idee des besonderen Work & Travel-Programms kaputt.

4.7 Wie bewerbe ich mich? (*make an application*)

Jetzt bist du endlich in Down Under und willst den australischen Arbeitsmarkt erkunden. Um einen potenziellen Arbeitgeber auf dich aufmerksam zu machen, rufst du ihn in der Regel an oder gehst persönlich und mit deinem Lebenslauf vorbei.

Wenn du deinen zukünftigen Chef kontaktierst, sei immer freundlich und beginne beispielsweise mit „How are you?" (Wie geht es dir/Ihnen). Erkundige dich am Anfang auch immer, ob der Zeitpunkt gerade passt oder ob du später noch einmal anrufen oder vorbeikommen sollst. Du kannst zum Beispiel fragen: „What's a good time to bring my resume?" Die Bemerkung „Promise, I won't waste your time. I just want to drop off my resume" ist ebenfalls ein guter Einstieg beim ersten Kontakt. Wenn du bei deiner schriftlichen Bewerbung, am Telefon und auch beim Vorstellungsgespräch respektvoll und natürlich auftrittst, bringt das immer Pluspunkte beim Arbeitgeber. Vor allem aber am Telefon solltest du nicht zu formell sein. Sei entspannt und zeig deine Persönlichkeit, dann kann nichts schief gehen!

Pluspunkte

Das Bewerbungsverfahren unterscheidet sich nicht bedeutend von dem in Deutschland. Deutsche Backpacker sammeln in Australien jedoch schon Pluspunkte, weil sie als zuverlässig, pünktlich und sehr fleißig gelten.

4.7.1 Bewerbungsschreiben (*application*)

Je nachdem, wo du arbeiten möchtest, unterscheiden sich die Einstellungsverfahren. Für Jobs wie Farm- oder Erntearbeit brauchst du meistens keine Vorkenntnisse oder besondere Fähigkeiten. Du rufst bei den potenziellen Arbeitgebern an oder gehst einfach vorbei und fragst nach einer freien Arbeitsstelle.

Für andere Arbeitsplätze, beispielsweise in Hotels oder im Büro, brauchst du jedoch immer eine schriftliche Bewerbung. Sie besteht im Normalfall aus einem Anschreiben (*cover letter*) und einem Lebenslauf (*resume* oder *CV* – Curriculum Vitae). Wenn der Arbeitgeber an dir interessiert ist, wird er dich kontaktieren und um weitere Unterlagen wie Arbeitszeugnisse oder Referenzen bitten. Beachte, dass du für dein englisches Bewerbungsschreiben kein Foto benötigst! Und auch Geburtsdatum, Geburtsort oder Familienstand werden im australischen Bewerbungsschreiben üblicherweise nicht aufgeführt! Dein Schul- oder Studienabschlusszeugnis brauchst du ebenfalls nicht für deine Bewerbung. Ein Arbeitszeugnis bringt dir nur etwas, wenn du dich um einen Job in deiner Branche bewerben willst. Davon benötigst du dann eine englische Übersetzung, die notariell beglaubigt wurde.

Beachte, dass du in jeder Bewerbung erwähnen solltest, ab wann du mit der Arbeit anfangen willst. Du kannst zusätzlich auch angeben, zu welchen Tagen (Montag bis Freitag, inklusive Wochenende etc.) und zu welchen Tageszeiten (tagsüber, nachts etc.) du verfügbar bist.

Anschreiben (*cover letter*)

Das Anschreiben (*cover letter*) fügst du deiner Bewerbung nur bei, wenn du sie per Post oder E-Mail an den Arbeitgeber schickst. Gehst du persönlich bei der Arbeitsstelle vorbei, reichen dein Lebenslauf und die Referenzen aus. Der *cover letter* soll den Arbeitgeber auf dich aufmerksam machen. Er sollte

Bewerbung

Deine Bewerbung kannst du bereits zu Hause vorschreiben und als digitale Kopie (USB-Stick, Cloud) mit nach Australien nehmen.

kurz und prägnant sein und in jedem Fall folgende Fragen beantworten:

- Für welche Stelle bewirbst du dich?
- Wo hast du von der Stelle erfahren?
- Warum willst du gerade diesen Job / zu diesem Arbeitgeber?
- Warum sollte der Arbeitgeber unbedingt dich auswählen? (deine Qualifikation, die für den Job gefordert wird)

Dein Anschreiben beginnt mit deinen Kontaktdaten: Name, Adresse, Telefonnummer, E-Mail-Adresse. Es folgen das Datum in der Reihenfolge Tag, Monat, Jahr sowie der Name und die Adresse des Empfängers.

Die erste Zeile des eigentlichen Anschreibens ist die Begrüßung, zum Beispiel: „Dear Mr ..." oder „Dear Sir or Madam". Nach der Anrede folgt eine optionale Betreffzeile, in der du zum Beispiel die Position angibst, für die du dich bewirbst.

Der eigentliche Text sollte zielgerichtet und knapp formuliert sein. Damit er besser strukturiert und überschaubar ist, solltest du ihn in kurze inhaltliche Absätze unterteilen.

Abschließend folgt eine Grußformel, beispielsweise mit den Worten „Yours sincerely" oder „Sincerely" und dein Name.

Am Ende steht der Verweis auf die Anlagen (*enclosure*).

Lebenslauf (*resume oder Curriculum Vitae*)

In Australien ist der Lebenslauf (*resume*) oder auch Curriculum Vitae (*CV*) wichtiger als das Anschreiben. Er macht deine schriftliche Bewerbung aus. Es gibt viele verschiedene Varianten, wie du deinen Lebenslauf gestalten kannst. Besonders wichtig ist es aber, dass du deine Qualifikationen und Erfahrungen erwähnst. Du zählst deine Stärken (*skills*) auf, die zum Job passen. Auch praktische Erfahrung wie Ausbildung (*trainee*), Beruf (*employment*) oder Praktika (*internships*)

Cover letter: Beispiel

Dein Name
Adresse (Strasse und Nummer)
Adresse (Postcode und Land)

Datum (Tag/Monat/Jahr)

Dear ... (vollständiger Name des Ansprechpartners),

following your advertisement in ... (Fundort der Stellenanzeige) on ... (Datum der Anzeige) I am enclosing my current resume as requested.

I am writing you in response to your advertisement ... / I am very interested in this position and I feel that I have the skills, knowledge and experience you are looking for ... / I am currently seeking casual, part time or full time employment where I can put my skills and experience to profitable use while developing both professionally and personally ...

I am able to start working immediately / ...

I look forward to having the opportunity in attending an interview. / I would welcome an opportunity to discuss this position and my qualifications with you in person.

Yours sincerely,

Dein Name mit Unterschrift

Enclosure

musst du – soweit vorhanden – unbedingt in deinem Lebenslauf hervorheben. Es ist natürlich immer wichtig, dass deine Bewerbung einen positiven Eindruck auf den Arbeitgeber macht. Der Australier legt gerne Wert auf ein strukturiertes und gut geschriebenes *resume*. Allerdings sind die Aussies auf Backpacker eingestellt und laden dich durchaus auch ein, wenn dein Lebenslauf Fehler aufweisen oder an einigen Stellen lückenhaft sein sollte.

Jeder Lebenslauf ist tabellarisch aufgebaut und sollte im Normalfall nicht länger als 2 Seiten sein. Er beginnt immer mit den Daten zu deiner Person und kann optional den Verweis enthalten, dass du mit dem Working Holiday Visum in Australien bist. Als nächstes kannst du die Angabe der ausgeschriebenen Arbeitsstelle einfügen, also die Erwähnung, als was du dich bewirbst. In der Regel benötigst du diese Zeile, wenn du kein Anschreiben hast.

Im Lebenslauf sind deine Qualifikationen und deine Erfahrung der wichtigste Bestandteil. Bei der Aufzählung deiner Arbeitserfahrung beginnst du im englischen *resume* immer mit deiner aktuellen Situation, d.h. mit dem, was du als letztes gemacht hast (zum Beispiel letzter Job, letztes Praktikum, Schul- oder Studienabschluss). Hiernach kann die Angabe deiner individuellen Stärken und besonderen Kenntnisse folgen. Anschließend solltest du etwaige Weiterbildungen, Kurse, ehrenamtliche Tätigkeiten und Ähnliches erwähnen. Am Ende des Lebenslaufes stehen deine Referenzen, wenn du welche vorweisen kannst.

Optional kannst du deinen Lebenslauf auch mit einer Zusammenfassung deiner Fähigkeiten (*summary of accomplishments / skill summary*) beginnen. Hier schreibst du in Stichpunkten deine besonderen Fähigkeiten hinein und listest auf, was dich für die Arbeitsstelle qualifiziert. Diese Art des Lebenslaufs benutzt du vor allem dann, wenn du gerade mit der Schule fertig bist und/oder noch nicht so viele Jobs vorweisen kannst, die für die angestrebte Arbeitsposition wichtig sein könnten. Und auch wenn du der Bewerbung kein Anschreiben beifügst, beginnst du mit der *skill summary*.

Referenzen/Empfehlungen (*references*)

Im Hinblick auf Empfehlungsschreiben sind die Australier sehr britisch geprägt, d.h. sie sind sehr beliebt. Referenzen

Resume ohne *cover letter*: Beispiel

RESUME
Dein Name
Adresse (Strasse und Nummer)
Adresse (Postcode und Land)
1-year Working-Holiday-Visa valid until (Datum, bis wann dein Working Holiday Visum gilt)

OBJECTIVE (Angestrebte Jobposition):
I am currently seeking casual, part time or full time employment where I can put my skills and experience to profitable use while developing both professionally and personally. / I am very interested in a position as ... and I feel that I have the skills, knowledge and experience you are looking for ...
I am able to start working immediately and I am available Monday to Sunday day and night.

SUMMARY OF ACCOMPLISHMENTS / SKILL SUMMARY:
Hard working, fast learning
Honest and reliable
Attention to detail
Strong interpersonal skills
Excellent presentation
Able to work autonomously or in a team environment
Flexible and adaptable
Friendly but professional

WORK EXPERIENCE / EMPLOYMENT HISTORY:
Datum (von wann bis wann, nur Jahre und Monate), Job-Titel, Arbeitsbereich/Beschreibung der Tätigkeit, Name der Firma
Nächstes Datum, Job-Titel, Arbeitsbereich, Firma usw.

EDUCATION:
Datum (von wann bis wann, nur Jahre und Monate), Studium, Universität, Stadt und Land, Schwerpunkte, Abschlussnote (optional)
Nächstes Datum, Schulabschluss, Schule, Stadt und Land

PERSONAL TRAINING/CERTIFICATES:
Datum, Kurs
Nächstes Datum, Weiterbildung

REFERENCES/REFEREES (wenn vorhanden):
Mr. Mustermann, Position/Beruf/Dienstgrad, Kontaktnummer oder -adresse

bringen dir in Australien jedoch nur Pluspunkte in deiner Bewerbung, wenn sie auf Englisch geschrieben sind.

Im Referenzschreiben werden vor allem dein Charakter und die positiven Eigenschaften deiner Person, etwa Freundlichkeit, Anständigkeit oder Hilfsbereitschaft hervorgehoben. Hier findet man also in der Regel alles, was ein normales Arbeitszeugnis nicht unbedingt enthält.

Referenzen müssen nicht unbedingt vom letzten Arbeitgeber geschrieben werden. Ein Verantwortlicher der Gemeinde, ein Vereinsvorsitzender oder der Dekan der Universität können dir ebenfalls eine Empfehlung geben. Je nachdem, wo du beispielsweise gemeinnützige oder ehrenamtliche Arbeit geleistet hast, kannst du dir auch davon ein Referenzschreiben ausstellen lassen.

Jedes Schreiben sollte die Überschrift „To whom it may concern" haben. Das bedeutet soviel wie „für den Interessenten". Anschließend folgen die kurze und natürlich positive Beschreibung deiner Persönlichkeit, das Datum und eine Unterschrift.

Eine weitere Referenz erhältst du durch persönliche Referenzgeber, sogenannte *referees*. Wenn du sie fragst, sind manche Arbeitgeber oder Professoren in Deutschland damit einverstanden, dass sie von einem australischen Interessenten

Zeig Ehrgeiz!

Hast du ein paar Tage nach Abgabe deiner Bewerbung noch nichts vom Arbeitgeber gehört, kontaktiere ihn noch einmal! Per Telefon oder E-Mail könntest du beispielsweise danach fragen, ob deine Unterlagen angekommen sind. Auch ein zweiter und gegebenenfalls dritter Kontakt ist wichtig, damit du bei der Firma präsent bist und Interesse an dem Job zeigst. Das „Hinterher-Telefonieren" ist in Australien üblich. Du brauchst also keine Angst zu haben, dass du dem Arbeitgeber auf die Nerven gehen könntest.

kontaktiert werden können. Sie geben dann per Telefon oder E-Mail Auskunft über deine Arbeitsmoral, deine Fähigkeiten und deine positiven Eigenschaften.

Den *referee* kannst du in deiner schriftlichen Bewerbung oder aber auch im Bewerbungsgespräch erwähnen. Wenn du kein Referenzschreiben und keinen Empfehlungsgeber hast, ist das nicht schlimm. Ein Arbeitgeber kann auch gut ohne überzeugt werden.

4.7.2 Vorstellungsgespräch (*interview*)

Für die Arbeit auf der Farm, bei der Ernte oder beim WWOOFing hast du meistens ein kurzes telefonisches oder persönliches Vorstellungsgespräch. In der Regel wechseln du und der zukünftige Chef ein paar freundliche Worte, wobei dir meist die Aufgaben und Voraussetzungen der Tätigkeit (körperliche Anstrengung, Arbeit im Freien etc.) erklärt werden. Bist du mit den Arbeitskonditionen und der Bezahlung einverstanden, kannst du meist sofort, d.h. am darauffolgenden Tag oder zu Beginn der kommenden Woche anfangen.

Hast du deine schriftliche Bewerbung bei einem Arbeitgeber abgegeben, erhältst du deine Einladung zum Vorstellungsgespräch fast immer per Telefon oder per E-Mail. Wirst du zu einem Gespräch eingeladen, hast du bereits die halbe Überzeugungsarbeit geschafft. Schließlich gefällt dem potenziellen Chef deine Bewerbung!

Bei jedem persönlichen Gespräch solltest du auf ein gepflegtes Aussehen achten. Flip Flops solltest du also besser in deiner Unterkunft lassen. Auch ein freundliches Auftreten ist ein unbedingtes Muss bei jedem Gespräch. In Down Under ist es üblich, dass sich Bewerber und Vorgesetzte „duzen". Das überwindet die erste Distanz und schafft eine angenehmere Atmosphäre. Vergiss dabei aber niemals den respektvollen

Umgang. Auch wenn ihr euch mit dem Vornamen ansprecht, herrscht die Hierarchie zwischen Arbeitgeber und Bewerber.

Ganz wichtig ist es, dass du zum persönlichen Gespräch alle Bewerbungsunterlagen mitbringst, damit der Vorgesetzte sie sich ansehen kann: Lebenslauf, Arbeitszeugnisse und Referenzen.

Wie genau das Gespräch ablaufen wird, kann man pauschal nicht sagen. Die Art des Gesprächs und der Verlauf sind immer von den einzelnen Personen abhängig. Manche Arbeitgeber fragen nach deinem Werdegang, deinen Fähigkeiten und erkundigen sich danach, was du über die Arbeitsstelle weißt. Andere möchten einfach ein nettes und allgemeines Gespräch mit dir, um einen persönlichen Eindruck von deinem Charakter zu gewinnen. Was genau ein Arbeitgeber fragt, hängt also ganz von der Person ab, mit der du sprichst. Wichtig ist, dass du während des Vorstellungsgesprächs nicht sofort nach dem Gehalt fragst. Erst, wenn dein zukünftiger Chef von dir überzeugt ist und dir den Job anbietet oder wenn er dich gezielt danach fragt, könnt ihr über die Bezahlung verhandeln.

Nach der Arbeit kommt das Vergnügen. Es gibt so vieles zu erkunden!

5 | Travel

5.1 Womit reise ich am besten?

Australien ist riesig und man kann unendlich viele fantastische Attraktionen erleben. Als Backpacker hast du die absolute Freiheit, die Orte deiner Träume zu entdecken. Auf dem 5. Kontinent gibt es viele günstige Möglichkeiten, um von A nach B zu kommen: Mit dem eigenen Auto, dem gemieteten Camper, mit dem Bus, Zug, Flugzeug oder via Mitreise bei anderen kannst du weiße Sandstrände, die Extreme der Wüste, den Klang der Regenwälder, schneebedeckte Gebirge und den Tumult der Großstädte nach Lust und Laune erkunden. Welche Art des Reisens dir am meisten Spaß macht oder deinen individuellen Vorstellungen entspricht, kannst nur du allein entscheiden. Oft ergibt es sich ganz von selbst, nachdem du in Australien angekommen bist. Du könntest dir natürlich auch vorher überlegen, was du sehen und erleben willst. Dann kannst du gezielt nach Angeboten der verschiedenen Fortbewegungsmittel suchen und dein persönliches Reiseabenteuer mit Känguru, Koala und Co. wahr werden lassen.

Reisemöglichkeiten

Mit dem Auto zu reisen ist die beste Möglichkeit Australien zu entdecken! Aber auch gut ausgebaute Zug- und Busnetze bieten für jeden Backpacker eine bequeme Reisemöglichkeit.

5.1.1 Unterwegs mit dem Auto (*car*)

Das (eigene) Auto ist die beste Möglichkeit, Australien zu entdecken. Es bietet dir die uneingeschränkte Freiheit, denn du kannst jeden Tag selbst entscheiden, wohin und wie weit deine Reise geht. Keine lästigen Zeitpläne der Bahnen oder Busse sind einzuhalten und dein Sitzplatz ist jederzeit für

Ein eigenes Auto?

Ein eigenes Auto gibt dir die meiste Freiheit auf deinem Roadtrip durch Australien. Bedenke aber, dass das Auto nicht nur in der Anschaffung Geld kostet. Reparaturen und andere Instandhaltungskosten sind so gut wie immer nötig und können bei den australischen Fahrzeugen schnell sehr teuer werden. Schließlich muss jedes Auto in Down Under einiges aushalten! Dafür beschert es dir aber ein unglaubliches Freiheits-Erlebnis.

dich reserviert. Mit dem eigenen Auto oder dem Mietwagen steht deinem persönlichen Roadtrip nichts mehr entgegen, du musst dich nur für ein passendes Modell entscheiden.

Welches Auto passt zu mir?

Wenn du mehr als 3 Monate mit dem Auto reisen willst, rentiert sich der Kauf eines eigenen Wagens, ansonsten raten wir dir zu einem Mietfahrzeug. Ob PKW, Station Wagon (Kombi), Camper oder 4WD-Jeep – du hast die Wahl:

PKW (Sedan)

Du möchtest schnell von A nach B kommen und dabei nicht im Auto übernachten? Dann empfehlen wir dir einen normalen PKW. Der Sedan ist in der Regel eine kompakte Limousine der Marken Ford, Holden und einer Vielzahl anderer Hersteller. Mit dem Auto kannst du mühelos und flexibel reisen und dabei viel Gepäck oder andere Reisende mitnehmen. Zum Schlafen bietet ein PKW keinen Platz. Aber wenn du ein Zelt dabei hast, kannst du mühelos und kostengünstig auf allen Campingplätzen übernachten.

Kombi (Station Wagon)

Brauchst du ein zuverlässiges, kostengünstiges Auto zum Übernachten und kommst mit wenig Platz und ohne Luxus

Typisches Backpacker-Auto:
Ford Falcon Station Wagon

aus? Dann ist der Station Wagon dein Ding. Die Station Wagon Ford Falcon und Holden Commodore sind in ganz Australien zu finden und ein typisches Backpacker-Modell. Ersatzteile erhältst du fast überall und zu guten Preisen. Weit verbreitet sind auch die Kombis von Mitsubishi und Toyota, für die ebenfalls problemlos Ersatzteile zu bekommen sind. Manche Station Wagon sind mit einem 4WD (4-Wheel Drive – Allradantrieb) ausgestattet und eignen sich damit für die Offroad-Strecken. Sie sind jedoch rar und oft um einiges teurer als die 2WD-Fahrzeuge. Ansonsten ist der Kombi sparsam im Verbrauch und bietet dir auf praktische Art alles, was du benötigst. Einen Station Wagon bekommst du im Schnitt ab 3.000 AUD. Die Preise variieren stark nach Angebot und Nachfrage. Sicherlich ist ein Schnäppchen für weniger zu haben. Dann solltest du dich aber in jedem Fall nach dem Grund des billigen Verkaufspreises erkundigen.

Van oder Minibus (Van/Camper)

Mehr Komfort, Platz, Ausstattung und vielleicht das typische Backpacker-Erlebnis hast du mit einem Van oder Minibus.

Wenn du bequem von A nach B reisen und dir dabei Zeit lassen möchtest, ist ein Van genau das Richtige für dich. Bei dieser Art Fahrzeug solltest du darauf achten, dass es kein Importauto ist, denn hierfür sind Ersatzteile meistens sehr teuer oder gar nicht erst zu bekommen. Von VW-Transportern und Modellen, die vor 1986 gebaut wurden, solltest du generell die Finger lassen. Die beliebteste Marke unter den Vans ist Toyota. Aber auch Ford oder Mitsubishi bieten gute Wagen an. Leider sind die Minibusse nicht immer für Offroad-Strecken geeignet und verbrauchen in der Regel mehr Benzin als

2- or 4-Wheel Drive?

2WD: In der Regel sind die Straßen in Australien gut ausgebaut, so dass man mit dem Kombi oder dem Van bequem fast überall hinkommt. Selbst die bekannten Attraktionen im Outback sind über Highways mit normalem Straßenbelag unproblematisch zu erreichen. Die meisten *dirt roads* und *gravel roads* (ungepflasterte Schotterstraßen) sind auch mit dem einfachen 2WD fahrbar. Auf komplizierten Strecken, d.h. auf sehr sandigen oder überschwemmten Wegen müsstest du aber dein Auto stehen lassen. Du könntest dich dann zeitweise anderen anschließen, einen 4WD-Mietwagen nehmen oder, wie beispielsweise auf Fraser Island, eine Tour buchen. Wenn du unsicher bist, was du genau brauchst, entscheidet oft auch das Geld beim Autokauf.

4WD (Allradantrieb): Ein 4WD ermöglicht dir die absolute Freiheit, zu fahren, wohin du möchtest. Das Fahren über sandige Dünen oder durch tieferes Wasser bringt aber auch seine Tücken mit sich und sollte unbedingt vorher geübt werden. Der Spritverbrauch ist in der Regel viel höher als bei einem Station Wagon oder Van. Dafür brauchst du dir jedoch keine Gedanken um Straßenbelag und Platz zu machen.

Für eine Tour auf Fraser Island ist ein 4WD unerlässlich

ein Station Wagon. Auch die Anschaffungskosten liegen mit einem Preis um 6.000 AUD deutlich höher als beim Kombi.

Geländewagen mit Allradantrieb (Four-Wheel Drive, 4WD)

Wenn du viel offroad fahren und entlegene Naturgebiete auf eigene Faust erkunden willst, brauchst du definitiv ein 4WD-Fahrzeug. Geländewagen verbrauchen viel Benzin und sind auch sonst in den Unterhaltskosten am teuersten. Dafür bieten sie dir viel Stauraum und die maximale Freiheit. Vor allem auf 4WD-Strecken im Westen und auf entlegenen Touren im australischen Outback ist der Geländewagen unabdingbar. Für Modelle von Holden, Mitsubishi oder Toyota sind Ersatzteile verhältnismäßig gut und günstig zu beschaffen. Von der Marke LandRover raten wir ab, weil sie im Allgemeinen zu teuer ist.

Im Schnitt kostet ein gebrauchter Geländewagen etwa 8.000 bis 10.000 AUD, die Anschaffung lohnt sich daher nur, wenn du ihn auch wirklich benötigst.

Vor dem Kauf solltest du dein Auto in einer Werkstatt überprüfen lassen

Autokauf (buy a car)

Der Autokauf und auch der Verkauf sind in Down Under überall möglich, sollten aber nicht unterschätzt werden. Eine Menge möglicher Mängel sind zu beachten und auch die Kosten und der Zeitaufwand spielen eine wichtige Rolle. Plane am Ende deiner Reise genug Zeit für den Verkauf deines Autos ein, damit du es rechtzeitig und zu einem guten Preis abgeben kannst.

Jedes Auto kostet Geld, das ist klar. Bedenke aber, dass nicht nur die Anschaffung, sondern auch die Anmeldung, Versicherung und mögliche Reparaturen finanziert werden müssen. Wenn du ein Auto von Backpackern oder auf Backpacker-Märkten kaufst, hast du oft das komplette Reise-Equipment wie Schlafsack, Zelt, Campingstuhl, Kühlbox etc. mit dabei. Das erspart dir eine Menge Zeit, Aufwand und oft auch Geld, denn sonst müsstest du alles (im Neuzustand) in einzelnen Geschäften besorgen. Mit dem eigenen Auto kannst du deinen Roadtrip meist sofort ganz nach deinen Vorstellungen beginnen.

Wo kaufe ich ein Auto?

In Down Under boomt das Geschäft mit Gebrauchtwagen. Schließlich wollen viele Backpacker mit dem eigenen Auto das Land erkunden. Deshalb gibt es auch eine sehr breite Auswahl an Möglichkeiten, wie du an dein zukünftiges Fahrzeug kommen kannst:

Schwarze Bretter

Die meisten Backpacker, aber auch Australier, verkaufen ihre Autos über Aushänge in den Hostels oder den Büros der Backpacker-Organisationen. An manchen öffentlichen Orten, wie zum Beispiel bei einigen Supermärkten oder Bibliotheken, gibt es ebenfalls Schwarze Bretter, an denen jeder inserieren kann. Du selbst kannst natürlich auch eine Suchanzeige an den Pinnwänden machen.

Leute fragen

Auch durch Herumfragen bei anderen Backpackern kann sich ein gutes Angebot ergeben. Vor allem auf Campingplätzen und in den Hostels warten viele Gleichgesinnte darauf, ihr Auto zu verkaufen, weil die Abreise bevorsteht.

Automarkt

In den größeren Städten wie Sydney, Perth, Darwin oder Cairns gibt es sogenannte Car Markets. Meistens kommen hier an einem bestimmten Tag in der Woche Backpacker, Australier und auch Gebrauchtwagenhändler zusammen und präsentieren ihre Autos. Hier hast du eine besonders große Auswahl an Fahrzeugen und Vergleichsmöglichkeiten. Einer der bekanntesten Märkte ist der Sydney Travellers Car Market.

Gebrauchtwagenhändler

Auch Autocenter und Gebrauchtwagenhändler bieten gute Wagen für Backpacker an. Sie sind in der Regel etwas teurer,

Achtung!

Wo ist das Auto zugelassen? Wenn du ein Auto kaufst, das in einem anderen Bundesstaat zugelassen ist, dann musst du zu einer der zuständigen Behörden innerhalb dieses Bundesstaates, um den Wagen auf dich anzumelden. Kaufst du ein Auto aus Western Australia, lässt sich die Anmeldung online oder per Post regeln. Alternativ kannst du das Fahrzeug auch in einen anderen Bundesstaat transferieren lassen. Das ist allerdings sehr teuer!

geben aber oft auch verschiedene Garantien. So können sie dir zum Beispiel gewährleisten, dass auf das Fahrzeug keine offenen Strafzettel oder Verfahren laufen. Bedenke, dass eine Garantie für bestimmte Autoteile zunächst verlockend klingt, dir aber im Zweifelsfall gar nichts nützt. Kaum ein Händler wird dir die Werkstattkosten erstatten, wenn du dein Auto woanders, d.h. viele tausend Kilometer vom Kaufort entfernt, bei jemandem reparieren lässt.

Online

Online-Börsen wie Gumtree (www.gumtree.com.au), Cars 4 Backpackers (www.cars4backpackers.com.au), Drive (www.drive.com.au), Carpoint (www.carpoint.com.au) und Cars-Guide (www.carsguide.com.au) sind beste Anlaufstellen, um ein geeignetes Auto zu finden. Bei Gumtree beispielsweise kannst du auch deine eigene Suchanzeige kostenlos aufgeben. Zudem findest du auf den Facebook-Seiten einiger Märkte (zum Beispiel: Sydney Travellers Car Market) gute Angebote.

Worauf muss ich beim Autokauf achten?

Es ist typisch für Australien, dass Backpacker und Australier ihre gebrauchten Autos an andere Reisende weiterverkaufen.

Ob du ein gutes oder mäßiges Auto besitzt, wirst du oft erst im Verlauf deiner Reise mitbekommen.

Wichtig ist es, dass du beim Kauf eines Autos alle Fahrzeugpapiere und die nötigen TÜV-Zertifikate im Original ausgehändigt bekommst. Zudem benötigst du in allen Bundesstaaten down under einen Kaufvertrag, der deinen Autokauf legalisiert. Achte darauf, dass das sogenannte *Transfer of Registration*-Formular (oder in Western Australia die *Notification of Change of Ownership*) vom Käufer und Verkäufer unterschrieben wird, wenn ihr einen Deal macht! Nach der Vertragsunterzeichnung gehört das Auto allein dir.

Im Gegensatz zu unseren Fahrzeugen haben die Autos in Australien bereits unglaublich viele Kilometer auf dem Buckel: 200.000 gefahrene Kilometer sind normal, ab 300.000 Kilometer gilt das Fahrzeug als leicht verbraucht. Die bereits abgefahrenen Kilometer sagen nicht unbedingt etwas über die Qualität des Wagens aus. Ein Auto, das mehr als 300.000 Kilometer gefahren ist, kann - wenn es gut behandelt wurde - zuverlässiger sein als eines mit weniger Fahrtstrecke.

Auch das Alter der gebrauchten Autos ist in Down Under um einiges höher als in Deutschland. Oft reicht das Baujahr bis in die 1980er Jahre zurück. Ein solches Fahrzeug gilt trotzdem nicht als ungewöhnlich. In Australien halten die Autos eben einfach länger.

Bei jedem Autokauf solltest du dir dein zukünftiges Auto genau ansehen (das gilt natürlich auch für den Mietwagen)! Achte auf:

- ungewöhnliche Motorengeräusche (Rasselt der Motor oder verändern sich die Motorengeräusche während der Testfahrt? Dann ist der Motor defekt!)
- auslaufende Flüssigkeiten (Es sollte kein Öl und nicht viel Wasser aus dem Fahrzeug tropfen.)
- defekte Kühlerwasseranlage (Ein paar Tropfen, die aus dem Kühler laufen, sind normal. Große Pfützen jedoch nicht!

Die Kühleranlage ist eines der wichtigsten Details, um deinen Motor heil durch die Hitze Australiens zu bringen.)

- merkwürdige Gerüche oder Rauch (Bei laufendem Motor sollte es nicht verbrannt riechen oder dampfen.)
- viel Rost (Ein bisschen Rost an der Karosserie ist generell nicht schlimm, solange es keine wichtigen Teile betrifft.)
- ausreichendes Reifenprofil (neue Reifen sind in der Regel recht günstig zu bekommen.)
- funktionierende Elektrik (Lampen, Türschlösser, Tankanzeige etc.) und Sicherheitsstandards wie Anschnallgurte
- funktionierende Bremsen ohne Geräusche oder Vibration; geschmeidige Lenkung
- ist das Auto strafzettelfrei und nicht gestohlen?

Offene Rechnungen?

Achte beim Kauf darauf, dass auf das Auto keine offenen Strafzettel oder Verfahren laufen. Wenn du ein Auto kaufst, übernimmst du nämlich auch die noch nicht getilgten Rechnungen und musst sie spätestens bei der Ummeldung bezahlen!
Um zu prüfen, ob es noch offene Verfahren gibt, kannst du online oder telefonisch bei der Personal Property Securities Register (PPSR) nachfragen.

Es ist ratsam, das Auto vor dem Kauf in einer Werkstatt überprüfen zu lassen. Manche Verkäufer lassen sich aus Angst vor schlechten Ergebnissen nicht darauf ein. Oft versucht auch die zuständige Werkstatt, Käufer oder Verkäufer über‘s Ohr zu hauen, um Geld für unnötige Reparaturen zu erhaschen. Welches Risiko du eingehst, musst du selbst entscheiden. Aber eines ist garantiert: Abenteuerliche Geschichten rund um‘s Auto wirst du von Backpackern und Einheimischen in ganz Australien mitbekommen – und vielleicht auch bald deine eigene erzählen!

Ich habe ein Auto gekauft, was nun?

Du hast endlich den perfekten fahrbaren Untersatz gefunden und bezahlt. Was aber nun?! Jetzt folgen Autoanmeldung, Versicherung und eventuell der TÜV. Die Gesamtkosten der Registrierung für ein Jahr mit Personenschadensversicherung können bis zu 1.000 AUD betragen. Die genaue Gebühr, die du bei deiner Anmeldung bezahlen musst, richtet sich aber immer nach Bundesstaat, Automodell, Einkaufspreis, Alter des Fahrers und vielen anderen Faktoren.

Kühlwasserstand prüfen!

Die rauchende Motorhaube am Highway-Rand ist nur im Nachhinein eine spannende Geschichte. Überprüfe regelmäßig den Stand deines Kühlerwassers, damit der Motor deines Autos nicht überhitzt. Und auch den Ölstand solltest du stets im Blick haben.

Zulassung/Ummeldung (vehicle registration)

Wenn du ein Auto in Australien kaufst, musst du es innerhalb von 2 Wochen auf deinen Namen an- oder ummelden. Das machst du im Normalfall bei der Zulassungsbehörde des Bundesstaates, in dem dein Auto registriert ist. Für die Zulassung benötigst du die Fahrzeugpapiere, den Kaufvertrag, deinen Reisepass, deinen Internationalen Führerschein und einen Nachweis über deinen Wohnort in Australien (Bestätigungsschreiben von deiner Organisation oder vom Hostel, der Gastfamilie etc.).

Jedes Auto benötigt eine gültige Registrierung, kurz Rego. Je länger die Rego beim Kauf noch gültig ist, desto besser. Läuft sie ab, musst du sie verlängern. Das ist meistens um 6 Monate oder um ein ganzes Jahr möglich.

In manchen Bundesstaaten wie Western Australia kannst du das Auto per Post auf dich ummelden und die anfallenden Gebühren einfach online bezahlen. Andernorts musst du persönlich zur Ummeldung des Wagens erscheinen. Welche Regelungen die einzelnen Bundesstaaten haben, erfährst du auf den jeweiligen Internetseiten der Road Transport Authorities (RTC) der Regierung – zum Beispiel:

- New South Wales: Roads & Maritime Service (www.rms.nsw.gov.au)
- Victoria: VicRoads (www.vicroads.vic.gov.au)
- Queensland: Department of Transport & Main Roads (www.tmr.qld.gov.au)
- Western Australia: Department of Transport (www.transport.wa.gov.au)

Kannst du zur Zulassung deines Autos nicht persönlich zu einer der Behörden gehen (gilt nicht für Western Australia), dann kannst du dein Auto alternativ auch auf den Bundesstaat umschreiben lassen, in dem du dich gerade befindest. Bedenke beim sogenannten *Interstate Transfer* aber, dass das Verfahren sehr zeitaufwändig ist und sehr viel kostet! Die unterschiedlichen Bestimmungen zum Auto in den einzelnen Bundesstaaten führen meist zu unvorhergesehenen Problemen, die sich oft nur durch hohe Rechnungen begleichen lassen. Wir raten dir daher von einem *Interstate Transfer* ab. Stattdessen kannst du deine Reiseroute umplanen oder so gestalten, dass du als erstes in den Bundesstaat reist, in dem dein neu gekauftes Auto registriert ist.

TÜV-Check (roadworthy certificate)

In manchen Bundesstaaten benötigt das Auto einen aktuellen TÜV-Check. Dieser muss von dir oder von deinem Verkäufer durchgeführt werden und darf bei der Ummeldung nicht älter als 1 bis 2 Wochen sein. In Victoria und dem Australian

Capital Territory heißt die Bescheinigung *certificate of Roadworthiness* oder *roadworthy certificate*, in Queensland *safety certificate*. In allen anderen Bundesstaaten wird in der Regel keine aktuelle TÜV-Prüfung zur Registrierung verlangt. In New South Wales muss dein Auto aber einmal im Jahr zur *roadworthy inspection*, im Northern Territory alle zwei Jahre. In Western Australia müssen alle Fahrzeuge mit einer Wegfahrsperre (*immobilizer*) ausgestattet sein! Sollte dein Auto noch keine besitzen, kannst du den Wagen für knapp 200 AUD in einer Werkstatt nachrüsten lassen.

Personenschadensversicherung (Compulsory Third Party Insurance)

In einigen Bundesstaaten wird eine zusätzliche Personenschadensversicherung (*Compulsory Third Party Insurance* - CTP) gefordert. Sie kostet zwischen 400 und 600 AUD. Das erscheint zunächst ziemlich teuer, allerdings ist die Versicherung ein wichtiger Bestandteil für deine Reise in Down Under. Solltest du einen Unfall haben, deckt die CTP vor allem die Schadenskosten ab, die du bei einer anderen Person (*third party*) verursachst hast. Die Gebühren für die Personenschadensversicherung bezahlst du in der Regel direkt bei der Registrierung deines Autos.

Mietkauf (*buyback*)

Bei Anbietern wie Travellers Autobarn (www.travellers-autobarn.com.au) hast du die Möglichkeit, ein Auto zu kaufen und bekommst zusätzlich eine Rückkauf- oder Rücknahmegarantie (*buyback*). Das heißt, wenn du deine Reise beendest, ist der Händler verpflichtet, dein Auto wieder anzukaufen. Der Rückkaufpreis wird meist schon beim Kauf festgelegt und ist in der Regel ziemlich niedrig. Dafür bist du dein Auto aber am Ende deiner Reise auf jeden Fall los und sparst dir den Stress, einen Käufer zu finden. Oft ist es auch so, dass

du die *buyback*-Garantie nicht in Anspruch nehmen musst. Du kannst dein Auto gern woanders und vielleicht zu einem besseren Preis verkaufen und gibst es nur an den Verkäufer zurück, wenn du es am Vortag deines Rückflugs nicht losgeworden bist. Viele Backpacker nutzen *buyback*, um vor allem gegen Ende der Reise entspannter zu sein.

Übrigens: Bei manchen Anbietern kannst du dein Auto auch an einem anderen Ort als dem Einkaufsort zurückgeben!

Automobilclubs (*Automobile Club/Association*)

Auch in Australien gibt es so etwas wie den ADAC. Die Automobilclubs down under unterscheiden sich in bundesstaatliche (zum Beispiel RACQ - Royal Automobile Club of Queensland, RACV - Royal Automobile Club of Victoria) und nationale Clubs (AAA - Australian Automobile Association, RACA - Royal Automobile Club of Australia, NRMA - National Roads and Motorists` Association). Als Mitglied – egal ob bei einem regionalen oder landesweiten Club – erhältst du Pannenhilfe, juristischen Rat bei Unfällen sowie kostenloses Kartenmaterial in ganz Australien.

Wie und wo verkaufe ich mein Auto?

Wenn du dein Auto an eine andere Person verkaufst, brauchst du immer das ausgefüllte *Transfer of Registration*-Formular (in manchen Bundesstaaten heißt es anders), das deinen Verkauf legalisiert. Informationen darüber erhältst du persönlich bei den jeweiligen Behörden oder auf den Regierungsseiten der Bundesstaaten.

Achte darauf, dass dieser Kaufvertrag von dir und dem Käufer unterschrieben wird. Sollte sich der neue Käufer nämlich nicht ummelden und verursacht einen Schaden mit dem Wagen, wirst du zur Verantwortung gezogen, wenn die Käuferunterschrift fehlt. Mit dem Kaufvertrag kannst du in diesem Fall deine Unschuld beweisen und brauchst keine weite-

Ist das Auto organisiert, kann es losgehen!

ren Probleme mit den australischen Behörden zu befürchten.

Um dein Auto zu verkaufen, kannst du dieselben Stellen anlaufen, wie auf deiner Autosuche: Schwarze Bretter, Leute fragen, Autohändler- und Märkte, Onlinebörsen und Ähnliches (siehe Kapitel „Wo kaufe ich ein Auto"). Zusätzlich kannst du einen „For Sale"-Vermerk mit deinen Kontaktdaten an dein Auto kleben. Und wenn du eine *buyback*-Garantie hast, kannst du diese natürlich auch nutzen (siehe Kapitel „Mietkauf").

Beachte, dass du dein Fahrzeug in manchen Bundesstaaten nur mit einem gültigen TÜV-Zertifikat (*roadworthy certificate*) verkaufen darfst. In den Städten Sydney, Perth, Darwin und Cairns tummeln sich oft die meisten Autointeressenten, denn hier starten viele Reisende in ihr Abenteuer. Vor allem im australischen Frühling (September und Oktober) kommen die meisten Backpacker nach Australien und suchen nach einem passenden Auto. In der Regel liegt der Verkaufspreis in den Großstädten höher als in den ländlichen oder kleinstädtischen Gegenden. Allerdings solltest du beim Autoverkauf nicht wählerisch sein. Die Konkurrenz an

Gebrauchtwagenhändlern ist riesig. Deshalb solltest du dein Auto abgeben, sobald du einen Interessenten gefunden hast, der deiner Preisvorstellung entgegenkommt. Je nachdem, wie du deine Reise planst, solltest du mit dem Autoverkauf also frühzeitig beginnen. Kannst du dein Fahrzeug beispielsweise schon ein paar Wochen vor Abreise abgeben, dann könntest du schließlich auch die vielen Möglichkeiten mit Bus, Bahn oder *relocation*-Mietwagen ausprobieren.

5.1.2 Unterwegs mit dem Mietwagen (*rental car*)

Der Mietwagen ist eine gute Alternative zum eigenen Auto, wenn du weniger als 3 Monate relativ ungebunden unterwegs sein willst. Er bietet dir eine vergleichsweise luxuriöse Ausstattung und erspart dir den bürokratischen Aufwand im Zusammenhang mit dem ohnehin schon stressigen Autokauf und -verkauf. Auch bei einem Unfall oder unverschuldeten Schaden am Fahrzeug musst du nicht selbst dafür aufkommen. Das setzt natürlich voraus, dass du ausreichend versichert bist (siehe Kapitel „Worauf muss ich beim Mietwagen achten?“).

Altersbeschränkung

Einen Mietwagen kannst du in Australien in der Regel erst mieten, wenn du mindestens 21 Jahre alt bist und einen Internationalen Führerschein besitzt. Bei vielen australischen Mietwagen-Anbietern bekommst du ein Auto allerdings auch schon ab einem Alter von 18 Jahren. Dafür sind die Preise jedoch höher und es gibt eine Vielzahl zusätzlicher Bestimmungen und Einschränkungen.

Neben den bei Deutschen sehr beliebten Unternehmen wie Britz, Apollo oder Maui, findest du in Australien eine ganze Reihe anderer guter Mietwagen-Anbieter: Juicy Rental, Spaceships Campervan Hire Australia, Wicked Campers, Travellers Autobarn und Thrifty wirst du in Australien am meisten sehen. Sie sind unter Work & Travellern sehr beliebt, denn sie sind auf Backpacking spezialisiert: Kochmöglichkeit, Schlafplatz,

Kühlbox und manchmal erstaunlich gutes Board-Entertainment (Bildschirm, DVD-Player etc.) sind im Preis mit inbegriffen.

Die Kosten für einen Mietwagen schwanken stark – je nach Saison, Ort sowie Angebot und Nachfrage. In der Regel kannst du für einen kleinen Camper mit einer Miete von durchschnittlich 100 AUD pro Tag bei einer Mietzeit von einer Woche rechnen. Je länger du den Mietwagen hast, desto günstiger wird der Tarif. Die Miete für einen Monat beträgt dann im Schnitt nur noch 30 bis 70 AUD pro Tag.

Viele Anbieter, darunter Juicy Rental und Spaceships, bieten dir super günstige Einwegmieten beziehungsweise Überführungen an, wenn ein Auto zurück zu seiner Heimatstation zu bringen ist. Bei diesen sogenannten *relocation specials* zahlst du manchmal nur einen Dollar Miete pro Tag und hast meistens 2 Wochen Zeit, das Auto zum gewünschten Ort zu fahren. Vor allem an der Ostküste werden viele *relocations* angeboten.

Oft gibt es auch *special offers* für Backpacker, die neben dem Mietwagen interessante Tour- und Abenteuer-Angebote enthalten. So kannst du dein Mietauto buchen und bekommst beispielsweise deinen Fallschirmsprung am weißen Sandstrand günstig dazu.

Worauf muss ich beim Mietwagen achten?

Bevor du mit dem Mietwagen losfährst, solltest du auf einige Dinge achten. Schau dir das Fahrzeug bei der Übernahme genau an: Hat es irgendwo Schrammen, Beulen oder klappert es bei der Probefahrt? Sind komische Motorengeräusche zu hören oder bemerkst du merkwürdige Gerüche? (siehe Kapitel „Worauf muss ich beim Autokauf achten“). Lass jede Kleinigkeit im Übernahmeprotokoll festhalten, damit du am Ende nicht für einen eventuellen Schaden aufkommen musst, den du nicht verschuldet hast.

Wenn du dich für einen Mietwagen in Australien entscheidest, achte auch darauf, dass du ausreichend versichert bist. Im Schadensfall kann es sonst schnell teuer werden. Auch die Konditionen des Mietvertrags solltest du genau lesen. Oft ist zum Beispiel das Fahren offroad und auf ungepflasterten Schotterstraßen (*gravel roads*) laut Mietvertrag verboten. *Gravel roads* führen dich aber häufig zu den schönsten Orten im Outback, im Regenwaldgebiet oder an der Küste. Wenn du dir einen Mietwagen holst, solltest du dafür sorgen, dass du gegen einen Aufpreis offroad fahren darfst. Natürlich nur, wenn du auch planst, die Schotterpisten zu benutzen.

Weitere wichtige Fragen zum Mietvertrag sind:

- Was ist von der Versicherung ausgeschlossen?
- Gibt es einen Versicherungsschutz für die Fahrt nach Sonnenuntergang? (Die Wahrscheinlichkeit für einen Zusammenstoß mit einem Tier ist zu dieser Zeit besonders hoch.)
- Wie hoch ist die Selbstbeteiligung? (zum Beispiel bei einem Unfall)
- Welche zusätzlichen Kosten fallen an? (Kaution etc.)

5.1.3 Unterwegs mit dem Bus (*bus*)

Via Bus durch Australien zu reisen, ist eine gute Gelegenheit, das Land und seine Schönheiten zu erkunden, andere Backpacker kennenzulernen und die merkwürdigsten Abenteuer zu erleben. Denn wann steht man schon mal um 2 Uhr in der Nacht an einem Roadhouse in Glendambo und wartet am Straßenrand auf einen Bus?!

Australien hat ein gut ausgebautes Busnetz, mit dem du die beliebtesten Orte und Attraktionen sowie ein paar Geheimtipps in ganz Down Under erreichst. Bekannte Busunternehmen sind Greyhound Australia, OZ-Experience (Ostküste) und Integrity Coach Lines (Westküste).

Hop-on/Hop-off: Mit dem Buspass reist du bequem durch ganz Australien

Das größte und beliebteste Busunternehmen ist Greyhound Australia, das sich auf das Reisen von Rucksacktouristen spezialisiert hat und an so gut wie allen interessanten Orten down under hält. Greyhound bietet dir tolle Angebote, um flexibel und sicher die Ostküste, Südaustralien, das Rote Zentrum sowie den Norden des Kontinents zu bereisen. Hier hast du eine große Auswahl zwischen verschiedenen Einzeltickets, Hop-on/Hop-off-Angeboten, Mehrtageskarten und Kilometerpässen.

Mit dem Greyhound Kilometerpass kannst du alle Greyhound-Busstrecken in jede Richtung nutzen und hast die größte Flexibilität bei deiner Reise. Der Pass ist ab dem 1. Tag der Benutzung ein Jahr lang gültig und kostet für beispielsweise 5.000 Kilometer knapp 800 AUD, für 15.000 Kilometer rund 2.000 AUD. Sind deine Kilometer abgefahren und du bist noch nicht am Zielort, kannst du einfach neue Kilometer hinzubuchen. Solltest du nicht alle Kilometer brauchen, kannst du sie auch für viele Sightseeing-Touren einsetzen.

Wenn du genau weißt, welche Route du machen willst, ist der Hop-on/Hop-off-Pass genau das Richtige für dich. Hier

kannst du eine bestimmte Teilstrecke buchen und unterwegs aus- und wieder einsteigen, wann und an welchen Haltestellen du willst. Der Pass ist in der Regel 3 Monate lang gültig und eignet sich hervorragend, um beispielsweise die Ostküste zu entdecken.

Reisen durch Western Australia

Seit 2013 hat Greyhound seinen Busservice in Western Australia komplett eingestellt. Eine gute Alternative ist hier das Unternehmen Integrity Coach Lines. Es verlinkt Perth mit attraktiven Zielen wie Shark Bay, Exmouth oder dem Krijini National Park. Integrity Coach Lines bietet ebenfalls gute Pässe für Backpacker an, darunter den Hop-on/Hop-off-Pass zwischen Perth und Broome für knapp 400 AUD.

Achte auch auf Angebote kleiner Bus- und Shuttle-Unternehmen. Sie bieten immer häufiger Teilstrecken zwischen den bekannten Nationalparks und Attraktionen im Westen des Landes an.

5.1.4 Unterwegs mit dem Zug (*rail/train*)

Mit dem Zug durch den australischen Kontinent zu fahren ist ein ganz eigenes Erlebnis. Ob mit dem berühmten Ghan von der Südküste durch das Rote Zentrum nach Darwin oder mit dem Indian Pacific von Sydney nach Perth. Das Eisenbahnnetz down under bietet dir eine hervorragende Möglichkeit, bequem über große Distanzen, durch verschiedene Klimazonen und abseits der Straßen zu den beliebtesten Sehenswürdigkeiten Australiens zu reisen.

Die drei großen Zugunternehmen in Down Under sind Great Southern Rail, Queensland Rail und NSW TrainLink. Sie decken fast das gesamte Eisenbahnnetz ab. An der Westküste bietet Transwa einige Möglichkeiten.

Für Kurztrips in der Region bist du bequem mit dem Zug unterwegs

In Australien musst du deine Fahrkarte vor Antritt der Zugreise kaufen! Im Zug ein Ticket zu lösen, ist nicht möglich. Auf langen Fahrtstrecken hast du die Auswahl zwischen Sitzplätzen und Schlafwagen. Sogenannte *Red Service Seats*, die im Angebot der meisten Zug-Pässe für Backpacker enthalten sind, sind trotz ihres Namens nichts anderes als normale Sitzplätze in der zweiten Klasse. Sie reichen im Normalfall völlig aus, denn die australischen Züge bieten jedem viel Platz. Zudem sind die Waggons klimatisiert und seit mehreren Jahren komplett rauchfrei.

Neben normalen Einzeltickets gibt es für viele Regionen sogenannte *Rail Passes*. Das sind Zeitpässe, mit denen du bis zu mehreren Monaten regional oder auch durch mehrere Bundesstaaten reisen kannst. Jedes Zugunternehmen der einzelnen Bundesstaaten bietet dir unterschiedliche Zeitfahrkarten zu guten Konditionen an. Der Discovery Pass von NSW TrainLink zum Beispiel ist ein gutes Angebot für Work & Traveller. Er macht die flexible Reise mit Bussen und Bahnen in ganz New South Wales sowie Destinationen in Queensland, Victoria und dem Capital City möglich. Der

Beliebte Zugstrecken kurz im Überblick:

Great Southern Rail:
The Ghan -> Adelaide - Darwin - einmal quer durch das Rote Zentrum
Indian Pacific -> Sydney - Perth - entlang der Südküste
The Overland -> Adelaide - Melbourne

Queensland Rail:
Spirit of Queensland -> Brisbane - Cairns - entlang der Ostküste
Spirit of the Outback -> Brisbane - Long-reach
The Inlander -> Townsville - Mt. Isa

NSW TrainLink:
XPT und XPLORER verbindet Sydney mit allen Zielen in und um den Bundesstaat New South Wales, darunter Stationen wie Moree, Dubbo, Tamworth, Mildura und Broken Hill sowie die Großstädte Brisbane, Melbourne und Canberra.

Pass kann mit einer Gültigkeit von 2 Wochen, 1, 3 oder 6 Monate gebucht werden. 3 Monate flexibel Zugfahren kostet knapp 300 AUD. Alle Bahn-Tickets sind online, in Reisebüros und an den Bahnhöfen erhältlich. Achte beim Kauf deiner Tickets oder Bahn-Pässe immer auf Vergünstigungen. Vor allem bei Zeitkarten gibt es tolle Angebote für Backpacker. Wenn du deine Tickets bereits von Deutschland aus buchst, erhältst du ordentliche Rabatte, teilweise bis zu 10 %. Deine Fahrkarte oder deinen Pass solltest du aber maximal 6 Monate vor der ersten Fahrt kaufen, sonst verfällt er. Zusätzlich zum Ticket- oder Passpreis erhebt das Unternehmen Great Southern Rail eine sogenannte *fuel charge* (Benzingebühr), die du bei der Platzreservierung bezahlen musst. Andere Zugunternehmen tun das nicht.

5.1.5 Unterwegs mit dem Flugzeug (*airplane*)

Vor allem, wenn du größere Distanzen in kurzer Zeit zurücklegen willst, ist ein Inlandsflug (*domestic flight*) in Australien perfekt. Unternehmen wie Qantas/QantasLink, Virgin Australia und Jetstar zählen zu den bekanntesten Fluggesellschaften auf dem 5. Kontinent. Tiger Air, Rex oder Air North sind zum Beispiel *low-fare airlines* (Billig-Unternehmen) und regionale Anbieter, die nicht unbedingt günstiger als die großen

Gesellschaften sind. In Australien ist das Fliegen recht teuer. Du kannst aber preiswerte Flüge bekommen, wenn du sehr früh buchst und flexibel bist, was den Abflugtermin angeht. Je spontaner du einen Flug brauchst, desto teurer ist er in der Regel. Die meisten Fluggesellschaften bieten im Internet günstigere Angebote an und auch die Buchungsgebühr, die ein Reisebüro erhebt, fällt bei der Onlinebuchung weg. Bei Qantas gibt es online auch sogenannte Red e-Deals. Das sind besonders billige Frühbucher-Tickets, die natürlich sehr begehrt sind.

Domestic airports

In Australien muss es nicht immer Großstadt-Hopping sein. Es gibt auch viele kleinere Orte mit einem Flughafen (*domestic airport*).

5.1.6 Unterwegs mit dem Boot/der Fähre (*boat/ferry service*)

Als Rucksacktourist in Australien wirst du sicherlich kein eigenes Boot besitzen. Es gibt down under aber unendlich viele Angebote für Bootstouren und gastfreundliche Australier, die dich auf eine Fahrt mit ihrer privaten Yacht einladen.

Zudem besitzt das Land einen regen Fährverkehr. Manchmal sind die Fähren sozusagen ein Teil der normalen Straße und ersetzen Brücken, wenn Flüsse überquert werden müssen. Auch einige Inseln wie Fraser Island oder Kangaroo Island sind mit Fähren zu erreichen. Möchtest du zum Beispiel das fantastische Tasmanien erkunden, hast du die Wahl zwischen einem Flug oder der Fahrt mit der Fähre. Die zwei Fähren Spirit of Tasmania I und II verbinden die Häfen von Melbourne und Devonport und eignen sich vor allem dann, wenn du mit dem Auto, dem Motorrad oder dem Fahrrad übersetzen möchtest. Manchmal (Ferien, Sommer, Feiertage) sind die freien Plätze auf der Spirit of Tasmania etwas knapp. Daher lohnt es sich, so früh wie möglich einen Platz zu re-

Die Spirit of Tasmania verbindet Melbourne und Devenport

servieren. Aber auch die spontane Überfahrt ist oft machbar. Wichtig ist es, dass du dein Ticket vor der Abfahrt besitzt!

Die Fahrt mit der Spirit of Tasmania dauert ca. 10 Stunden und führt dich über die raue *Tasman Sea*. Für die Überfahrt kannst du verschiedene Sitzmöglichkeiten und sogar eine eigene Kabine mit Schlafplatz buchen. In der Regel verkehrt die Spirit of Tasmania ein oder zwei Mal täglich – je nach Saison. Zur Überfahrt gibt es Tages- und Nachtreisen. Der Preis variiert sehr stark und ist unter anderem von Saison, Sitzplatz und Buchungszeitpunkt abhängig. Für einen normalen Sitzplatz (*recliner*) kannst du aber mit 90 bis 230 AUD rechnen. Zusätzlich entstehen Gebühren für die Mitnahme deines Transportmittels. Ein normales Auto kostet etwa 100 AUD. Du findest die Überfahrt teuer? Es lohnt sich aber in jedem Fall, Tasmanien zu entdecken! Und während der Fahrt gibt es auch musikalisches Entertainment und Filmvorführungen in den schiffseigenen Kinosälen – natürlich im Preis inbegriffen.

Bevor du dich mit der Fähre auf den Weg machst, solltest du dir alle aktuellen Informationen über Zeiten, Kosten, freie Plätze und Einfuhrbestimmungen holen. Diese bekommst du

in den Reisebüros oder auf der offiziellen Homepage unter www.spiritoftasmania.com.au. Hier kannst du auch gleich deine Fahrttickets kaufen.

5.1.7 Unterwegs mit dem Motorrad (*motorcycle*)

Motorräder wirst du auf den weiten Strecken in Down Under wenig sehen. Der Australier ist nämlich überwiegend mit dem Auto, dem Camper oder dem Truck unterwegs. Trotzdem, eignet sich der 5. Kontinent auch für einen Motorrad-Trip: Die Wetterverhältnisse sind fast das ganze Jahr über gut und die Hauptstraßen angenehm zu fahren.

Leider sind die Straßen zu abgelegenen Stränden oder Wüstenorten nicht immer für das *motorcycle* geeignet. Und auch die Sicherheit für Motorradfahrer in Australien ist nicht vergleichbar mit der in Europa. Viele Australier in ihren Fahrzeugen übersehen Motorräder im Straßenverkehr, weil in der Regel fast alle mit einem Auto unterwegs sind. Bedenke auch, dass du auf deinem Motorrad nicht viel Gepäck mitnehmen kannst und das Klima deine Reiseroute entscheidend beeinflusst. So solltest du den Norden und das Zentrum Australiens in den Sommermonaten aufgrund der extremen Hitze meiden. Und auch die Regenzeit sollte nicht unterschätzt werden.

5.1.8 Unterwegs mit dem Fahrrad (*bicycle*)

Immer mehr Backpacker entscheiden sich, Down Under mit dem Fahrrad zu erkunden. Das ist auf jeden Fall spannend und abenteuerlich. Australien bietet weite Landstrecken, faszinierende Waldfahrten und anstrengende Bergtouren. Auch wenn Australien ein verhältnismäßig flaches Land ist, muss

man doch erstaunlich viele Höhen überwinden. Vor allem in der Great Dividing Range und in Tasmanien solltest du eine gute Kondition mitbringen!

Mit dem Rad bist du recht flexibel unterwegs. Du kannst kleine abgeschiedene Bushtracks nutzen und sparst auch bei der Unterkunft, beispielsweise auf Campingplätzen, oft eine Menge Geld, weil du nicht so viel Platz benötigst. Die Erfahrung zeigt, dass viele Australier und andere Reisende besonders neugierig auf Fahrrad-Touristen sind. Für eine spannende Geschichte laden sie dich gerne auf ein Essen oder eine kostenlose Übernachtung ein.

> **Risiko**
> In den Städten ist eine Radtour kein Problem. Auf dem Highway und befahrenen Landstrecken kann es aber schnell gefährlich werden.

Bedenke aber, dass die Reise mit dem Fahrrad durch Australien auch ein hohes Sicherheitsrisiko mit sich bringt. Du solltest deine Radreise auf jeden Fall im Voraus gut planen! Informationen und wichtige Tipps zur Organisation erhältst du im Internet und durch entsprechende Ratgeber zum Fahrradtrip durch Australien.

Einige wichtige Punkte, die du bei deiner Reise mit dem Rad beachten solltest, sind zum Beispiel:

Helmpflicht

Der Helm ist nicht nur ein wichtiger Schutz für dich, er ist in ganz Australien Pflicht. Wenn du ohne Helm auf dem Fahrrad erwischt wirst, kann das bis zu 200 AUD kosten!

Extremes Klima

Als Radfahrer down under bestimmen die Jahreszeiten deine Reiseroute. Der Sommer ist extrem heiß und in einigen Regionen gibt es eine ausgeprägte Regenzeit. Vor allem im Zentrum und im Norden des Kontinents solltest du die Fahrt im Sommer vermeiden. Zum Schutz vor der Sonne solltest

du bei jeder Radtour durch ausreichend Sonnencreme, einen Hut, Sonnenbrille etc. geschützt sein. Auch der australische Wind kann ziemlich gemein sein. Achte bei deiner Reiseroute darauf, dass du sie mit der Windrichtung und nicht gegen den Wind planst. Das macht Vieles einfacher!

Lange Distanzen

Australien ist ein weites Land und man legt oft hunderte Kilometer zurück, bevor der nächste, manchmal wirklich winzige Ort kommt. Achte bei deiner Streckenplanung daher unbedingt auf deine Kondition. Es passiert schnell, dass du auf deiner Fahrt vollkommen ermüdest und einfach nicht mehr weiter fahren kannst. Auch die Dehydrierung ist sehr gefährlich, deshalb solltest du immer ausreichend Wasser dabei haben. Das kann bei langen Distanzen zwischen Wasserversorgungsstellen leider schnell zum Transportproblem werden.

Gepäck

Mit dem Fahrrad kannst du nur wenig Gepäck mitnehmen. Viele Backpacker organisieren sich dafür einen kleinen Gepäckwagen. Jedoch musst du alles, was du einpackst, auch jeden Tag mitschleppen.

Reisepartner

Zwar ist es nicht einfach, jemanden zu finden, der die gleiche Kondition hat wie du, aber trotzdem solltest du möglichst nicht alleine unterwegs sein. Das macht nicht nur viel mehr Spaß, sondern ist auch in der Not viel sicherer.

Tour genießen

Mit dem Fahrrad durch Australien zu reisen ist körperlich und auch psychisch anstrengend. Es zählt aber zu den einmaligen Erlebnissen, von denen du dein Leben lang zehren kannst.

Frischer Eukalyptusduft bei den Three Sisters in den Blue Mountains

5.1.9 Mitreisen/Trampen (*hitchhiking*)

Auch wenn du auf jeden Cent achten willst und trampen dir als billigste Variante erscheint, um von Ort zu Ort zu gelangen, raten wir davon ab. Schwarze Schafe gibt es nämlich leider auch in Australien. Ob allein oder zu zweit – das Mitfahren bei gänzlich fremden Menschen über oftmals riesige Distanzen und in entlegene Gegenden kann schnell gefährlich werden. Auch die Mitfahrt bei unsicheren Fahrern oder in nicht verkehrssicheren Autos wird leicht zur ungeahnten Gefahr. Im Bundesstaat Queensland ist das Trampen sogar gesetzlich verboten.

Wie wäre es stattdessen, wenn du dir einen zuverlässigen Reisegefährten suchst?! Anfragen kannst du an Schwarzen Brettern in Hostels oder in den Büros der Work & Travel-Organisationen finden oder selbst aufgeben. Höre bei der Wahl deiner Reisepartner auf dein Bauchgefühl und vertraue auf deinen gesunden Menschenverstand. Ist ein guter Fahrer dabei? Beherrscht er den Linksverkehr? Ist das Auto in einem ordnungsgemäßen Zustand, um die geplante Strecke zu meistern? Leichtsinnigkeit und Selbstüberschätzung sind häufige Ursachen für Unfälle auf der Straße.

5.1.10 Ein paar Verkehrsregeln (*road rules*)

Ob mit dem Auto, dem Rad oder zu Fuß, der Straßenverkehr down under kann manchmal für Verwirrung sorgen. Zum Beispiel erschrecken dich die lauten Töne, die die Fußgängerampeln von sich geben, wenn sie auf Grün schalten. Oder du fragst dich, was bedeutet das Verkehrsschild mit der Aufschrift „Grid“? Und natürlich musst du dich auch erst einmal an den Linksverkehr gewöhnen. Zudem hat jeder Bundesstaat seine eigenen Regelungen. Auch das führt auf deiner

Achtung Linksverkehr und neue Verkehrsschilder!

Reise wahrscheinlich immer wieder zu einem Fragezeichen im Kopf – aber auch zu spannenden Geschichten!

Auf alle Verkehrsregeln und Eigenheiten können wir dich natürlich nicht vorbereiten. Im Folgenden geben wir dir aber eine kleine Hilfestellung zu den wichtigsten Vorschriften im Verkehr:

Linksverkehr

In Australien herrscht Linksverkehr! Das heißt, dass du auf der linken Seite fährst, rechts überholst und links in den Kreisverkehr einfährst! Auch auf den Gehwegen und Rolltreppen solltest du dich möglichst links halten. Aber vor allem in den Großstädten und an Kreuzungen gibt es oft ein herrliches Durcheinander und niemand scheint einer Logik zu folgen, die besagt, wer wo zu gehen hat und auf welcher Seite an wem vorbei zu laufen ist.

Verkehrsregeln

Egal, wie du in Australien unterwegs bist, du musst Verkehrs- und Sicherheitsregeln beachten, die sich je nach Bundesstaat und Region unterscheiden. Auf der Seite der australischen Regierung (**www.australia.gov.au**) findest du alle wichtigen Informationen rund um die Verkehrsregeln (*road rules*) und Sicherheit (*safety*) in Australien.

Höchstgeschwindigkeiten

In der Regel liegt die Höchstgeschwindigkeit in der Ortschaft bei 50 km/h, teilweise bei 60 km/h (je nach Region). Außerorts, auch auf den großen Highways, ist die maximale Geschwindigkeit auf 100 bis 110 km/h begrenzt. Im Northern Territory liegt sie sogar bei 130 km/h. An diese Geschwindigkeitsgrenzen müssen sich Selbstfahrer und Mitfahrer sicherlich erst gewöhnen. Die Australier sind eben langsamer und entspannter als wir Deutsche unterwegs.

> **Sicherheit geht vor**
>
> Für Motorrad- und Fahrradfahrer gilt in ganz Australien die Helmpflicht. Im Auto ist das Anschnallen obligatorisch. Auch in Reisebussen gibt es Anschnallgurte, die du benutzen solltest.

Achtung: Geschwindigkeitsüberschreitungen (*speeding*) werden mit enorm hohen Bußgeldern bestraft!

Fahrtzeit

Australien ist groß, das wirst du schnell auf den ersten kilometerlangen Fahrten erkennen. Beachte bei deiner Planung, dass du dir nicht zu viel zumutest. Müdigkeit am Steuer ist ein häufiger Grund für Unfälle. Auch das Fahren in der Dämmerung und in der Nacht sollte möglichst vermieden werden. Zu diesen Zeiten sind die meisten Wildtiere unterwegs und ein Zusammenstoß mit Wombat, Wallaby und Co. ist schnell passiert. Mit dem Bus hingegen haben lange Nachtfahrten Vorteile, denn du sparst dir für diese Nacht die Unterkunft.

5.2 Wo kann ich schlafen?

In Australien hast du viele Möglichkeiten, günstig und dennoch komfortabel zu übernachten. Vom Hostel über den Campingplatz bis zum kostenlosen Bett bei einer australischen Familie ist alles dabei.

Zu Anfang deiner Reise empfehlen wir dir die Übernachtung in einem Hostel. Hier erhältst du nicht nur umfangreiche Informationen und Reisetipps, sondern findest auch schnell Anschluss an andere Backpacker und Australier.

Mit der richtigen Wahl der Unterkunft kannst du auf längere Sicht viel Geld sparen, das du für Touren, Sehenswürdigkeiten oder andere Abenteuer ausgeben kannst. Bleibst du beispielsweise mehrere Wochen an einem Ort, solltest du über eine Mietwohnung oder ein WG-Zimmer nachdenken. Manchmal bieten Hostels auch Vergünstigungen bei einer längeren Aufenthaltsdauer an. Generell sind Hostels und die Übernachtung auf Campingplätzen unter den Backpackern am beliebtesten. Sie bieten dir alles, was du brauchst und sind verhältnismäßig günstig.

Typische Schlafmöglichkeiten von Travellern

- Hostel/Jugendherberge
- Campingplatz/Camp Ground/Caravan Park
- Camper/Auto
- eigene Wohnung/WG
- Couchsurfing
- australische Familien

5.2.1 Hostel

In so gut wie allen Orten gibt es Hostels, in denen Backpacker und auch Australier übernachten. Sie sind mit einer zentralen Küche und Duschen ausgestattet und bieten dir fast immer Internet- und Telefone an. Waschmaschinen gehören ebenfalls zur Grundausstattung der meisten Jugendherbergen.

Am günstigsten übernachtest du in Mehrbettzimmern. Das kann von 2 bis 16 Betten in einem Raum reichen. Je mehr Betten, desto billiger. Meistens kostet eine Übernachtung zwischen 15 und 50 AUD, wobei die Hostels in den Großstäd-

Hostels eignen sich toll, um günstig zu wohnen und Leute kennenzulernen

ten oft teurer sind als die Unterkünfte auf dem Land. Wenn du weißt, dass du ein paar Tage bleiben willst, lohnt es sich, nach einem *discount* zu fragen. Viele Herbergen haben Vergünstigungen, wie beispielsweise Wochenpreise (*weekly rates*).

Neben der Übernachtung bieten dir Hostels die tolle Möglichkeit, andere Backpacker aus allen Ländern der Welt kennenzulernen. Meistens findest du auch Mitfahrgelegenheiten, Verkaufs- oder Jobangebote und Ähnliches an Schwarzen Brettern in den Gemeinschaftsräumen. Und auch Informationen zu Sehenswürdigkeiten und Touren erhältst du hier. Außerdem gibt es Working Hostels, die dir aktiv bei der Jobsuche helfen (siehe Kapitel „Working Hostels“).

Tipps für den Hostel-Alltag

- Ohrstöpsel benutzen (falls der Zimmergenosse schnarcht)
- Andere Länder, andere Sitten: Hier kannst du deine Toleranz und Offenheit gegenüber anderen Eigenarten und Bräuchen testen
- Flip Flops/Badelatschen für die Dusche sind oft Gold wert
- Schließfächer nutzen, damit nichts wegkommt

Zu den bekanntesten Hostel-Ketten in Down Under zählen YHA, Nomads und Base. Sie bieten dir unter anderem eine Mitgliedschaft an, mit der du günstigere Übernachtungspreise bekommst. Wenn du öfter mal in einem Hostel übernachtest, lohnt sich das auf jeden Fall.

5.2.2 Campingplatz (*caravan park/camp ground*)

Campingplätze findest du überall in Australien. Der echte Aussie ist ein wahrer Reisemeister und liebt es, in den Ferien mit dem Camper unterwegs zu sein. Daher gibt es viele gute *caravan parks* und *camp grounds all over Oz*. Die Campingplätze bieten dir einen sicheren Stellplatz für deinen Camper, das Auto und/oder dein Zelt. Sie sind in der Regel mit Toiletten und Duschen ausgestattet und verfügen über eine Kochmöglichkeit oder Grillplätze. Während einige *camp grounds* nur über die Basics verfügen, sind die etwas teureren *caravan parks* meist mit einer richtigen Küche und Camping-Nischen mit Stromanschluss (*powered sites*) ausgerüstet. Viele Campingplätze bieten dir den Luxus von Waschmaschinen und Internetzugang. In der Regel bekommst du einen Platz auf einem *camp ground* schon ab 10 AUD pro Nacht. Der Preis hängt meist von der Anzahl der Personen und der Art der Übernachtung (im Zelt oder im Camper, mit oder ohne Stromanschluss) ab. Ein guter Camping-Reiseführer, der alle Camp-Möglichkeiten in ganz Australien auflistet ist „Camps Australia Wide“ (in Buchform und als App erhältlich).

5.2.3 Camper/Auto

Wenn du mit dem Camper oder Auto unterwegs bist, kannst du darin bequem schlafen. Je nach deiner Vorstellung von

Belebter Campingplatz
in Byron Bay

Luxus und Praktikabilität kannst du in einem Station Wagon (Kombi) genauso gut übernachten wie in einem Van/ Minibus. Viele sind auch in einem normalen PKW unterwegs und schlagen Nacht für Nacht ihr Zelt auf. Reist du mit dem Auto oder Camper durch das Land, dann sind die *caravan parks* und *camp grounds* genau das Richtige für dich. In Australien findest du sogar viele Campingplätze, die kostenlos sind. Sie haben meist ein Plumpsklo und bieten dir einen sicheren Stellplatz für die Nacht. Unter Backpackern hat sich die App „WikiCamps Australia" bewährt. Damit erhältst du eine Datenbank mit (kostenlosen) Campingplätzen, Hostels uvm.

Unter Rucksackreisenden ist auch das *wild camping* weit verbreitet, d.h. man stellt sich mit seinem Auto einfach irgendwo hin und übernachtet dort kostenlos. *Wild camping* ist in Australien weder erlaubt noch verboten (außer in den Großstädten, da ist es generell verboten!). In vielen Gegenden findest du Hinweisschilder wie „No Camping!" oder „No Overnight!". Wer sich nicht daran hält, wird oft mit einem Bußgeld von 500 AUD bestraft. Beim *wild camping* solltest du wenigstens die Nutzung einer öffentlichen Toilette in Erwägung ziehen. Schließlich soll Australiens Natur auch in Zukunft erhalten bleiben.

5.2.4 Eigene Wohnung/WG (*shared accomodation*)

Wenn du lange Zeit in der gleichen Stadt bleiben willst, lohnt es sich, ein eigenes Apartment zu mieten oder in eine WG zu ziehen. Die sogenannte *shared accomodation* kostet zwischen 200 und 300 AUD pro Woche, kann aber preislich je nach Stadt oder Saison stark variieren. Meistens teilst du dir in der Wohngemeinschaft eine Küche und das Bad mit anderen Mitbewohnern, hast aber dein eigenes Zimmer zur Verfügung. In manchen WGs gibt es auch Mehrbettzimmer, die du gemeinsam mit anderen bewohnst. Eine Wohnung oder WG solltest du nur dann mieten, wenn du dir sicher bist, dass du in der Stadt bleiben willst. Oft haben die Mietverträge eine längere Kündigungsfrist und verhindern damit eine spontane Weiterreise.

Gute WG- oder Apartmentangebote findest du auf Internetseiten wie www.flatmates.com.au, www.gumtree.com.au oder durch Aushänge in Hostels, Supermärkten, Bibliotheken oder Universitäten. Auch in den aktuellen Tageszeitungen (zum Beispiel TNT Magazin) findest du Wohnungsinserate.

Mietvertrag

Achte bei deinem Mietvertrag auf:

- Anzahl der Mitbewohner
- Einzugstermin
- Kündigungsfrist
- zusätzliche Kosten (Nebenkosten, Kaution)

5.2.5 Couchsurfing

Das Couchsurfing ist eine interessante Möglichkeit, um günstig in einer Wohnung oder in einem Haus zu übernachten. Über die Website www.couchsurfing.com findest du Leute,

Australier laden gerne zu sich nach Hause ein und sind tolle Gastgeber

die ihre Wohnung (meist mit Schlafcouch, ab und zu auch mit eigenem Gästezimmer) für Reisende wie dich anbieten. Die Übernachtung ist kostenlos, denn eigentlich profitieren beide von gemeinsamen Unternehmungen und dem kulturellen Austausch.

Aber Achtung: Couchsurfing ist nicht ganz ungefährlich. Schließlich begibst du dich in die Wohnung fremder Menschen. Höre bei der Auswahl deines *host* (Couch-Anbieter) immer auf deinen gesunden Menschenverstand anstatt auf das Budget für die Unterkunft. Eine Garantie für sicheres Couchsurfing gibt es nicht. Allerdings kannst du dir auf der Homepage die Bewertungen anderer Couchsurfer ansehen. Oft finden sich nette und seriöse Studenten oder offenherzige Familien, die sich freuen, einen Backpacker aus Deutschland kennenzulernen. Und du wirst erstaunt sein, wie viele Australier deutsche Wurzeln haben!

5.2.6 Gastfamilie

Wenn du offenherzig durch Down Under reist, wirst du schnell merken, dass viele Australier sehr aufgeschlossen und neugierig gegenüber Backpackern sind. Immer wieder laden sie dich ein, sie zu besuchen oder bei ihnen zu übernachten. Das ist eine gute Gelegenheit, das authentische Leben der Australier kennenzulernen. Aber Vorsicht: Auch hier gibt es leider Schwarze Schafe! Deshalb solltest du immer genau überlegen, ob du dich auf eine Einladung einlässt. Generell ist es sicherer, nicht alleine, sondern mit mehreren Leuten bei Fremden zu übernachten.

6 | Australien – Eine kurze Einführung

6.1 Geschichte

Wann genau die menschliche Besiedlung Australiens begann, ist noch immer nicht eindeutig geklärt. Grobe Schätzungen gehen davon aus, dass vor 40.000 oder gar 60.000 Jahren Vorfahren der heutigen australischen Ureinwohner vermutlich aus Südostasien kamen. Sie reisten per Boot über das Wasser oder zu Fuß über eine der letzten bestehenden Landbrücken an. Die Menschen verteilten sich auf dem Kontinent und lebten in kleinen Stämmen.

Ihr Leben veränderte sich schlagartig, nachdem im 16. und 17. Jahrhundert die ersten Europäer Australien entdeckten. Unter ihnen waren der Holländer Abel Tasman und der Spanier Luiz Vaéz de Torres, deren Namen heute viele Regionen in Australien tragen. Da ihnen das neu entdeckte Land wertlos erschien, entwickelten sie kein Interesse an einer Besiedlung.

Das änderte sich mit der Ankunft der Briten: 1770 segelte James Cook die Ostküste entlang, ankerte mit seiner berühmten HMS Endevaour in der heutigen Botany Bay in Sydney und nahm Australien in Besitz – obwohl das Land natürlich schon von verschiedenen Aborigine-Stämmen bewohnt wurde. 18 Jahre später entschied der britische Innenminister Lord Sydney, dass ca. 740 Strafgefangene (meist arme Menschen, die sich nur kleine Vergehen wie Essensdiebstahl hatten zu Schulden kommen lassen) nach Australien gebracht werden sollten. Angeblich hatte das heimische Land keinen Platz für sie und die ehemaligen nordamerikanischen Kolonien nahmen nach ihrer Unabhängigkeitserklärung keine Sträflinge mehr auf. Am 26. Januar 1788 landete die sogenannte First Fleet. 11 Schiffe unter der Führung des Kapitäns Arthur Phillip, der später der erste Gouverneur von New South Wales wurde, erreichten das heutige Sydney.

5. Januar 1788: Die Erste Flotte fährt in Port Jackson ein (zeitgen. Darst.)

1868 landete der letzte Strafgefangenentransport in Western Australia. Bis dahin wurden etwa 160.000 Menschen nach Down Under zwangsverschifft.

Auch freiwillige britische Einwanderer sowie zahlreiche Forscher aus den unterschiedlichsten Nationen kamen nach Australien, um dort in einer der vielen neuen Kolonien zu leben oder weitere Teile des Kontinents zu entdecken. 1862 gelang John McDouall Stuart die erste Durchquerung des Landes von Adelaide im Süden nach Chambers Bay im Norden (nahe Darwin). Seinem Weg kannst du heute auf dem beliebten Stuart Highway folgen.

Unter den Forschern waren auch Deutsche, wie etwa Ludwig Leichhard, der eine erfolgreiche Expedition von Brisbane durch das Landesinnere bis ins Arnhem Land unternahm. Bei seiner zweiten Expedition, die von Sydney nach Perth führen sollte, verschwand er in der Weite des Roten Zentrums. Das war damals leider keine Seltenheit.

Australien gelang es, sich innerhalb von nicht einmal anderthalb Jahrhunderten zu einem selbstständigen Staatswesen zu entwickeln. 1901 vereinten sich die einzelnen Bun-

desstaaten zum Commonwealth of Australia und erhielten 30 Jahre später ihre Unabhängigkeit. Aus Loyalität zu Großbritannien schickte Australien Soldaten in den Ersten und Zweiten Weltkrieg. Auf diesen militärischen Einsatz, bei dem viele australische Soldaten ihr Leben ließen, blicken die Australier (vor allem am ANZAC-Day) mit Stolz zurück, weil das Land erstmals gemeinsam als Nation auftrat.

Terra Australis

Australien erhielt seinen Namen offiziell erst 1824. Zuvor war der Kontinent unter dem Namen „Neu-Holland" und „Terra Nullius" (Niemandsland) bekannt.

6.2 Geografie

Australien ist wahrlich *das* Land der Gegensätze. Mit einer Fläche von 7,69 Millionen Quadratkilometern ist es einerseits der kleinste Kontinent, anderseits die größte Insel der Welt. Ganze 25.760 Kilometer Küstenlinie kann Australien sein eigen nennen.

Down Under ist 22 Mal so groß wie Deutschland! Selbst Europa ist kleiner als der 5. Kontinent. Mit einer Nord-Süd-Ausdehnung von ca. 3.700 Kilometern und einer Ost-West-Ausdehnung von ca. 4.000 Kilometern ist Australien das sechstgrößte Land der Welt. Diese Maße solltest du immer im Kopf haben, wenn du unterwegs bist. Denn auf der Landkarte sehen die Entfernungen nicht so groß aus, wie sie tatsächlich sind, und verleiten leicht zu Übermut.

Australien lässt sich geografisch in folgende drei Gebiete gliedern: das Tafelland im Westen, das Tiefland im Zentrum und die Great Dividing Range im Osten.

Das Tafelland nimmt nahezu zwei Drittel der australischen Landesfläche ein. Hier gibt es keine Erhebungen, die höher als 800 Meter sind. Australien ist damit eines der flachsten Länder der Welt. Das ausgedehnte Wüstengebiet

Australiens höchstes Gebirge, die Snowy Mountains

zählt zu den trockensten der Erde. Nur bei starkem Regenfall existieren hier Flüsse.

Auch das zentrale Tiefland wird von der Trockenheit beherrscht. Dank großer Flüsse wie dem Murray River oder Darling River, die an den Westausläufen der Great Dividing Range entspringen, kann hier Landwirtschaft betrieben werden – 40 % der landwirtschaftlichen Produktion Australiens stammen aus dem Murray-Darling-Becken. Auch große Städte wie Adelaide sind von den Flüssen abhängig, denn sie dienen ihnen als Trinkwasserquelle. Ein ganz besonderer Aspekt der australischen Geografie ist die gigantische Wassermenge, die unter der Oberfläche gespeichert ist: Im sogenannten Großen Artesischen Becken erstreckt sich ein zusammenhängendes Grundwasser-Reservoir über 23 % der Landesfläche und ist für die Wasserversorgung vieler Gemeinden und de-

ren Vieh sehr wichtig. Das Wasser steht unter hohem (artesischem) Druck und kommt aus Quellen oder Brunnen an die Oberfläche.

Trockene Bachläufe

Bei deiner Australienreise wirst du immer wieder auf Schilder stoßen, die auf einen *creek* verweisen. Damit sind hier Bäche gemeint, die nicht ständig Wasser führen.

Im Osten liegt Australiens bedeutendster Gebirgszug, die sogenannte Great Dividing Range, in der viele Flüsse entspringen. Das Gebiet erstreckt sich über 3.500 Kilometer: von Cape York im Norden Queenslands bis zur Bass Strait, dem Südzipfel Tasmaniens. Den südlichen Teil der auf dem Festland liegenden Kette bilden die Australischen Alpen mit den größten Erhebungen in Down Under, darunter der Mount Kosciuszko (2.228 Meter), Australiens höchster Berg. In diesem Gebiet kann man übrigens hervorragend Ski fahren. Die Great Dividing Range fällt im Osten steil zur Küstenebene ab. Hier findest du üppige Wälder, die als „Gondwana-Regenwälder Australiens" den Status eines Weltnaturerbes haben und zu den ältesten der Erde gehören. Eine sehr hohe Niederschlagsrate von bis zu 2.500 Millimetern im Jahr prägt diese Region, in der du Australiens faszinierende Flora und Fauna erleben kannst.

Fast 23,5 Millionen Menschen leben auf dem 5. Kontinent. Die Bevölkerungsdichte des Landes ist ausgesprochen gering. Auch Großstädte, wie sie dir aus Europa vertraut sind, gibt es nur wenige. Dazu zählen Sydney (4,6 Mio. Einwohner), Melbourne (4,1 Mio. Einwohner), Brisbane (2,1 Mio. Einwohner), Perth (1,7 Mio. Einwohner) und Adelaide (1,2 Mio. Einwohner). Die Landeshauptstadt Canberra hat nur

Geografische Rekorde

Nördlichster Punkt: Cape York, Queensland
Südlichster Punkt: Südostkap, Tasmanien
Westlichster Punkt: Steep Point, Western Australia
Östlichster Punkt: Kap Byron, New South Wales
Höchster Punkt: Mount Kosciuszko (2.228 Meter)
Tiefster Punkt: Lake Eyre (-16 Meter)

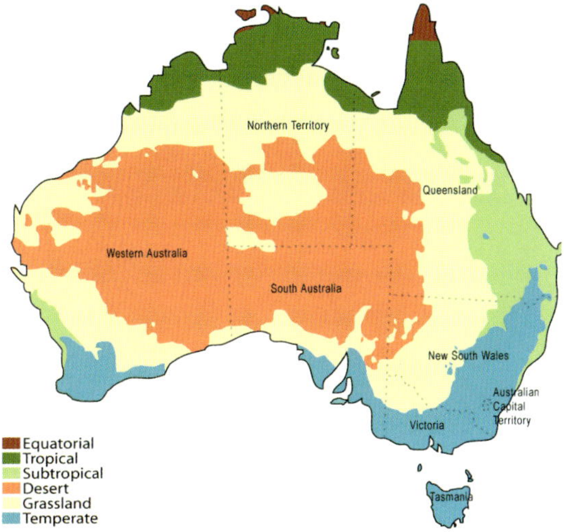

Die Klimazonen Australiens nach Köppen

knapp 360.000 Einwohner. Du siehst: Die meisten Menschen haben sich entlang der Ostküste niedergelassen.

Die Bevölkerung setzt sich aus vielen verschiedenen Nationalitäten zusammen: ca. 92 % sind europäischer und 7 % asiatischer Abstammung. Nur etwa 2,4 % rechnen sich zumindest teilweise zu den Aborigines.

6.3 Klima

Australien erstreckt sich wegen seiner großen Nord-Süd-Ausdehnung über mehrere Klimazonen: die tropische Zone im Norden, die subtropische Zone im mittleren Bereich und die gemäßigte Zone im Süden.

Die beste Reisezeit ...

... für den Süden ist der Sommer zwischen September und April.
Den Norden und das Zentrum des Kontinents erkundest du am angenehmsten zur winterlichen Trockenzeit von Mai bis Oktober.

Auf dem gesamten Kontinent kommt es zu starken jahreszeitlichen Schwankungen. Im Norden des Landes gibt es ausgeprägte Trocken- und Regenzeiten. Den australischen Sommer hat hier „die Nässe – (*The Wet*) im Griff. Viele Straßen und Regionen sind zu dieser Zeit wegen Überschwemmungen unpassierbar. Zugleich herrscht eine hohe Luftfeuchtigkeit und es ist extrem schwül.

Der Süden ist dagegen im Sommer extrem heiß und trocken. Generell sind die Jahreszeiten Sommer und Winter dort stärker ausgeprägt. So richtig kalt wird es allerdings nur im nördlichen Victoria und in den Snowy Mountains.

Alles verkehrt herum

Da Deutschland auf der Nord- und Australien auf der Südhalbkugel liegen, sind die Jahreszeiten „umgedreht“. In Australien ist also Sommer von Dezember bis Februar und Winter von Juni bis August.

Im Landesinneren schwanken die Temperaturen meist stark zwischen Tag und Nacht. Vor allem in den Sommermonaten klettert das Thermometer in dieser Region auf mehr als 40 °C. In den Wintermonaten dagegen liegen die Temperaturen im australischen Zentrum eher bei angenehmen 20 °C, wobei die Nächte oft eisig kalt werden können.

Tasmanien hat eine Sonderstellung, was das Klima betrifft: Die ganzjährig vorherrschenden Westwinde sorgen hier für viel Regen. Durch den starken maritimen Einfluss gibt es auf der tasmanischen Insel keine ausgeprägten Jahreszeiten, sondern ganzjährig erfrischende Temperaturen.

6.4 Zeitzonen

Australische Zeitzonen		
Australian Eastern Standard Time (AEST)	UTC+10	ACT, New South Wales, Queensland, Tasmania, Victoria
Australian Central Time (ACST)	UTC+9:30	Northern Territory, South Australia
Western Standard Time (AWST)	UTC+8	Western Australia

Australien ist in drei Zeitzonen unterteilt (siehe Tabelle). Mit Ausnahme von Queensland und Northern Territory haben alle Bundesstaaten Winter- und Sommerzeit (*Daylight Saving Time*). Im Sommer wird die Uhr eine Stunde vor- und im

Winter wieder zurückgestellt (UTC = Koordinierte Weltzeit, MEZ (mitteleurop. Zeit) = UTC+1).

6.5 Australische Tierwelt

Koala, Känguru, Dingo, Schnabeltier, Ameisenigel oder Tasmanischer Teufel – Australiens Tierwelt ist einfach außergewöhnlich! Kein Wunder, denn der 5. Kontinent wurde vor vielen Millionen Jahren vom Rest der Welt abgetrennt. So konnten sich die exotischsten Tiere ungestört entwickeln.

Viele der Säugetiere – in Down Under ursprünglich nur Beuteltiere und Eier legende – sind einzigartig, flauschig und süß. Sie fesseln jährlich Tausende von Touristen und Backpackern und müssen natürlich für das obligatorische Selfie herhalten. Die bekanntesten Einheimischen der australischen Fauna sind wohl der Koala und das Känguru. Auch die frechen Possums, die agilen Dingos, die gemütlichen Wombats und der selten gewordene Tasmanische Teufel tummeln sich in Australiens Wildnis.

In Down Under gibt es aber noch viele andere faszinierende Lebewesen. So leben in den Regenwaldregionen die schönsten Paradiesvögel, die die wundersamsten Klänge erzeugen. Von bunten Papageien und Sittichen über den lautstarken Kookaburra (Lachender Hans) bis zu respekteinflößenden Kasuaren ist Australien ein Abenteuer für jeden Vogelfreund. Natürlich dürfen auch Kakadu und Emu nicht auf deiner Liste der in freier Wildnis zu beobachteten Tiere fehlen.

Nicht zu vergessen die atemberaubend schöne Wasserwelt mit den vielen Flüssen, Tümpeln und Meeren rund um den 5. Kontinent. Sie ist Heimat vieler Tiere: Hier tummeln sich tropische Fische, gigantische Krokodile, Wale, Seekühe und Haie, kleine Pinguine, Delfine Robben, uralte Meeresschildkröten und viele mehr.

Wombats sind wie alle anderen australischen Säuger Beuteltiere

6.5.1 Gefährliches Australien

„Du gehst nach Australien? Aber da gibt es doch so viele gefährliche Tiere!" Diese Bemerkung wirst du während der Planung deiner Work & Travel-Zeit in Australien wahrscheinlich öfter hören.

Australiens Tierwelt ist vielfältig und ein Erlebnis für jeden! Und natürlich gibt es auch gefährliche Spezies unter den Einheimischen in Down Under. 14 der giftigsten Schlangen weltweit leben in Australien, darunter die Braunschlange und der Inlandtaipan. Auch die giftigste Spinne der Welt, die Sydney-Trichternetzspinne, hat in New South Wales ihr Zuhause gefunden. Eine weitere gefährliche Spinne ist die Rotrückenspinne (*Redback*), die in den trockenen Regionen des Landes zu finden ist.

Schlangen, Spinnen, Krokodile, Haie, Quallen, Muscheln und Co. sind faszinierend, sorgen aber immer wieder für negative Schlagzeilen. Doch nicht an jeder Ecke lauern das gefährliche Salzwasserkrokodil, die Seewespe (eine Quallenart) oder der Hai. Manche Australier, vor allem die Großstädter,

Die Red-bellied Black Snake
lebt im Osten Australiens

kennen die giftigen oder gefährlichen Tiere nur aus dem Zoo!

Wenn du dir der potenziellen Gefahr bewusst bist (manche Muscheln sind giftig, auch das männliche Schnabeltier hat einen Giftstachel, unbekannte Gewässer bergen Gefahren) und auf Hinweis- und Warnschilder achtest, dann kann nichts passieren. Wichtig ist, dass du dich nicht leichtsinnig verhältst. Auf Wanderungen in der Natur oder bei der Gartenarbeit solltest du beispielsweise geschlossene Schuhe tragen und fest auftreten. Begegnest du einem gefährlichen Tier, darfst du dich ihm nicht nähern und es auf keinen Fall reizen oder anfassen.

Der 5. Kontinent beherbergt viele Gefahren aus der Tierwelt. Sie gehören aber zum Alltag der Australier. Und bist du erst in Down Under angekommen, wirst du schnell merken, dass Schlange, Spinne und Co. selten für Aufregung unter den Aussies sorgen.

Um dich umfassend mit der gefährlichen Tierwelt Australiens auseinanderzusetzen, empfehlen wir dir, dich im Internet zu informieren oder entsprechende Literatur zu lesen (beispielsweise Barbara Barkhausen: „Gefährliches Australien").

Der Australian Boab Tree wächst im Westen und Norden des Landes

6.6 Australische Pflanzenwelt

Weite Busch- und Graslandschaften, Wüsten, Steppen, Bergwiesen, duftende Eukalyptus-Wälder, tropische Regenwaldgebiete, Farne, Mangroven, Akazien und mehr als 12.000 Jahre alte Urwälder – mit ihrer Abgeschiedenheit hat sich die Flora Australiens zu einer einzigartigen Welt entwickelt. Hier findest du mehr als 20.000 besondere Pflanzenarten, von denen 80 bis 90 % sogar endemisch sind, also nur hier vorkommen!

Der Norden des Kontinents ist durch seine tropischen Regenwälder geprägt. Meterlange Lianen, satte Regenwaldfarne, zahlreiche Orchideenarten und moosbedeckte Baumriesen werden dich zum Staunen bringen. In Australien findest du sogar einige der ältesten Urwälder der Welt!

Neben der tropischen Pflanzenwelt gibt es down under weitreichende Busch- und Waldlandschaften. Sie breiten sich im Norden, Osten und an der südlichen Küste aus. Der Westen und auch das Zentrum des 5. Kontinents sind vor allem von beeindruckenden Akazien geprägt.

Nicht umsonst besitzt Australien eine Vielzahl atemberaubender Nationalparks. Bis heute sorgt die dortige Pflanzenwelt auch in der Wissenschaft immer wieder für Überraschungen. So wurde zum Beispiel erst 1994 ein Exemplar der Wollemie (ein Araukariengewächs) entdeckt. Man ging eigentlich davon aus, dass der bis zu 40 Meter große Baum bereits seit mehreren Millionen Jahren ausgestorben war! Es gibt so vieles in Australiens Natur zu entdecken! Also, worauf wartest du?!

6.7 Der Australier und ...

6.7.1 ... seine Sitten

Der Australier bezeichnet sich selbst als „Aussie“. Allein das zeigt bereits seine Liebe zu jeder nur möglichen Wortabkürzung. Aussies nehmen das Leben mit Humor und sind gerne ausgelassen. Wenn es etwas zu feiern gibt, dann auch richtig und mit dem gesamten Familien- und Bekanntenkreis. Denn Australier sind sehr gesellig und finden schnell neue Freunde. Ob an der Supermarktkasse, beim Surfen oder im Bus – einen Gesprächspartner finden sie immer. Aber Vorsicht, das Geschwätzige ist ansteckend!

Australier haben nicht den Ruf, außerordentlich pünktlich zu sein. Bei einer privaten Einladung kannst du diese Eigenschaft gerne übernehmen und ebenfalls ca. 15 Minuten zu spät kommen. Bei geschäftlichen Terminen und bei Ämtern solltest du natürlich pünktlich erscheinen.

Es gibt kaum ein anderes Land, in dem du so viele hilfsbereite Menschen treffen wirst. Schaust du zum Beispiel einmal verzweifelt unter die Motorhaube deines Wagens, wirst du schnell einen Helfer an deiner Seite haben. Auch wenn er keine Ahnung von Autos hat, wird er dir eine Adresse zur weiteren Hilfe anbieten oder dir eine Geschichte seines Freundes

Der Australier liebt sein Surfbrett und die perfekte Welle

erzählen, dem etwas Ähnliches passiert ist. Die meisten Aussies erleichtern deine Reise Down Under und sorgen dafür, dass dein Abenteuer in jedem Fall ein positives wird.

Australier sind grundsätzlich für alles offen und sehr gastfreundlich. Doch auch sie haben ihre Grenzen. Als Gast in ihrem Land solltest du dich daher respektvoll benehmen und ihre Regeln akzeptieren. Dazu zählt, dass Alkohol nicht in der Öffentlichkeit konsumiert wird. Auch wenn ein kühles Bier zum Lagerfeuer am Strand eine tolle Erfrischung bietet, sind vor allem dort Warnschilder aufgestellt, die an das Verbot erinnern. Der Alkoholkonsum in der Öffentlichkeit wird mit hohen Bußgeldern bestraft, denn Australien hat ein Alkoholproblem. Immer mehr Jugendliche und auch große Teile der Aborigine-Bevölkerung sind alkoholabhängig. Wenn du von jemandem gebeten wirst, Alkohol für ihn zu kaufen, solltest du das strikt ablehnen.

Zudem gibt es in Down Under immer mehr rauchfreie Zonen. Dazu zählt beispielsweise die gesamte Innenstadt von Perth. Generell gilt ein Rauchverbot in allen öffentlichen Gebäuden, Transportmitteln, Einkaufszentren und Restaurants.

Australier laden gerne zu sich nach Hause ein. Häufig steht dann „Bring a plate" mit auf der Einladung. Das bedeutet: Bring einen Teller voll Essen mit. Bei jeder Einladung wird es auch gerne gesehen, wenn eine Flasche Wein mitgebracht wird. Aber *no worries*, das ist natürlich nicht Pflicht!

6.7.2 ... seine Sprache (*Strine*)

Spätestens, wenn du in Down Under angekommen bist, wirst du merken, dass der Australier seine Spracheigenheiten pflegt. Das Englisch ist größtenteils britisch geprägt. Der authentische Aussie hat jedoch seinen eigenen Slang, den sogenannten *Strine*. Er liebt es zum Beispiel, Wörter zu verkürzen. Und so wird schnell aus:

Australian - Aussie
Breakfast – Brekkie
Brisbane – Brissie
Barbeque oder BBQ – Barbie
Football – Footy
und aus Tasmanien – Tassie.

Und auch du wirst ganz sicher einen einheitlichen Spitznamen bekommen. Da wird zum Beispiel Katharina zu Kat oder Melanie zu Mel. Neben den Verkürzungen wurden auch viele Begriffe aus der Sprache der Aborigines übernommen, darunter *walkabout*, *dreamtime* oder *billabong*. Sie haben oft keine eindeutige Übersetzung. Allerdings wird dir schnell klar werden, worum es sich bei diesen Begriffen handelt. Auch Straßen- und Ortsnamen tragen häufig einen *aboriginal name* oder wie der Australier (manchmal herabsetzend) sagen würde, einen *abbo name*.

Je tiefer du in das Outback kommst, desto stärker ist die Sprache von den Aborigines geprägt und damit oftmals unverständlicher. Aber auch an den Küsten gibt es starke regi-

onale Unterschiede. So wird beispielsweise um Melbourne herum das „o“ zum „oi“ und das „s“ sowie „x“ werden „sch“ gesprochen. Generell kannst du dich auch darauf einstellen, dass der Aussie das „a“ auch als „a“ und nicht als „ä“ spricht. Das alles klingt erst einmal kompliziert? *No worries, mate*! Du gewöhnst dich an alles!

6.8 Aborigine-Kultur

Die Aborigines sind die Ureinwohner Australiens. Sie leben über das Land verstreut in einzelnen Stämmen. Jeder Clan hat seine eigene Sprache und eigene Traditionen – bis heute.

Die Aborigines haben eine ausgeprägte spirituelle Verbindung mit der Natur, was sich vor allem in den traditionellen Tänzen, Liedern und Geschichten widerspiegelt. Sie werden seit Jahrhunderten mündlich von Generation zu Generation weitergeben. Zum Inbegriff ihrer Mythologie ist der Ausdruck *dreamtime* (Traumzeit) geworden. Damit erklären sie die Entstehungsgeschichte auf ihre ganz eigene Weise. Heute wird der Aborigine überwiegend akzeptiert. Gerade die Jugend zeigt sich besonders offen der einheimischen Kultur gegenüber und ist sogar ein bisschen stolz auf die Ureinwohner Australiens. Das war jedoch nicht immer so:

Die europäische Besiedlung im 18. Jahrhundert führte zu heftigen Konflikten mit den Ureinwohnern, die als unkultiviert und bedrohlich angesehen wurden. Obwohl sich die Stämme der Aborigines gegen ihre kontinuierliche Unterdrückung wehrten, dauerte es viele Jahre, bis sich etwas änderte: Erst in den 1960er Jahren wurden die Ureinwohner offiziell als australische Bürger mit gleichen Rechten anerkannt. Seit den 1970ern kümmerten sich die Gerichte zunehmend um die Klärung der Landrechte. Wichtige Stammesterritorien wie der Uluru/Ayers Rock und die benachbarten Kata Tjuta/

Aborigines heute: Leben zwischen Tradition und Moderne

Olgas wurden daraufhin an Aborigines zurückgegeben. Heute arbeiten der Aborigine-Stamm aus dieser Region und die Regierung bei der Erhaltung des Uluru-Kata Tjuta Nationalparks zusammen.

Ein wichtiger Tag für die Gleichberechtigung aller Bewohner Australiens war der 26. Mai 1998, der sogenannte „National Sorry Day“. An diesem Tag wurde erstmals der „Gestohlenen Generationen“ öffentlich gedacht.

Australien strebt eine Zivilisation an, in der alle Einwohner gleich behandelt werden. Das ist in der Realität natürlich nicht einfach und erfordert viel Toleranz auf beiden Seiten. Ein Großteil der rund 500.000 Ureinwohner hat immer noch Schwierigkeiten, sich an den westlichen Lebensstil anzupassen. Einige haben sich daher in die abgeschiedenen Regionen in das Landesinnere zurückgezogen, wo sie in einfachen Verhältnissen wohnen. Sie sprechen ihre eigene Sprache und leben in kleinen Clans, häufig mehrere Kilometer von der nächsten Siedlung entfernt. Viele der Aborigines haben aber ihre sozialen Wurzeln verloren und befinden sich heute in einem Zwiespalt zwischen Moderne

und Tradition. Das wirkt sich oft in Depressionen sowie öffentlichem Alkohol- und Drogenmissbrauch aus.

Die wahre Kultur der australischen Ureinwohner bleibt den meisten Touristen daher verborgen. Nur auf bestimmten Touren, die von den Aborigines selbst geführt werden, wirst du einen tieferen Einblick in die Traditionen und Bräuche erhalten.

Ein Teil der Aborigines lebt heute aber auch in den Städten, die meisten sind in den Küstenregionen anzutreffen. Sie sprechen normales Englisch und teilen ihre Verbindung zur Natur und ihr Verständnis von Kultur vor allem über die Kunst mit.

Auch wenn sich die Situation der Aborigines deutlich verbessert hat, sie ist ein sensibles Thema in ganz Australien. Vermutlich wirst du auf deiner Reise bemerken, dass es viele Vorurteile auf beiden Seiten gibt. Es ist also noch ein langer Weg bis zur endgültigen Gleichstellung.

6.9 Feiertage

Australien hat neun nationale Feiertage. Außerdem feiert jeder Bundesstaat bzw. jedes Territorium noch weitere Anlässe – je nach geschichtlichem Hintergrund.

Der wichtigste Feiertag ist der Australia Day am 26. Januar. An diesem Tag im Jahr 1788 kam Kapitän Arthur Phillip mit der First Fleet in Australien an und legte damit den Grundstein für das heutige Australien.

Für die Australier ist auch der ANZAC Day am 25. April wichtig. An diesem Tag gedenken sie aller Soldaten, die für ihr Land in den Krieg gezogen sind. Es ist der Jahrestag der ersten Militäraktion von australischen Truppen im Ersten Weltkrieg.

Natürlich sind auch der Neujahrstag (New Years Day), Ostern (Good Friday und Easter Saturday) und Weihnachten

(Christmas Day am 25.12. und Boxing Day am 26.12.) nationale Feiertage.

Einige Feiertage werden zwar bundesweit begangen, aber in den unterschiedlichen Bundesstaaten und Territorien an verschiedenen Tagen. Dazu zählt der Geburtstag der Queen (Queen`s Birthday), der mit Ausnahme von Western Australia immer am zweiten Montag im Juni gefeiert wird, und der Tag der Arbeit (Labour Day).

In Australien werden Feiertage mit der ganzen Familie und allen Freunden gefeiert. Häufig wird zu einem Barbie eingeladen und Cricket gespielt. Vor allem am Australia Day ist der Nationalstolz der Aussies unübersehbar: Die Nationalflagge hängt überall und wird auf viele Gesichter der Menschen gemalt, die stolz durch die Straßen laufen.

Geschlossen

Karfreitag (Good Friday) und Weihnachten (Christmas Day) sind die einzigen Tage, an denen alle Geschäfte geschlossen haben.

Viele nutzen aber auch die freie Zeit, um einen kleinen Ausflug zu machen. Daher ist auf den Straßen auch einiges los. Doch wer jetzt unterwegs ist, sollte aufpassen: An Feiertagen ist die Polizei besonders aufmerksam, weswegen dein Vergehen jetzt das Dreifache kosten kann! Bedenke auch, dass Unterkünfte und Attraktionen an Feiertagen gerne ihre Preise erhöhen – wie du es auch aus Deutschland gewohnt sein dürftest.

Übrigens: Fällt der Feiertag auf das Wochenende, dann wird der darauffolgende Montag zum Feiertag erklärt und ist frei!

6.10 Must-Do-Sightseeing-Tipps

Die Aussies lieben ihre Heimat, genauso wie Millionen von Touristen, die jedes Jahr nach Australien kommen. Kein Wunder, hat das Land doch so viele Einzigartigkeiten und

Absolut sehenswert: Das einzigartige Heart Reef im Great Barrier Reef

spektakuläre Orte, die du dir sonst nur in deinen Träumen vorstellen kannst. Daher wird dir jeder Australier und mancher Reisende immer wieder Geheimtipps und Ratschläge geben, wo du während deines Abenteuers hinreisen solltest und was du unbedingt sehen oder machen musst. Und sie müssen es ja wissen, schließlich waren sie schon vor Ort oder haben es erlebt. Und auch wir möchten dir natürlich einige Reiseziele empfehlen:

Sydney

Harbour Bridge und Opera House sind irgendwie obligatorisch und lassen dir besonders klar werden, dass du wirklich in Australien angekommen bist.

Great Barrier Reef

Es gibt kaum etwas Schöneres als das Korallenriff im Nordosten des Landes. Am besten erkundest du die Unterwasserwelt mit einem Tauch- oder Schnorcheltag.

Und auch ein Flug über die Weiten des Riffs im Sonnenaufgang ist ein Erlebnis, dass du keinesfalls verpassen solltest.

Faszination im Outback: der Uluru

Regenwald

Ob Daintree Rainforest, New England National Park oder andernorts: Die Regenwälder Australiens zählen zu den ältesten dieser Erde und werden dich mit ihrer atemberaubenden Flora und Fauna zum Staunen bringen. Wo sonst kannst du meterlange Lianen, uralte Bäume, Riesenschmetterlinge oder Baumkängurus sehen?!

Outback-Trip

Manch einer mag behaupten, dass es im trockenen Outback nichts zu sehen gibt. Das ist falsch! Nirgends wirst du so viel Stille und Freiheit spüren wie hier. Ganz zu schweigen vom unglaublichen Sternenhimmel, der sich in der Nacht über dir ausbreitet. Und irgendwo gibt es hier immer etwas zu erleben: Riesenkängurus, die Dünen der Simpson Desert, die Karlu Karlu (Devil's Marbles), die Sandebenen der Gibson Desert ...

Uluru- Kata Tjuta National Park / Kings Canyon

Die wohl bekannteste heilige Stätte der Aborigines ist ein einzigartiges Erlebnis, für das du dir Zeit nehmen solltest, indem

Zwei der mächtigen Twelve Apostles an der Great Ocean Road

du wenigstens einmal um den Uluru herum wanderst und eine Expedition durch die Kata Tjuta machst. Hier kannst du die Kultur der Aborigines besonders nah erfahren. Auch der Kings Canyon ist unglaublich beeindruckend und sollte auf deiner Sightseeing-Liste stehen!

Great Ocean Road

Obwohl die Straße entlang der Südküste voller Touristen ist, lohnt es sich, die Strecke zu fahren. Denn hier findest du viele Schönheiten Australiens auf kleinstem Raum: Weite Kalksteinküsten, die 12 Apostles und andere beeindruckende Kalksteinformationen, Regenwälder, besonders viele wilde Koalas, Strände und natürlich das Meer.

Esperance

Backpacker und Australier schwärmen davon: Die schönste Küstenlinie und die eindrucksvollsten Strände findest du in der Umgebung von Esperance in Western Australia! Und nicht weit von hier beginnt der Eyre Highway, der dich zur Nullarbor-Wüste führt.

Ningaloo Reef

Meeresschildkröten, Korallen, Seekühe, Haie oder Rochen – das prächtige Ningaloo Reef im Westen des Kontinents ist nicht nur atemberaubend schön. Es liegt sogar nahe am Festland und kann direkt vom Strand aus erkundet werden.

Kimberley Region

Im Nordwesten des Kontinents entdeckst du felsige Sandsteinschluchten, tropische Fächerpalmen, den berühmten Purnululu National Park (Bungle Bungle) und die lebendige Aborigine-Kultur!

Litchfield National Park

Viele Australier nennen den Litchfield National Park das kleine und schönere Geschwisterchen des Kakadu National Park. Hier findest du riesige Termitenhügel und brausende Wasserfälle, unter denen du dich abkühlen kannst.

Tasmanien

Die grüne Insel ist auf jeden Fall einen Abstecher wert. Auf kleinstem Raum findest du hier fast alles, was es auf dem Festland auch zu entdecken gibt: Regenwälder, Strände, Berge, Kultur und die größte Vielfalt an wilden einheimischen Tieren.

Die australische Kultur

Auf deiner Reise solltest du auf jeden Fall Australier und ihren Alltag kennen lernen, mit ihnen ein Barbie (BBQ) veranstalten und wenigstens einmal Vegemite probieren! Auch die Aborigines und ihre Kultur bieten dir überall in Australien faszinierende Einblicke: Dreamtime, Bush Tucker, Handwerk und Alltag. Und nicht vergessen: Versuch auf einem Didgeridoo zu spielen!

Die Regenwälder in Down Under zählen zu den ältesten der Welt

Australien hat natürlich noch so vieles mehr zu bieten

Vulkanische Gebiete (Undara), den Wave Rock, die Pinacles, Barossa Valley, Whale Watching, Skydiving, Fraser Island, Melbourne, Kunst, Sportevents ... die Liste unserer Empfehlungen könnte endlos weitergehen. Wie du deine Reise gestaltest und was du entdecken und erleben willst, bleibt natürlich ganz allein dir überlassen. Wir raten dir nur eines: Genieße die Zeit und habe Spaß dabei!

7 | Goodbye Australia und Willkommen zurück in Deutschland

7.1 Die letzten Tage

Irgendwann heißt es auch für dich: *Goodbye Australia.* Die letzten Tage sind oft nicht leicht. Die Heimkehr fällt den meisten schwer. Schließlich hast du eine abenteuerliche Reise hinter dir und musst nun Abschied von deinem neuen Alltag nehmen, obwohl du dich so gut daran gewöhnt hast. Aber du brauchst keineswegs in Kummer zu versinken, denn auch in Deutschland erwarten dich Familie, Freunde und neue Abenteuer. Und wenn du dich jetzt schon über die aktuellen Geschehnisse in Deutschland informierst, wird auch der Start in der Heimat etwas leichter.

In den letzten Tagen kannst du noch einmal alles tun, wonach dir ist: Eine Tour mitmachen, ein Eis auf den Stufen vor der Sydney Opera essen oder auch in einen Streichelzoo gehen und Kängurus füttern. Genieße noch einmal den Aufenthalt down under intensiv und vergiss nicht, die letzten Souvenirs zu kaufen.

Hast du noch Klamotten, die du nicht mehr brauchst, oder übrig gebliebene Lebensmittel? Dann kannst du sie in den Hostels abgeben. Oft gibt es dort ein Regalfach, das alle mit ihren nicht mehr benötigten Sachen und Gegenständen befüllen. Andere Reisende freuen sich dann über die kostenlosen Dinge. Gut erhaltene Kleidung kann auch

Konto auflösen

Vor der Abreise solltest du dein Bankkonto schließen. Die Rückzahlung deiner Superannuation und in einigen Fällen die Steuererklärung kannst du auch von zu Hause aus beauftragen.

Irgendwann heißt es für jeden: Abschied nehmen!

in den Second Hand Shops oder den Läden der Salvation Army abgeben werden.

Besonders wichtig ist es, dass du spätestens in den letzten Tagen dein australisches Bankkonto auflöst, eventuelle Abonnements und Mitgliedschaften kündigst und offene Rechnungen begleichst. Das erspart dir eine Menge Aufwand, wenn du wieder in Deutschland bist.

7.1.1 Bankkonto schließen (*close a bank account*)

Bevor du Australien nun endgültig verlässt, solltest du dein australisches Bankkonto auflösen. Dazu gehst du in eine Filiale deiner Bank. Dort brauchst du in der Regel nur deine Bankkarte und deinen Reisepass. Das restliche Guthaben deines Kontos wird dir dann in bar oder als Scheck (meist gegen Gebühren) ausgezahlt. Natürlich kann das Geld auch auf ein anderes Konto transferiert werden. Hierzu benötigst du die Daten des betreffenden Kontos. Beachte, dass der Transfer auf ein deutsches Konto zusätzliche Gebühren kosten kann.

Solltest du dein Konto von Deutschland aus auflösen wollen, musst du das in der Regel schriftlich beantragen. Dazu schickst du einen Brief mit deiner Auflösungserklärung, den Referenzdaten zu deinem Konto und einen Identitätsnachweis an eine zuständige Filiale in Australien.

7.2 Zurück in Deutschland

7.2.1 Superannuation Account auflösen (*return of Super*)

Dein Rentenkonto kannst du nach Ablauf deines Visums oder nach deiner Ausreise aus Australien auflösen und dir die Rente auszahlen lassen. Das machst du online, per Post oder über eine Agentur. Nachdem alle Unterlagen vollständig bei den zuständigen australischen Behörden eingegangen sind, erhältst du dein Rentengeld in der Regel innerhalb der nächsten 28 Tage. Im Normalfall bekommst du circa 60 % deines Rentenbetrags zurück. Forderst du die Auszahlung deiner Superannuation später als 6 Monate nach deiner Ausreise aus Australien oder nach Ablauf deines Visums an, dann kann die Bearbeitung mehrere Monate dauern. Zudem werden zusätzliche Gebühren von deinem Rentengeld abgezogen.

Online

Deinen Superannuation Account kannst du ganz einfach online über das DASP Online Application System auf der Internetseite des Australian Taxation Office (ATO – www.ato.gov.au) auflösen. Hierzu füllst du den Online-Antrag *Departing Australia Super Payment* (DASP) aus. Für die Bearbeitung des Antrags benötigst du ungefähr 30 Minuten. Hast du den DASP ausgefüllt und abgeschickt, durchsucht die ATO ihre Datenbanken nach deinem Konto. In der Regel erhältst du für jeden Super-Account einen weiteren An-

trag, bei dem du detaillierte Informationen über das Konto eintragen musst.

Möchtest du dein australisches Rentengeld online einfordern, bist aber schon vor mehr als 6 Monaten aus Australien ausgereist? Dann wirst du unter der Kategorie *Unclaimed Super Payment* geführt. Um dein Geld zurückzufordern, füllst du ebenfalls den DASP aus. Weitere Informationen und Formulare bekommst du dann von der ATO zugeschickt.

Super-Account online auflösen

Für den Online-Antrag benötigst du deine persönlichen Daten inklusive E-Mail-Adresse, eine beglaubigte Kopie von deinem Reisepass, deine australische Steuernummer und die Daten zu deinem Super-Account. Den Online-Antrag kannst du bereits in Australien vorbereiten, da jeder Zwischenschritt gespeichert und später weiter bearbeitet werden kann. Wenn sich mehr als 5.000 AUD auf deinem Rentenkonto befinden, benötigst du zusätzliche Dokumente/Nachweise, je nachdem, was deine Super-Bank von dir verlangt. Die Informationen dazu erhältst du direkt von deiner Bank.

Per Post

Deinen Supperannuation Account kannst du auch per Post auflösen. Das ist allerdings umständlicher als das Onlineverfahren, da du diverse Dokumente an verschiedene Behörden sowie an deine Bank schicken musst. Neben den Kosten für den Postweg fallen zusätzliche Gebühren beim Department of Immigration and Border Protection an. Unserer Meinung nach ist dieser Weg zu mühsam und zu teuer. Wir empfehlen dir deshalb, deinen Super-Account online oder über

Per Post auflösen

Du kannst deinen Superannuation Account per Post auflösen. Das ist allerdings umständlicher und teurer als das Onlineverfahren.

eine Agentur aufzulösen. Möchtest du das trotzdem per Post machen, findest du alle Informationen dazu bei der ATO (www.ato.gov.au) unter dem Suchbegriff „DASP paper application for temporary visas".

Mit einer Agentur

Wie auch bei der Steuererklärung, kannst du für die Rückforderung deiner Superannuation eine Agentur (zum Beispiel Taxback.com, Tax Back Australia) beauftragen. Hierzu benötigst du deine persönlichen Daten, Details über deinen Super-Account sowie beglaubigte Kopien von deinem Reisepass, Visum und gegebenenfalls eine Bestätigung deiner Namensänderung.

Die Agenturen helfen dir bei deiner Rückerstattung, allerdings verlangen sie meistens eine sehr hohe Bearbeitungsgebühr – oft einen hohen Prozentsatz des Betrags deiner Rentenauszahlung.

Wir raten dir, die Auflösung deines Super-Accounts erst einmal selbst zu übernehmen. Die Auflösung des australischen Rentenkontos ist nicht sehr schwer. Solltest du dabei Probleme haben, kannst du immer noch eine der Agenturen beauftragen.

7.2.2 Der Neustart

Nach deiner Rückkehr nach Deutschland solltest du zuerst alle wichtigen Behördengänge machen. Dazu zählen die Meldung beim Arbeitsamt, die Anmeldung bei der Krankenkasse und der Gang zum Einwohnermeldeamt, sobald du einen neuen Wohnort beziehst. Auch zusätzliche Versicherungen, Mitgliedschaften und einen Telefonvertrag kannst du jetzt wieder aufnehmen.

Wie auch bei deinem Start in Australien wirst du in den ersten Tagen nach deiner Rückkehr wahrscheinlich einen Kulturschock bekommen. Alles riecht anders, schmeckt komisch, sieht ungewohnt aus und fühlt sich merkwürdig an. Damit du diese Phase überwindest, solltest du dich so schnell wie möglich in den deutschen Alltag integrieren und positiv nach vorne blicken.

Du wirst sehr schell feststellen, dass du dich verändert hast. Nutze deine neu gewonnene Selbstständigkeit und Toleranz. Auch deine geschulten Fähigkeiten neue Menschen kennenzulernen sowie sämtliche Erfahrungen, die du Down Under gewonnen hast, kannst du jetzt anwenden. Denn auch in Deutschland kannst du dein Leben interessant gestalten und spannende Abenteuer erleben. Triff Familienangehörige und Freunde. Teile dein Erlebnis mit anderen. Mach Wochenendausflüge oder gehe einem neuen Hobby nach. Du hast jetzt die Möglichkeit, deine Zukunft zu gestalten.

Abenteuer gibt es überall! Wohin führt dich dein Weg als nächstes?

Register

Der Koala – Entspannt und kaum aus der Ruhe zu bringen

Work & Travel in Australien

— Dites-lui que je ne reçois jamais sans rendez-vous, aboya-t-il à son assistante.

— Peut-être aimeriez-vous me le dire en face ? intervint une voix au timbre velouté.

Atu releva la tête juste au moment où l'intruse se matérialisait dans l'embrasure. Avec un aplomb qu'il aurait admiré chez n'importe qui d'autre, la jeune femme dépassa son assistante et entra dans son bureau, comme si elle avait tous les droits. Peut-être cherchait-elle à prouver qu'elle n'était plus l'enfant timide avec qui il avait grandi autrefois, quand leurs familles étaient encore proches. Mais n'avait-il pas déjà eu un aperçu de cette assurance féminine, huit ans plus tôt ? Elle l'avait abordé alors qu'il fulminait après une énième dispute avec son père. Il l'avait senti, alors… Derrière la jeune fille ingénue se cachait une femme volontaire et passionnée, qui n'avait eu aucun mal à se jouer de ses défenses. Plus rien n'avait eu d'importance face à la tentation de goûter au fruit défendu. Un écart qui revenait le hanter aux moments les plus inopportuns…

Comme maintenant.

L'air lui manqua tout à coup, tant sa présence magnétique aspirait tout dans son orbite. Son assistante s'éclipsa en refermant la porte derrière elle. Amelie Hayford lui faisait face, captivante de la tête aux pieds. Un fard à paupières doré rehaussait l'éclat de ses yeux et la beauté de son visage. Son port altier était mis en valeur par la coiffe en *kente* vert et jaune, ainsi que par d'élégantes créoles et l'imposant collier à son cou. Le regard glissait ensuite vers ses fines épaules, puis le reste de son corps moulé dans une robe jaune à bretelles lui arrivant au genou. Une paire de talons dorés affinaient encore ses longues jambes fuselées. Elle savait quelles couleurs la flattaient et avait choisi sa tenue en conséquence.

Avançant dans la pièce, elle posa son sac à main dans un fauteuil et planta les poings sur ses hanches. Elle était venue pour en découdre. Ses armes étaient sa fierté, son intelligence et sa confiance en elle. Sa beauté, aussi. Une combinaison fatale pour n'importe quel adversaire.

Mais pas pour Atu. Cette femme était une Hayford. Le sang coulant dans ses veines avait apporté le malheur sur sa famille. Rien ne pourrait le lui faire oublier. Pas même ces lèvres pulpeuses auxquelles il avait goûté un soir, dans un accès de folie, et qui continuaient à l'obséder huit ans plus tard. Il avait mis de côté sa vie privée ces derniers temps pour se concentrer sur ses affaires. Au grand dam de sa mère qui rêvait de le marier. Que cette femme entre toutes réveille sa libido acheva de l'excéder.

— Je salue ta témérité, Amelie. Mais si j'étais toi, je ferais demi-tour pendant qu'il en est encore temps.

— Sinon quoi ? le provoqua-t-elle.

Atu arqua un sourcil.

— Je suis sûr que tu n'as pas oublié les circonstances dans lesquelles nous nous sommes vus pour la dernière fois ?

Ce jour resterait à jamais gravé dans sa mémoire. Rien n'était plus douloureux que voir deux proches fauchés dans la fleur de l'âge et conduits à leur dernière demeure. Pour couronner le tout, les deux cryptes étaient côte à côte, aucune des deux familles n'ayant voulu céder face à l'autre, même en plein deuil. Qui sait quelle épitaphe ornerait leurs tombes dans plusieurs générations ? Les Quayson et les Hayford, ennemis jurés jusque dans la mort.

Une tristesse fugitive traversa les yeux de la jeune femme. Il ne put s'empêcher d'admirer sa force de caractère.

— Je ne suis pas venue ressasser le passé, répondit-elle. Si je suis là, c'est parce que tes actions ne m'ont guère laissé le choix.

Elle parlait avec cet accent ghanéen reconnaissable entre mille. Un accent qui lui avait apporté un sentiment de réconfort chaque fois qu'il l'entendait, durant ses longues absences à l'étranger. Chez Amelie, il se mâtinait d'inflexions britanniques, la jeune femme ayant étudié et vécu la moitié de sa vie à Londres. Son propre parler, par contraste, révélait l'influence de ses années aux États-Unis et de ses voyages à travers le monde. Il menait alors la vie insouciante du cadet pendant que son frère embrassait son rôle d'héritier. Jusqu'à ce que tout s'arrête du jour au lendemain.

— Que puis-je pour toi, Amelie ? demanda-t-il avec froideur.

Elle ouvrit son sac à main et en sortit un document.

— Je t'ai notifié à de nombreuses reprises mon refus de vendre ma station balnéaire. Et pourtant, *ceci* m'est parvenu par courrier ce matin.

Atu esquissa un sourire moqueur.

— Je suis au courant. Mes avocats agissent sur mes ordres. Viens-en au fait.

Elle jeta le papier sur son bureau d'un geste rageur.

— Je constate que le message n'est pas passé, alors laisse-moi te le dire en face. Je ne suis *pas* intéressée.

— Tu n'as pas le téléphone dans ton trou perdu ? Navré que tu aies dû faire tout ce chemin. À moins que tu ne sois revenue vivre en ville ?

Atu connaissait la réponse. Amelie Hayford vivait près de Saltpond, une cité balnéaire florissante sur la côte sud, à deux heures de la capitale. Accra était une ville animée et d'une grande diversité, mais où tout le monde se connaissait parmi l'élite sociale dont faisaient partie Atu et sa famille. Celle à laquelle appartenaient aussi les Hayford autrefois. Avec leurs deux familles inextricablement liées par un terrible drame, aucune n'ignorait les faits et gestes de l'autre. Même si Amelie n'était pas venue le voir, il aurait su qu'elle était en ville. Sa mère se serait tout de suite chargée d'annoncer la présence d'une Hayford à Accra.

— Je ne m'abaisserai pas à répondre à tes pathétiques insultes, siffla-t-elle en croisant les bras.

Le mouvement soulignait le contraste entre ses courbes généreuses et sa taille de guêpe, sanglée par une ceinture en cuir tanné typique de l'artisanat du Nord. Le désir le foudroya. Une telle silhouette était une tentation à laquelle nul homme ne pouvait résister…

Nul homme sauf lui.

Atu étouffa la flamme naissante dans son aine. La seule chose qui le gouvernait était sa détermination d'acier. La même qui l'aidait à surmonter sa culpabilité pour son rôle dans la tragédie ayant frappé leur famille, et dont les répercussions continuaient à la gangrener à ce jour. Amelie le fascinait par sa beauté et le défi qu'elle représentait. Mais il la reléguerait aux oubliettes sitôt la station balnéaire des Hayford rachetée et intégrée au dernier projet en date du Groupe Quayson.

À quoi bon remuer les erreurs du passé ? S'il s'était brièvement perdu dans ses bras, c'était uniquement par dépit envers son père, aux yeux duquel il ne serait toujours qu'un pis-aller. L'éternel faire-valoir de son frère plus méritant. Il regrettait son accès de faiblesse avec Amelie, ce fameux soir... *Car ne s'était-elle pas servie de lui, elle aussi ?*

Seul l'avenir importait, désormais. C'était justement pour éviter de se laisser distraire par la jeune femme qu'il ne communiquait avec elle que par avocats interposés.

Il vit son regard se poser sur son bureau. Plus exactement, sur les plans qu'il étudiait avant son arrivée. Son expression oscilla entre nervosité et dérision.

— Des plans de rénovation de *ma* station balnéaire ? Ne vas-tu pas un peu vite en besogne ?

— Au contraire. Mon équipe serait plutôt en retard sur le cahier des charges, répartit Atu.

Les yeux d'Amelie flamboyèrent de colère. Des yeux d'un brun chocolat, plus foncé que son teint moka rayonnant. Elle irradiait une telle vitalité que ses doigts le démangeaient de la toucher. Seule une déesse faisait perdre ainsi la tête aux hommes. Il reconnaissait ce pouvoir... Le même que la sœur d'Amelie avait exercé sur son frère, entraînant leurs deux familles dans une spirale infernale de destruction et de vengeance.

— À ce propos, tu peux rappeler ton espion, cracha-t-elle. Je sais que tu as corrompu mon directeur adjoint pour qu'il te divulgue des informations confidentielles. Il a été renvoyé. Ma station balnéaire n'est pas à vendre.

— Vraiment ? Alors pourquoi as-tu rencontré des investisseurs de Dubaï le mois dernier ?

La stupeur se peignit sur ses traits. Elle leva le menton.

— Cela ne te regarde pas. Ni toi, ni ta famille déplorable.

Atu vit rouge. Il avait beau avoir ses problèmes avec sa famille, il lui était toujours resté loyal, même lorsqu'il savourait sa liberté durement gagnée à l'autre bout du monde.

— Change de ton, la mit-il en garde.

Elle carra les épaules.

— Que vas-tu faire ? Me jeter dehors ? Sache que tu n'es pas le seul à avoir des relations. Tu as plusieurs négociations délicates en cours, je crois ? Mieux vaut ne pas te retrouver impliqué dans un scandale. Un mot plus haut que l'autre, et tout finit sur les réseaux sociaux. Es-tu prêt à risquer une publicité défavorable et le mécontentement de tes associés ?

Les menaces de la jeune femme le galvanisèrent. Il avait toujours aimé les défis. Cette joute verbale réveillait en lui l'esprit des guerriers Fante, ancêtres communs de leurs deux lignées.

— Rappelle-toi l'histoire de nos familles, Amelie. Les Hayford ont-ils jamais fait le poids face aux Quayson ? Quoi que tu manigances, tu n'en sortiras pas gagnante.

Amelie déglutit, mais soutint son regard.

— Et tu en es fier, n'est-ce pas ? répliqua-t-elle avec un dédain affiché.

Ce tempérament orgueilleux… Typique des Hayford. Esi Hayford avait manipulé les sentiments de son frère Fiifi, raison pour laquelle il avait perdu la vie. Ce drame avait profondément marqué son père qui, dans son amertume, avait juré vengeance. Car il fallait bien que quelqu'un paie, non ? C'était cela qui l'avait ramené au sein du giron familial, lui, le mouton noir du clan parti depuis des années. Quant à Amelie, s'il n'avait pas laissé ses instincts primaires l'aveugler ce soir-là, peut-être aurait-il pu intervenir à temps…

Mais assez parlé. Cette entrevue n'avait que trop duré.

— Va-t'en, Amelie. Et j'éviterais de contacter la presse ou de m'en prendre au Groupe Quayson, si j'étais toi.

Les yeux de la jeune femme lancèrent des éclairs.

— Reste en dehors de mes affaires et tu n'entendras plus jamais parler de moi, riposta-t-elle.

Pour une raison absurde, l'idée de ne plus la revoir le contraria.

— Navré de te décevoir, mais ta petite station fait partie de mes plans d'expansion. Il ne tient qu'à toi que le rachat se fasse en toute civilité.

— *Civilité ?* Tu ne sais même pas ce que ce mot veut dire !

Il se retint de lui rappeler que leurs rapports n'avaient pas toujours été si hostiles. Qu'elle s'était pâmée entre ses bras en gémissant son nom, huit ans plus tôt. Sa mâchoire se crispa.

— Et surgir dans mon bureau à l'improviste pour lancer des ultimatums, est-ce civil, peut-être ?

— Cesse de chercher à me dépouiller et tu n'auras plus de visites surprises, rétorqua-t-elle. Tes actions suscitent une attention dont je me passerais volontiers.

Atu plissa les yeux.

— Quel genre d'attention ?

Il n'avait eu aucun mal à appâter l'investisseur de Dubaï avec des projets plus lucratifs à Cape Town et en Malaisie, tout comme les conglomérats libanais et américain avant lui. Son père était obsédé par la petite station balnéaire simplement parce qu'elle appartenait aux Hayford. Après dix ans d'offensives acharnées contre leurs rivaux, elle constituait leur dernière propriété de valeur. La racheter serait le bouquet final de la vengeance des Quayson. Au-delà de cela, c'était l'immense potentiel du site qui aiguisait l'intérêt d'Atu. Alors pourquoi ne pas en profiter et faire d'une pierre deux coups ?

— Cela ne te regarde pas.

La voix agitée d'Amelie le ramena au présent. Son pouls battait à un rythme erratique. Un parfum entêtant émanait de sa peau, mélange de noix de coco et de beurre de karité.

Il eut envie d'enfouir le visage dans son cou, pour inhaler son odeur et imprimer ses lèvres dans le creux de sa gorge… Exactement comme ce soir-là.

Awurade Yesu. Comme si c'était le moment de penser à cela !

— Il y a des kilomètres de propriétés en front de mer sur la côte sud, pointa Amelie. Pourquoi la mienne ?

— Tu occupes un site de premier ordre à distance raisonnable d'Accra, avec de nombreux attraits touristiques alentour. Ce serait une négligence de ma part de ne pas m'y intéresser.

La jeune femme serra les dents.

— Alors tu comptes t'en emparer de force ?

Une pointe de culpabilité s'insinua en lui. Il la réprima sans pitié.

— En aucun cas. Mes avocats t'ont fait plusieurs offres très généreuses.

— Que j'ai toutes déclinées. Quand vas-tu enfin comprendre ?

— Ce que je comprends, c'est qu'à trop s'entêter, on finit par perdre de vue l'essentiel.

— Que veux-tu dire ?

Il s'autorisa un sourire en coin.

— Tu crois vraiment que je vais dévoiler mon atout ?

S'il l'avait déstabilisée par ces mots, elle n'en laissa rien paraître.

— J'ai l'appui du chef de clan, affirma-t-elle. Saltpond coule dans mes veines. Le soutien local suffira à déjouer tes manigances.

— Ce que j'ai à offrir pourrait faire pencher la balance en ma faveur, contra Atu. Combien de personnes emploies-tu ? Soixante ? Quatre-vingts ?

Amelie plissa des yeux méfiants.

— Quatre-vingt-quinze.

Ce rôle, Atu n'avait pas demandé à l'endosser. Il coulait des jours heureux en Malaisie, loin de la vendetta qui empoisonnait sa famille. Dans son hôtel sur la côte de Desaru, il n'avait pas à affronter la condamnation dans les yeux de son père, ni l'évidence que ses parents ne se donnaient guère la peine de cacher…

Ils auraient préféré que ce soit lui qui perde la vie.

Ce soir-là, il avait eu un désaccord avec son père qui avait obscurci son jugement. S'il avait fait attention au lieu de s'apitoyer sur lui-même, il aurait remarqué que Fiifi buvait trop. Que la femme que son frère prétendait aimer plus que tout n'agissait que par calcul…

Il chassa ce souvenir pénible.

— Quand je rachèterai ta station pour l'intégrer à mon nouveau projet, c'est plus de trois cents emplois qui seront créés. L'endroit gagnera en visibilité et rivalisera avec les hôtels de Cape Coast et Takoradi. Crois-tu vraiment que ton chef va laisser passer une telle opportunité ?

Le doute voila les yeux d'Amelie. Mais très vite, elle balaya son argument.

— Il verra clair dans ton jeu. Tu ne songes qu'à augmenter tes profits.

Il haussa un sourcil.

— Pas toi ? J'ignorais que tu dirigeais une œuvre de charité.

— Je propose à chaque client un séjour authentique et personnalisé. Je ne suis pas un géant hôtelier cupide qui facture une fortune un simple lit pour la nuit !

— C'est mal connaître le Groupe Quayson si tu penses qu'il s'agit d'une banale chaîne parmi tant d'autres.

— Épargne-moi ton baratin, maugréa la jeune femme. Tu n'as rien d'un altruiste. Je suis bien placée pour savoir quel genre d'homme tu es vraiment.

Le poids du passé, du deuil qu'ils partageaient, s'abattit sur eux telle une chape de plomb. Elle s'approcha du fauteuil où était posé son sac d'une démarche chaloupée. Seule une statue serait restée de marbre devant la rondeur voluptueuse de ses fesses et de ses hanches. La bouche d'Atu s'assécha. Il avait un faible pour les silhouettes pulpeuses. À dix-huit ans, Amelie avait encore un côté juvénile. Mais aujourd'hui, elle était indéniablement femme, et ses courbes affolantes le renvoyaient à sa propre masculinité, au risque de trahir le désir qu'elles lui inspiraient.

— Je croyais que tu n'étais pas venue ressasser le passé, répliqua-t-il avec plus de fiel qu'il n'en avait eu l'intention. Peut-être devrais-je te rappeler ce qui arrive quand tu joues avec le feu.

La jeune femme lui jeta un regard venimeux par-dessus son épaule.

— Je ne vois pas de quoi tu parles.

Le mouvement saccadé de sa poitrine échauffa son sang dans ses veines. Elle avait vraiment le don de le hérisser ! Tous les Hayford avaient cet effet-là sur les Quayson. Mais c'était différent avec Amelie, comme si cet épisode huit ans plus tôt lui avait conféré un pouvoir particulier sur lui. Il préférait ne pas s'appesantir sur cet aspect de leur inimitié. Une part de lui ne pouvait s'empêcher d'y voir une troublante ressemblance avec le poison qui avait rongé son frère. Certains parlaient de faiblesse. D'autres d'obsession. Quoi qu'il en soit, c'était ce qui avait conduit Fiifi à sa perte. Atu, lui, était au-dessus de cela. Il s'était toujours préservé de ce genre de complication inutile. Ce n'était pas aujourd'hui que cela allait changer.

— Estime-toi heureuse que je n'aie ni le temps, ni le désir de te rafraîchir la mémoire, coupa-t-il court.

Les lèvres d'Amelie s'entrouvrirent sur une exclamation silencieuse. Puis son regard se durcit.

— Je te reconnais bien là, lâcha-t-elle avec mépris. *Okoto nwo anoma.* N'est-ce pas ce que dit le proverbe ?

Atu serra les dents. *Les chiens ne font pas des chats.* Autrement dit, il était aussi coupable que le reste de sa famille des préjudices qu'elle leur attribuait.

— J'adorerais débattre de qui est le plus à blâmer dans notre petite guerre, railla-t-il, sarcastique. Mais hélas, j'ai une réunion dans cinq minutes.

Elle le fusilla du regard.

— Ne me provoque pas, Atu. Je t'aurai prévenu.

Son nom sonnait délicieusement sur ses lèvres. Chaque

seconde que durait leur face-à-face le stimulait un peu plus. Peut-être n'était-il pas si réticent que cela à mener cette mission, tout compte fait. Peut-être même s'en délectait-il inconsciemment. Une chose était sûre, il irait jusqu'au bout. Il vengerait sa famille, en particulier le frère dont il s'était détourné quand il avait eu le plus besoin de lui. Alors peut-être sa culpabilité s'estomperait-elle. Et peut-être se rachèterait-il aux yeux de son père, avant qu'il ne soit trop tard.

Quelle que soit la raison, il arracherait cette épine de son pied une bonne fois pour toutes. En venant ici, Amelie Hayford avait lancé les hostilités. La bataille finale avait commencé.

2.

Amelie faillit déchirer l'enveloppe blanche frappée d'un logo désormais familier. Cinq jours après sa confrontation avec Atu, elle avait cru avoir eu gain de cause. Elle avait bravé le lion dans sa tanière, quitte à remuer des émotions qu'elle aurait préféré ne jamais exhumer. Son avertissement était clair. Cette station était son sanctuaire, où sa famille s'était volontairement exilée à des centaines de kilomètres de leurs rivaux. Le Groupe Quayson garderait ses distances désormais.

Comment avait-elle pu être aussi naïve ?

« Ne me provoque pas, Atu. Je t'aurai prévenu. »

Cette mise en garde désespérée lui avait valu un sourire de prédateur conscient de son avantage. Elle avait su, alors, que le moment était venu de se retirer, fière néanmoins de lui avoir tenu tête. En vain. Comme tous les Quayson, il était prêt à tout pour parvenir à ses fins, sans se soucier du mal qu'il faisait. Sa nouvelle offre, gonflée de plusieurs centaines de milliers de dollars, prouvait qu'il était toujours aussi déterminé. Comme si son argent allait la convaincre !

Amelie se mordit la lèvre. Malgré sa bravade dans le bureau d'Atu, la situation était préoccupante. Septembre approchait, marquant la fin de la saison estivale, la plus lucrative pour la station. Bientôt, les réservations diminueraient de moitié, une tendance qui se poursuivrait jusqu'au pic de fin d'année, synonyme d'un regain de profits. Cette rentrée d'argent était vitale pour l'entretien général des lieux, ainsi que certaines réparations indispensables au maintien du niveau d'excellence vanté par l'établissement. Mais l'affluence des fêtes ne durerait que quelques semaines.

Restait l'épineux problème du prêt contracté pour la rénovation intérieure, et dont elle n'avait appris l'existence qu'à la mort de son père. Elle en avait encore pour cinq ans à le rembourser, un fardeau qui fragilisait un peu plus les finances de la station. C'était pour cette raison qu'elle devait à tout prix sauver les apparences, quitte à redoubler d'efforts. Mais combien de temps encore garderait-elle la tête hors de l'eau ? Surtout entourée de requins comme elle l'était ?

Atu Quayson était de loin le plus dangereux. Elle avait bien essayé de se prémunir contre son puissant magnétisme lors de leur échange. De refouler le souvenir de ce fameux soir où s'était produit l'accident… Mais un seul regard avait suffi à raviver son stupide béguin d'adolescente. Combien de nuits avait-elle passées à l'époque à fantasmer sur Atu Quayson ? Comme elle avait maudit ses parents d'échouer à résoudre leurs différends ! Elle leur en voulait de lui voler ce à quoi elle aspirait le plus : une chance de se rapprocher de l'homme le plus fascinant qu'elle connaisse.

Les Quayson et les Hayford n'avaient pas toujours été ennemis. Au contraire. Jusqu'à ses douze ans, sa vie n'avait été qu'une succession de vacances collectives, de week-ends passés les uns chez les autres dans leurs villas voisines, d'anniversaires célébrés dans les rires et la bonne humeur. L'avenir paraissait radieux, alors, empli d'infinies promesses. Naana Quayson, la matriarche du clan Quayson, était sa marraine. Elles n'auraient pu être plus proches !

La première fausse note était venue d'un désaccord d'affaires, l'été de ses treize ans. Même après cela, les deux familles avaient continué à se tolérer quelques années. Mais les rivalités mesquines s'étaient multipliées, et leur incapacité à régler leurs griefs avait peu à peu contaminé les deux clans. Suite à une série d'investissements risqués, mais fructueux, Joseph Quayson était devenu un homme puissant et arrogant. Son ascendant financier sur le père d'Amelie, tout aussi orgueilleux, avait engendré une escalade des tensions… Jusqu'à ce que frappe la tragédie. Les Quayson avaient perdu leur fils aîné. Amelie, sa sœur chérie.

Se retrouver dans la même pièce qu'Atu après huit ans avait fait rejaillir leur passé tumultueux. En particulier ce baiser torride, ce fameux soir, qui l'avait éveillée à sa féminité. Il lui avait rappelé qu'elle était une femme, avec des besoins qu'elle négligeait depuis trop longtemps. Ses dernières relations manquaient de passion. Elles ne réveillaient aucun papillon dans son ventre. Contrairement à Atu. Plusieurs fois depuis leur entrevue, elle avait commis l'erreur de ressusciter les sensations qu'il avait fait naître en elle autrefois…

Puis elle songeait à sa mère, à son regard lointain signifiant que ses pensées étaient avec Esi. Alors elle aussi se remémorait sa sœur, tuée dans le même accident que Fiifi Quayson, et s'interdisait de jamais repenser à ce baiser. Sa mère avait de plus en plus d'absences, parfois pendant de longs moments. Amelie avait fini par se résigner à la cruelle vérité : jamais elle ne comblerait le vide laissé dans son cœur par Esi, ni ne rivaliserait avec son souvenir. Elle en souffrait, bien sûr. Énormément. Elle aurait aimé que le deuil les rapproche, au moins. Mais ce n'était pas en s'apitoyant sur elle-même qu'elle sauverait la station. Surtout si Atu persistait à vouloir l'acquérir.

Elle posa l'enveloppe sur son bureau et ouvrit sa boîte mail. Une nouvelle offre de rachat lui avait été présentée. Son directeur adjoint écarté, elle pouvait l'étudier sans risque de fuites. Mais celle-ci aussi finirait par revenir aux oreilles d'Atu. Sa proposition était la plus généreuse jusque-là. Non que cela changeât quoi que ce soit. Même s'il la multipliait par mille, jamais elle ne l'accepterait. Ce serait trahir sa famille. Sa mère en aurait le cœur brisé.

Amelie soupira, une fois de plus rattrapée par ses souvenirs. Fiifi, l'héritier des Quayson, fêtait ses vingt-cinq ans, ce qui faisait de lui le nouveau chef de l'empire familial. Une occasion marquée par la soirée la plus mémorable jamais organisée. Les Hayford avaient été invités malgré les vives tensions opposant les deux familles. Ses parents avaient décliné, mais Esi avait insisté pour qu'Amelie l'accompagne.

Fiifi avait des vues sur sa sœur, et malgré son caractère fier et indépendant, elle était tombée amoureuse de lui. Comme tous les fils Quayson, il ressemblait un peu trop à son père au goût d'Amelie, qui estimait qu'il ne méritait pas Esi. Mais elle avait gardé son avis pour elle, simplement parce qu'elle mourait d'envie d'aller à la fête, pour des raisons purement égoïstes. Elle voulait voir Atu. Alors elle avait ignoré le comportement erratique de sa sœur, dont la gaieté exagérée semblait cacher une profonde tristesse. Fiifi aussi paraissait à cran, Dieu seul savait pourquoi…

Amelie n'avait eu d'yeux que pour Atu, isolé dans son coin, dissuadant quiconque de l'approcher. Deux cocktails lui avaient insufflé le courage nécessaire pour engager la conversation. Son regard d'ébène avait happé le sien, et juste comme cela, elle s'était retrouvée subjuguée. Puis il avait posé un doigt sur ses lèvres et l'avait entraînée à l'abri des regards. Elle l'avait suivi de son plein gré, tremblante d'anticipation. Peu importait, alors, ce qui se passait autour d'eux. Le temps qu'elle redescende sur terre, il était déjà trop tard.

Sa famille avait volé en éclats, rongée par le chagrin et la douleur. La rivalité qui avait coûté la vie à sa sœur lui avait aussi volé son père quatre ans plus tard, après une longue descente aux enfers due à son alcoolisme. Cette station balnéaire était le seul atout immobilier qu'il leur restait. Plutôt mourir que de laisser Atu mettre le grappin dessus.

Un coup à la porte l'arracha à ses ruminations. Maria, sa gérante, entra.

— Les clients du jour sont arrivés, l'informa-t-elle. L'un d'eux est… inattendu.

Accueillir les clients était le travail de Maria et de son équipe. Mais Amelie aimait savoir qui occupait leurs chalets pittoresques aux toits de chaume, chacun aménagé selon un style unique et attribué de manière à s'accorder à la personnalité des résidents. C'était ce souci du détail qui lui valait des critiques élogieuses et le statut de station balnéaire de charme. Bien que la fréquentation n'eût pas augmenté pour autant, elle chérissait ces échos positifs, tout comme son nom gravé sur l'arche en bois surmontant l'entrée. Et elle devrait sacrifier tout cela à une entreprise sans âme comme le Groupe Quayson ?

Sa conscience la travailla malgré elle tandis qu'elle se dirigeait vers la réception. Les hôtels Quayson étaient spectaculaires, d'un luxe frisant l'indécence, autant qu'elle avait pu en juger d'après leur site web. Il était évident que le bien-être de leurs clients passait avant tout. Mais cette station était la sienne et…

Elle s'arrêta net. Un homme se tenait devant la baie vitrée, comme surgi de ses pensées. Atu Quayson admirait la vue que lui enviaient tous ses concurrents à cinquante kilomètres à la ronde. Elle aurait reconnu entre mille les larges épaules, le torse viril et cette mâchoire ciselée. Ses cheveux noirs bouclés, coupés très court, faisaient ressortir la beauté de son visage. Un mètre quatre-vingt-dix de pure perfection masculine, point de mire de toute la gent féminine présente dans le hall.

Amelie ravala une pointe de jalousie.

— Quand est-il arrivé ? chuchota-t-elle à Maria.

Un client inattendu… Elle aurait dû mieux prêter attention aux mots de sa gérante. Peut-être aurait-elle eu le temps de se préparer. Si seulement son cœur voulait bien s'arrêter de battre la chamade !

— Il y a dix minutes, répondit Maria à voix basse. Il ne semblait pas pressé de s'enregistrer, alors je suis venue vous chercher.

Évidemment. Il était trop occupé à jauger l'état de ses affaires et à repérer ses points faibles. Comme la plupart des autres employés, Maria était au courant du conflit entre les Hayford et les Quayson. Cela faisait presque partie du folklore local.

— Je ne me souviens pas avoir vu son nom parmi les réservations…

— Moi non plus, souffla Maria. Mais il y en a une au nom d'une société qui lui appartient sûrement. Je suis désolée, Amelie. Je ne me suis pas méfiée…

— Ce n'est pas votre faute, assura-t-elle. Vous ne pouviez pas savoir.

Elle allait marcher droit sur Atu quand une pensée l'arrêta.

— Ma mère est-elle là ?

La dernière chose dont elle avait besoin était d'une confrontation entre sa mère et le mouton noir du clan Quayson. Ou n'importe quel autre membre de cette famille, d'ailleurs.

Maria secoua la tête.

— Non. Elle a demandé que son déjeuner lui soit servi chez vous.

Dieu merci. Quoique cela n'eût rien de rassurant. Sa mère s'isolait de plus en plus dans leur villa à la périphérie de la station, au lieu de venir déjeuner chaque jour au restaurant comme elle le faisait avant, histoire de garder un œil sur les affaires.

— Allez-vous l'autoriser à rester ? s'enquit sa gérante.

Amelie se posait la même question. Atu Quayson était un client, que cela lui plaise ou non. Inventer un prétexte pour annuler sa réservation était contre ses principes.

— Ai-je vraiment le choix ?

Maria lui adressa un sourire compatissant, avant de partir rejoindre son équipe.

Amelie se posta à la réception pour accueillir elle-même les nouveaux arrivants, tout en épiant Atu du coin de l'œil. Un frisson lui hérissa la peau lorsqu'il se décida à traverser le hall. Plus il approchait, plus l'air lui manquait. Et quand il parvint à sa hauteur, c'est son odeur qui l'étourdit, mélange d'après-rasage aux notes épicées et de puissantes phéromones masculines.

— Bonjour, Amelie.

Pourquoi son nom prenait-il une connotation aussi sensuelle dans sa bouche ? Il s'appuya sur le comptoir, exhibant ses avant-bras musclés et ses larges mains qui lui donnaient envie de les sentir sur elle…

Ça suffit ! se tança-t-elle. Elle épingla un sourire professionnel sur ses lèvres.

— Monsieur Quayson. Il doit y avoir une erreur. Si je peux vous aider à trouver votre chemin…

Elle le vouvoyait en présence de témoins, ce qui parut l'amuser.

— Inutile. Je suis exactement là où je dois être.

— Vraiment ? Je ne vois aucune réservation à votre nom, dit-elle en feignant l'innocence.

— Elle a été effectuée au nom d'une de mes sociétés, comme je l'ai indiqué à votre réceptionniste. À qui d'autre dois-je le répéter ? répartit-il d'un ton moqueur.

L'insulte à peine voilée la froissa, mais elle garda le sourire.

— Y a-t-il une raison particulière au fait que vous ayez choisi de rester anonyme ?

Il haussa les épaules. Le genre d'épaules auxquelles toute femme rêverait de se cramponner dans les affres de la passion.

— Je n'essaie pas d'infiltrer votre station en secret, si c'est ce que vous insinuez. Je protège simplement ma vie privée. À ce propos, peut-être devrions-nous accélérer les choses avant d'attirer l'attention ?

Amelie balaya le hall des yeux. En effet, plusieurs clients paraissaient s'attarder, dans l'attente d'une scène juteuse. Ou seulement pour se complaire dans l'orbite d'un Quayson.

La rébellion notoire d'Atu contre son père lui avait valu l'étiquette de « mouton noir » bien avant qu'il ne fonde, avec succès, son propre empire hôtelier. Deux ans plus tôt, il avait finalement regagné le clan familial, dont la fortune et l'influence avaient hissé les Quayson sur un piédestal au sein de la société ghanéenne. Se faire remarquer par un Quayson était une opportunité en or. Littéralement. On racontait que

Joseph Quayson se montrait prodigue avec celui extrait de sa mine privée, qu'il distribuait sans compter à ses proches et amis. Une mine dont une part aurait dû revenir à son père…

Elle ferait bien de ne pas l'oublier.

— Certainement, dit-elle d'un ton cassant.

L'enregistrement ne prit que quelques minutes. Amelie choisit le plus somptueux des dix chalets VIP que comptait la station, situé à l'écart dans la direction opposée à sa propre villa, au sommet d'une falaise surplombant la mer. Avec un peu de chance, sa mère n'aurait pas à le croiser. Elle activa sa carte magnétique, mais Atu l'arrêta lorsqu'elle voulut appeler un bagagiste.

— Inutile. Je n'ai que cela, dit-il en désignant un unique sac en cuir.

Amelie eut un mauvais pressentiment. Quel que soit son objectif, s'il n'avait prévu qu'un bref séjour, n'était-ce pas parce qu'il était certain de l'atteindre rapidement ?

Ses longs doigts frôlèrent les siens lorsqu'il prit la carte. Elle retira vivement sa main, comme si elle s'était brûlée.

— Quelqu'un peut-il m'accompagner à ma suite ? requit-il de cette voix grave un peu trop sexy. Au cas où je m'égarerais là où je ne suis pas censé me trouver…

Amelie frissonna.

— C'est déjà fait, non ? Puisque vous êtes ici.

Sa pique ne lui valut qu'un haussement d'épaules désinvolte.

— D'ici mon départ, nous pourrions tous les deux avoir obtenu ce que nous désirons.

Amelie se maudit d'y voir un sous-entendu sexuel. Elle n'était quand même pas désespérée à ce point ! Peut-être avait-elle trop négligé sa vie privée, ces derniers mois. Voir d'autres hommes l'aurait sans doute rendue moins sensible au magnétisme d'Atu.

— Je ne rêverais pas trop, si j'étais vous. La vue de votre chalet est exceptionnelle, idéale pour admirer le coucher de soleil, enchaîna-t-elle d'un ton professionnel. Laissez-moi vous y conduire.

— Ah, la fameuse touche personnelle. Je suis flatté.

Son regard amusé indiquait qu'il n'était pas dupe de son manège, mais disposé à jouer le jeu. Pour l'instant.

À contrecœur, Amelie contourna le comptoir en wenge de la réception, son ultime rempart physique entre elle et Atu. Offrir sa gorge à ses crocs ne l'aurait pas fait se sentir plus vulnérable. Et pourquoi cette image allumait-elle un feu dans son ventre ?

— Par ici, dit-elle en désignant une porte voûtée.

Plus vite elle en aurait fini avec lui, plus vite elle pourrait battre en retraite et revoir sa stratégie.

Les chalets et autres bâtiments étaient reliés entre eux par des sentiers pavés bordés d'une profusion de fleurs qui faisaient la fierté de son chef jardinier. En temps normal, elle aimait s'arrêter pour humer leur parfum. Mais même cela était gâché par la présence implacable d'Atu derrière elle.

— N'est-ce pas le moment où nous sommes censés échanger des banalités ? Ou suis-je indigne de ce genre de politesse ?

Elle fit volte-face, excédée par son arrogance.

— Qu'est-ce qui t'amène vraiment ? lâcha-t-elle sans plus se donner la peine de mettre les formes.

— Tu as fait irruption dans mon bureau sans y être invitée.

— Alors quoi ? Tu te venges, c'est cela ?

Son regard d'ébène s'attacha à ses lèvres.

— Peut-être en avais-je assez de garder mes distances. J'aime voir de près ce que je convoite.

Il parlait affaires, elle le savait. Pourtant, ce fut comme si la foudre s'était abattue sur elle. Elle se tenait là, incapable de bouger, ni même de parler, consumée de l'intérieur par le pouvoir sensuel de ses mots. Pendant un long moment, ils se mesurèrent du regard. L'air était si saturé d'électricité qu'elle craignait presque de s'électrocuter au moindre geste.

— Aussi plaisant que soit ce tête-à-tête, n'as-tu pas peur qu'il invite aux commérages ? ironisa Atu.

Amelie s'arracha à sa transe, furieuse contre elle-même.

Combien de temps était-elle restée là à le fixer comme une carpe ?

— Comme si tu t'en souciais, siffla-t-elle en se remettant en marche. Tu savais très bien la commotion que tu allais provoquer en venant ici.

— Merci du compliment. J'ignorais avoir une telle influence.

Sa nonchalance l'atteignit malgré elle, de sorte que sa voix tremblait lorsqu'elle rétorqua :

— Tout cela n'est qu'un jeu pour toi, n'est-ce pas ?

Son sourire supérieur s'effaça, chassé par une expression menaçante qui fit courir un frisson le long de son échine.

— Je n'ai pas le temps de jouer, Amelie. Je ne serais pas là si tu te montrais raisonnable. Considère mon offre avec le sérieux qu'elle mérite et tu seras débarrassée de moi.

Amelie accusa le coup. Le message était limpide : il préférerait être n'importe où plutôt qu'ici. Elle s'engagea en silence sur le sentier menant à son chalet. Se disputer avec lui ne servait à rien. S'il ne supportait pas qu'on lui dise non, c'était son problème. Un riche client était une aubaine pour la station. Cela ne changerait rien à son refus.

Pourtant, sa vision se brouilla à mesure qu'elle approchait du chalet. Mortifiée, elle ravala ses larmes. Elle avait surmonté la perte de sa sœur et de son père. Chaque jour, elle regardait sa mère s'emmurer dans son chagrin. Elle n'allait pas pleurer juste parce qu'un homme d'affaires dévoré d'ambition se montrait un peu rude !

Mais Atu n'était-il pas plus que cela ?

Chassant cette pensée, elle s'arrêta devant leur destination. Chaque chalet possédait son propre nom et symbole sculptés dans la porte d'entrée. Le pouls d'Amelie s'accéléra lorsque Atu effleura du doigt le *sankofa*, un oiseau tenant un œuf précieux dans son bec, la tête tournée vers l'arrière. Il ne faisait qu'admirer la beauté du bas-relief. Alors pourquoi avait-elle l'impression que c'était sa peau qu'il caressait ?

Peut-être parce qu'il s'agit aussi d'un symbole d'amour.

Comme s'il avait lu dans ses pensées, il tourna la tête vers elle. Leurs regards s'accrochèrent quelques secondes. Puis il passa sa carte dans le lecteur et la porte s'ouvrit. Amelie se ressaisit aussitôt. Elle avait rempli son devoir. Elle pouvait y aller, maintenant. Mais quand Atu lui fit signe d'entrer, ses pieds franchirent d'eux-mêmes le seuil, comme mus par une force invisible.

Les stores en bambou entrouverts laissaient filtrer une agréable brise marine. Le soleil de fin d'après-midi se déversait par la porte-fenêtre donnant sur le balcon. Des lampes disposées çà et là et les portes battantes type saloon menant à la salle de bains contribuaient au style original des lieux.

— Quatre-vingt-dix pour cent du mobilier de cette suite proviennent de sources locales, déclara-t-elle fièrement.

Un sourire s'esquissa sur les lèvres d'Atu.

— Contrairement à celui produit en masse dont tu crois que je meuble mes hôtels ?

— Je ne crois pas. Je le sais.

Elle se mordit la lèvre. *Zut.* Elle venait bêtement de se trahir. Maintenant, il savait qu'elle s'était intéressée à ses affaires.

— Acheter local est admirable, reprit-il. Mais je dirige un groupe international. C'est pourquoi je soutiens le développement durable à l'échelle globale.

Amelie ne put dissimuler sa surprise.

— Tu l'ignorais ? Moi qui pensais que tu savais tout de moi, railla-t-il.

— Je sais ce que je veux et ce que je ne veux pas, rétorqua-t-elle.

La mâchoire d'Atu se crispa, signe que la situation ne l'amusait pas autant qu'il le laissait paraître. Tant mieux. Peut-être écourterait-il son séjour ? Comme pour la détromper, il ouvrit l'armoire en cerisier et y déposa son sac, avant d'inspecter la pièce des yeux.

— C'est correct, je suppose.

Il la provoquait à dessein. Raison de plus pour garder son sang-froid, résolut-elle. Son sourire fermement en place, elle lui fit visiter le chalet, en lui désignant divers objets uniques qu'elle s'était donné un mal fou à dénicher pour ses clients. Le tour terminé, elle lui fit face.

— Plus que correct, n'est-ce pas ? Sois un homme et admets-le.

La lueur incandescente dans ses yeux lui fit aussitôt regretter sa bravade. Son regard capta le sien, puis glissa avec éloquence vers le lit derrière elle.

— Ne lance pas de défis qui pourraient se retourner contre toi, Amelie. Tu ne voudrais pas scandaliser tes précieux clients, ni les gens d'ici, je me trompe ?

Une onde brûlante fusa dans ses veines. Masquant tant bien que mal son trouble, elle s'éclaircit la gorge.

— La station offre divers services, détaillés dans la brochure sur la commode.

— J'ai tout ce qu'il me faut, déclara Atu.

— Dans ce cas, je te laisse t'installer, dit-elle en se dirigeant vers la porte.

— Amelie.

L'autorité dans sa voix l'arrêta net.

— Cet endroit est une véritable mine d'or, dont le potentiel mériterait d'être mieux exploité. J'ai entendu dire que tu peinais à joindre les deux bouts ?

L'attaque était brutale et déstabilisa Amelie.

— Tu as mal entendu, démentit-elle sèchement. Et je ne prononcerais pas le terme « mine d'or » par ici, si j'étais toi.

Une ombre indéchiffrable passa dans le regard d'Atu, aussitôt remplacée par un haussement de sourcil hautain.

— Je n'y peux rien si ma famille possède une mine d'or, ou si la tienne y voit une cause de grief. Le fait est que tes comptes approchent dangereusement du rouge. Ton entêtement ne réglera rien.

Amelie se força à rester impassible, malgré l'étau qui lui comprimait la poitrine. Il osait la sermonner, après tous les tourments que sa famille avait fait endurer à la sienne ! Mais la fierté des Fante coulait dans ses veines. Il était sur son territoire. Hors de question de lui donner la moindre raison de la prendre en faute.

— Cette discussion est close, décréta-t-elle en ouvrant la porte. Une bouteille de champagne t'est gracieusement offerte par la maison. Souhaites-tu qu'elle te soit livrée maintenant ?

Il s'avança vers elle d'un pas nonchalant, visiblement indifférent au fait de lui faire perdre son temps.

— Non, je la prendrai au dîner. J'aimerais que tu te joignes à moi.

Les doigts d'Amelie se crispèrent sur la poignée.

— Navrée, mais je vais devoir décliner.

— Pour quelle raison ?

— Je ne fraternise pas avec les clients. À moins que tu ne sois pas là en tant que client, mais uniquement pour me harceler ?

Son haussement d'épaules souligna, s'il en était besoin, sa carrure athlétique. Amelie détourna les yeux. Mais même le splendide coucher de soleil sur l'océan ne pouvait la distraire de l'homme divinement sexy qui la dévisageait maintenant avec sérieux, toute trace d'amusement envolée.

— Nous savons tous les deux pourquoi je suis là, Amelie. Un conseil, ne rends pas les choses plus difficiles qu'elles ne le sont.

Amelie lui tint tête, le menton levé.

— Ta famille a suffisamment nui à la mienne. Si tu veux la guerre, tu l'auras. Mais c'est moi qui gagnerai.

3.

Au prix d'ingénieux stratagèmes, Amelie parvint à éviter Atu toute la journée suivante. Hélas, cela ne l'empêchait pas de l'apercevoir de loin, trop souvent à son goût.

Cela avait commencé dès son réveil. La fenêtre de sa chambre offrait une vue dégagée sur l'océan. C'est là qu'elle aimait prendre son café le matin en étudiant son emploi du temps de la journée. Café avec lequel elle avait failli s'étrangler en voyant Atu émerger des vagues tel un dieu marin aux premières lueurs de l'aube. Le spectacle de son corps musclé ruisselant d'eau avait envoyé une flèche de feu droit entre ses reins. Comme s'il savait qu'elle le regardait, il avait levé des yeux moqueurs vers sa fenêtre. Amelie avait retenu son souffle derrière ses stores à demi baissés, jusqu'à ce qu'il disparaisse après avoir longuement – en prenant tout son temps, soupçonnait-elle – contemplé le lever du soleil.

Elle avait continué à siroter son café après cela, refusant de se laisser déstabiliser par ce genre de tactique. Et si elle avait eu besoin d'une douche froide pour apaiser ses sens en effervescence, cela ne regardait qu'elle. Par chance, sa mère n'était pas encore levée. Amelie redoutait sa réaction. Que penserait-elle si elle découvrait que sa fille tolérait la présence de leur ennemi sous leur propre toit ?

Ses craintes étaient justifiées. Atu ne manquait pas une occasion de se montrer. À midi, elle avait déjeuné dans son bureau après l'avoir aperçu au restaurant, attablé devant les meilleures spécialités de son chef. Dans l'après-midi, Maria l'avait informée que M. Quayson s'était inscrit au dîner informel sur la plage qu'elle organisait deux fois par semaine. Une occasion très appréciée des clients. Les pêcheurs locaux venaient y vendre leur pêche du jour, directement cuisinée sur un brasero, le tout accompagné de musique et de danses par une troupe locale. Cela l'ennuyait de l'admettre, mais animer ces dîners était une façon de tromper sa solitude. Elle était célibataire. Tous ses amis étaient désormais en couple ou mariés avec des enfants. Et voilà qu'Atu venait lui gâcher son plaisir !

Pourtant, alors que la soirée approchait, elle se surprit à vérifier sa coiffure et retoucher son maquillage. Au moment de quitter sa villa, des papillons virevoltaient dans son ventre. Elle prit une grande inspiration, puis dévala la dune surplombant la plage où avait lieu le dîner. Des chaises en bois formaient un cercle autour du feu de camp, avec deux bars à nourriture de chaque côté gérés par des chefs professionnels. Un serveur vint lui proposer des rafraîchissements. Amelie ignora les verres de *nsafufuo*, le vin de palme local, au profit d'un cocktail de mangue et de goyave relevé d'une pointe de rhum et de gingembre. Le *nsafufuo* était traître et montait vite à la tête. Elle avait besoin de garder les idées claires avec Atu. La dernière fois qu'elle l'avait approché éméchée, elle s'était ridiculisée, tout en passant à côté de la détresse de sa sœur. Un regret qui la poursuivrait le restant de ses jours.

Écartant ce souvenir, elle se mêla à la petite assemblée. Aucune trace d'Atu, nota-t-elle avec un étrange pincement au cœur. Elle n'était pas déçue, quand même ? Peu à peu, l'atmosphère bon enfant et le fumet appétissant de poisson grillé dissipèrent ses tensions. Qui sait ? Peut-être son vœu avait-il été exaucé et…

— C'est donc là que tu te cachais.

Elle tourna la tête, transpercée par le regard sardonique de l'homme qui monopolisait ses pensées. L'air paraissait plus vif tout à coup, le goût du gingembre plus prononcé. La brise marine était comme une caresse physique sur sa peau nue. Il était son ennemi, mais il n'avait qu'à apparaître pour qu'elle se sente incroyablement… *vivante*. Qu'est-ce que cela disait d'elle ?

Son ennemi… Il ne l'avait pourtant pas toujours été. Adolescente, elle avait le béguin pour lui. Un béguin qui s'était mué en quelque chose de plus profond au fil des années. Mais le contrecoup de l'accident lui avait fait comprendre son erreur. Dieu merci, ils n'étaient pas allés plus loin qu'un simple baiser ! Comme ses parents, elle avait appris à ses dépens que les Quayson étaient des gens auxquels il valait mieux éviter de se frotter.

Alors pourquoi ne parvenait-elle pas à oublier ces quelques minutes électrisantes ? Pourquoi, même maintenant, ses yeux cherchaient-ils la bouche qui avait dévoré la sienne avec passion huit ans plus tôt ? *Et pourquoi mourait-elle d'envie de réitérer l'expérience ?*

— As-tu perdu ta langue ? Ou est-ce l'effet de l'alcool ? la nargua Atu en désignant son cocktail. Deux verres, c'est ta limite, je crois.

Amelie sortit de son hébétude. Une chance que le son rythmé des *kpanlogo* couvre leur conversation.

— Je n'étais pas ivre, ce soir-là, grinça-t-elle. Et je n'ai pas pour habitude de me soûler devant mes clients.

Un sourire étira les lèvres d'Atu, qui semblait prendre un malin plaisir à l'asticoter.

— C'est bon à savoir.

Il la détailla de la tête aux pieds en sirotant son propre cocktail.

— La décontraction te va à ravir…

— Dommage que ta présence gâche mon style.

Son sourire s'élargit, franc et spontané. Sa physionomie en était transformée. Seigneur, ce devrait être interdit d'être aussi séduisant ! Elle n'était pas la seule à être sous le charme. Toutes les autres femmes le dévoraient des yeux. L'estomac d'Amelie se noua. Pas de jalousie, se persuada-t-elle. Absolument pas !

— J'ai parlé à quelques-uns de tes clients, reprit Atu. Ils ont une haute estime de ton travail. Tu peux être fière.

— Je le suis, répondit-elle, flattée par le compliment.

Elle s'en voulut aussitôt de sa faiblesse. Cet homme visait sa perte !

— Alors pourquoi tiens-tu tant à me racheter ?

La frustration se peignit sur les traits d'Atu.

— Parce que je sais que sous des dehors tout roses, les difficultés s'accumulent. Une sérieuse injection de capitaux s'impose. Combien de temps encore vas-tu le nier ?

Amelie pinça les lèvres sans répondre.

— Cet endroit pourrait jouir d'une renommée internationale, s'impatienta-t-il. Le Groupe Quayson a les moyens de lui donner le prestige qu'il mérite.

— Oui, sous son propre nom.

L'expression d'Atu se durcit, et la minuscule bulle d'espoir dans sa poitrine éclata.

— C'est le seul moyen. Un partenariat entre nous ne fonctionnerait jamais.

Pourquoi ces mots la blessaient-ils autant ? L'espace d'une seconde, elle éprouva une haine féroce pour ce conflit entre leurs deux familles. Puis elle se rappela qui en était à l'origine et ravala ses émotions.

— Cette discussion n'a pas lieu d'être, coupa-t-elle court. Inutile d'insister à l'avenir.

Atu plissa des yeux moqueurs.

— Je commence à croire que tu adores me tenir tête…

Amelie n'était pas loin de le croire, elle aussi, depuis sa visite surprise à ses bureaux. Ce qui n'était pas pour la rassurer. Mais avant qu'elle n'ait le temps de répliquer, une voix appela son nom.

Oh ! non. Pas elle. Joyce Blankson, une riche mondaine autrefois amie proche de ses parents, traversait la plage dans sa direction. Amelie jura entre ses dents.

— Un problème ? s'enquit Atu.

Elle secoua la tête.

— Disons que tu n'es plus le seul invité indésirable.

— Amelie, te voilà ! lança Joyce. J'espérais te voir ce week-end.

— Bonsoir, ma tante.

Bien qu'elle ne fût pas de sa famille, Amelie l'appelait ainsi par respect dû à une ancienne.

— J'espère que mon personnel s'occupe bien de toi ?

— Comme toujours, assura la vieille dame avec un geste de sa main ornée de bagues. Le service exemplaire est la raison pour laquelle je reviens si souvent.

Et les commérages à glaner pour ses amies en ville. Joyce Blankson avait l'art de flairer les secrets des gens, qu'elle répétait ensuite à qui voulait l'entendre.

— Merci, ma tante, répondit poliment Amelie.

Joyce se tourna vers Atu avec curiosité.

— Tu es la dernière personne que je me serais attendue à voir ici.

Atu se raidit.

— Vraiment ? Pour quelle raison ?

De nouveau, elle agita la main dans un joyeux tintement de bracelets.

— Tout le monde sait que vos familles se détestent. Je me demande ce que tu fais ici, à bavarder avec une Hayford…

Amelie regretta de ne pas être restée terrée chez elle, tout compte fait. Tout cela pour prouver à Atu qu'il ne l'intimidait pas…

Ce dernier gratifia Joyce d'un sourire glacial.

— Cela ne regarde que moi, ma tante. Y a-t-il autre chose que nous puissions faire pour vous ?

La vieille dame pinça les lèvres avec réprobation, mais comprit le message et s'en alla.

— As-tu la moindre idée de ce que tu viens de faire ? s'exclama Amelie.

— Je n'ai de comptes à rendre à personne, répondit Atu.

— Demain, tout le pays sera au courant que tu es ici !

Amelie lança un regard furtif vers sa villa et sentit les yeux d'Atu suivre les siens.

— Ta mère n'est pas encore au courant, n'est-ce pas ?

— Je n'ai pas jugé utile de l'en informer, non, marmonna-t-elle, agacée par sa perspicacité.

— Tu préfères qu'elle l'apprenne de la bouche de la pire commère d'Accra ?

Il indiqua l'autre bout de la plage, d'où Joyce Blankson continuait à les épier. La poitrine d'Amelie se serra. C'était un miracle que sa mère n'ait pas encore découvert les pressions exercées sur elle par le Groupe Quayson. L'explication en était tristement évidente. Tant que son mari était en vie, elle avait encore une raison de se battre. Mais après son décès, Priscilla Hayford, autrefois si active, s'était repliée sur elle-même, enfermée dans un deuil impossible où Amelie elle-même ne pouvait l'atteindre. Si elle apprenait la visite d'Atu et sa détermination à racheter leur station, cela la tuerait.

— Je lui en parlerai en temps voulu, éluda-t-elle, envahie par une profonde lassitude.

Atu la dévisagea d'un air pensif, presque avec… compassion ? Elle eut envie de le supplier de les laisser tranquilles, elle et sa famille. Mais elle se ravisa en voyant son expression changer. Comme s'il avait lu dans ses pensées. Comme s'il *voulait* qu'elle le supplie. Consciente de l'attention qu'ils attiraient, celle de Joyce en particulier, elle recula d'un pas.

— Le travail m'appelle. Je dois m'occuper de mes clients. Bonne soirée, monsieur Quayson.

Atu serra les dents. Un avertissement tacite indiquant qu'elle ne s'en tirerait pas à si bon compte.

Tout le reste de la soirée, elle s'arrangea pour éviter sa proximité immédiate. Lui se contenta de quelques regards appuyés, sans chercher à l'approcher de nouveau. Le dîner fut un succès et lui valut une pluie d'éloges. Mais en regagnant sa villa, elle savait qu'elle ne faisait que repousser l'inévitable. Tant avec sa mère qu'avec Atu.

À minuit passé, Amelie ne dormait toujours pas. Elle se tournait et se retournait dans son lit, incapable de fermer l'œil. Selon leur gouvernante, sa mère n'avait pas quitté sa chambre de la journée, ni reçu le moindre appel. Avant d'aller se coucher, Amelie s'était tenue longuement devant sa porte, partagée entre le besoin de lui parler d'Atu et la peur de la faire souffrir davantage. La seconde l'avait emporté, mais elle s'en voulait de sa lâcheté. Faire l'autruche ne réglerait rien. Sa mère ne serait-elle pas fière d'elle si elle chassait Atu ?

Et après ?

Cette question la tira du lit. Elle avait besoin de sortir s'aérer l'esprit.

L'océan était majestueux au clair de lune, d'une beauté sereine qui l'apaisa. Comme elle aimait son coin de paradis sur Terre ! Elle était prête à tout pour le préserver. Mais comment ? De vagues solutions défilaient dans sa tête, toutes plus utopiques les unes que les autres. Perdue dans ses pensées, elle n'avait pas remarqué qu'elle était arrivée à la limite entre sa propriété privée et le terrain de la station…

Jusqu'à ce qu'elle manque entrer en collision avec Atu Quayson.

Elle leva les yeux. Son instinct lui criait de faire demi-tour, mais ses pieds refusaient d'obéir. Et puis, elle était bien trop fière pour cela.

— Que fais-tu ici ? demanda-t-elle.

Il enfonça les mains dans ses poches, et le lin de son pantalon se tendit sur ses cuisses musclées.

— Je n'arrivais pas à dormir, répondit Atu. Apparemment, toi non plus.

À peine quelques centimètres les séparaient. Soudain, elle se rappela qu'elle ne portait qu'une fine tunique sans manches lui arrivant à mi-cuisse et un simple string en dessous. Elle croisa les bras sur sa poitrine dans un réflexe instinctif. Atu eut un geste impatient.

— Il n'y a qu'une façon d'en finir, Amelie.

— Et ma mère ? Y as-tu songé ? répliqua-t-elle.

Était-ce de la culpabilité qu'elle décelait dans ses yeux ? Non, elle avait dû rêver. L'homme qui la toisait était un prédateur, sans la moindre considération pour ce que ressentait sa proie.

— Je ne verse pas dans le sentimentalisme, Amelie. Les affaires sont les affaires.

— Évidemment. Du Quayson tout craché.

— Il y a eu un temps où tu ne demandais que cela, que je m'intéresse à toi…

Son regard brilla d'un éclat sardonique.

— Ne me fais pas l'insulte de prétendre que tu ignores de quoi je parle.

Le cœur d'Amelie battait la chamade. Se souvenait-il de ce moment avec la même brûlante intensité qu'elle ?

— Oui, je me souviens, murmura-t-il comme si elle avait posé la question tout haut.

Elle frissonna et s'enveloppa de ses bras.

— Peu importe. C'est du passé. Nous savons tous les deux que cela ne signifiait rien.

La colère déforma le visage d'Atu. Il paraissait… offensé ?

— Vraiment ? J'ai l'impression que c'est toujours d'actualité. Le seul obstacle entre nous…

— Tu ne comprends donc pas ? s'emporta-t-elle. Ce n'est qu'une transaction pour toi. Pour moi, c'est personnel. Cet endroit est toute ma vie. Mais c'est ainsi que vous opérez, vous, les Quayson. Après ton frère, tu viens finir le travail.

L'orage dans le regard d'Atu n'augurait rien de bon.

— Que reproches-tu à mon frère, au juste ? demanda-t-il d'une voix menaçante.

Amelie s'interdit de fléchir.

— La même chose qu'à toi. Quand vous voulez quelque chose, rien ne vous arrête, et tant pis pour les autres !

— Affaires et sentiments ne font jamais bon ménage, Amelie.

— Seulement quand on est incapable de sentiments, riposta-t-elle avec venin. Pourquoi laisserais-je un robot comme toi détruire ce qui m'est le plus cher ?

— Étais-je un robot il y a huit ans quand tu t'es jetée à mon cou ? Toi non plus, tu n'as pas hésité à prendre ce que tu voulais.

— Pardon ?

— Ne fais pas l'innocente, la rabroua-t-il durement. Si tu tiens à distribuer les reproches, commence par toi-même. Je te plaisais et tu as tenté ta chance, pas vrai ?

Amelie poussa une exclamation outrée.

— Comment oses-tu ?

— Amelie…

— Ça suffit ! explosa-t-elle, rattrapée par des années de colère, de peine et de fatigue morale. Vous nous avez déjà tout pris. Pourquoi ma station ? Pourquoi pas une des milliers d'autres dans le monde ?

Elle détestait que sa voix tremble. Même maintenant, elle n'arrivait pas à se montrer aussi féroce qu'elle le devrait. Elle détestait aussi la rivalité qui opposait leurs familles. Sans elle… Quoi ? Elle tomberait dans les bras d'Atu comme son corps l'y incitait chaque fois qu'il l'approchait de trop près ? Ridicule !

— Parce que avec moi au moins, tu sais à quoi t'en tenir, asséna-t-il froidement.

Le sang d'Amelie se glaça.

— Que veux-tu dire ?

— Et toi, que voulais-tu dire à propos de Fiifi ? répliqua-t-il, ignorant sa question.

Amelie s'en voulut d'avoir mentionné son frère. À quoi bon rouvrir les blessures du passé ?

— Je n'aime pas dire du mal des morts, mais… Vas-tu nier que s'il était en vie, il agirait exactement de la même façon ?

Une émotion indéchiffrable passa sur le visage d'Atu. Elle disparut aussi vite qu'elle était venue.

— Pour toi, tous les membres de ma famille sont des monstres. T'a-t-il jamais traversé l'esprit qu'avec mon frère, cette vendetta serait peut-être résolue depuis longtemps ?

Dans ses pires moments, il lui arrivait d'y penser. Mais

la brouille avait débuté bien avant la perte de leurs proches respectifs. Les Quayson n'avaient-ils pas toujours pris plaisir à rabaisser les Hayford ?

— Je n'y crois pas, réfuta-t-elle.

— Pour quelle raison ?

Son estomac se noua.

— Les chiens ne font pas des chats. Fiifi se conduisait comme tous les Quayson. Lui et ma sœur se disputaient constamment.

— Où veux-tu en venir ?

— Quelque chose clochait, ce soir-là. Peut-être aurions-nous pu intervenir si…

— Si nous ne nous étions pas laissé distraire ? termina Atu.

— Si tu ne m'avais pas entraînée à l'écart, rectifia-t-elle. C'est toi qui…

Son rire de dérision la coupa dans son élan.

— Ne réécris pas le passé, Amelie. Tu m'as suivi de ton plein gré. Je n'ai fait que répondre à une attirance qui se voyait comme le nez au milieu du visage. Dis-moi, étais-je ton premier baiser ?

Sans un mot, Amelie tourna les talons en direction de sa maison. Deux mains fermes la retinrent par les épaules.

— Il n'y a que la vérité qui blesse, n'est-ce pas ?

— Tais-toi !

Comment faisait-il ? Comment perçait-il à jour ses moindres secrets ? Elle avait bien embrassé quelques garçons avant lui. Mais Atu l'avait initiée à une passion qu'elle n'avait jamais oubliée, ni ressentie avec personne d'autre depuis. Une part d'elle le détestait pour cela.

— Laisse-moi partir…

Ses mains sur elle réveillaient des désirs interdits qu'elle avait déjà assez de mal à combattre comme cela.

— Pourquoi ? Pour que tu retournes te coucher, drapée dans ton indignation ?

Elle se dégagea et s'obligea à lui faire face.

— Non. Pour faire comme si tu n'existais pas pendant au moins quelques heures.

Il accusa le coup, avant de se reprendre avec une force de caractère qu'elle lui envia.

— Aussi regrettable qu'ait été cet incident, nous voiler la face ne réglera rien, cette fois.

Un frisson parcourut Amelie. La question jaillit de ses lèvres avant qu'elle puisse la ravaler :

— Tu le regrettes ?

— Pas toi ? répartit-il avec cynisme. N'est-ce pas à cause de cela que tu me détestes personnellement ?

Un étau lui comprima le cœur. Elle l'ignora. Il lui offrait une échappatoire en or, autant s'en servir.

— Tu as raison. C'était une erreur.

Il la dévisagea un long moment. L'air crépitait entre eux, chargé d'étincelles invisibles. Elle frissonna encore, de froid cette fois. Sans crier gare, Atu déboutonna sa chemise, l'enleva et la drapa sur ses épaules.

— Que… que fais-tu ? s'exclama-t-elle, affolée.

— J'ai beau être ton ennemi, je ne tiens pas à ce que tu tombes malade.

— Parce que cela retarderait la signature de tes précieux papiers ?

Un éclair de colère traversa ses prunelles. Il semblait déçu de sa réaction. Comme s'il avait le droit de jouer les chevaliers servants ! Mais elle avait beau vouloir résister, la chaleur de sa chemise l'enveloppait tel un cocon. Son odeur imprégnait le tissu, mélange d'après-rasage et de masculinité qui l'envoûtait depuis l'adolescence, quand la puberté avait transformé une amitié d'enfance en quelque chose de plus…

Elle ne voulait pas de son réconfort. Qu'attendait-elle pour faire demi-tour et rentrer chez elle ? Ce dont elle avait besoin, c'était d'une solution pour l'exclure définitivement de sa vie. Alors pourquoi serrait-elle les pans de sa chemise sur elle ? Pourquoi était-elle hypnotisée par son torse moulé dans son T-shirt blanc ? Ses yeux glissèrent vers les tablettes de chocolat bien définies, puis plus bas, où son pantalon formait une légère bosse. Le feu lui dévora les joues. Ce soir-là aussi, elle avait senti son érection nichée contre son bas-ventre…

— Reconnais que je suis ta meilleure option. Je gagnerai de toute façon. Ce n'est qu'une question de temps.

La voix d'Atu la sortit de sa rêverie. Dire qu'elle s'en était voulu d'avoir évoqué son frère et insulté sa sollicitude ! Elle n'avait aucune honte à avoir. Atu n'avait et n'aurait toujours qu'un seul objectif : les anéantir, elle et sa famille.

Elle arracha sa chemise de ses épaules et la lui jeta sans ménagement.

— Tes menaces ne me font ni chaud ni froid. Nous sommes toujours debout, après tout ce que vous nous avez fait subir. Alors vas-y. Je t'attends de pied ferme.

La tête haute, elle rebroussa chemin. Du moins, essaya-t-elle. Elle n'avait pas fait trois pas qu'Atu la rattrapait. Il la plaqua contre lui, une main sur sa taille, l'autre dans ses cheveux.

— Ton obstination est admirable, Amelie. Je trouve cela très excitant, susurra-t-il, les lèvres à quelques millimètres des siennes. Mais ce n'est pas cela qui te tirera d'affaire.

— Alors que proposes-tu ? le défia-t-elle.

C'était comme si chaque cellule de son corps la poussait vers lui. Vers ce qu'elle s'interdisait tout en le désirant de tout son être. Sa provocation fit son effet. Le temps se suspendit l'espace d'une seconde, puis les lèvres d'Atu s'écrasèrent sur les siennes.

Il n'y avait ni hésitation, ni repentance dans son baiser. Il dévorait sa bouche comme si c'était une question de survie. Et après des jours… non, des années à lutter contre cette ardente alchimie entre eux, elle n'avait plus la force de résister. Elle succomba dans un soupir de reddition, dont il profita pour glisser sa langue entre ses lèvres. Leur baiser s'intensifia. Ce n'étaient plus des étincelles, mais des éclairs qui dansaient sous sa peau. Il l'enlaça plus étroitement, et la chaleur de son corps enflamma le sien.

Jusqu'à ce qu'une vague rompe le charme en venant se briser contre leurs pieds.

Elle poussa un cri, brusquement ramenée à la réalité. Même alors, elle répugnait à s'arracher à leur baiser, si différent de celui qu'ils avaient échangé huit ans plus tôt. Ce baiser-là n'avait été qu'un précurseur, découvrait-elle. Une mise en bouche avant la surprise du chef, dont Atu venait de lui faire entrevoir les infinis délices. Elle voulait plus. Oublier toute prudence et terminer ce qu'ils avaient commencé. Aller jusqu'au bout…

La force de la tentation l'ébranla. Elle se dégagea vivement et recula de plusieurs pas. Elle devait à tout prix mettre de la distance entre eux. Limiter les dégâts tant qu'il était encore temps.

— Je… Tu…

Aucun mot ne lui venait, à son grand dam. Le regard d'Atu, brillant de désir l'instant d'avant, se voila et le masque hautain retomba en place.

— Désolé. Cela n'aurait pas dû arriver.

Seigneur. Il regrettait ce baiser-là aussi. Et pourtant… C'était lui qui l'avait initié. Leur étreinte l'avait affecté. Son souffle haché et le renflement sous sa ceinture le prouvaient. Avait-elle sur lui le même pouvoir qu'il avait sur elle ? La découverte était grisante. Mais pas question de trahir à quel point elle la troublait.

— Oui, c'était une erreur, convint-elle.

Les lèvres d'Atu frémirent.

— J'ai dit que cela n'aurait pas dû arriver. Pas que c'était une erreur.

Le cœur d'Amelie s'emballa. Elle devait s'éloigner de lui. Mettre de l'ordre dans ses idées. Mais combien de fois avait-elle essayé ces derniers jours ? Sans grand succès…

— Retrouvons-nous demain, Amelie.

Elle allait refuser quand quelque chose attira son attention. Une lumière s'était allumée à l'une des fenêtres de chez elle. Celle de la chambre de sa mère. La terreur la saisit à l'idée d'être surprise seule avec Atu sur la plage en pleine nuit. Le regard d'Atu suivit le sien.

— Donne-moi une heure, la pressa-t-il. C'est tout ce que je demande.

Amelie n'avait aucun espoir qu'il plie sagement bagage après ce qui venait de se passer. Au contraire, il préparait sûrement déjà sa nouvelle offensive. N'avait-elle pas tout intérêt à accepter et à s'armer elle aussi, au lieu de subir passivement les événements ?

Il attendait sa réponse, impassible, comme s'il avait tout le temps devant lui. De fait, c'était le cas. Elle seule risquait de sérieux ennuis fiscaux, à moins d'un miracle de dernière minute.

— Très bien. Demain, 8 heures, dans mon bureau, dit-elle sèchement.

Il secoua la tête.

— J'ai des affaires à régler dans la matinée. Et je préférerais un endroit où nous ne serons pas dérangés. J'ai réservé les services de ton chef demain soir, à mon chalet.

Il ponctua sa proposition d'un haussement de sourcil la défiant d'objecter. Une onde d'anticipation fusa en elle à l'idée d'un nouveau tête-à-tête. C'était mauvais signe. Mais tout refus se heurterait à un mur, et elle avait assez perdu de temps comme cela sur cette plage. Quant à ce baiser totalement inapproprié…

— Amelie ?

Une note d'acier sous-tendait sa voix. Lui aussi semblait atteindre les limites de son endurance. Une autre fenêtre s'éclaira chez elle. Celle du salon, cette fois. Sa mère la cherchait.

— Entendu. Dîner, demain à 19 heures.

Une lueur triomphale illumina les yeux de son rival. Avant qu'elle n'ait le temps de réagir, il drapa de nouveau sa chemise sur ses épaules.

— Fais de beaux rêves, Amelie.

Elle s'abstint de répondre. Elle savait déjà qu'elle ne dormirait pas.

De retour chez elle, Amelie trouva sa mère dans le salon, en chemise de nuit et robe de chambre. Prostrée dans un fauteuil, une photo d'Esi dans les mains. Son cœur se tordit dans sa poitrine.

— Maa ?

Priscilla leva la tête et la regarda d'un air absent.

— Où étais-tu passée ?

— Je suis allée prendre l'air sur la plage.

— À cette heure ?

Amelie haussa les épaules et une odeur d'après-rasage familière lui emplit les narines. La panique la gagna comme le regard de sa mère se posait sur la chemise d'Atu. Un pli creusa son front ridé. Amelie se hâta de détourner son attention.

— Maa, il faut qu'on parle.

— De quoi ?

— De la station.

Sa mère se voûta un peu plus dans son fauteuil.

— C'est toi la directrice, maintenant. Quel que soit le problème, à toi de le régler.

Amelie était tentée de saisir cette perche. Mais elle savait que sa mère ne lui pardonnerait pas sa fraternisation avec l'ennemi, même involontaire, si elle en avait vent.

— Il faut que tu saches ce qui se passe, Maa.

Priscilla balaya son insistance d'un geste las.

— Cela peut attendre demain, dit-elle en reportant les yeux sur la photo dans sa main.

Amelie la contempla en silence, au bord des larmes. Elle aurait aimé être plus forte face à l'indifférence de sa mère, qui pleurait Esi comme si elle avait été sa fille unique. Parfois, elle aussi avait l'impression d'être morte dans cet accident de voiture qui lui avait volé sa sœur.

4.

— Nous avons un problème.

Amelie leva les yeux de son ordinateur. Maria venait d'entrer dans son bureau, l'air préoccupé. À coup sûr, Atu y était pour quelque chose. Il était un problème pour *elle*. Il ne quittait plus ses pensées, même en pleine réunion. Ces quelques minutes fiévreuses entre ses bras tournaient en boucle dans sa tête. Impossible de se concentrer sur quoi que ce soit.

— Quel genre de problème ? demanda-t-elle.

— Nous sommes en sous-effectif au spa. Dzifa a une urgence familiale et a dû rentrer chez elle.

Amelie hocha la tête. Elle avait vraiment mieux à faire que se soucier d'Atu Quayson. Elle ne voulait pas non plus penser à sa mère, qui avait ordonné à leur gouvernante de ne pas être dérangée de la journée, y compris par sa fille. Une excuse évidente pour éviter leur conversation.

— Je vois. Dans ce cas, échangeons les services. Nous avons deux autres masseuses, n'est-ce pas ?

Maria secoua la tête.

— Elles n'ont aucune disponibilité cet après-midi. Et nous avons une réservation VIP qui ne peut être déplacée.

— Qui est le VIP ?

— M. Quayson.

Évidemment. L'idée qu'une autre femme pose ses mains sur Atu la contraria, comme si… Non, elle n'était pas jalouse. Ce serait absurde. Alors pourquoi ne déplorait-elle pas tant que cela l'indisponibilité de ses masseuses ?

Maria consulta sa montre.

— Le rendez-vous de M. Quayson est dans vingt minutes. Souhaitez-vous que je l'annule ?

Amelie se frotta les tempes, incertaine de la démarche à suivre. D'un côté, annuler allait à l'encontre de ses principes. Mais de l'autre…

— Amelie ?

— Non, répondit-elle. La séance est maintenue.

Maria hocha la tête.

— Dois-je comprendre que vous prenez vous-même le rendez-vous ? Ou préférez-vous remplacer une autre des filles ?

Amelie ignora la boule de chaleur dans son ventre. C'était justement pour faire face à ce genre d'imprévu qu'elle avait suivi une formation de masseuse, trois ans plus tôt. Son diplôme en hôtellerie lui avait appris la nécessité d'être polyvalente, surtout en cas de difficultés financières. Ce ne serait pas la première fois qu'elle enfilait une autre casquette que celle de directrice.

— Je me charge de M. Quayson, déclara-t-elle.

Maria eut un haussement de sourcils dubitatif.

— Vous en êtes sûre ?

— J'y serai dans dix minutes.

Sa gérante partie, Amelie se laissa aller contre le dossier de son fauteuil, en proie à une vive agitation. Ce qui s'était passé sur la plage ne devait pas se reproduire, bien sûr. Mais il y avait autre chose. De retour dans sa chambre, elle avait longuement ressassé leur discussion, déroutée par la réaction d'Atu. Par sa déception et les états d'âme qu'elle avait cru percevoir derrière son discours implacable. Tout cela l'avait presque incitée à considérer son offre…

Mais comment pourrait-elle s'y résoudre ? Il avait beau railler son émotivité en affaires, le fait est que la station et elle ne faisaient qu'un. Son rachat par un Quayson anéantirait sa mère. Il n'avait pas non plus nié avoir ressenti le même malaise qu'elle, ce fameux soir huit ans plus tôt. Quelque chose n'allait pas entre Esi et Fiifi, qu'ils avaient dissimulé derrière une gaieté forcée, en buvant plus que de raison. Atu en avait-il conscience quand il l'avait entraînée à l'écart, dans cette étreinte qui lui avait fait perdre de vue tout le reste ? S'était-il servi d'elle pour oublier ses propres démons ? Auquel cas, accepter sa proposition ne reviendrait-il pas à trahir sa sœur une seconde fois ?

Ses entrailles se nouèrent. Dans un regain de fermeté, elle ouvrit le tiroir de son bureau et en sortit la chemise d'Atu, lavée et repassée. Plus que quelques jours, se répéta-t-elle en se dirigeant vers le spa. Il ne pouvait pas rester ici indéfiniment, n'est-ce pas ?

En attendant, son charisme continuait à faire tourner les têtes partout où il allait. Toutes les femmes se pâmèrent lorsqu'il entra dans le spa, au grand agacement d'Amelie. Son polo dévoilait ses bras musclés, ouvert au col comme pour attirer le regard vers la colonne sensuelle de sa gorge. En pantalon de lin décontracté, il donnait l'image d'un vacancier ordinaire profitant des joies de la vie en station balnéaire. Mais Amelie n'était pas dupe.

Son regard incisif balaya la réception. Il ne semblait pas surpris de la voir là. Était-il au courant de l'absence de Dzifa ? À croire que rien ne se passait à la station sans qu'il le sache. Il marcha droit sur elle, la confortant dans son impression.

— Je suis votre rendez-vous de 15 heures, je crois ? susurra-t-il, les yeux rivés sur sa bouche.

Comme s'il revivait leur baiser de la veille. Amelie affecta un air impassible.

— En effet. Si vous voulez bien me suivre…

Sa courtoisie rigide lui valut un regard amusé.

— As-tu bien dormi ? s'enquit-il alors qu'ils entraient dans la salle de massage.

— Très bien, merci.

Elle ignora son sourire en coin et désigna la table matelassée.

— Je t'en prie, mets-toi à l'aise pendant que je prépare le nécessaire.

Elle se hâta de lui tourner le dos et s'affaira nerveusement.

Une musique douce pour accompagner la séance. Un éclairage tamisé afin de créer une atmosphère relaxante. Tout cela prenait un tour un peu trop intime à son goût…

Ça suffit ! Elle était une professionnelle, non ? Lorsqu'elle se retourna, Atu agrippait l'ourlet de son polo. *Seigneur.*

— Je vais te laisser un instant…

— Inutile. Je ne suis pas prude, dit Atu. D'ailleurs, tu m'as déjà vu plus dévêtu que cela. N'était-ce pas toi qui m'observais derrière tes stores, hier matin ?

Amelie ne s'abaissa pas à répondre.

— Si je puis me permettre, je ne t'imaginais pas amateur de massages, remarqua-t-elle, soucieuse de changer de sujet.

Il haussa les épaules.

— Je suis les conseils de ma mère. Elle dit que je devrais me détendre plus.

Amelie se retint in extremis de lui demander comment elle allait. Sa propre mère la renierait pour cela !

— Tu peux prendre de ses nouvelles, tu sais. Ce n'est pas un crime.

Une fois de plus, il lisait dans ses pensées. Son expression était étonnamment encourageante, dénuée de son sarcasme habituel.

— À quoi bon ? esquiva-t-elle.

— Tu étais sa filleule préférée, as-tu oublié ?

Son cœur se serra dans sa poitrine. C'est vrai. Naana Quayson l'avait toujours entourée d'une affection particulière, quand elle était enfant.

— C'était avant que nos familles se déclarent la guerre, pointa Amelie.

Après l'accident et les doubles funérailles, Joseph Quayson avait usé de tout son pouvoir pour décimer les affaires des Hayford. Son père n'avait eu d'autre choix que de vendre ce qu'il leur restait et déplacer sa famille à Saltpond, leur ultime bastion.

— Perdre un être cher a tendance à faire ressortir le pire des gens, murmura Atu.

Cette déclaration surprit Amelie. Tant de questions se bousculaient sur ses lèvres. Qu'avait-il voulu dire, la veille, en arguant qu'avec lui au moins, elle savait à quoi s'attendre ? L'avait-il volontairement détournée de ce qui se passait entre Esi et Fiifi ce soir-là ? Une part d'elle redoutait d'entendre la réponse. Sa conscience ne le supporterait pas. Alors elle garda le silence.

— Tu peux dresser tous les obstacles que tu veux, il y aura toujours cette connexion entre nous, Amelie. Pour ma part, je refuse de faire comme si elle n'existait pas.

Une onde de feu déferla dans ses veines. Cette connexion, elle aussi l'avait ressentie sur la plage. C'était tout ce à quoi elle pensait depuis…

— Si tu es prêt, je propose que nous commencions.

Sans un mot, il retira son polo. La bouche d'Amelie s'assécha. Oui, elle l'avait vu sortir de l'eau en simple caleçon de bain… Mais de loin, à l'abri derrière ses stores. Et oui, elle avait passé beaucoup de temps dans la piscine des Quayson, adolescente. Là, c'était différent. Son pantalon tomba à son tour, le laissant nu à l'exception de son boxer noir. Amelie retint son souffle.

Aucun de ses fantasmes de jeunesse ne l'avait préparée à la perfection d'Atu vu de près. Son corps sculpté n'avait pas une once de graisse. Ses doigts la démangeaient de tracer le relief saillant de ses pectoraux. Ses jambes aussi étaient musclées, sans paraître sortir d'un catalogue de bodybuilding. Même ses pieds frôlaient l'œuvre d'art ! Quand il s'approcha de la table, elle ne put s'empêcher d'admirer la fermeté de ses fesses. Ce n'est que lorsqu'il arqua un sourcil amusé qu'elle s'aperçut qu'elle restait plantée là comme une idiote avec ses huiles. Évidemment, il avait parfaitement conscience de l'effet qu'il lui faisait.

— Amelie.

— O… Oui ?

Seigneur, elle bégayait, maintenant.

— Détends-toi.

Non, mais quel macho ! Sans attendre ses instructions, il s'allongea à plat ventre sur la table. Par miracle, elle parvint à recouvrer assez de professionnalisme pour faire son travail. Au moins, il ne cherchait pas à discuter pendant qu'elle lui massait le dos, les cuisses et les mollets. Mais lorsqu'il se retourna, impossible d'échapper à son regard pénétrant. Le cœur d'Amelie cognait à tout rompre. La peau d'Atu était chaude sous ses paumes. C'était agréable de sentir ses muscles se délasser sous la magie de ses doigts. *Trop* agréable. Sitôt le massage terminé, elle recula vers la table de préparation pour ranger ses huiles. Dieu merci, elle n'avait pas compromis sa réputation en faisant quelque chose de stupide !

Quand elle se retourna, Atu n'avait renfilé que son pantalon et la fixait avec une intensité troublante.

— Ne me regarde pas comme cela, bredouilla-t-elle.

— Comment ? Comme la femme avec qui j'ai échangé un baiser torride hier soir et qui persiste à nier notre attraction mutuelle ? Combien de temps encore vas-tu nier l'évidence ?

Ses mots la piquèrent au vif.

— Cela s'appelle être professionnel.

— Une qualité que j'admire chez toi, approuva-t-il. Mais notre relation dépasse le cadre du professionnalisme. Ce désir entre nous nous suit depuis huit ans. Pourquoi ne pas le satisfaire une bonne fois pour toutes ?

Amelie étouffa une exclamation, plus excitée qu'outrée. Lorsqu'elle ouvrit la bouche, Atu la devança :

— Si c'est pour démentir, économise ta salive.

— Cela n'a aucune importance, répliqua-t-elle, les poings serrés. Il faut bien qu'un de nous au moins garde la tête froide.

— Je n'ai jamais réussi avec toi, Amelie.

Son cœur manqua un battement. Il y avait une telle flamme dans les yeux d'Atu qu'elle était sûre de s'y brûler si elle approchait. Il la saisit par le poignet et la tira vers lui, jusqu'à la prendre en tenaille entre ses cuisses. Elle aurait pu facilement se libérer, si elle l'avait voulu. Mais elle n'en fit rien. Un pas, puis un second, et elle se retrouva pressée contre lui. Son odeur musquée se mêlait aux senteurs d'huiles essentielles, créant autour d'eux un cocon sensuel qu'elle n'avait aucune envie de dissiper. Le regard d'Atu se posa sur sa bouche.

— Embrasse-moi, intima-t-il, la voix rauque de désir.

— Atu…

— Tu avais aussi murmuré mon nom, ce soir-là. Tu t'en souviens ?

Elle voulut nier, mais ce serait un mensonge et un sacrilège. Ce moment avait tout changé pour eux. Pour leurs familles. Deux dynasties au destin brisé à jamais.

— Ne prétends pas le contraire, Amelie.

La fièvre dans ses yeux se communiquait à tout son être. Mais une ombre l'accompagnait, la même que huit ans plus tôt.

— Pourquoi ? souffla-t-elle, sans vraiment savoir ce qu'elle demandait.

— Parce que certains fantômes du passé ne trouveront jamais le repos. Ce qu'il y a entre nous ne demande qu'à être assouvi.

— Es-tu vraiment en train de suggérer qu'un baiser pourrait tout régler ?

L'excitation perçait dans sa voix. Et il l'entendit, à en croire son sourire suffisant.

— Ce serait un début. Il faut essayer pour savoir, non ?

L'attrait de ses mots était irrésistible. D'elle-même, sa main se posa sur son épaule. Atu pencha la tête et imprima ses lèvres dans le creux de son coude. Un torrent de lave déferla dans ses veines. Il dut la sentir frémir car il recommença. Amelie ne bougeait pas, priant pour qu'il continue. La main d'Atu sur sa taille glissa vers sa hanche, à la fois ferme et caressante.

— J'attends, Amelie.

Son autorité doucereuse la fit frissonner.

— Tu es tellement sexy quand tu te mords la lèvre… Je sais que tu meurs d'envie de m'embrasser.

D'habitude, un tel machisme la hérissait. Alors pourquoi, chez Atu, enflammait-il son désir ? Ses seins pointaient douloureusement sous son corsage. Depuis qu'il avait resurgi dans sa vie, elle faisait de son mieux pour le combattre. Mais Atu Quayson était une force de la nature. Elle avait envie de crier sa frustration, tiraillée par un besoin physique qu'elle n'avait plus ressenti depuis longtemps. Elle y avait succombé quand sa sœur avait eu le plus besoin d'elle et se méprisait pour cela. Il était la dernière personne qu'elle devrait désirer, pour un millier de raisons… Mais aucune ne faisait le poids, en cet instant. Il était là, à portée de main, débordant de vitalité. *Un baiser, un seul.* Quel mal y avait-il à cela ? Et si Atu avait raison ? Qui sait si ce n'était pas la solution à ses tourments ?

— Décide-toi avant que l'un de nous ne meure de suspense ! Par pitié, Amelie, décide-toi !

Rendant les armes, elle leva la tête et pressa sa bouche sur la sienne. Atu grogna de satisfaction. Sa main sur sa hanche se resserra tandis que l'autre capturait sa nuque. Pendant une longue minute, il la laissa le savourer à sa guise. Amelie se délectait de la sensualité de ses lèvres. De ses bras robustes autour d'elle. Mais lorsque sa langue força le passage, le contrôle changea de main.

Atu l'embrassait avec avidité, dévorant sa bouche tel un affamé. Il la hissa sur lui, de sorte qu'ils se retrouvèrent à demi affalés sur la table de massage. Ses seins lourds s'écrasèrent contre son torse dur comme le roc. Sa robe serait tachée d'huile essentielle, mais tant pis. La magie de leur baiser occultait tout le reste. Ses gémissements couvraient la musique douce de fond, rejoints par les sons rauques d'Atu. Le plaisir qu'ils se prodiguaient attisait en elle une flamme née des années plus tôt, qui ne s'était jamais éteinte. Atu était un danger planant sur tous les aspects de sa vie : professionnel, personnel… *sentimental.*

Cette prise de conscience l'arracha à ses bras. Elle bondit en arrière, pantelante. Atterrée par ce qu'elle venait de faire. Mon Dieu, qu'est-ce qui lui arrivait ?

— N'espère pas trouver une excuse pour annuler notre dîner, l'avertit Atu.

Il tenta de la retenir, mais elle le repoussa à deux mains. Son regard dominateur la défiait de braver sa volonté. Elle leva le menton.

— Si c'est le seul moyen de me débarrasser de toi, je serai là.

Un sourire satisfait joua sur ses lèvres. Il récupéra son polo et l'enfila, sous le regard hypnotisé d'Amelie. Elle devait s'en aller, et vite, avant d'aggraver son cas. Les politesses d'usage n'ayant plus vraiment lieu d'être, elle gagna la porte sans un mot.

— Amelie ?

Le cœur battant, elle se retourna.

— Tu donnes d'excellents massages.

Ses joues s'embrasèrent.

— J'espère que tu laisseras une critique positive. Sans mentionner ta façon de me remercier, bien sûr.

Le sourire d'Atu s'évanouit.

— Méfie-toi, Amelie. Faire de moi le méchant de l'histoire pourrait bien finir par se retourner contre toi.

Pourquoi cette menace allumait-elle un brasier entre ses reins ? Peut-être parce que le retour de bâton auquel il faisait allusion ne lui déplairait pas vraiment ? Même maintenant, l'air autour d'eux vibrait de tension inassouvie.

— Tu t'es toi-même proclamé le mouton noir de ta famille. Ne me reproche pas d'y croire quand toutes tes actions le confirment, riposta-t-elle.

Elle quitta la pièce, non sans éprouver une certaine culpabilité. Atu avait raison : elle s'accrochait à sa mauvaise image de lui pour dresser un mur entre eux, tout en y creusant brèche sur brèche par ses mauvaises décisions. Mais l'alternative n'était-elle pas plus dérangeante encore ? Elle le savait depuis longtemps déjà : son béguin d'adolescente pour Atu Quayson s'était mué en quelque chose de plus profond. Quelque chose qui échappait à sa compréhension, mais qui, soupçonnait-elle, avait le pouvoir de bouleverser sa vie.

19 heures arrivèrent trop vite. En chemin vers le chalet d'Atu, Amelie se demanda pour la millième fois si elle avait

fait le bon choix. Même Maria avait émis des réserves quand elle lui en avait parlé, avec un regard furtif à sa tenue. Une robe portefeuille vert jade épousant sa silhouette, imprimée du même motif de *sankofa* que celui du chalet d'Atu. Mais n'avait-elle pas donné sa parole ? Comme toujours avec lui, son orgueil la poussait à prouver qu'elle était une femme forte et indépendante, imperméable à ses subterfuges.

Elle frappa à la porte. Atu lui ouvrit aussitôt. Même habillé de la tête aux pieds, il instillait un désir perfide au creux de son ventre. La chemise blanche immaculée, le pantalon noir, les chaussures parfaitement cirées… tout en lui révélait une sophistication sur mesure. Et ce maudit après-rasage qui semblait l'inviter à se lover contre son torse viril…

— Entre, Amelie.

Son regard ouvertement admiratif ne fit rien pour calmer sa nervosité. Elle le gratifia d'un sourire poli et franchit le seuil. Son cœur vacilla lorsque la porte se referma derrière eux.

— Tu bois quelque chose ?

L'alcool n'était pas son meilleur allié. Mais un petit remontant ne serait vraiment pas de refus.

— Un blanc limé, merci.

Alors qu'il s'éloignait vers le bar, une appétissante odeur de crevettes grillées lui titilla les narines. Elle s'approcha de la porte-fenêtre. Son chef, dans un coin du balcon, préparait leur dîner. Son regard embrassa alors le reste de la scène. La table recouverte d'une nappe blanche. Les bougies dans un candélabre en bois de sa propre création. L'argenterie brillant de mille feux sur le chemin de table en *kente*. Son pouls s'accéléra. Était-ce à cela que cela pourrait ressembler si son vœu le plus secret se réalisait ? Sa solitude lui pesait tellement, parfois…

— J'ai pensé que nous pourrions dîner d'abord, avant de parler affaires.

Atu l'avait rejointe avec son verre. Il sourit lorsque son estomac grogna bruyamment, comme pour rappeler à Amelie qu'elle n'avait rien avalé depuis le petit déjeuner.

— Viens, allons nous installer.

Elle le suivit sur le balcon. Mensah, son chef, la salua joyeusement.

— Bonsoir, Amelie. J'espère que vous avez faim.

— Toujours, quand vous êtes aux fourneaux, répondit-elle avec un grand sourire.

Elle avait subventionné la formation de ce jeune chef talentueux et s'était réjouie quand il avait accepté de venir travailler pour elle. Il était un atout précieux de la station. Sa cuisine contribuait grandement à séduire et fidéliser une clientèle loyale. Mais pour combien de temps encore ? Et si d'ici un an, elle se voyait contrainte de se séparer de certains membres de son personnel, y compris Mensah ?

— Tous tes employés t'appellent-ils par ton prénom ?

Les doigts d'Atu s'étaient crispés sur la chaise qu'il reculait pour elle. Amelie jubila en son for intérieur.

— Quelle importance ? Tu n'es pas jaloux, si ?

L'orage dans ses yeux lui rappela la nature explosive de leur relation, entre affinités secrètes et blessures profondes. N'avaient-ils pas déjà payé un lourd tribut pour cette attirance illicite qui les dépassait tous les deux ?

— Ne gâchons pas une agréable soirée, veux-tu ?

Peut-être parce qu'elle aussi avait éprouvé la même jalousie, elle en resta là. Elle s'assit et sirota son apéritif, tout en admirant le coucher de soleil sur l'océan. Le dîner fut bientôt servi, une délicieuse salade de gambas et de papaye agrémentée d'un zeste de citron. Amelie se surprit à manger avec appétit. Peut-être parce que la conversation, à l'initiative d'Atu, restait légère, sans qu'aucun sujet personnel ou directement lié à leurs affaires ne soit évoqué. À la fin du repas, il déclina l'offre de café. Elle-même fit l'impasse sur le dessert au profit d'un second verre de limé.

Le chef parti avec un généreux pourboire en poche, elle suivit Atu dans le salon. Les plans étalés sur la table lui faisaient de l'œil. C'était tentant d'aller se pencher dessus.

Elle se força à regarder ailleurs et remarqua le sac de voyage près de la porte de la chambre.

— Tu t'en vas ?

La question lui avait échappé malgré elle. Atu leva un sourcil.

— Serais-tu déçue, Amelie ?

— Bien sûr que non, démentit-elle.

L'expression d'Atu se durcit.

— Quelle que soit l'issue de cette discussion, je pars ce soir, oui.

Un inexplicable vide s'ouvrit dans sa poitrine. C'était absurde ! Elle devrait plutôt s'en réjouir. Au moins, elle n'aurait pas d'explication à donner à sa mère. Mais même si elle campait sur ses positions ce soir, l'avenir de la station resterait incertain. Son regard glissa vers les plans. Atu désigna la table d'un geste engageant.

— Allons voir cela de plus près, si tu veux bien.

Amelie ne bougea pas. Ce n'était pas qu'elle craignait de ne pas aimer sa proposition. Au contraire, elle avait peur d'y être trop sensible.

— Essaie de garder l'esprit ouvert, d'accord ? l'encouragea-t-il.

— Facile à dire pour toi.

— On n'a rien sans rien, Amelie. Il faut savoir prendre des risques dans la vie.

Son avertissement de la veille lui revint en mémoire.

— Hier, tu as dit qu'avec toi, je savais à quoi m'en tenir. Que voulais-tu dire ? demanda-t-elle.

Le visage d'Atu se rembrunit.

— Je ne suis pas le seul du Groupe Quayson à vouloir ce rachat, répondit-il après un long silence. Tu le sais, n'est-ce pas ?

Le sang d'Amelie se glaça.

— Ton père ?

— Oui.

— Donc quoi que je fasse, toi et ta famille avez résolu de m'anéantir ?

Atu roula des yeux impatients.

— Ton dernier trimestre passe à peine le seuil de rentabilité. Tu dois à tout prix redresser la barre. Certaines décisions sont difficiles à prendre, mais c'est un mal pour un bien.

— Un bien ? En quoi serait-ce « un bien » de te donner ce que tu veux et de te regarder démanteler la seule chose qui tienne encore ma mère en vie ?

Atu pinça les lèvres, sa frustration palpable. *Bienvenue au club.* Sans répondre, il marcha vers la table et posa son verre de whisky. Pendant un long moment, il resta penché sur ses plans, perdu dans scs pcnsées. Plus les secondes passaient, plus Amelie se sentait fléchir. Elle aussi était curieuse d'examiner ces plans. Elle tressaillit lorsqu'il reprit la parole :

— Je suis prêt à faire un compromis.

Le culot de cet homme !

— Tu oublies que c'est toi qui es en position de quémandeur, pas moi, rappela-t-elle.

Son regard incisif la transperça.

— Quel que soit l'accord que nous concluons, j'accepte que ton nom figure sur le contrat.

Amelie se félicita de lui avoir tenu tête.

— C'est pour cela que tu m'as fait venir ? Pour m'insulter en face ?

— Tu préfères une action hostile ? répliqua-t-il avec véhémence. Je pourrais acquérir tous les terrains alentour, construire un hôtel concurrent et te faire déposer le bilan dans l'année. Alors je n'aurais plus qu'à te racheter pour une bouchée de pain.

Amelie sentit une sueur froide perler entre ses omoplates. Elle dut rassembler tout son self-control pour ne pas trahir à quel point sa menace l'alarmait.

— Au moins, je ne tomberais pas sans me battre.

L'histoire retiendrait que je n'aurais pas cédé aux tout-puissants Quayson.

— Peut-être. Mais ce n'est pas ce qui maintiendra un toit au-dessus de ta tête.

— Pas plus que t'offrir sur un plateau d'argent tout ce à quoi j'ai consacré ma vie, contra-t-elle. Nous sommes dans une impasse. Du moins le serions-nous si j'avais jamais eu le moindre désir de négocier avec toi.

Atu serra les mâchoires, avant de marcher vers la porte-fenêtre d'un pas fulminant. Malgré l'atmosphère volcanique entre eux, les yeux d'Amelie s'attachèrent à sa démarche léonine. À sa carrure de gladiateur. À ses cuisses fermes qui l'avaient retenue captive dans l'après-midi. Les pointes de ses seins se durcirent à ce souvenir. Envoûtée par sa puissance masculine, vibrante de promesse charnelle…

Atu se retourna et surprit son regard sur lui. Pendant une éternité, ils restèrent ainsi, immobiles, les yeux dans les yeux. Un subtil changement s'opéra dans l'air. Soudain, il n'était plus seulement question de l'avenir de la station. En quelques enjambées, il traversa la pièce pour se planter devant elle.

— Dis-moi ce que tu veux, articula-t-il, le visage baissé vers le sien.

Sa voix éraillée fit courir un frisson brûlant sur sa peau. Plusieurs réponses se bousculaient sur ses lèvres, toutes plus inappropriées les unes que les autres. Elle voulait sentir sa bouche sur la sienne à nouveau. Ses mains partout sur son corps. Elle voulait que leurs deux familles enterrent la hache de guerre et que cette station si chère à son cœur prospère à l'instar des hôtels Quayson. Sauf que rien de tout cela n'était possible, puisque l'homme à même d'exaucer ces vœux était aussi celui qui s'acharnait à lui voler ce qu'elle avait de plus précieux.

— C'est entre toi et moi, Amelie. Personne d'autre. Ce que tu diras dans cette pièce restera dans cette pièce.

Elle scruta son visage, en quête d'un signe de sincérité.

Elle voulait tellement le croire ! Contre toute attente, son instinct l'incitait à lui faire confiance. Puis elle se rappela que cela n'avait aucune importance. Seule sa famille comptait. Elle devait lui rester loyale, quoi qu'il arrive, en rejetant tout ce qu'Atu et les siens représentaient. Ce qui ne lui laissait qu'une seule réponse possible…

— Je ne veux rien venant de toi.

5.

Atu peinait à contenir sa frustration. Les appels répétés de son père étaient la raison pour laquelle il écourtait son séjour. Joseph Quayson s'impatientait et exigeait des résultats. Qui sait s'il n'allait pas tenter une autre tactique plus expéditive de son côté ? Atu devait à tout prix rallier Amelie à sa cause. L'image de la jeune femme acculée dos au mur lui nouait l'estomac. Il éprouvait un étrange besoin de la protéger, malgré ses accusations de la veille qui résonnaient encore dans sa tête.

Il avait continué à marcher pendant une heure après leur échange sur la plage, rattrapé par le passé. Il l'avait caché à Amelie, mais il avait bien senti que quelque chose n'allait pas avec Fiifi, ce fameux soir. Il sortait d'une confrontation houleuse avec son père. Un énième rappel qu'il n'était que la béquille de secours de son frère aîné. Aveuglé par le ressentiment, il avait ignoré les signes. Comme certaines remarques de son frère les semaines ayant précédé son anniversaire. Sa consommation d'alcool excessive le soir de la fête. Ses interactions particulièrement tendues avec la sœur d'Amelie. Mais leur relation n'avait-elle pas toujours été tumultueuse, entre violentes disputes et réconciliations théâtrales ? Une histoire à la Roméo et Juliette, sur fond d'hostilité grandissante entre leurs deux familles.

Oui, il avait volontiers fermé les yeux sur tout cela quand Amelie s'était approchée de lui, dans un déhanché sensuel dont elle n'avait sans doute même pas conscience. À croire qu'elle était devenue femme du jour au lendemain ! Ses courbes affolantes avaient éveillé un lui un désir dont il se serait bien passé, lui qui condamnait l'obsession de son frère pour une femme aggravant les frictions au sein de leur famille. Pourtant, l'attirance candide dans les yeux d'Amelie avait suffi à balayer ses réserves. Huit ans plus tard, après leurs baisers langoureux sur la plage et au spa, il n'était pas sûr, s'il pouvait revenir en arrière, de ne pas succomber à nouveau…

Les dents serrées, il revint à leur conversation en cours.

— À quand remontent tes dernières vacances ? demanda-t-il à brûle-pourpoint.

La confusion plissa son joli front.

— Pardon ?

— Ce n'est pas une question piège, Amelie.

Elle eut une de ces moues qu'elle faisait quand elle hésitait sur la réponse à donner. Sa température interne grimpa en flèche. Peut-être était-ce une bonne chose qu'il s'en aille, tout compte fait.

— Je ne m'en souviens pas…

— J'ai une proposition à te faire.

Le regard de la jeune femme glissa furtivement vers sa bouche. Pour son plus grand plaisir. Il aimait ces marques, mêmes infimes, de l'effet qu'il lui faisait.

— Rien d'indécent, rassure-toi. Sauf si tu insistes.

— Dans tes rêves.

Il réprima un sourire. L'animosité qu'elle affichait depuis le début l'avait presque persuadé que son combat était perdu d'avance. Mais ses réactions lui donnaient un autre son de cloche. Non qu'il comptât utiliser leur attraction mutuelle pour arriver à ses fins. Il obtiendrait son accord au rachat de manière strictement professionnelle. Ensuite seulement, il dompterait ce désir qui le tourmentait depuis qu'elle avait fait irruption dans son bureau, une semaine plus tôt.

Non, bien avant cela.

Depuis que la jeune fille timide en pleine découverte de sa sexualité s'était essayée au flirt avec lui, sans savoir quelle bête primitive elle libérait de sa cage. Elle était déjà si séduisante, alors. Son attrait n'avait fait que grandir avec les années.

« Pense à ce que cette femme représente pour notre famille. »

Il ignora les mots de son père. Peut-être était-ce sous ses ordres qu'il menait ce projet. Mais cela ne l'empêcherait pas d'agir à sa manière. Il n'en était pas à son coup d'essai. Il avait amassé des millions en tant que mouton noir des Quayson. Même si une part de lui persistait à chercher l'approbation paternelle. N'était-ce pas pour cela qu'il était revenu ? Gagner son respect ? Obtenir un peu de l'affection qu'il avait si naturellement prodigué à Fiifi ? Il avait beau répugner à l'admettre, l'éternel mépris de son père était comme du gros sel jeté sur une plaie que rien ne semblait devoir refermer.

— Malaisie ou Malte ? À toi de choisir.

La jeune femme cilla. Elle s'était rapprochée de la table pendant qu'il ruminait, jetant des coups d'œil à la dérobée à ses plans.

— De quoi parles-tu ?

Il désigna les plans en question.

— Nous visiterons l'un de mes hôtels, ou les deux, afin que tu voies le produit fini. Cela te donnera une idée de ma vision de ce que cet endroit pourrait être.

Une lueur d'intérêt s'alluma dans ses yeux chocolat, chassée d'un battement de cils. Dieu ce qu'elle pouvait être frustrante !

— Hors de question.

— De quoi as-tu peur ?

Elle pinça les lèvres.

— Pardon ?

— Tu m'as très bien entendu, Amelie. En affaires, si on fait du surplace, on dépérit. C'est la même chose en privé, non ?

Une ombre voila ses traits délicats. À qui pensait-elle, en cet instant ? Il ne savait même pas si elle avait quelqu'un dans sa vie.

— Est-ce pour ta mère que tu t'inquiètes ? Ou y a-t-il une autre raison ? Un petit ami, peut-être ? ne put-il s'empêcher de demander.

Il attendit patiemment sa réponse pendant qu'elle s'étranglait d'indignation.

— Cela ne te regarde pas ! Mais non, je n'ai pas de petit ami.

Elle arqua un sourcil caustique.

— Toi, en revanche, je suis sûre que tu n'as aucun scrupule à embrasser d'autres femmes même quand tu n'es pas célibataire.

Le feu dans ses yeux intensifia celui dans son bas-ventre.

— Est-ce ta façon de me demander si je vois quelqu'un ? la taquina-t-il.

— C'est ma façon de te rappeler que je ne suis pas comme toi, répliqua-t-elle du tac au tac.

Avec surprise, Atu s'aperçut qu'il se délectait de leur joute verbale. La fougue d'Amelie avait réveillé quelque chose en lui, le tirant de l'ennui dans lequel il se morfondait depuis plusieurs années maintenant. Il s'approcha de la table et inhala son doux parfum. C'était s'aventurer en terrain glissant, mais impossible de résister. Exactement comme huit ans plus tôt.

Sauf qu'elle ne flirte pas avec toi, cette fois.

Un sourire joua sur ses lèvres. Peut-être pas. Mais il ne disait jamais non à un défi.

— Ai-je dit quelque chose de drôle ? grinça-t-elle.

— Tu sais que tu es ravissante quand tu es fâchée ?

Sa main se crispa sur son verre.

— Je ne suis pas fâchée.

— Jalouse, alors ?

Après en avoir lui-même fait l'expérience en la voyant sourire au chef, il savourait sa revanche. Elle détourna les yeux.

— Pouvons-nous reprendre là où nous en étions ? Au sujet de tes plans…

— Je ne vois personne, pour ton information. Tu peux rentrer les griffes.

Sa moue excédée était si sexy qu'il dut prendre sur lui pour ne pas l'effacer d'un baiser.

— Alors ? Malte ou Malaisie ?

Elle promena un regard empreint d'envie sur les plans, avant de secouer la tête.

— Je ne peux pas.

— Ce n'est pas ce que j'ai demandé.

Le favoritisme flagrant de ses parents envers son frère aîné avait appris très tôt à Atu à s'affirmer. Pour être pris au sérieux, il devait imposer ses revendications. Se faire entendre ou se faire marcher dessus. Il s'était endurci contre des émotions qui ne lui auraient valu que le mépris de son père et la pitié de sa mère. Cela lui avait réussi en affaires. Chaque jour, il en récoltait les fruits. Ce qu'il voulait, il l'obtenait, d'une façon ou d'une autre.

La jeune femme exhibait tous les signes d'un farouche conflit intérieur. Pour finir, ses épaules s'affaissèrent.

— Malaisie, murmura-t-elle.

Atu exulta. Si cela ne tenait qu'à lui, il lui aurait fait faire ses valises sur-le-champ.

— Depuis combien de temps Maria te seconde-t-elle ? questionna-t-il.

— Presque depuis aussi longtemps que je suis directrice. Pourquoi ?

— Elle peut donc te remplacer au pied levé ?

Le jour se fit sur le visage d'Amelie.

— Tu ne suggères quand même pas…

— De prendre une décision radicale pour éviter le naufrage ? Si, c'est exactement ce que je suggère.

Il s'attendait à une riposte cinglante. Mais la jeune femme se contenta de soupirer.

— Ma mère ne comprendrait pas.

Sa soudaine vulnérabilité toucha une corde sensible en lui. Il savait mieux que personne ce que c'était d'aller à l'encontre de la volonté d'un parent. Mais n'était-ce pas pour la raison inverse qu'il était là ? Il avait beau être fier de sa réussite en dehors de la sphère d'influence de sa famille, il restait un Quayson. Peut-être une part de lui essayait-elle de se racheter pour son éloignement passé. Huit ans plus tôt, son père avait juré de lui couper les vivres et de le déshériter. Il avait mis sa première menace à exécution. Mais après avoir perdu un héritier, il avait dû reconsidérer la seconde au risque de s'aliéner ses deux fils restants. Amelie et sa mère verraient les choses différemment dans un an ou deux, quand il aurait remis leur station à flot. Certes, elle ferait partie de l'empire des Quayson. Mais il n'avait jamais prétendu être un saint.

La jeune femme se mordait la lèvre, comme toujours quand elle était indécise. Le désir frémit dans ses veines. Non, pas question de répéter leur baiser de l'après-midi. Il n'était peut-être pas un saint, mais céder à ses pulsions physiques serait malvenu. Surtout avec l'ultimatum de son père planant au-dessus de leurs têtes.

— Je peux envoyer quelqu'un parler à ta mère si tu le souhaites…

— Je te l'interdis !

La véhémence d'Amelie lui rappela les rumeurs au sujet de Priscilla Hayford selon lesquelles elle vivait désormais en recluse, brisée par les pertes successives de sa fille aînée et de son mari. Il se demanda si elles étaient fondées… Et jusqu'à quel point son propre père était coupable. Un goût amer lui emplit la bouche.

— Très bien. Je te laisse t'occuper de ta mère comme tu l'entends.

La jeune femme prit un air buté qui cachait mal sa vulnérabilité.

— Tu parles comme si j'avais déjà accepté…

— Je ne t'ai pas entendue dire non.

Il consulta ostensiblement sa montre.

— J'ai un rendez-vous à Accra demain à la première heure. Quelle est ta réponse, Amelie ?

Maintenant qu'il avait son assentiment tacite, il éprouvait le besoin féroce de l'emmener avec lui. Là, tout de suite. Ne serait-ce que pour échapper quelque temps aux exigences vindicatives de son père.

— Je viens à une condition.

— Je t'écoute, dit-il avec un frisson d'anticipation.

— Si je ne suis pas convaincue par ce que je vois en Malaisie, tu me laisses tranquille.

L'idée de s'effacer de la vie d'Amelie lui déplut. Oh ! il ne doutait pas que visiter son hôtel ne lui fasse changer d'avis. Mais se plier à cette condition était hors de question. Il ignorait pourquoi il se braquait de la sorte et préférait ne pas s'appesantir sur la question.

— Non, je refuse. De toute façon, tu ne pourras qu'approuver ma vision des choses et accepter mes termes.

La jeune femme poussa une exclamation outrée.

— Ton arrogance ne connaît aucune limite, n'est-ce pas ?

Sa satisfaction se mua en feu dévorant comme les yeux d'Amelie glissaient vers sa bouche.

— Aucune. Tu m'en remercieras quand tu seras récompensée pour m'avoir donné ce que je veux.

Amelie but une gorgée de champagne, servi par une charmante hôtesse de l'air tirée à quatre épingles. Si seulement ses doigts voulaient bien cesser de trembler ! L'alcool pétillant ne réussit pas à calmer ses nerfs. Dieu seul savait comment elle avait trouvé la force de faire sa valise. Ou de monter dans la luxueuse berline envoyée par Atu pour la conduire à Accra ce matin, après sa terrible dispute avec sa mère.

Le regard qu'elle lui avait jeté quand elle lui avait annoncé qu'elle accompagnait Atu Quayson en Malaisie… Le choc sur ses traits avait rapidement cédé la place à la déception, puis à la fureur. Les reproches avaient plu sur elle et son échec à tenir à l'écart cette « maudite famille » de leur précieux héritage.

— Ils menacent de nous racheter, Maa, avec ou sans notre coopération, avait-elle plaidé. J'ai besoin de temps pour réfléchir à une issue.

— En partant en escapade avec le fils Quayson ? avait répliqué sa mère, acide. Tu es une Hayford. Ton rôle est de les envoyer au diable. Mais non, toi, tu accueilles l'ennemi sous notre propre toit !

Amelie avait senti le sol se dérober sous ses pieds.

— Tu étais au courant ?

— Bien sûr ! Ce n'est pas parce que je ne m'implique pas activement que je ne suis pas ce qui se passe. Ces vautours nous ont tout pris. Cet endroit est tout ce qu'il nous reste, maintenant.

— Mais tu n'en parles jamais, avait bredouillé Amelie. Si seulement…

Elle s'était tue, répugnant à lui avouer ce qu'elle ressentait face à son repli volontaire, comme si elle n'avait que faire du présent ou de la fille qu'il lui restait.

— Si seulement quoi ? Je te tenais par la main en te félicitant d'avoir fait de ton mieux ?

Oui ! avait supplié l'enfant tapie en elle, avide de quelques miettes d'encouragement. Était-ce trop demander ? Elle redoutait d'entendre la réponse. Et si sa mère lui disait qu'elle ne méritait pas d'être aimée comme sa sœur aînée ? Que le peu d'amour qu'il lui restait, elle préférait le consacrer à sa fille perdue plutôt qu'à celle qui s'occupait d'elle jour après jour, bien vivante à ses côtés ? Amelie n'avait pas voulu se voir rappeler que ses parents, bien qu'en adoration devant Esi, avaient toujours rêvé d'avoir un garçon. Mettre au monde une seconde fille avait été une déception dont ils ne s'étaient jamais remis.

Sa mère, pendant ce temps, continuait à l'accabler de critiques.

— Qui te dit qu'il ne fait pas exprès de t'éloigner pour laisser le champ libre à son père ou à son frère ?

Pour une raison mystérieuse, cette accusation l'avait froissée, et elle s'était surprise à défendre Atu :

— Si c'était vraiment son but, il aurait agi depuis son bureau à Accra. Rien ne l'obligeait à faire le déplacement.

En avançant cet argument, elle s'était aperçue qu'elle y

croyait. Elle appréciait qu'il soit venu lui parler en face, au lieu de se cacher derrière ses avocats.

— Mon Dieu, tu prends sa défense, maintenant ? s'était exclamée sa mère d'un air atterré.

La culpabilité lui avait brûlé les joues.

— Non. Mais si tu suis ce qui se passe, tu dois savoir que nous avons de plus en plus de mal à joindre les deux bouts. Je n'ai pas le choix…

— Ton père, lui, aurait trouvé une solution, avait-elle marmonné en lui tournant le dos, mettant un point final à leur conversation.

Une fois de plus, elle la repoussait. Amelie avait pris sur elle, comme toujours, dissimulant sa peine pour ne pas faire souffrir sa mère davantage. Peut-être était-ce par lassitude qu'une part d'elle, en fin de compte, s'était réjouie de prendre des vacances. Même si c'était avec Atu.

Maria avait d'abord eu des doutes quand elle l'avait mise au courant, avant de lui témoigner soutien et bienveillance. Amelie en avait eu les larmes aux yeux. Au moins, sa station bien-aimée serait entre de bonnes mains pendant son absence. Savoir cela avait été un réconfort au moment de passer la douane à l'aéroport d'Accra, où attendait un jet privé orné d'un large Q doré, logo des Quayson. L'intérieur somptueux l'avait laissée sans voix. Une équipe composée de deux pilotes et quatre hôtesses de l'air l'avait accueillie à bord, l'informant que M. Quayson ne tarderait pas à arriver. Puis ils s'envoleraient pour Kuala Lumpur, avec une brève escale à Dubaï pour ravitaillement.

Amelie avala une autre gorgée de champagne. Qui sait ? Peut-être ces quelques jours en Malaisie l'aideraient-ils à prendre du recul et à trouver une solution qui ne plonge pas sa mère dans le désespoir. Autant croire aux miracles…

Perdue dans ses pensées, elle ne sentit la présence d'Atu que lorsqu'il s'arrêta à sa hauteur. Seigneur, comment faisait-il pour être toujours aussi sexy ? Sa simple proximité mettait son cœur dans tous ses états. En treillis et polo près du corps, il exsudait une confiance en lui absolue. Le regard pénétrant qu'il posa sur elle fit voleter des papillons dans son ventre.

— Le voyage depuis Saltpond s'est bien passé ? s'enquit-il de ce timbre suave qui érodait ses défenses les plus solides.

Elle s'éclaircit la gorge.

— Oui, merci, répondit-il avec une légèreté forcée.

— Qu'y a-t-il ? Et ne me réponds pas « rien ».

Décidément, aucun détail ne lui échappait.

— Ma mère n'a pas bien pris la nouvelle, admit-elle en soupirant.

— Mais tu es venue quand même.

Les papillons dans son ventre se multiplièrent. Elle secoua la tête.

— Je n'ai pas envie de parler d'elle. Ni de nos familles.

Il continua à la scruter quelques instants, avant d'appeler une hôtesse de l'air qui s'approcha avec empressement.

— La même chose, dit-il en désignant sa flûte de champagne.

Quelques minutes plus tard, il s'installait en face d'elle, sa propre flûte à la main. Les deux pilotes s'étaient retirés dans le cockpit et le personnel de bord s'affairait en vue du décollage. Mais Amelie ne s'intéressait qu'à Atu, dont la carrure volontaire emplissait son champ de vision. Son après-rasage citronné court-circuita ses sens lorsqu'il se pencha en avant :

— J'ai deux propositions à te faire.

Elle eut un rire nerveux.

— J'ai encore des doutes sur la dernière à laquelle j'ai consenti…

— Celles-ci pourraient contribuer à les dissiper, affirma-t-il, énigmatique.

Le jet cahota sur le tarmac et un peu de champagne se renversa de son verre. Spontanément, elle lécha les gouttes sur ses doigts. Un grognement audible s'échappa de la gorge d'Atu. Enhardie par cette réaction, elle lui décocha un sourire mutin.

— Eh bien, je t'écoute.

Il semblait avoir du mal à garder le fil de leur échange. C'était à la fois excitant et jubilatoire.

— Faisons une trêve, offrit-il. Pas de mention du passé, sauf si nous décidons tous les deux d'en parler.

Ce qui laissait le sujet du rachat de la station… et celui qui la hantait depuis trop longtemps, plus tabou encore que leur vendetta familiale. Même d'autres questions, comme les vraies raisons qui l'avaient poussé à s'éloigner de sa famille, étaient reléguées en arrière-plan face à leur inexpugnable attraction physique. Un point qu'Atu semblait bien décidé à aborder, au vu de son regard de braise sur elle. Son cœur s'emballa.

— Tu as évoqué deux propositions. Quelle est la seconde ?

Le jet prenait de la vitesse sur la piste. Bientôt, ils s'envoleraient dans les airs, loin du fardeau de ses responsabilités. Du vide laissé par la mort de sa sœur et de son père. Depuis des années, préserver leur héritage familial était tout ce à quoi se résumait son existence. Certains nœuds dans ses épaules, avec lesquels elle avait appris à vivre au quotidien, se relâchèrent comme la main d'Atu se refermait sur la sienne. Le désir sans fard sur ses traits lui coupa le souffle.

— Je te veux dans mon lit, Amelie. Je veux te sentir sous moi. J'ai *besoin* de te faire mienne.

« Nous voiler la face ne réglera rien. »

Les mots d'Atu sur la plage résonnèrent dans sa tête.

— Si j'accepte ta… proposition, ce sera selon mes termes, décréta-t-elle. Tu as mené la danse jusque-là. Cette fois, le choix me revient.

Elle percevait son besoin de la dominer sur ce plan-là aussi. Un besoin sans doute gravé dans son ADN. Il était un pur mâle alpha, habitué à ce qu'on se plie à sa volonté. Mais elle tint bon. Pas question de laisser son propre désir la pousser à la soumission. Un mélange de frustration et d'admiration fit briller ses yeux d'ébène. Il leva sa flûte dans un toast.

— Si tu comptes me résister, je me réserve le droit de te rendre la tâche impossible. C'est ma dernière offre.

Était-ce la sensation grisante de liberté ? Le soulagement

d'avoir laissé ses problèmes derrière elle ? Elle se pencha en avant, sa flûte à la main.

— Je relève le défi, dit-elle en la choquant contre la sienne, juste au moment où l'avion quittait la terre ferme.

Ils sirotèrent leur champagne tandis que la ville rapetissait en dessous d'eux. Quand le jet perça les nuages, elle vit les épaules d'Atu se détendre perceptiblement.

Comme si lui aussi avait eu besoin de s'évader.

C'était absurde. Lui et sa famille régnaient sur Accra. Entre les mines d'or, les hôtels de luxe et leurs nombreux intérêts bancaires, ils jouissaient d'une fortune et d'un statut social inégalables. Si les deux hommes étaient initialement proches, Amelie soupçonnait que c'était l'obsession de son père à égaler Joseph Quayson et son échec à y parvenir qui avaient creusé un fossé entre eux. La mort tragique de leurs aînés dans le même accident avait sonné le glas de leur amitié.

Atu se mit à l'aise dans son siège, s'exhibant avec désinvolture. Il surprit son regard sur lui avant qu'elle n'ait le temps de tourner la tête. Elle ouvrit la bouche, seulement pour s'apercevoir qu'elle n'avait aucune envie de parler affaires. Ni de sexe. Trop risqué dans son état. Ce qui rendait toute discussion impossible. Qu'est-ce qui la retenait, alors, de capituler là, maintenant, malgré ses beaux discours ?

Son dilemme devait se lire sur son visage car un sourire incurva les lèvres d'Atu.

— Ne me dis pas que ta petite condition te pose déjà problème ? la nargua-t-il.

Elle saisit le premier sujet qui lui passait par la tête.

— Pas du tout. Je me demandais simplement pourquoi tu étais revenu au Ghana, étant donné ton succès en Asie et en Europe.

Son sourire s'effaça.

— Cela tombe sous le coup de notre accord de non-discussion.

Son ton cassant donna à Amelie le sentiment que ses raisons étaient d'ordre privé. Ses rapports familiaux étaient-ils aussi difficiles que les siens ? Cela leur ferait un point commun inattendu.

— Et toi, pourquoi n'as-tu pas de petit ami ?

Ce fut à son tour d'être désarçonnée.

— Pardon ?

— Une belle femme comme toi, célibataire ? Ce ne doit pourtant pas être les prétendants qui manquent.

— Mon célibat est un choix.

Elle n'allait pas lui avouer qu'aucun homme n'avait jamais réussi à l'intéresser. Lui seul éveillait en elle des sensations qui lui donnaient envie d'aller plus loin. Son regard brilla d'un éclat possessif. Ou avait-elle rêvé ? Elle n'eut pas le temps de s'attarder sur la question. Atu avait ouvert son attaché-case et en sortit une épaisse brochure qu'il lui tendit. Un catalogue des activités disponibles au Q Cove Hotel.

— Fais une liste de ce que tu aimerais faire pendant ton séjour. J'ai plusieurs appels à passer. On se retrouve plus tard.

Amelie le regarda s'éloigner avec déception. Maintenant qu'elle avait accepté de le suivre jusqu'ici, elle s'était attendue à ce qu'il profite de son avantage. Quelle idiote ! Évidemment qu'il adoptait la stratégie inverse. Ne s'était-elle pas livrée à lui pour les deux semaines à venir ? Peut-être se lassait-il déjà d'elle. Un peu comme un prédateur assuré de sa victoire. Elle serra les dents. Elle n'était la proie de personne ! Alors pourquoi se mettait-elle dans un tel état ? Elle se sentait… oui, démunie.

Irritée contre elle-même, elle se mit à feuilleter la brochure. L'hôtel proposait un éventail impressionnant de services respectueux de l'environnement et des principes de développement durable. Un lac artificiel alimenté par la pluie approvisionnait toute la structure en eau et électricité, ce qui la rendait autosuffisante à cent pour cent. L'essentiel de la nourriture était produit localement et le recyclage mis en place dépassait de loin celui de sa propre station. Chaque morceau de tissu utilisé provenait de réseaux écorespon-sables, y compris les uniformes des employés. Les clients eux-mêmes étaient encouragés à voyager léger et à réduire par eux-mêmes leur empreinte carbone.

Amelie était un peu jalouse, elle devait l'admettre. Elle cocha plusieurs cases au hasard, persuadée que la réalité serait forcément en deçà de ses attentes.

Atu réapparut lors de l'escale à Dubaï. Aucun jeu de séduction, cette fois. Il se comporta en hôte irréprochable, laissant Amelie plus perplexe que jamais.

— Le déjeuner sera servi dans quinze minutes, annonça-t-il.

Ils mangèrent dans un silence confortable. Le repas terminé, le jet redécolla et Atu sortit sa tablette.

— J'ai quelques affaires à régler. Il y a une chambre si tu veux te reposer.

Elle suivit son regard vers la porte à l'arrière. Une vague de chaleur l'inonda. Elle n'avait qu'un mot à dire pour enfin exaucer les fantasmes dont Atu lui avait donné à plusieurs reprises un délicieux prélude. Mais était-elle vraiment faite pour le sexe sans lendemain ? Ou réfléchissait-elle trop ? Leur liaison serait purement physique. Rien à voir avec la relation mélodramatique entre Esi et Fiifi. Pas de sentiments, pas de cœur brisé…

— Amelie ?

Elle leva la tête.

— Quoi ?

Atu lui désignait la brochure avec un sourire en coin.

— Je te demandais si tu avais fait ton choix.

— Hum, oui.

Il étudia ses réponses.

— Pêche sous-marine, planche à voile et descente en rappel ? Tu es sûre ? C'est courageux pour quelqu'un qui avait peur d'approcher de la piscine, autrefois…

Amelie déglutit. Seigneur, elle avait vraiment coché n'importe quoi ! Mais le plus troublant était qu'il se souvienne de cette vieille histoire. Enfant, elle avait d'abord eu peur d'aller dans la piscine des grands. C'étaient les taquineries d'Atu qui l'avaient décidée à faire le grand plongeon.

— Sûre et certaine. Je ne suis plus une gamine, figure-toi.

— J'avais remarqué.

Le sous-entendu flotta entre eux, chargé d'une intensité qui se reflétait dans ses prunelles sombres.

— Et toi, pourquoi n'as-tu pas de petite amie ? demanda-t-elle.

La question avait jailli spontanément de ses lèvres. Il arqua un sourcil.

— Quoi ? Tu as le droit de me poser la question, mais pas moi ?

Le désir flamboya dans ses yeux. Un désir brut et pleinement assumé.

— Parce que j'aime les défis, et qu'ils se faisaient rares…

Jusqu'à maintenant. Ces mots tacites emplirent le silence de leur promesse charnelle. Elle faillit rétorquer qu'elle n'était pas une banale distraction, mais n'était-ce pas ce dont ils avaient convenu ? Du sexe sans attaches, loin du jugement de leurs familles, le temps de dissiper cette attraction persistante entre eux ? Au fond, n'était-elle pas excitée à l'idée de se confronter à lui d'égal à égale ?

Attention à ne pas jouer avec le feu…

— Il y a des défis plus risqués que d'autres. Et si tu te laissais dépasser ?

Atu partit d'un grand rire qui métamorphosa son visage. Amelie en eut des frissons. Soudain, elle redevenait l'adolescente d'autrefois, témoin invisible du charme ravageur d'Atu auquel nulle femme ne résistait. Son rire s'évanouit aussi vite qu'il était venu, tel un mirage faisant douter qu'il ait jamais existé.

— Merci pour la mise en garde. Mais je doute qu'elle soit nécessaire.

— Qu'est-ce qui te fait dire cela ?

Le regard dont il l'enveloppa était froid et cynique.

— Parce que aucune femme ne s'est jamais montrée à la hauteur de ce qu'elle promettait. Toutes agissent par calcul derrière leur beauté superficielle et leurs émotions surjouées.

Amelie eut l'impression de recevoir une gifle. Elle se raidit instinctivement.

— Quel incurable romantique tu fais, répartit-elle avec une ironie grinçante. J'en déduis que tu as renoncé à l'amour ?

Elle s'attendait à un de ses sarcasmes habituels. La violence de sa réaction la prit complètement au dépourvu.

— L'amour ? cracha-t-il, le visage déformé par l'amertume. L'amour est une illusion qui a tué ta sœur et mon frère. Évite de brasser de telles sottises à la légère, Amelie. Des gens en paient le prix de leur vie, sans parler de celles à jamais meurtries qu'ils laissent derrière eux.

Pétrifiée, Amelie le regarda bondir de son fauteuil et s'en aller d'un pas furieux, sans un regard en arrière.

6.

Atu claqua la porte derrière lui, plus en colère contre lui-même que contre Amelie. À quand remontait la dernière fois qu'on avait osé prononcer ce mot devant lui ? Il avait toujours refusé de parler du frère qu'il admirait tant avant de le perdre. Tout comme il s'était toujours interdit d'analyser les raisons derrière l'étrange comportement de Fiifi juste avant sa mort. Jusqu'à ce qu'Amelie aborde le sujet sur la plage…

L'amour. Roméo et Juliette.

Quel tissu d'inepties ! Par amour, son frère avait décidé de quitter la famille et de tout laisser derrière lui. Il le lui avait annoncé en toute confidentialité. Atu l'avait supplié de changer d'avis. Il savait déjà qu'il ne serait jamais un digne remplaçant aux yeux de son père. Que son indifférence à son égard ne ferait qu'empirer si Fiifi s'enfuyait avec Esi Hayford, loin de l'hostilité qui opposait leurs deux clans. Plus que tout, il haïssait voir Fiifi se ridiculiser pour une femme capricieuse, toujours prête à le rendre jaloux. C'était leur relation malsaine qui lui avait fait perdre la tête, jusqu'à provoquer l'accident fatal.

Tout cela au nom de l'amour.

Même avant cela, Atu avait compris que les sentiments étaient source de désagréments. Mieux valait les étouffer dans l'œuf. Pire, ils devenaient une arme quand ils étaient manipulés par des personnes cruelles. Comme son père. En public, Joseph Quayson professait aimer ses trois fils de la même façon. Un mensonge éhonté. En privé, Atu et son jeune frère Ekow se voyaient rappeler chaque jour qu'ils valaient moins que leur illustre aîné. Fiifi était l'héritier. Eux n'étaient là que pour consolider son piédestal.

Au début, Atu s'était résigné à son rôle d'éternel faire-valoir. Il respectait les règles et rentrait dans le rang, dans l'espoir que cela lui vaille un jour le respect de son père. En vain. La froideur de ce dernier, et son propre refus grandissant de sacrifier ses ambitions, avaient creusé un fossé entre eux bien avant cette soirée tragique. La pression de devoir prendre la place de son frère décédé avait mis le feu aux poudres. À cela s'ajoutaient les liaisons de son père, preuve que le mariage de ses parents n'était qu'une union de convenance destinée à préserver les apparences.

Une grimace lui tordit les lèvres. Non, le grand amour n'existait pas. Ce n'était qu'un prétexte pour justifier ses actions les plus déplorables. Voilà pourquoi dès l'adolescence, il avait choisi de ne pas s'encombrer de relations sérieuses. Le sexe pour le sexe lui suffisait. Du moins était-ce le cas avant qu'il ne commence à se lasser de ces aventures sans saveur, toujours plus ou moins les mêmes.

Lui qui se targuait d'être un roc… Quelle ironie que ce soit sa corde sensible qui l'ait ramené dans le giron familial ! Sa mère l'avait imploré en larmes de rentrer. Son père, face à son rapide déclin, lui avait enjoint de ne pas déshonorer davantage sa famille en tournant le dos à son devoir. Même Ekow avait insisté, la tension dans sa voix indiquant qu'il approchait du point de rupture. Atu n'avait pas eu le cœur de dénoncer le chantage affectif de son père, qui affirmait que c'était ce que Fiifi aurait voulu. Il était donc rentré, malgré de nombreux questionnements. Avait-il vraiment fait le bon choix ?

Sa famille n'était pas seule responsable de son agitation. Son regard se posa sur la porte le séparant d'Amelie. De toutes les femmes, il avait fallu que ce soit elle qui déchaîne en lui les affres de la passion. Une passion telle qu'il n'en avait jamais connu avant, avec personne. La balle était dans son camp. Mais il avait promis de lui rendre la tâche difficile et il tiendrait parole. Il devait à tout prix se libérer de cette folie.

Se libérer des Hayford.

Il carra les épaules avec détermination. Huit ans plus tôt, il n'avait rien pu faire pour son frère. Aujourd'hui, il ferait d'une pierre deux coups. Il vaincrait leur ultime ennemi, tout en s'affranchissant de l'emprise d'Amelie sur lui. Une bonne fois pour toutes.

Le Q Cove Hotel était un paradis. La station balnéaire rêvée d'Amelie, qu'Atu avait su transformer en réalité. Ici, en Malaisie, dans cet écrin immaculé de la côte Desaru, niché entre une mer limpide et une luxuriante jungle tropicale. L'endroit était encore plus magnifique vu du ciel, depuis l'hélicoptère venu les chercher à l'aéroport de Kuala Lumpur. Q Cove surpassait mille fois sa propre station, tant en taille qu'en confort.

— Tout ce que tu vois ici fonctionnera aussi bien à Saltpond avec l'océan à ses pieds…

Amelie n'écoutait que d'une oreille distraite, encore préoccupée par le changement d'attitude d'Atu. Il l'avait rejointe vingt minutes avant l'atterrissage, en mode charmeur comme si leur échange houleux n'avait jamais eu lieu. Elle ne savait plus sur quel pied danser. Qu'avait-il voulu dire par cette tirade cynique ? Et qui lui avait planté ces idées dans la tête ? L'accusation voilée contre sa sœur ne lui avait pas non plus échappé. Mais son instinct l'avait dissuadée d'insister. Car n'y avait-il pas une once de vérité dans ses propos ? Enfant, elle avait cru pouvoir toujours compter sur l'amour de sa mère, seulement pour le voir se diluer dans un chagrin insurmontable. Était-ce cela, l'amour ? Avait-elle vécu dans une bulle avant que ses œillères ne tombent ?

Esi, pourtant, avait profondément aimé Fiifi Quayson, sous les yeux béats d'Amelie, à la fois envieuse et inquiète de la force de ses sentiments. Peut-être y avait-il autant d'amours différents que de personnes ? Doutant qu'Atu ait envie d'entendre cela, elle s'était retirée dans la chambre. La pièce était aussi luxueuse que le reste du jet. Mais impossible de s'y reposer en sachant qu'Atu avait dormi dans ce même lit, sûrement avec d'autres femmes… Pour finir, elle était retournée s'asseoir dans son siège, l'esprit plus agité que jamais.

Elle l'observa à la dérobée alors que l'hélicoptère se posait. Son seul but en l'amenant ici était de mettre la main sur le dernier bastion des Hayford. Elle ne devait pas l'oublier. Les pales tournaient encore lorsqu'il sauta de l'appareil et lui tendit la main pour l'aider à descendre. Le riche air marin se mariait aux effluves végétaux de la jungle, si bien qu'elle avait l'impression d'inhaler la nature elle-même.

Un courant électrique la traversa quand sa main toucha celle d'Atu. Ce n'était pas pour la rassurer. Surtout maintenant qu'elle connaissait sa position sur les relations sentimentales. Elle pinça les lèvres comme un trio s'avançait à leur rencontre.

— Bienvenue, monsieur Quayson, lança un homme dans la trentaine.

Atu répondit par un sourire cordial avant de faire les présentations :

— Amelie, je te présente Irfan, mon directeur adjoint, et ses assistantes, Nur et Michelle. Voici Amelie, qui séjournera avec moi à la villa.

Elle salua les trois employés, le cœur battant. À la villa ? Avec lui ? Tandis qu'ils s'approchaient d'un buggy électrique, elle se pencha vers Atu.

— Je croyais que je logerais à l'hôtel ?

— Impossible, nous sommes complets toute l'année, répondit Atu. Il y a une liste d'attente de sept mois.

Amelie ouvrit des yeux ronds.

— Tu plaisantes ?

Sa stupéfaction parut l'amuser.

— Vérifie auprès d'Irfan si tu ne me crois pas.

— Et la villa ? Pourquoi est-elle inoccupée ?

— Parce que c'est une propriété privée. Mais ne t'inquiète

pas. Je ne vais pas nous faire dormir dans le même lit comme dans ces films clichés.

Amelie ne savait si elle devait être soulagée ou déçue. Elle en resta là, Irfan les ayant rejoints. Ils montèrent dans le buggy pendant que Nur et Michelle supervisaient le déchargement de leurs bagages.

— Souhaitez-vous visiter l'hôtel maintenant, mademoiselle Hayford ? s'enquit le directeur adjoint.

Bien qu'impatiente d'explorer les lieux, elle ne se sentait pas très fraîche. Le vol de dix-huit heures, même en luxueux jet privé, l'avait fatiguée. Et de toute façon, elle n'arriverait à se concentrer sur rien tant qu'elle ne saurait pas exactement ce qu'Atu manigançait.

Il dut deviner son état d'esprit car il la devança :

— La visite peut attendre, Irfan. Laissons à Mlle Hayford le temps de s'installer et de prendre un rafraîchissement.

Le directeur adjoint acquiesça avec déférence.

— Bien sûr, monsieur Quayson. Une collation vous sera servie d'ici peu. Le personnel se tient à votre disposition pour tout ce dont vous auriez besoin.

Ils approchaient d'un bâtiment blanc au toit plat d'où dépassait de la végétation. Des employés en uniforme irréprochable s'affairaient avec le sourire auprès des clients présents dans le hall baigné de soleil.

— Y a-t-il quoi que ce soit d'autre que je puisse faire ?

— Ce sera tout, merci, Irfan, dit Atu.

— C'est vert partout, commenta Amelie en promenant des yeux émerveillés autour d'elle.

— Oui. Chaque suite a été construite sous un arbre ou avec un jardin sur son toit, dans un esprit de communion avec la nature.

Les suites en question devenaient de plus en plus spacieuses et isolées à mesure qu'ils s'éloignaient du bâtiment principal. Son cœur s'arrêta lorsque se dressa devant eux la villa d'Atu. Construite entre deux immenses acacias, sa façade couverte de cytise grimpant et son bardage en bois clair se fondaient harmonieusement dans la jungle. De larges baies vitrées reflétaient la végétation environnante, et un chemin pavé conduisait à la plage toute proche, connectant naturellement les arbres et l'océan. L'effet était à couper le souffle.

— Mon Dieu, c'est magnifique ! s'exclama Amelie, sous le charme.

Atu se gara devant une large porte en tek sculptée, puis sauta du buggy et l'aida à descendre. Une fraîcheur bienvenue régnait à l'intérieur. Ses pas résonnaient sur l'élégant carrelage de l'entrée, égayée par quelques touches de couleur sous la forme d'œuvres d'art locales. Le salon où il l'entraîna ensuite la laissa bouche bée. Tous les murs étaient vitrés, s'effaçant devant la majesté de la forêt tropicale. Atu appuya sur un bouton et un panneau de verre coulissa sans bruit. Le concert de chants d'oiseaux était absolument magique. Un autre son s'y mêlait, difficile à identifier.

— Qu'est-ce que j'entends ?

— La forêt abrite quelques langurs argentés, expliqua Atu. Avec un peu de chance, tu les apercevras durant ton séjour.

Submergée par la beauté des lieux, Amelie ferma les yeux, son visage offert aux rayons du soleil filtrant à travers les arbres. Lorsqu'elle rouvrit les yeux, Atu la fixait avec une évidente satisfaction.

Chaque pièce était plus belle que la précédente. Mais la chambre qu'il lui avait réservée remporta ses suffrages. Entièrement vitrée elle aussi, avec un jacuzzi incrusté de jade et quelques marches menant à un bassin extérieur, au centre duquel un lit sur une estrade invitait à dormir à la belle étoile, bercé par les sons de la nature.

L'idée de recréer un lieu aussi enchanteur à Saltpond était tentante. À tel point qu'elle faillit accepter un partenariat sur l'instant. Sauf qu'ils ne seraient pas partenaires. Atu serait son patron, à qui elle devrait des comptes jour après jour. Il ferait partie intégrante de sa vie… À moins qu'elle ne s'en aille.

Et déçoive sa famille.

Mais n'avait-elle pas déjà échoué aux yeux de sa mère ?

— Un problème ? s'enquit Atu.

— Aucun, assura-t-elle d'un ton dégagé.

Le reste de la visite lui fit découvrir une cuisine dernier cri, un jardin de toit, une piscine à débordement, ainsi que de nombreux sièges disposés çà et là afin de profiter du paysage. Des rafraîchissements leur furent ensuite servis sur la terrasse. Amelie se laissa choir dans un fauteuil et accepta un verre de punch aux fruits. La serveuse se tourna alors vers Atu.

— Irfan demande si vous souhaitez qu'on vous envoie Assan, monsieur ?

Le visage d'Atu se rembrunit.

— Non, merci. Ce ne sera pas nécessaire.

— Qui est Assan ? questionna Amelie une fois la jeune femme partie.

— Notre meilleur masseur, très demandé par les clients, répondit Atu. Il est complet des semaines à l'avance, mais il s'arrange pour me dégager un créneau quand je suis là.

— Alors pourquoi ne veux-tu pas qu'il vienne ?

Son regard de jais la transperça.

— Si quelqu'un doit te faire tomber amoureuse de mon hôtel, ce sera moi et personne d'autre.

Il sourit devant sa mine pantoise.

— Est-ce que je passe pour un macho en disant cela ?

— Absolument !

— Alors je l'assume.

Troublée par cette déclaration, Amelie sirota son punch en silence. Après quelques minutes, elle coula un regard vers Atu. Il contemplait les eaux turquoise de la piscine, l'air étonnamment serein. C'était encore plus frappant que lorsqu'elle l'avait senti se détendre au moment de décoller d'Accra. Un peu comme elle à la fin d'une journée exceptionnelle à la station.

— Cet endroit compte beaucoup pour toi, n'est-ce pas ?

Il haussa les épaules.

— C'est le premier hôtel que j'ai construit à partir de rien. J'en suis fier et n'ai pas honte de le dire.

— Combien de temps cela t'a-t-il pris ?

— Deux ans et une solide détermination.

Une certaine dureté s'était glissée dans sa voix.

— Me lancer en indépendant tout en m'opposant à l'influence de mon père a été un défi. Il aura toujours une place à part.

Ce n'était pas la première fois qu'il évoquait des tensions avec son père, releva Amelie. S'élever contre la volonté du tout-puissant Joseph Quayson avait certainement contribué à son étiquette de « mouton noir ». Malgré cela, elle n'avait jamais douté un instant que sa famille et leur héritage passaient avant tout. S'était-elle trompée ?

— Était-il contre ce projet ? demanda-t-elle avec circonspection.

Une veine pulsait sur sa tempe, mais son expression demeura impassible.

— Si la question est de savoir s'il m'a mis autant de bâtons dans les roues que possible, la réponse est oui.

— Mais tu es allé jusqu'au bout ?

Elle s'aperçut qu'elle était suspendue à ses lèvres, comme si… Comme si sa réponse allait lui donner la validation nécessaire pour affronter sa propre mère ?

Le regard d'Atu s'assombrit.

— Je ne suis pas le mouton noir pour rien, n'est-ce pas ?

— D'aucuns diraient que tu as su transformer une insulte en quelque chose de positif, commenta Amelie.

Dans tous ses conflits avec son père, pas une fois il n'avait terni le nom des Quayson.

Il leva un sourcil sarcastique.

— Serait-ce de l'admiration que j'entends ?

Elle haussa les épaules, réticente à le reconnaître. Oui, elle l'admirait, et l'enviait aussi. Il avait fait ce qu'elle n'avait pas réussi à faire : sortir de l'ombre d'un aîné charismatique et tracer son propre chemin, envers et contre tout.

— Peut-être ton père connaissait-il ton potentiel et était contrarié que tu partes, avança-t-elle.

— Ou peut-être voulait-il faire de moi ce que je ne suis pas, contra Atu.

— Ah, je sais ce que c'est…

Elle n'avait pas eu l'intention de dire cela tout haut, mais les mots lui avaient échappé. Atu la dévisagea.

— Ta sœur ?

Son dernier échange avec sa mère pesait sur sa poitrine. Si une part d'elle persistait à vouloir la défendre, une autre éprouvait le besoin de s'épancher.

— La perdre a été terrible pour mes parents. Pour moi aussi, confia-t-elle. Mais je ne pensais pas que…

Sa gorge se noua. Atu se pencha vers elle.

— Que quoi ? l'encouragea-t-il avec douceur.

Elle serra son verre de punch entre ses doigts.

— Je ne pensais pas qu'ils seraient anéantis au point de négliger… tout le reste.

— Pas tout le reste. Toi, murmura-t-il. Ils ont agi comme s'ils n'avaient pas d'autre enfant. Mais tu étais là. Tu avais besoin d'eux. De leur affection. De leur reconnaissance.

Il avait dit cela du ton de quelqu'un sachant de quoi il parlait. Était-il passé par là, lui aussi ? Ils restèrent silencieux, unis par ce lien invisible. Atu était son ennemi. Elle ne devrait avoir aucune compassion à son égard. Pourtant…

— Est-ce qu'on viendrait par hasard de se trouver un point commun ? lança-t-elle avec légèreté, histoire de détendre l'atmosphère.

Elle sentit Atu se refermer comme une huître.

— Pas vraiment, infirma-t-il. Ma réputation de « mouton noir » a servi mes intérêts. Toi, tu as préféré rentrer dans le moule pour faire plaisir à ta mère.

Ces mots la blessèrent, surtout après le moment qu'ils venaient de partager. Même si elle devinait son besoin de prendre ses distances.

— Alors tu m'encourages à me rebeller ?

— On ne connaît sa véritable force que dans l'adversité, fut sa réponse évasive.

Il finit son verre d'un trait et se leva. Le soleil de fin d'après-midi nimbait son visage d'ébène, soulignant la perfection de ses traits. De ses lèvres en particulier, qu'elle rêvait de goûter à nouveau… Une onde de désir fusa entre ses cuisses.

— T'es-tu reposée dans l'avion ? demanda-t-il.

— Je… Pas autant que je l'aurais voulu.

— Dans ce cas, je te laisse. Tu trouveras le numéro de la réception à côté du téléphone dans ta chambre. Appelle si tu as besoin de quoi que ce soit.

Amelie fronça les sourcils.

— Tu t'en vas ?

— J'ai un rendez-vous à Kuala Lumpur. Si je ne rentre pas ce soir, on se voit demain.

La déception lui étreignit la poitrine. Quel genre de rendez-vous ? Avec une amante ? Il la voulait dans son lit, mais n'avait pas précisé qu'elle était la seule. Quoi de plus normal ? Les plus belles femmes se battaient pour les faveurs d'un célibataire séduisant comme lui.

Le moral en berne, elle posa son cocktail.

— Eh bien, bon voyage. Je suis sûre que je vais passer une excellente soirée de mon côté.

Il pinça les lèvres, comme si ce n'était pas vraiment la réponse qu'il attendait, avant de tourner les talons et s'en aller.

Restée dehors, Amelie frissonna, sans savoir si c'était à cause de l'air qui s'était rafraîchi ou du vide laissé par le départ d'Atu.

7.

Atu n'était pas rentré.

Rattrapée par le décalage horaire, Amelie avait pris une douche rapide et un dîner expéditif avant de s'écrouler au lit peu après la nuit tombée. À 1 heure du matin, elle était réveillée. Peut-être aurait-elle dû tenter de réguler son cycle de sommeil. Au lieu de quoi, elle s'était levée et promenée à travers la villa, pour finir sur le seuil d'une vaste chambre. Celle d'Atu, de toute évidence. Sa poitrine s'était serrée devant le lit non défait.

Bon sang, qu'est-ce qui lui arrivait ?

Atu partait quelques heures et elle errait chez lui comme une âme en peine ! Mortifiée, elle avait filé se recoucher.

Après un sommeil agité, elle s'était levée très tôt emplie d'une énergie nouvelle. Elle était venue étudier ce qui élevait Q Cove au-dessus de ses concurrents, et c'était exactement ce qu'elle allait faire. Avec ou sans Atu. Peut-être n'avait-elle pas de forêt tropicale à Salpond. Mais elle avait l'océan, la culture locale et la touche personnelle. Il pouvait bien rester à Kuala Lumpur aussi longtemps que cela lui chantait !

Revigorée après une baignade dans son bassin privé, elle appela Irfan. Celui-ci se présenta quelques minutes plus tard pour la conduire au restaurant où était servi le petit déjeuner. Suivit une visite complète des lieux qui l'occupa toute la journée. À aucun moment le directeur adjoint ne mentionna Atu, et Amelie elle-même résista à la tentation de lui demander quand il rentrait.

Peu après son retour à la villa, le téléphone sonna dans sa chambre.

— Bonsoir, Amelie. Je t'ai manqué ?

La voix suave d'Atu glissa sur sa peau telle une caresse. Agacée par sa réaction, elle feignit la désinvolture :

— Si tu savais quel soulagement c'est de ne pas t'avoir sur le dos…

— As-tu passé une bonne journée, au moins ?

Amelie se mordit la lèvre. Répondre « oui » serait faire son jeu. Mais répondre « non » serait un mensonge.

— J'ai besoin de plus de temps pour me faire une idée concrète, éluda-t-elle.

— Je vois. Si je peux te donner un conseil, la prudence n'est pas toujours bonne conseillère. Impose-toi. Prends ce que tu veux et tant pis pour les autres.

— Est-ce ainsi que tu fonctionnes ?

— Bien sûr. Comment crois-tu que j'aie si bien réussi ?

Tant de cynisme et d'arrogance auraient dû l'horrifier. Pas ranimer les sensations troublantes que son absence avait provisoirement mises en sommeil. Comment diable faisait-il cela ?

— Y a-t-il une raison particulière pour laquelle tu appelles ?

Il laissa passer une seconde ou deux, comme s'il se délectait de la faire mariner.

— Je voulais te prévenir que je ne rentrerais pas avant demain, dit-il enfin.

Le cœur d'Amelie sombra dans sa poitrine. Bon sang, ce qu'il faisait de son temps libre ne la regardait pas !

— Amelie ?

— J'ai entendu. Prends tout le temps que tu voudras. Je suis assez grande pour m'occuper toute seule. Bonne soirée.

Elle raccrocha avant que sa voix ne se mette à trembler.

L'hôtel comptait trois restaurants, dont l'un dirigé par un chef étoilé. Ce n'étaient pas les divertissements qui manquaient à Q Cove. Rien ne l'obligeait à se morfondre dans son coin. Mais elle avait perdu la motivation de ressortir et de partir à la découverte des diverses attractions locales. Lorsque Irfan se présenta à la villa, elle prétexta la fatigue du décalage horaire pour dîner sur place et se coucher tôt.

Une bonne nuit de sommeil fit des merveilles. Elle se réveilla le lendemain fraîche et dispose, résolue à chasser Atu de ses pensées. Et quoi de mieux que quelques longueurs pour bien démarrer la journée ? Dans son bikini à rayures rouge et blanc, elle se rendit à la grande piscine à débordement, plus adéquate que son bassin privé. En passant devant la chambre d'Atu, elle regarda ailleurs et accéléra le pas. La température était idéale, constata-t-elle avec plaisir en trempant les orteils dans l'eau. Elle se surprit à sourire.

Zut. Elle n'était pas censée passer un bon moment. Mais après sa visite de la veille, le doute n'était plus permis. Le projet d'Atu avait tout pour plaire et elle l'aurait sérieusement envisagé, si l'offre ne venait pas d'un Quayson. Avec lui, c'était impossible. Cela ne fonctionnerait jamais.

« Il faut essayer pour savoir, non ? »

Elle songea aux reproches de sa mère. Esi ne s'était-elle pas constamment rebellée contre leurs parents, sans pour autant perdre leur amour ? La mère qu'Amelie avait connue enfant était aimante et attentionnée. Une femme du monde éprouvée, réputée pour ses qualités d'hôtesse. C'était la voir animer avec aisance ses soirées mondaines qui avait décidé Amelie à faire carrière dans l'hôtellerie. Elle rêvait de travailler aux côtés de sa sœur et de ses parents, d'œuvrer avec eux à agrandir leur petit empire et de rivaliser avec les Quayson. Perdre Esi, puis son père, avait réduit ce rêve en fumée. Mais était-ce si utopique de croire que les Hayford puissent renaître de leurs cendres, si seulement sa mère voulait bien se ressaisir ?

Elle plongea dans l'eau, en partie pour faire taire la petite voix qui l'incitait à s'engager sur un chemin plus qu'incertain. Vingt minutes plus tard, elle prenait une pause bien méritée, appuyée contre le rebord, le regard perdu vers les vagues léchant le rivage non loin. C'était si agréable ! Elle se sentait délassée, l'esprit plus clair. Jusqu'à ce qu'une chaleur familière jaillisse dans son bas-ventre... Elle tourna brusquement la tête.

Atu se tenait au bord de la piscine, en simple caleçon de bain. Il ressemblait à une de ces statues de divinité modelées dans l'argile de leur terre natale. Il était à se damner ! Chaque cellule de son corps se réveilla d'un coup. Comme s'il avait emporté l'oxygène avec lui en partant et l'autorisait à respirer à nouveau maintenant qu'il était de retour. Elle se serait trouvée pathétique si elle n'avait pas été aussi... oui, heureuse de le revoir.

— Tu es rentré ! s'exclama-t-elle.

Comment se ridiculiser en trois mots... Mais aucune repartie railleuse ne suivit. Atu se contentait de la détailler avec attention. Amelie sentit ses tétons se durcir sous l'eau, en même temps qu'une douce moiteur se répandait entre ses cuisses.

— Je suis arrivé hier soir. Tu étais déjà couchée.

Était-ce une pointe de reproche qu'elle percevait ?

— J'étais fatiguée. Le décalage horaire, se justifia-t-elle.

Au cas où il aurait parlé à Irfan et saurait qu'elle avait passé la soirée à la villa au lieu de rencontrer des gens, de développer son réseau et de se faire des contacts utiles pour sa propre station.

Il hocha la tête et prit un plateau débordant de mets appétissants sur une table basse, sans doute déposé là pendant qu'elle nageait. Il entra dans la piscine avec et le fit flotter vers elle sur la surface. Mais Amelie était plus intéressée par le spectacle de son corps viril fendant l'eau avec vigueur. En quelques secondes, il l'avait rejointe.

— As-tu récupéré ? demanda-t-il en positionnant le plateau entre eux.

Elle déglutit, tous ses sens en émoi.

— Hum... Oui, merci.

— J'ai apporté le petit déjeuner. Mange. Tu as besoin de reprendre des forces après t'être autant dépensée.

Elle tourna la tête vers les murs vitrés de la chambre d'Atu. Les rideaux étaient encore tirés.

— Tu m'observais ? bredouilla-t-elle.

— Difficile de faire autrement. Tu es une excellente nageuse.

Le compliment la fit exulter. Elle accepta le verre de jus d'orange frais qu'il lui tendait.

— J'ai dû me faire violence. Si je m'étais laissé intimider, je n'aurais jamais appris à nager, avoua-t-elle en attaquant un toast beurré.

Atu fronça les sourcils.

— Qui t'intimidait ?

— Personne en particulier. J'étais la plus jeune du groupe et quand j'hésitais à faire quelque chose, tes frères et mes cousins n'étaient pas très patients. Ils m'ont tellement de fois enfoncé la tête sous l'eau…

Non qu'elle en gardât de mauvais souvenirs. Certes, les garçons la chahutaient souvent. Mais ce n'était jamais bien méchant.

— Alors tu as transformé une mauvaise expérience en quelque chose de positif ? commenta Atu avec intérêt.

— Il n'y a rien d'extraordinaire là-dedans, affirma Amelie. J'en avais assez de boire la tasse. C'est comme cela que j'ai décidé d'apprendre à nager mieux que personne.

— Je n'ai jamais rien remarqué. Qu'est-ce que cela dit de moi ?

Il avait murmuré cela d'un air songeur, comme s'il s'adressait à lui-même plutôt qu'à elle.

— Tu n'as pas répondu à ma question, hier.

— Quelle question ?

Elle servit le café. Avec un nuage de lait pour elle. Noir pour Atu. Il arqua un sourcil lorsqu'elle lui tendit sa tasse. Sans réfléchir, elle l'avait préparé juste comme il l'aimait. Ses joues s'embrasèrent.

— Est-ce que je t'ai manqué, Amelie ?

Des étincelles coururent sous sa peau. Elle les ignora.

— Ne compte pas sur moi pour flatter ton ego masculin. Ton escapade à Kuala Lumpur n'y a-t-elle pas suffi ?

— Est-ce pour cela que tu étais si irritable hier soir au téléphone ? Parce que tu penses que je n'étais pas là-bas que pour affaires ?

— Ce que tu fais et avec qui m'est complètement égal, esquiva-t-elle.

— Menteuse.

— Pardon ?

Il saisit une fourchette et piqua un morceau de melon qu'il approcha de ses lèvres. Il y avait quelque chose de délicieusement sexy dans ce geste. Sexy et irrésistible. Sa bouche s'ouvrit d'elle-même et elle croqua dans le fruit juteux.

— Tu es contrariée, je le vois bien. Pourquoi ? Tu crois que j'ai passé les deux dernières nuits dans le lit d'une autre ?

— Est-ce le cas ?

Elle retint son souffle, par peur d'entendre la réponse. Quand s'était-il approché si près qu'elle devait renverser la tête en arrière pour soutenir son regard ? Le plateau dérivait non loin d'eux. Les bras d'Atu de chaque côté de son corps l'emprisonnaient contre le rebord. Un désir sauvage brillait dans ses yeux, dont elle percevait l'écho au cœur même de sa féminité.

— Je déteste l'admettre, mais aucune autre femme ne m'intéresse depuis que tu as resurgi dans ma vie.

Amelie en resta sans voix. Son cœur cognait si fort qu'il menaçait d'éclater.

— Tu… je…

— Tu as perdu ta langue, on dirait.

Il pencha la tête jusqu'à ce que leurs souffles se mélangent. Amelie tentait désespérément de se raisonner, mais tous ses arguments se fracassaient contre la force de son désir. Elle se consumait pour Atu depuis qu'elle était adolescente. Depuis qu'il avait réveillé en elle un besoin si insatiable que personne n'avait su le combler. Atu avait placé la barre trop haut pour les quelques petits amis qu'elle avait eus depuis. Tous lui avaient paru tristement insipides. C'était Atu, la cause du désert qu'était sa vie sentimentale. Alors oui, elle transgressait sa règle la plus sacrée en pactisant avec l'ennemi. Mais il n'était plus son ennemi, en cet instant. Juste une drogue terriblement addictive.

Saisis ta chance ou tu le regretteras.

Le cœur battant, elle planta les yeux dans les siens.

— Non, je n'ai pas perdu ma langue. Tu devrais t'en réjouir.

L'avait-elle senti frémir ?

— Pourquoi ?

— Parce que sans elle, je ne pourrais pas te dire ce que je veux.

Un brasier s'alluma dans ses prunelles. Mais il resta immobile, dénotant un self-control qu'elle était loin de posséder.

— Je t'écoute, souffla-t-il.

— Toi… C'est toi que je veux.

Voilà, c'était dit. Il ne bougea toujours pas, comme si le moindre mouvement risquait à tout instant de le faire basculer. Preuve que son sang-froid légendaire ne tenait qu'à un fil.

— Sois plus explicite, Amelie.

Dans un accès d'audace, elle faillit lui lister tous ses fantasmes un à un. Tout ce qu'elle avait toujours rêvé qu'il lui fasse. Mais l'impatience l'emporta. Cela faisait huit ans qu'elle attendait ce moment. Elle ne perdrait pas une minute de plus.

— Fais-moi l'amour. Maintenant.

Les mots n'avaient pas plus tôt franchi ses lèvres qu'il enlaçait sa taille et la hissait hors du bassin. Il sortit à son tour, puis la souleva dans ses bras, avec une aisance qui témoignait de sa force. Le désir urgent sur ses traits le rendait encore plus sexy. Quelques secondes plus tard, il claquait la porte de sa chambre derrière eux d'un coup de talon. Quand il la posa à terre et entremêla ses doigts aux siens, elle aussi se sentit sexy. Désirée pour la première fois depuis longtemps. Sous son regard affamé, elle n'était plus une figurante ou le bras armé d'une vendetta familiale. Elle était une femme de chair et de sang, avec ses désirs sur le point d'être assouvis.

Atu glissa une main dans son dos et dégrafa son haut de bikini, qui tomba à ses pieds. Amelie se laissa déposer doucement au centre du lit. Il se redressa pour admirer son œuvre, avant de promener un index le long de sa joue. De son cou. Puis entre ses seins dont les pointes se hérissèrent et qu'il ignora, par pur sadisme, soupçonnait-elle. Son doigt continua jusqu'à son nombril, avant de retracer son chemin en sens inverse. Cette fois, sa main se referma avec ferveur sur l'un de ses seins.

— Mon Dieu, tu es si belle…

— Atu…

Ces mêmes doigts habiles saisirent le bord de sa culotte et tirèrent dessus d'un seul geste magistral. Complètement nue, Amelie se faisait l'effet d'une offrande, étalée sous le regard fiévreux d'Atu. Elle tendit les bras vers lui, seulement pour les voir cloués au-dessus de sa tête tandis qu'il reprenait sa bouche dans un baiser dévorant.

Amelie gémissait sans retenue. Seigneur, c'était si bon ! Ses protestations lorsqu'il reprit son souffle le firent sourire. Lentement, il pencha la tête. Cette fois, quand il l'embrassa, il relâcha ses poignets. Elle en profita pour agripper sa nuque et presser son visage contre le sien, tout en ouvrant les lèvres pour lui. Ce baiser-là aussi s'arrêta trop vite. Mais déjà, la langue d'Atu s'égarait le long de sa gorge, droit vers la vallée de ses seins. Sa main captura l'un d'eux et stimula sa pointe jusqu'à ce que son corps se cambre dans une déferlante de plaisir. Quand sa bouche prit le relais, elle enfonça les ongles dans son dos, chavirée. Il la tourmenta ainsi pendant plusieurs minutes. Puis ses lèvres descendirent plus bas, traçant un sillon de feu sur sa peau.

— Laisse-moi te voir, intima-t-il. Montre-moi ce que je veux.

Ses cuisses s'écartèrent comme de leur propre volonté. Pendant un instant, il se contenta de la contempler, le regard luisant de désir, avant de tendre la main. Le plaisir fusa en elle au contact de ses doigts sur sa chair, décuplé par la façon dont Atu observait la moindre de ses réactions.

— Tu es si sensible…

— S'il te plaît…

Elle se liquéfiait entre ses mains, pour la plus grande satisfaction d'Atu qui semblait se délecter de ses prouesses. Et pourquoi serait-il le seul ? Elle aussi pouvait le réduire à sa merci. Dans un esprit de rébellion, elle se redressa, sans se soucier le moins du monde de l'avertissement dans ses yeux, plaqua une main entre ses jambes et serra. Un spasme agita le corps d'Atu, qui se répercuta contre sa paume.

— Amelie, gronda-t-il, la voix éraillée.

— Tu veux que j'arrête ? le nargua-t-elle, secrètement impressionnée par la taille de son érection.

Un muscle tressauta sur sa mâchoire. Il écarta résolument sa main.

— Ton tour viendra.

Et il la repoussa d'autorité sur le matelas. L'instant d'après, sa tête plongeait entre ses cuisses. Il y avait de l'arrogance dans ses caresses, une conviction absolue en sa maestria qui les rendait encore plus érotiques. Le plaisir était inouï. Oh ! il savait ce qu'il faisait. Son exploration sensuelle la mettait au supplice, au point que sa tête roulait dans tous les sens sur l'oreiller.

— Oh… Oh ! mon Dieu !

Elle tremblait et se tortillait entre les mains d'Atu. Chaque baiser, chaque assaut de sa langue la transportait un peu plus. Elle enfonça les doigts dans ses cheveux, ne sachant si elle devait le repousser ou l'encourager. Faire cesser ce plaisir insoutenable ou accélérer sa délivrance. Mais Atu avait d'autres projets. Sans trêve, il la poussait au bord de l'abîme pour mieux se retirer, encore et encore. À croire qu'il voulait la rendre folle !

— Atu… S'il te plaît !

Ses yeux d'ébène captèrent les siens. Il trouva le bourgeon sensible de sa féminité et, sans crier gare, enfonça deux doigts en elle. Ses plaintes se répercutèrent contre les murs alors qu'elle s'envolait vers des sommets vertigineux. Une fois de plus. Une soudaine appréhension la saisit. Et si tout s'arrêtait maintenant ? Elle retint sa respiration. Ses abdominaux se contractèrent sous l'effort qu'elle faisait pour lutter, prolonger le moment à tout prix…

— Toujours aussi obstinée. Laisse-toi aller, susurra Atu. Jouis pour moi.

Son cri d'extase déchira le silence comme elle lâchait prise. Son corps convulsait de plaisir jusque dans ses plus infimes terminaisons nerveuses. Tout son être en était chamboulé. Elle sentit les lèvres d'Atu remonter le long de son ventre, de ses seins, tandis qu'elle tremblait et se consumait. Il pressa un baiser sur ses lèvres avant de se redresser. Comme à travers un brouillard, elle le vit enlever son caleçon de bain. Seigneur, il était si… massif ! Il ouvrit le tiroir de la table de nuit et sortit un préservatif, qu'il déroula sur son membre fièrement dressé.

— Sais-tu depuis combien de temps je rêve de ce moment ? dit-il en revenant sur elle.

— Non…

Il eut un petit rire.

— Si, tu le sais très bien. Depuis aussi longtemps que toi.

Il la positionna de manière à ce que le bas de son dos appuie contre son érection. Puis il lui souleva une jambe tandis que son autre main lui caressait la gorge. Alors les yeux dans les siens, il plongea tout entier en elle.

Elle poussa un cri, emportée dans un tourbillon de sensations. La chair d'Atu palpitait au creux de la sienne, tout en puissance contenue. Amelie tremblait sous la force de sa possession. Il se retira afin de la pénétrer à nouveau, déclenchant en elle une réaction en chaîne que rien ne pouvait plus arrêter. Elle n'essaya même pas. Elle le voulait depuis si longtemps ! Atu était enfin à elle… Au moins pour quelques instants.

Elle noua une main autour de sa nuque en s'accrochant à lui de toutes ses forces tandis que le plaisir montait.

Soudain, elle s'arqua. Atu la maintint fermement pendant que l'orgasme la submergeait vague après vague. À peine reprenait-elle son souffle qu'il la retourna et lui souleva les hanches de manière à ce qu'elle se retrouve à quatre pattes, puis l'empala de plus belle.

Cherchait-il à graver à jamais cette expérience dans sa chair ? Elle agrippa les draps, entraînée une fois de plus vers le septième ciel. Le temps et l'espace avaient cessé d'exister. Son corps n'était plus que l'instrument par lequel il asseyait sa domination sur ses sens. Après un nouvel orgasme dévastateur, il ne lui accorda qu'un court répit. Déjà, il la rallongeait sur le dos, son corps en sueur étendu sur le sien. Il prit sa bouche dans un long et langoureux baiser.

— Encore, exigea-t-il, la voix enrouée de désir.

Et Amelie s'abandonna avec délice à sa volonté.

Il y avait une raison s'il s'était attardé à Kuala Lumpur. C'était un déplacement d'affaires, certes. Mais quand il était resté même après son dernier rendez-vous, il avait dû se rendre à l'évidence : il évitait Amelie. Par peur de cette intimité qu'il avait ressentie quand ils avaient évoqué leurs parents. Cette sensation qu'elle le comprenait. Que, peut-être, elle ne le jugerait pas pour les choix qu'il avait faits. Il s'en était voulu de se fuir ainsi, lui qui mettait un point d'honneur à ne pas se laisser gouverner par ses émotions. Ni une ni deux, il avait sauté dans son jet privé, direction Q Cove.

Quand ses pas l'avaient mené droit devant la porte d'Amelie en pleine nuit, il avait su qu'un changement irréparable s'était produit. Il pensait constamment à elle. Elle l'obsédait. Même les appels insistants de son père et de son frère, qu'il devrait bien cesser d'ignorer tôt ou tard, n'arrivaient plus à le distraire de ce qu'il voulait vraiment…

Faire sienne Amelie Hayford.

Il avait battu en retraite dans sa chambre et s'était plongé dans le travail jusqu'à s'effondrer de fatigue. C'était un bruit de plongeon dans la piscine qui l'avait réveillé. Il s'était approché de la fenêtre, subjugué par la grâce avec laquelle Amelie enchaînait les longueurs. Pendant vingt minutes, il était resté là à la regarder. Quelque chose chez cette femme lui faisait oublier tout le reste. Peut-être avait-il été trop dur envers Fiifi. Si sa fascination pour Amelie n'était qu'une fraction de ce que son frère avait ressenti pour Esi Hayford…

Non, ce n'était que du désir, s'était-il persuadé. Rien à voir avec le mélodrame dans lequel Fiifi s'était retrouvé empêtré. Et s'il avait enfilé son caleçon de bain et commandé un petit déjeuner pour deux, c'était uniquement pour faire avancer ses projets. N'était-ce pas la raison de leur venue ici ?

Mais niché entre ses cuisses, bougeant en elle avec une ardeur qui le dépassait, il savait maintenant que c'était *cela*, la seule et vraie raison. Tout le reste n'était que prétextes. Sa passion, sa sensualité… Sa voix gémissant son nom dans l'extase… Avec Amelie, l'ennui dans lequel il s'était enlisé n'existait plus. À tel point qu'il se demandait s'il se lasserait jamais d'elle. C'était cela, le plus troublant. Cette sensation de ne plus rien maîtriser. Il devait à tout prix reprendre le contrôle. Et quel meilleur moyen qu'en la marquant du sceau de sa possession ?

Dans un râle issu du tréfonds de son être, il jouit à son tour. Même dans l'orgasme, la force de son désir le stupéfiait. Une soif qui, loin d'être étanchée, semblait au contraire avoir encore redoublé…

Il s'affala à côté de la jeune femme et l'attira dans ses bras. Elle finirait bien par disparaître. Il le fallait, car Saltpond serait de toute façon à lui. Il rachèterait la station, ne serait-ce que parce que voir Amelie tomber entre les griffes d'un géant hôtelier sans scrupules lui était insupportable. Tant pis si c'était hypocrite. Et puis, quoi qu'en pense son père, l'attachement passionné d'Amelie à sa station se révélerait un atout précieux quand il en reprendrait les rênes.

C'est tout ? Est-ce vraiment la seule raison ?

Il ignora la voix railleuse de sa conscience et caressa les

douces courbes féminines pressées contre lui. La réserve d'Amelie le prit au dépourvu.

— Qu'y a-t-il ?

— C'est que… tout s'est passé si vite, murmura-t-elle.

— Après huit ans ? plaisanta-t-il.

Elle se mordit la lèvre.

— Je sais qu'on s'est mis d'accord pour satisfaire cette alchimie entre nous…

Inutile de le lui rappeler. Leur compatibilité sexuelle dépassait l'entendement. Mais il ne se faisait aucune illusion. Ce qu'il avait ressenti à l'instant finirait par s'estomper. Dans un mois, peut-être moins, il retomberait dans la même monotonie existentielle. Raison de plus pour en profiter tant que cela durait.

— C'est un peu tard pour faire machine arrière, tu ne crois pas ?

Une étincelle s'alluma dans les yeux de la jeune femme. Le désir frémit dans ses veines. *Awurade*, il adorait son tempérament de feu ! Non, il ne risquait pas de s'ennuyer avec elle.

— Je n'en avais pas l'intention, assura-t-elle. Je ne regrette rien.

Le soulagement d'Atu fut de courte durée.

— Mais… ?

— Mais je préférerais que personne ne soit au courant, acheva-t-elle.

Il mit quelques secondes à assimiler ce qu'il venait d'entendre. La bile lui monta à la gorge.

— Quoi ?

Elle leva le menton, avec une expression butée qui le mit hors de lui.

— Tu m'as entendue. Je tiens à la plus grande discrétion.

Alors elle était sérieuse…

— Je ne suis pas un secret honteux qu'on balaie sous le tapis ! tonna-t-il en s'écartant brusquement.

Il était Atu Quayson. Un homme puissant et influent. Bien que né avec une cuillère d'argent dans la bouche, il avait forgé sa réussite par lui-même. Son succès faisait de lui un parti très convoité. Il n'avait qu'un coup de fil à passer et une dizaine de femmes se rueraient pour prendre sa place dans son lit. Et il devrait faire profil bas ? Non, hors de question. Ce serait une indignité autant qu'une marque de faiblesse.

— Je déteste les secrets, Amelie.

Il avait gardé pour lui l'intention de Fiifi de quitter le clan familial, et pour quel résultat ? S'il avait obligé son frère à révéler ses projets, et s'il avait été moins obnubilé par sa propre situation, Fiifi serait peut-être encore en vie, aujourd'hui.

— Surtout les secrets inutiles, ajouta-t-il. Si nous sommes ensemble, assume notre liaison.

Doute et indécision transparaissaient sur le visage de la jeune femme. Il lui souleva le menton, les yeux chevillés aux siens.

— Dis-moi que tu as envie de moi, Amelie.

Il avait besoin de l'entendre de sa bouche. Elle s'humecta les lèvres, hésitante. L'impatience le gagna.

— J'ai envie de toi, souffla-t-elle.

— Alors prends-moi. Sans retenue.

— Qu'est-ce que cela ferait de moi ?

— Une femme qui sait ce qu'elle veut et agit en conséquence.

Il posa une main sur son cœur.

— Celle qui se cache ici, entravée par le fardeau de ses obligations.

Un soupir franchit ses lèvres, entre désir et lassitude. Il passa à l'offensive, car c'était le genre d'homme qu'il était. Quelqu'un qui saisissait sa chance au vol. Son père ne le lui avait-il pas reproché ? Comme si son implacabilité était un défaut, alors qu'il comptait aujourd'hui dessus pour asseoir définitivement la suprématie des Quayson.

Il lui caressa un sein, taquinant du pouce son téton durci. Son petit gémissement l'excita. Bien. Elle était à point. À la merci de cette même fièvre qui persistait dans ses veines. Il se leva et jeta à la poubelle le préservatif usagé, puis la souleva dans ses bras. En quelques pas, ils furent dans son bassin privé. L'eau chaude léchait sa peau tandis qu'il marchait vers la plate-forme centrale, où il la déposa sur le large lit. Ses lèvres s'entrouvrirent sur un souffle saccadé.

— Atu, qu'est-ce que…

— Je suis loin d'en avoir fini avec toi.

Lui aussi haletait. Où était donc passé son sang-froid à toute épreuve ? Les yeux d'Amelie s'agrandirent lorsqu'il s'agenouilla au pied du lit.

— Encore ?

Sa candeur le fit sourire.

— Oh ! que oui.

Il la poussa gentiment en arrière jusqu'à ce qu'elle se retrouve en appui sur ses coudes, tout en lui écartant les jambes. Dieu ce qu'elle était sexy ! Sa peau ruisselante d'eau rayonnait sous le soleil malais. Il avait envie de lécher les gouttes partout sur son corps. Mais son essence était une invitation trop impérieuse pour être ignorée. Il parsema de baisers le creux de ses cuisses, se rapprochant lentement, mais sûrement, du parfait triangle de boucles protégeant sa féminité. N'y tenant plus, il la goûta de sa langue. Les plaintes aiguës d'Amelie étaient musique à ses oreilles. Oui, il la voulait sans défense, l'esprit vide de toute pensée autre que lui. Il voulait sa reddition sans condition. Un plaisir peut-être plus gratifiant encore que celui qu'il lui prodiguait. La jeune femme haletait en gémissant son nom, la tête renversée en arrière. Alors seulement, il concentra ses caresses sur son clitoris, léchant et suçant jusqu'à ce qu'elle explose dans un cri exalté.

Il la serra contre lui le temps que sa respiration retrouve un rythme régulier. Sa confusion était palpable lorsqu'elle remua entre ses bras.

— Et toi ? Tu ne… Je veux dire…

Son regard fuyait le sien. Un accès de pudeur qui en disait long sur son innocence. Bon sang, pourquoi cela l'excitait-il ? Il se leva abruptement. Il avait voulu lui prouver de quoi leurs corps étaient capables ensemble. C'était chose faite.

Maintenant, il avait besoin de recul avant que sa démonstration ne se retourne contre lui.

— Il se fait tard au Ghana. J'ai quelques appels à passer avant la fin de la journée.

La frustration dans les yeux de la jeune femme flatta son ego. Mais alors qu'il s'éloignait, il sut que cette victoire était fragile. Son contrôle avait été mis à rude épreuve. Plus vite il se reprendrait en main, mieux cela vaudrait.

Amelie regarda Atu s'en aller, sonnée par ce qu'ils venaient de vivre. Le sexe avait été absolument incroyable. Mais le plus déroutant était qu'elle voulait plus. Même après trois orgasmes dévastateurs, elle avait encore envie de lui.

Elle tira le drap sur ses seins, une part d'elle soulagée qu'il ne la voie pas dans cet état. Avait-il la moindre idée du séisme qu'il avait provoqué en elle ? Elle s'était pleinement offerte à sa possession, immergée corps et âme dans l'expérience. Oui, elle s'était donnée à lui. À l'homme qui faisait battre son cœur depuis l'adolescence. C'était pour cela qu'elle avait exigé le secret. Pour contrer le besoin viscéral de faire exactement l'inverse en le clamant comme sien.

De le désirer au mépris des conséquences, comme sa sœur avec Fiifi Quayson.

Alors qu'elle se laissait retomber sur le lit, un autre détail la frappa. À aucun moment Atu ne lui avait mis la pression concernant son offre de rachat. Il se contentait de lui demander si elle passait un bon séjour. Comme s'il se satisfaisait de laisser la magie de Q Cove opérer d'elle-même. S'était-elle trompée à son sujet ? Ou était-ce une stratégie calculée destinée à lui faire baisser sa garde ? Elle songea à ce qu'ils venaient de partager. Au plaisir exceptionnel. Au désir dans les yeux d'Atu. Quelque chose s'adoucit en elle, ouvrant la porte à des perspectives jusque-là inimaginables. S'associer à un Quayson… Et peut-être à la clé une chance de prolonger leur liaison ?

Son cœur s'emballa. Elle se leva, s'enveloppa dans un

peignoir et regagna sa chambre. Était-ce vraiment possible ? Ou se laissait-elle influencer par les beaux discours d'Atu ? La liberté lui montait-elle à la tête au point de lui faire perdre de vue la réalité ?

Une demi-heure plus tard, en pantacourt et haut fleuri, elle rejoignait Atu dans le salon. Il lui tournait le dos, debout devant la baie vitrée donnant sur la piscine. Le feu lui envahit les joues. Elle ne pourrait plus jamais voir une piscine sans se remémorer leur étreinte torride d'aujourd'hui. Comme s'il avait senti sa présence, Atu se retourna et promena les yeux sur elle.

— Parfait. Tu es habillée.

— Où allons-nous ? demanda-t-elle.

— Ne sois pas si tendue. Cela va te plaire, tu verras.

Tendue ? Oui, peut-être l'était-elle. Tant de questions se mélangeaient dans sa tête. Elle aurait aimé pouvoir en parler avec Atu, angoissée par le chemin sur lequel elle s'engageait. Mais comment aborder le sujet sans trahir la femme forte et indépendante qu'elle était censée être ? Atu n'avait-il pas proclamé haut et fort son dédain pour les femmes trop émotives ? Chercher à être rassurée une heure après avoir fait l'amour la cataloguerait aussitôt dans cette catégorie.

— Amelie ?

Elle s'obligea à sourire.

— Je suis prête.

— Alors en route.

Un 4x4 les attendait devant la réception. Ils s'enfoncèrent dans la forêt tropicale, où Atu lui tendit une paire de jumelles et lui fit découvrir la faune locale. Ils observèrent des semnopithèques obscurs, des calaos et même une espèce d'aigle très rare. Amelie avait des étoiles dans les yeux, tant elle allait d'émerveillement en émerveillement. C'est à peine si elle avait vu le temps passer lorsqu'ils se retrouvèrent sous un bosquet d'arbres géants auxquels pendaient de longues cordes. La nervosité s'empara d'elle à la vue des instructeurs équipés de baudriers.

— Hum, je sais que j'ai coché la descente en rappel comme activité, mais…

Atu la dévisagea avec sérieux.

— Saisis cette chance de voir les choses sous un angle différent, Amelie.

Elle déglutit. Il ne parlait pas seulement de descente en rappel, elle le savait. Et elle mentirait si elle disait qu'elle n'était pas tentée.

C'est presque avec soulagement qu'elle se délesta de ses préoccupations pour s'élancer du haut des immenses merantis. L'expérience était à la fois terrifiante et incroyablement exaltante. Mais quand Atu la réceptionna au sol et la serra contre lui, tous ses doutes revinrent d'un coup.

Elle sentait encore ses bras autour d'elle quelques heures plus tard, alors qu'elle s'habillait pour le dîner. Le *dashiki* aux riches tons vert et prune moulait sa poitrine et ses hanches, avant de tomber en s'évasant sur ses chevilles. Elle avait enroulé une écharpe assortie dans ses cheveux en guise de coiffe. De grandes boucles d'oreilles en jade chatoyaient à ses oreilles. Un nuage de parfum, une touche de gloss, des sandales à talons, et elle était prête.

Atu sortait de sa chambre au moment où elle quittait la sienne. Il se figea en la voyant. Elle frémit sous la brûlure de son regard.

— *Ahuofe dua*. Tu es splendide.

Ahuofe dua, un compliment en dialecte ghanéen signifiant « arbre de beauté ». Son visage s'enflamma, suivi par le reste de son corps lorsqu'il sourit.

— Merci, murmura-t-elle.

— Allons-y, dit-il en lui tendant son bras. Notre aventure culinaire nous attend.

Ils prirent un buggy qui leur fit emprunter de jolis sentiers pavés bordés de palmiers miniatures et autres plantes à feuilles larges. Amelie s'amusait à les caresser du bout des doigts en passant. Les fleurs exotiques embaumaient l'air de leur parfum, et elle songea à ses propres massifs à la station, entretenus avec amour. Bizarrement, le véhicule se gara au pied d'un large acacia. Elle leva les yeux… et resta bouche bée. Le restaurant s'étendait sur trois grands arbres, ingénieusement reliés entre eux par des passerelles et des plates-formes, l'ensemble illuminé de guirlandes de lanternes accrochées dans les branches.

Atu l'escorta vers un escalier en spirale taillé à l'intérieur même du tronc. Leur table occupait la plate-forme du milieu, avec pour toile de fond le coucher de soleil sur l'océan. Le cadre était idyllique. Lorsqu'ils furent assis, le meilleur vin blanc de l'établissement leur fut servi, puis le chef en personne vint leur apporter un plateau de sushis et tempuras fraîchement cuisinés.

— Vas-tu enfin admettre que mon hôtel te plaît ? lança Atu par-dessus son verre.

Amelie se mordit la lèvre.

— Oui, c'est magnifique.

Elle s'attendait à ce qu'il se rengorge. Il n'en fit rien.

— Pourquoi la Malaisie ? questionna-t-elle tout en savourant son repas.

Un sourire cynique étira ses lèvres.

— Il n'y a aucune raison profonde, si c'est ce que tu veux savoir. J'ai fait mon sac, sauté dans mon jet et laissé mon pilote libre de choisir la destination. Il est d'origine malaise, alors il m'a emmené chez lui. J'ai loué une jeep et exploré le pays pendant un mois, pour finalement atterrir ici. Le potentiel de cet endroit a été le déclic. Je tenais enfin le projet dont j'avais besoin.

— Mais pourquoi avoir quitté le Ghana ?

La mine d'Atu se rembrunit, signe qu'il n'était guère disposé à répondre. Mais c'était plus fort qu'elle. Elle avait partagé quelque chose d'incroyable avec cet homme. Elle avait beau savoir que c'était dangereux d'y injecter des émotions, elle avait besoin de creuser plus loin. De décrypter ce qui se cachait sous la surface.

Il semblait si absorbé par le contenu de son verre qu'elle tressaillit lorsqu'il releva la tête.

— J'ai compris que je n'avais aucun désir de prendre la place de mon frère décédé. Pas après avoir été rabaissé au rang de faire-valoir toute ma vie.

Le cœur d'Amelie enfla de compassion. Était-ce donc à ce point ?

— Ce n'est un secret pour personne que ton père et toi aviez des désaccords. Mais il ne manquait jamais une occasion de faire l'éloge de ses fils. Toi et Ekow autant que Fiifi.

L'expression d'Atu se durcit.

— Oui, il savait donner le change. Cela aurait été de mauvais goût d'admettre qu'il avait un fils préféré. Ma mère, bien sûr, le suivait sur tout. Après la mort de Fiifi, ils ont insisté pour que j'endosse son rôle d'héritier.

— Tu n'es pas l'aîné, mais... aurait-ce été si terrible de reprendre le flambeau ? demanda-t-elle.

— Comme toi tu l'as fait ? répliqua-t-il d'une voix cassante.

Une voix qui n'avait plus rien à voir avec celle de l'amant passionné de ce matin. Mais elle refusait de se laisser dénigrer. Elle avait choisi de reprendre la station. Et quoi qu'en dise sa mère, elle avait fait du bon travail. Même si pour Priscilla Hayford, ce ne serait sans doute jamais assez.

— Oui, comme je l'ai fait.

— Eh bien, pour ma part, je n'étais pas assez diplomate, déclara Atu. J'avais trop tendance à exprimer haut et fort mes opinions.

Amelie but une gorgée de vin pour se donner du courage.

— Fiifi aussi avait un caractère affirmé. Cela ne l'empêchait pas de...

— Faire semblant d'accepter son destin tout tracé ? Oui, il était doué pour cela. Alors que moi, j'étais le fils buté et peu accommodant.

Elle fronça les sourcils, piquée par la curiosité.

— Faire semblant ? Que veux-tu dire ?

— Disons qu'il savait jouer les héritiers mieux que je

n'ai jamais su le faire. Jusqu'à ce qu'il décide d'abandonner la partie.

Derrière l'amertume perçait une détresse qui la toucha. Elle était presque tentée de le prendre dans ses bras pour le réconforter.

— Je n'arrive pas à savoir si tu aimais ou méprisais ton frère. C'est comme si tu lui en voulais d'avoir perdu la vie…

— Fiifi était un idéaliste, c'est ce qui l'a perdu, répondit Atu, le visage fermé. Dire que je donnerais tout pour qu'il revienne ne changera rien. Mais je regrette de ne pas l'avoir mis en garde. Son prétendu grand amour n'était qu'une illusion. J'aurais dû lui ouvrir les yeux.

Un froid glacial envahit Amelie.

— Tu aurais voulu l'empêcher… de tomber amoureux ?

— Tu as l'air horrifiée. C'est toi qui as posé la question, Amelie.

Il se laissa aller contre le dossier de sa chaise.

— Si tu n'aimes pas la réponse, tu ne peux t'en prendre qu'à toi-même.

8.

Amelie était atterrée. L'atmosphère s'était dégradée si soudainement ! Mais trop tard pour revenir en arrière, à présent.

— Ce que tu m'as dit dans l'avion… Tu penses que Fiifi s'est forcé à être ce que ma sœur voulait qu'il soit ? C'est pour cela que leur relation n'était qu'un mensonge ?

Une tension palpable raidit les épaules d'Atu.

— Moi aussi, je commence à regretter cette discussion…

— Pourquoi ? Je croyais que c'était moi qui avais peur d'affronter la réalité ?

Une grimace tordit ses lèvres.

— Touché.

Amelie attendit la suite. Quand rien ne vint, c'est elle qui le pressa :

— Et donc ?

— Je n'ai pas dit que leur relation était un mensonge, contesta-t-il. Mais ils se croyaient amoureux. Et l'amour, lui, est un mirage.

Le cœur d'Amelie s'effrita dans sa poitrine, réduit en miettes par la conviction absolue dans la voix d'Atu.

— Quoi ?

Le regard qu'il posa sur elle était dénué d'émotion.

— Ils ont pris leur affinité physique pour une sorte de grande vérité cosmique, pour laquelle ils étaient prêts à tout sacrifier. Et à quoi cela les a menés ?

— Peut-être cela en valait-il la peine ? objecta Amelie.

Peut-être croyaient-ils en leur capacité à construire une vie ensemble ?

— Quelle vie ? rétorqua Atu. Ils auraient fini par se lasser l'un de l'autre et se sentir pris au piège. Ils auraient eu des enfants et choisi leur préféré, faute d'amour à donner.

Amelie posa son verre avant de renverser son vin tant sa main tremblait.

— C'est ce que tu crois ? Qu'aucune relation ne peut durer dans le temps ?

Il haussa les épaules.

— Je ne demande qu'à être détrompé.

— Et tes parents, alors ?

Son visage se crispa.

— Ils sont ensemble par obligation. Je n'ai rien contre les unions de convenance, tant que les deux partis sont d'accord et y trouvent leur compte. Ce qui me pose problème, c'est de fonder une relation sur de fausses promesses et de mettre au monde des enfants sans être prêt à leur donner l'affection qu'ils méritent.

Chaque mot que prononçait Atu s'enfonçait dans son cœur telle une flèche.

— Depuis combien de temps ressens-tu les choses ainsi ? murmura-t-elle.

— Quelle importance ?

Elle posa ses couverts, son appétit envolé.

— J'ai besoin de savoir si un tel cynisme est réversible ou non.

Le redoutable Atu Quayson se réveilla alors, et son regard la pétrifia.

— Je te déconseille d'essayer de me faire changer d'avis. C'est perdu d'avance.

Amelie parvint à esquisser un sourire malgré le nœud qui lui tordait les entrailles.

— En es-tu certain ? Je peux me montrer très obstinée, tu l'as dit toi-même.

L'espace d'un instant, il parut désarçonné. Juste un instant.

— Tu ne serais pas la première à essayer. Qu'est-ce qui te fait croire que tu peux réussir là où les autres ont échoué ?

L'idée que d'autres femmes aient tenté de le changer l'ennuya. Elle chassa la sensation. Elle avait une bataille beaucoup plus vitale à remporter, et c'était maintenant qu'elle se jouait.

— Je ne suis pas les autres, décréta-t-elle. Je suis *moi*. Celle que tu désires, ne fût-ce que pour un temps. Je suis aussi une Hayford. Toi et moi sommes liés, de la même façon que ton frère et ma sœur l'étaient. Ne m'as-tu pas avoué que je te rendais fou ?

Il remua sur son siège, comme si ses mots l'avaient troublé.

— Tu n'es pas comme ta sœur. Tu ne peux pas mourir. Je te l'interdis.

Cette déclaration cavalière la fit rire.

— Ah bon ? Si tu le dis…

— Je t'interdis aussi de partir.

— Pourquoi ?

Ses yeux noirs brillèrent d'un éclat possessif.

— Parce que maintenant que je t'ai faite mienne, je regrette de ne pas l'avoir fait plus tôt. Tu ne t'en iras pas tant que je n'en aurai pas fini avec toi. D'ici là, je te veux constamment à portée de la main.

L'air se chargea de tension. Amelie déglutit. Indignation et excitation se disputaient en elle. Elle hésitait entre prendre ses jambes à son cou, ou agripper son visage à pleines mains et bâillonner son machisme d'un baiser furieux. Elle serra les poings sur ses genoux.

— C'est pour cela qu'on t'appelle le mouton noir, n'est-ce pas ? Tu n'es pas un rebelle, ni un play-boy. Juste quelqu'un qui fait passer ses propres désirs avant tout le reste. C'est ce que ton père n'aimait pas chez toi, je me trompe ? Il voulait que tu aies l'esprit d'équipe, au sein d'une équipe que lui seul contrôlait. Et tu as refusé, c'est bien cela ?

— En effet, confirma-t-il. Après avoir perdu Fiifi, il a voulu faire de moi sa réplique exacte. Sans me demander mon avis, bien sûr, ni se soucier de ce que *moi*, je voulais. Je n'ai pas changé pour lui. Et je ne changerai pour personne.

Il vida son verre d'un trait et le reposa fermement sur la table. L'Atu impitoyable qu'elle connaissait était de retour. Mais était-ce vraiment tout ce qu'il était ? N'existait-il pas une version de lui, celle qu'elle avait entrevue ce matin au lit, capable de s'affranchir de cette armure endossée pour se protéger de l'indifférence de son père ? Amelie décida de tenter le diable :

— Dis-moi une chose, Atu. Quand tout cela sera fini… Est-ce que tu m'oublieras et tourneras la page ?

Elle vit ses jointures blanchir avant qu'il ne s'oblige à desserrer les poings.

— Quand tout cela sera fini, à moins que tu ne refuses mon offre, ta station continuera à te rapporter des intérêts directs. Nos chemins seront amenés à se recroiser.

Faisait-il exprès de ne pas comprendre en déviant sa question sur l'aspect professionnel de leur relation ? Elle n'insista pas. Peut-être parce qu'elle avait espéré autre chose de ce dîner. Moins de plans et de chiffres d'affaires. Plus de tendresse. Cela la rendait assez vulnérable comme cela.

Un serveur vint leur proposer dessert et café. Amelie déclina. Elle avait à peine touché à son dîner. Atu se leva et lui offrit son bras, presque avec défi. Résignée à cette danse étrange entre eux, elle glissa sa main dans le creux de son coude.

Le trajet du retour se fit en silence. À la villa, alors qu'elle se dirigeait à contrecœur vers sa chambre, Atu s'approcha par-derrière. Elle sentit ses mains se poser sur ses épaules, enveloppée par son aura dominatrice.

— Prenons un dernier verre.

C'était un ordre plus qu'une invitation. La raison lui dictait de refuser. Mais elle se surprit à acquiescer et le suivit dans le salon. Atu alla au bar, où il prépara un cocktail sans lui demander ce qu'elle voulait. Elle accepta le mystérieux breuvage, un mélange détonant de bulles et d'acidité, sous le regard expectatif d'Atu.

— Alors ?

— C'est délicieux. Merci.

L'air satisfait, il s'installa sur le canapé avec son verre.

— J'ai rencontré mon équipe d'architectes à Kuala Lumpur, l'informa-t-il.

— Si c'est pour me mettre la pression au sujet de la station…

— Irfan m'a parlé de ta visite minutieuse de l'hôtel. Tu ne manifesterais pas un tel intérêt si tu n'étais pas déjà investie, n'est-ce pas ? Je sais que tu finiras par dire oui quand tu seras prête. Les plans de ta station, eux, le sont déjà.

Amelie se braqua devant ce rappel sans-gêne de sa situation.

— Je suppose que je devrais m'estimer heureuse que tu daignes m'en parler ?

Il haussa les épaules.

— Pourquoi perdre notre temps ?

— Je n'ai pas dit oui, rappela-t-elle.

Pas encore. Mais chaque instant passé ici la persuadait un peu plus que c'était la seule solution. Et il le savait.

— Notre séjour débute à peine. Les plans peuvent encore être modifiés, si tu le souhaites, déclara Atu. Prends tout ton temps pour capituler. Je ferai de mon mieux pour refréner mon impatience.

Amelie était outrée. Non, mais quel culot !

— Tu as tellement la grosse tête que c'est un miracle que tu passes encore les portes, grinça-t-elle.

Il se mit à l'aise, un bras posé nonchalamment sur le haut des coussins. Un sourire suffisant aux lèvres. Elle l'aurait giflé !

— Ma tête va très bien, merci. Tu devrais venir profiter de la vue avec moi, cela te détendrait.

Le canapé faisait face à la baie vitrée, une manière d'inciter à se relaxer devant la beauté de la nature. C'était l'un des nombreux détails qui l'avaient fait tomber amoureuse de Q Cove. Pas étonnant que l'hôtel soit complet des mois à l'avance. L'arrogance d'Atu était justifiée et elle détestait cela. Elle détestait que son implacable assurance le rende si irrésistiblement sexy.

— La vue est superbe, concéda-t-elle en s'asseyant à son tour. Dommage que ta présence la gâche.

— Vraiment ? Alors pourquoi me déshabilles-tu des yeux ?

— Je ne…

Il pressa sur sa bouche un pouce, qui se fit caressant le long de sa lèvre inférieure, tuant dans l'œuf son indignation.

— Assume tes désirs, Amelie.

Sa volonté l'abandonnait inexorablement…

— C'est le cas, se reprit-elle in extremis. J'ai réservé une séance de massage avec Assan demain matin. J'ai cru comprendre que c'était une expérience incontournable de l'hôtel.

Le pouce d'Atu se figea. La contrariété se lisait dans ses prunelles.

— Cela n'a pas l'air de te faire plaisir…

Peut-être ne devrait-elle pas jouer avec le feu. Mais c'était plus fort qu'elle. Il eut un haussement d'épaules moins désinvolte, devinait-elle, qu'il ne voulait le laisser paraître.

— Si c'est ce que tu veux…

Sa main délaissa sa bouche et glissa le long de son cou, puis de son bras, jusqu'à son poignet qu'il porta à ses lèvres. Son baiser lascif là où battait son pouls mit ses sens en effervescence.

— Si tu as fini ton verre, que dirais-tu de reprendre là où nous en sommes restés ce matin ? susurra-t-il.

Comment résister maintenant qu'Atu lui avait fait l'amour ? Maintenant qu'elle savait quels infinis délices l'attendaient entre ses bras ? Elle rendit les armes, en se rassurant comme elle pouvait. Connaître le danger, c'était s'en prémunir. Elle connaissait la position d'Atu sur les relations amoureuses. Aucun risque qu'elle l'oublie, n'est-ce pas ?

Atu contemplait Amelie endormie à ses côtés, une main étalée sur son torse. Il sentait encore son corps se contracter autour du sien pendant l'orgasme. Combien y en avait-il eu ?

Il avait perdu le compte. Plus il la prenait, plus il la désirait. Quand il bougeait en elle, il redoutait déjà le moment où ce serait fini. Peut-être cela aurait-il dû l'alerter sur le fait que sa liaison avec Amelie était différente des autres. L'angoisse de la séparation était quelque chose d'inédit pour lui. D'habitude, c'était lui qui s'en allait le premier. Alors que le jour naissant filtrait à travers les arbres, il se sentait plus troublé que comblé. Peut-être était-ce la question qu'Amelie lui avait posée durant le dîner…

« Quand tout cela sera fini, est-ce que tu m'oublieras et tourneras la page ? »

Elle remua contre lui, les lèvres légèrement entrouvertes. Son visage était paisible, sa respiration régulière.

Lui manquerait-elle ?

Pourquoi s'en inquiéter maintenant ? Ils avaient le temps. Rien ne les empêchait de profiter l'un de l'autre pendant qu'il peaufinait son projet. Elle donnerait son accord, il n'avait aucune crainte là-dessus. Pourquoi mêler inutilement plaisir et émotion ? L'un fonctionnait très bien sans l'autre. Les émotions étaient une perte de temps. Il s'en voulait d'avoir baissé sa garde lors du dîner. Quel besoin de rouvrir de vieilles blessures mal cicatrisées ?

L'appel à son père la veille, après avoir laissé Amelie dans la piscine, y était sans doute pour quelque chose. La santé de Joseph Quayson se dégradait à vue d'œil. Mais cela ne l'empêchait pas de tempêter à propos de la mission de Saltpond, qui n'avançait pas assez vite à son goût. L'assurance d'Atu que tout se déroulait comme prévu lui avait valu l'habituel torrent de reproches. Et comme toujours, sa mère, tout en prétendant jouer les conciliatrices, s'était rangée à l'avis de son mari.

Pour un peu, il leur aurait raccroché au nez. Voilà pourquoi il n'évoquait jamais son père ou leur relation dysfonctionnelle. Alors qu'est-ce qui l'avait poussé à s'ouvrir à Amelie lorsqu'elle avait abordé le sujet au restaurant ? Non content de répondre à ses questions, il lui avait confié de lui-même des détails très personnels sur sa famille.

Qu'est-ce qui lui arrivait ?

Un mouvement d'Amelie le dispensa de chercher une réponse. Le feu couvant dans ses reins se ralluma instantanément. Une distraction qui tombait à pic. Pendant qu'il donnait libre cours à son désir, il n'avait pas à penser à sa famille rongée par l'amertume et l'indifférence. Seule existait la passion généreuse de la femme blottie contre lui.

Elle ouvrit les yeux et cilla, l'air perdu. Sa confusion était adorable.

— Tu réfléchis si fort que cela m'a réveillée, se plaignit-elle.

Il sourit, surpris par l'absence de gêne entre eux après leur nuit ensemble. Il captura ses lèvres dans un doux baiser qui ne tarda pas à prendre un tour plus impétueux.

Une demi-heure plus tard, il avait encore envie d'elle malgré le plaisir saturant ses sens. Quant à ses questionnements, ils restaient sans réponses. Amelie était partie prendre une douche. Il s'interdit de l'y rejoindre et s'habilla rapidement. Cette étrange sensation logée dans sa poitrine finirait bien par se dissiper. Ils avaient un passé compliqué, raisonna-t-il. C'était cela qui rendait leur liaison différente de celles qu'il avait eues avant, rien d'autre. Inutile de chercher plus loin.

9.

Amelie serra les doigts sur son téléphone, blessée par la colère de sa mère. Peut-être aurait-elle dû attendre d'y voir plus clair dans ses émotions avant de l'appeler. Désir, passion, exaltation… Atu lui faisait ressentir des choses dont elle se serait crue incapable, dix jours plus tôt. Mais plus leur séjour avançait, plus ses sentiments se compliquaient. Atu ne croyait pas en l'amour et cela n'était pas censé la désemparer. Ne s'étaient-ils pas mis d'accord ? Ce qui les rapprochait n'était qu'une puissante alchimie physique, qui s'estomperait d'elle-même quand ils l'auraient pleinement explorée. Qu'est-ce que l'amour avait à voir là-dedans ?

Son cœur battit plus vite à cette question. Comme chaque fois qu'Atu la prenait dans ses bras. Chaque fois qu'il lui caressait la joue, une sorte de perplexité dans le regard, avant de l'entraîner dans un nouvel orgasme plus spectaculaire que le précédent.

— C'est pour m'annoncer cela que tu m'appelles ? Je croyais que tu en avais fini avec ces sottises.

La voix cassante de sa mère la ramena au présent. À la réalité à laquelle elle ne semblait pouvoir échapper. Les Quayson étaient les ennemis jurés des Hayford.

— Je t'ai expliqué la situation, Maa. Nous devons regarder les choses en face, plaida-t-elle.

— Pourquoi lui, Amelie ? De tous les partenaires possibles, c'est lui que tu choisis ?

Amelie n'avait pas le cœur de lui expliquer que ce n'était pas un choix. C'était Atu qui était venu la trouver, pas l'inverse. Elle songea à leurs nuits ensemble. Au plaisir inouï qu'ils se donnaient l'un l'autre. Si elle n'avait pas choisi d'accepter l'offre d'Atu dès le début, pendant son absence à Kuala Lumpur, le sexe aurait-il influencé sa décision ? Difficile d'imaginer le contraire.

Elle chassa cette idée et tenta une fois de plus de raisonner sa mère :

— Au moins, avec lui, on sait à qui on a affaire. C'est mieux ainsi, tu ne crois pas ? insista-t-elle, reprenant à son compte l'argument d'Atu.

— Non, je ne crois pas, rétorqua sèchement Priscilla. Toi qui es tout ce qu'il me reste… Tu me brises le cœur, Amelie.

— Maa…

La communication coupa. Amelie resta immobile, son téléphone dans la main. Sa mère avait besoin de temps pour accepter ce qui se passait, voilà tout. Dans leur cas, la fin justifiait les moyens. Elle finirait par le comprendre. Un profond désarroi l'envahit malgré tout. En acceptant l'offre d'Atu, elle avait écouté sa tête, pas son cœur. Mais de grands bouleversements s'annonçaient, et il n'était pas dit que son cœur reste épargné très longtemps.

Atu entra dans la chambre, pris d'un farouche instinct protecteur devant la mine décomposée d'Amelie.

— Que se passe-t-il ?

Elle jeta son téléphone sur son lit sans le regarder. Il lutta contre l'impulsion de la serrer dans ses bras. Ce genre de réflexe lui arrivait de plus en plus souvent. À croire que son détachement habituel était parti en vacances, lui aussi.

— J'ai appelé chez moi pour voir si tout allait bien, dit-elle d'une voix sourde. Et pour parler à ma mère…

C'était donc cela. Il comprenait mieux que personne ce qu'elle ressentait. Chaque appel de son père le mettait dans tous ses états, lui aussi. Ils n'avaient plus reparlé de leurs familles depuis ce premier soir au restaurant. Et cela lui allait très bien. Le sujet était une boîte de Pandore qu'il préférait garder fermée à double tour. Pourtant, quelque chose le poussa à s'en mêler :

— Le changement est parfois difficile à vivre. Si elle tient à préserver votre héritage familial, elle doit apprendre à écouter ton avis. Il ne s'agit pas seulement d'elle, ni de ce que ton père ou ta sœur auraient voulu.

La jeune femme parut secouée. Peut-être était-ce une bonne chose. Il avait besoin de la savoir dans son camp. Son énergie, sa loyauté, même son tempérament obstiné, étaient autant de qualités qu'il admirait chez elle. Et pas seulement en affaires. Découvrir la femme passionnée qu'elle était dans tous les aspects de sa vie la rendait encore plus addictive à ses yeux.

— Tu m'encourages à partir en guerre contre ma mère ?

Sans s'en apercevoir, il avait comblé la distance entre eux. Son doux parfum titillait ses narines et mettait à mal son self-control.

— Je t'encourage à te battre pour ce que tu veux, corrigea-t-il.

— Et si je perds ?

Il eut mauvaise conscience et résista au besoin de la protéger. Ces émotions étaient dangereuses. C'était elles qui avaient conduit son frère à sa perte. Elles n'avaient pas leur place dans sa relation avec Amelie. Mais n'était-ce pas justement les émotions qu'elle exprimait avec une telle ferveur qui le poussait vers elle tel un papillon de nuit vers une flamme ?

À laquelle il se brûlait les ailes.

— Si tu perds, au moins tu seras fixée au lieu de ne vivre qu'à moitié.

La jeune femme tressaillit.

— Tu trouves que je ne vis qu'à moitié ?

— Tu as un immense potentiel, Amelie. C'est dommage que tu t'interdises de l'explorer.

— On fait la paire. Le mouton noir et la fille oubliée qui fait tout de travers…

Une bouffée de colère envahit Atu.

— C'est ce que ta mère t'a dit ?

— Jusqu'à aujourd'hui, elle tolérait que je dirige la station. Perdre mon père si vite après Esi a été très difficile pour elle, expliqua Amelie dans un soupir.

— Alors elle attend de toi que tu sois la fille parfaite, alors qu'elle-même a complètement démissionné de son rôle de parent ?

Il n'avait pas eu l'intention d'être aussi dur. Mais certaines choses avaient besoin d'être dites.

Elle baissa la tête.

— Elle vient de me dire que je lui brisais le cœur…

La colère d'Atu redoubla. Il lui leva le menton.

— Oublie cela, Amelie. Vis ta vie. Si la voie que tu choisis lui fait de la peine, alors tant pis. Cesse de faire passer ta mère avant toi.

Il s'aperçut en prononçant ces mots que la station des Hayford était le cadet de ses soucis. C'était à Amelie qu'il pensait. Il voulait qu'elle s'épanouisse. L'idée que quoi que ce soit l'empêche de se réaliser le mettait hors de lui.

Les yeux de la jeune femme s'embuèrent. Il se serait giflé pour son manque de tact. Mais aucune larme ne coula. Non, elle releva la tête et carra les épaules. Son courage lui plut. Il n'aimait pas la voir triste. Peut-être était-il las de cette vendetta qu'il se sentait contraint d'exécuter, par loyauté envers sa famille, et qui lui pesait de plus en plus.

— Et toi ? demanda-t-elle.

— Quoi, moi ?

— Tu me conseilles de vivre ma vie. Et toi ? Combien de temps encore vas-tu continuer à te disputer avec ton père ?

Atu se raidit. Devait-il lui avouer que son père n'en avait probablement plus pour très longtemps ? Cette pensée le plongea dans un désarroi auquel il n'était pas préparé. Allait-il laisser passer sa chance de crever l'abcès ? Se le pardonnerait-il s'il laissait son père s'en aller sans rien avoir tenté pour réparer leur relation ?

— Atu ?

— Mon père est mourant, confia-t-il. Il a beau jouer les invincibles, les médecins lui donnent peu d'espoir.

Le choc se peignit sur les traits d'Amelie.

— Quoi ? Mais depuis quand ?

— Un certain temps. Il a toujours ignoré les mises en garde des médecins sur l'état de son cœur. Maintenant, il est trop tard.

— Oh ! Atu… Je suis désolée, murmura-t-elle.

Sa compassion le toucha. Plus qu'il n'était prêt à l'admettre. Amelie ne cessait de le surprendre. Comment était-elle capable d'empathie envers l'homme qui, depuis son lit de mort, s'acharnait encore à détruire sa famille ? Un tsunami d'émotions qu'il n'était pas censé ressentir menaçait de le submerger. Depuis le début, il refusait d'affronter la réalité en face. Maintenant qu'il n'avait plus nulle part où fuir, la perspective de perdre son père creusait en lui un vide insupportable. Alors il fit ce qu'il lui démangeait de faire depuis qu'il était entré dans la pièce : il attira Amelie dans ses bras et scella leurs lèvres. Leur baiser langoureux opéra sa magie. À présent, il avait besoin de savoir…

— Pourquoi ta mère t'accuse-t-elle de lui briser le cœur ? questionna-t-il avec circonspection.

Amelie leva la tête. Dans ses yeux, la peine avait cédé la place à cette détermination farouche qui l'avait séduit huit ans plus tôt, quand il avait commencé à voir en elle plus que la petite sœur de la femme dont son frère était tombé amoureux.

— Je lui ai annoncé que j'envisageais un partenariat avec toi pour sauver la station, répondit-elle.

Le cœur d'Atu fit un salto.

— Tu l'envisages seulement ?

— Je ne voyais pas l'intérêt de lui dire que j'avais déjà pris ma décision.

Un sourire victorieux incurva ses lèvres.

— Ravi de l'entendre. Tu verras, je suis ton meilleur allié dans ce projet.

C'était officiel, ils étaient désormais associés en plus d'être amants. Ses deux objectifs étaient atteints. Alors pourquoi avait-il la sensation que le temps lui filait entre les doigts ?

Quatre jours plus tard, Amelie marchait vers la plage privée de la villa où Atu lui avait donné rendez-vous. Dès qu'elle avait accepté son offre, ils s'étaient rendus à Kuala Lumpur afin de rencontrer l'équipe d'Atu. De nouveaux plans étaient en cours d'élaboration, avec une attention toute particulière portée aux écochalets et à l'autosuffisance de la station. Elle étudiait les contrats quand une domestique l'avait informée que M. Quayson l'attendait sur la plage. Amelie avait saisi ce prétexte pour oublier un temps son pénible échange avec sa mère. Qui sait si cette dernière changerait un jour d'avis ? Amelie devait garder en tête que l'héritage qu'elle cherchait à protéger dépassait leur noyau familial. Ce qu'elle faisait, elle le faisait aussi pour leur communauté. Pour les enfants qu'elle aurait peut-être un jour. C'était cet espoir qui l'aidait à tenir le coup face au désaveu de sa mère.

Sur la plage, une hutte se dressait entre deux palmiers, fermée par un rideau. Amelie se glissa à l'intérieur… et s'arrêta net à la vue d'Atu, appuyé nonchalamment contre une table de massage.

— Qu'est-ce que c'est que cela ?

Son sourire fit s'agiter une nuée de papillons dans son ventre.

— Tu voulais un massage ? Je suis à ta disposition.

— Est-ce pour cela que mon rendez-vous avec Assan ne cesse d'être mystérieusement repoussé ?

Il haussa les épaules.

— Je compte bien me surpasser. Si tu n'es pas convaincue, alors Assan aura une disponibilité dans les plus brefs délais.

Amelie éclata de rire en montant sur la table.

— Toujours l'esprit de compétition, à ce que je vois.

— Toujours, confirma-t-il avec un clin d'œil.

— Mmh… Je vais quand même tester les talents d'Assan, histoire d'avoir un point de comparaison.

L'expression d'Atu se rembrunit.

— Je n'aime pas l'idée qu'un autre homme te touche. Même un masseur professionnel. Tant pis si cela fait de moi un homme des cavernes.

Amelie était une féministe convaincue. Une femme indépendante et progressiste. Alors pourquoi la jalousie d'Atu la faisait-elle fondre de l'intérieur ? Mais au fond, n'était-ce pas l'effet Atu par excellence ? Il lui faisait voir la vie autrement et chamboulait tout ce en quoi elle croyait. Était-ce ce qu'avait ressenti sa sœur avec Fiifi ? Avait-elle été amenée à prendre des décisions drastiques, jusqu'à cet accident tragique qui avait anéanti leurs deux familles ? Ses doutes devaient se lire sur son visage car Atu fronça les sourcils.

— Quelque chose ne va pas ?

Elle secoua la tête.

— C'est juste que… Tous ces sujets tabous que nous étions censés éviter sont en train de nous rattraper, que cela nous plaise ou non.

Atu eut l'air ennuyé.

— Tu veux parler de nos familles ? Encore ?

— Oui. Ton frère, ma sœur…

— Eh bien ?

— Étais-tu au courant que les choses étaient aussi tendues entre eux ?

Il s'esclaffa avec un cynisme affiché.

— Qui ne l'était pas ? Tout le monde savait que ta sœur rendait Fiifi fou à lier.

Amelie regrettait d'avoir remis cela sur le tapis. Mais elle ne pouvait laisser passer la remarque d'Atu sans réagir.

— Pardon ?

— Ne fais pas semblant de ne pas savoir de quoi je parle, Amelie.

Oh ! elle n'ignorait pas que les deux familles se reprochaient mutuellement la mort de leurs aînés. Mais elle avait toujours cru Atu au-dessus de cela. Elle sauta de la table de massage, consternée.

— Où vas-tu ? gronda Atu.

— Ailleurs. Comme si j'allais te laisser me toucher maintenant…

— Parce que tu as peur d'entendre la vérité ?

— *Ta* vérité, tu veux dire, rétorqua-t-elle. Dans ma version des faits, c'est ton frère qui n'a pas été clair avec Esi et c'est pour cela qu'elle n'était plus elle-même.

Atu croisa les bras avec rigidité.

— Quoi qu'il y ait eu entre eux, ils n'auraient pas dû boire avant de prendre le volant. Laissons cet épisode dans le passé…

— Tu ne vois pas que c'est impossible ? s'écria Amelie. N'est-ce pas justement à cause du passé que tu m'as traînée de force à l'autre bout du monde ?

Atu accusa le coup. Mais avant qu'elle puisse se reprendre, il poussa un soupir.

— Fiifi avait l'habitude qu'on se plie à ses quatre volontés. Rien ne lui avait jamais été refusé.

— Jusqu'à ce qu'il rencontre ma sœur ?

Fiifi avait poursuivi sans relâche Esi de ses assiduités avant qu'elle n'accepte finalement de sortir avec lui.

— Il voyait en elle un défi, admit Atu.

— Qu'il devait à tout prix relever ? compléta-t-elle, consternée par sa vision des choses.

L'expression d'Atu se durcit.

— J'aime à croire que ni l'un ni l'autre ne voulait que les choses finissent ainsi.

— Mais il a insisté, encore et encore, jusqu'à parvenir à ses fins, n'est-ce pas ?

— Comme le font tous les Quayson ? Si c'est ce que tu insinues, tu te trompes.

— Pourquoi ? Parce que l'amour n'existe pas chez les Quayson ? persista Amelie. Que tu l'admettes ou non, ils agissaient bien par passion. C'était cela qui les poussait l'un vers l'autre. Toutes les relations ne sont pas froides et aseptisées, Atu.

Elle vit sa mâchoire se crisper.

— Peu importe ce que je pense…

— Pour une fois, je suis d'accord, le coupa-t-elle. Il ne s'agit pas de toi, ni de moi, mais d'*eux*. Quelle importance si ma sœur a dévié ton frère du droit chemin, ou si elle lui rendait la vie impossible quand il la délaissait ? Ils étaient deux adultes, responsables de leurs actions et de la tragédie qui les a tués. Les en blâmer, ou nous blâmer nous-mêmes, ne changera rien. On ne peut pas revenir sur ce qui s'est passé.

— Non. Mais on peut en tirer les leçons qui s'imposent, asséna Atu.

— Quelles leçons ? Que l'amour n'existe pas ? Dans ce cas, qu'est-ce qui t'a ramené au chevet de ton père ?

Il se raidit.

— Où veux-tu en venir ?

— Tu es capable d'émotions, Atu. Tu le caches, mais tu ressens tout plus vivement que n'importe qui.

— Je n'en mettrais pas ma main à couper, si j'étais toi.

— Non ? Alors réponds à cette question. Si ton frère avait vécu, crois-tu vraiment que tu aurais pu le raisonner sur ses sentiments pour Esi ?

Pour la première fois, elle sentit sa conviction vaciller. Elle posa une main sur son torse et s'engouffra dans la brèche.

— Non, pas vrai ? Tu ne peux pas me prouver qu'il n'était pas amoureux d'elle.

— C'est vrai, je ne peux pas, admit-il d'un ton bourru. Ce qu'il ressentait pour ta sœur était si intense…

Elle réprima un sourire devant cet aveu arraché au forceps, tout en notant avec tristesse qu'il ne se résolvait toujours pas à prononcer le mot « amour ».

— Bien. Alors nous sommes d'accord. Une bonne fois pour toutes.

Était-ce elle, ou un certain soulagement avait adouci ses traits ? L'atmosphère s'allégea perceptiblement.

— C'est tout ? La question est réglée, juste comme cela ?

Amelie n'avait jamais pris le temps de réfléchir à ce que sa sœur aurait pensé de tout cela. À présent, elle était convaincue qu'Esi n'aurait pas voulu de cette inimitié brandie en son nom. Elle-même ne s'était-elle pas rebellée en choisissant Fiifi malgré la réprobation de leurs deux familles ?

— Ce ne sont pas les autres sujets de discorde qui manquent, répondit-elle avec un haussement d'épaules.

Après un long silence, Atu hocha la tête.

— Soit.

Une profonde sérénité lui réchauffa la poitrine. Mais lorsqu'elle fit mine de s'en aller, il la retint.

— Où crois-tu aller comme cela ? Le massage est toujours d'actualité.

— Oh ! je croyais…

Les braises dans ses yeux la réduisirent au silence.

— Déshabille-toi, ordonna-t-il.

C'était aussi bien qu'ils passent à autre chose, après avoir vaincu ce fantôme du passé qui les hantait depuis des années. Sans quoi, elle s'autoriserait peut-être à croire que d'autres batailles pouvaient être gagnées. D'autres miracles, se réaliser… Ses doigts tremblaient lorsqu'elle fit glisser ses bretelles le long de ses bras. Sa petite robe d'été tomba sur ses chevilles, la laissant en simple bikini blanc.

Atu la dévorait des yeux sans en perdre une miette.

— Cela aussi, dit-il en désignant du menton son soutien-gorge.

Contrairement au massage qu'elle lui avait donné à sa station, celui-ci ne se voulait nullement professionnel. Atu le faisait parce qu'il en avait envie. Et elle le lui permettait car le besoin de sentir ses mains sur elle invalidait tout le reste. Lentement, elle dénoua les cordons de son haut de bikini sur sa nuque et plaqua les bonnets sur ses seins. Puis avec un frisson d'anticipation, elle s'allongea à plat ventre sur la table. Alors seulement, elle jeta le soutien-gorge par terre.

Derrière elle, le souffle d'Atu se raccourcit. Amelie resta immobile. Elle n'osait pas se retourner, de peur de trahir l'intense émotion qui lui étreignait la poitrine. Plutôt qu'une musique méditative, Atu opta pour un morceau de jazz sensuel. Une agréable odeur d'huile de chanvre emplit bientôt l'intérieur de la hutte. Cette fois, elle tourna la tête. Atu versait un liquide doré dans le creux de sa paume. Les yeux posés sur elle, il se frotta les mains avant de les faire glisser sur ses omoplates.

Ah… c'était divin. Elle n'avait même pas besoin de le diriger. Il devinait d'instinct ce qu'il lui fallait. Ses mains habiles malaxèrent longuement ses doigts, ses paumes et ses bras jusqu'à lui tirer des soupirs de plaisir. Puis il passa aux jambes. Atu n'était pas un bon masseur… Il était un masseur exceptionnel. Comme tout ce qu'il lui proposait, le résultat dépassait ses attentes, à tel point que cela l'effrayait un peu.

— Respire, Amelie. Ne lutte pas. Laisse-toi aller.

Parlait-il encore du massage ? Quoi qu'il en soit, c'est ce qu'elle fit.

Leur liaison durerait le temps qu'elle durerait. Autant en profiter au maximum. L'essentiel était de préserver ce qui lui restait de précieux. Comme son cœur… En espérant qu'il ne soit pas déjà trop tard.

Cet épisode dans la hutte donna le ton de la fin de leur séjour en Malaisie, lequel se poursuivit la semaine suivante lorsqu'ils s'envolèrent pour Malte.

Maria s'en sortait à merveille à Saltpond. Elle était la seule au courant du projet, qu'Amelie préférait garder secret jusqu'à la signature officielle. La gérante avait réagi avec enthousiasme, d'autant qu'Atu lui proposait davantage de responsabilités au sein de la nouvelle station. Peut-être était-ce cette vague de positivité qui avait incité Amelie à prolonger leurs vacances de deux semaines. C'était aussi une excuse pour repousser l'inévitable confrontation avec sa mère. Elle espérait qu'à son retour, les plans seraient achevés afin d'avoir à lui soumettre une vision concrète qui aiderait à mieux faire passer la pilule.

Si Q Cove était un havre de paix niché entre la forêt et l'océan, Q Valetta s'imposait dans la capitale même de Malte, véritable joyau culturel au cœur de la Méditerranée. Le luxe, signature d'Atu, y était partout présent. Les clients n'avaient qu'un appel à passer pour voir tous leurs vœux exaucés par un personnel attentif et souriant.

Le vol n'avait pas été de tout repos, Atu s'étant montré particulièrement insatiable. Ce qui n'empêcha pas Amelie de se lancer sans perdre une minute dans l'exploration de ce nouveau paradis. La semaine fila en un éclair, entre visites touristiques, discussions d'affaires et sexe étourdissant. Puis vint le dernier jour, et tout partit à vau-l'eau.

Elle l'ignorait, mais cela avait commencé le soir précédent avec un mail de Maria :

Pouvez-vous m'appeler quand vous aurez un moment, s'il vous plaît ?

Elle l'avait manqué car Atu et elle avaient dansé toute la nuit dans un night-club VIP. À leur retour à l'aube, ils avaient fait l'amour contre le mur, avant de s'écrouler au lit ensemble. Ce matin, elle n'avait émergé qu'à 10 heures passées, en proie à une violente nausée qui l'avait fait se ruer à la salle de bains. Maudites huîtres. Cela lui apprendrait à en abuser. Ce n'est qu'en revenant dans la chambre qu'elle avait fait le lien.

Elle avait une semaine de retard.

Son sang s'était glacé. Par chance, elle était seule. Atu s'était levé plus tôt pour voir son directeur d'hôtel avant leur départ. En panique, elle avait vérifié frénétiquement les dates sur son téléphone, sans prêter attention à l'alerte e-mail. Ses soupçons s'étaient confirmés. *Seigneur.* Comment réagirait Atu ? Et sa mère ? Au bord de la crise d'angoisse, elle avait pris une grande inspiration et posé une main sur son ventre. Ces dernières semaines ne lui avaient-elles pas fait entrevoir un autre avenir possible ? Si elle portait en elle l'héritier des Quayson-Hayford, serait-ce vraiment la fin du monde ?

Oui. Sans aucun doute.

Atu ne croyait pas en l'amour. Pour lui, tout n'était que transactions et arrangements mutuellement profitables. Elle, de son côté, quelque part au cours de ce mois idyllique, était tombée amoureuse de l'ennemi. Celui de sa famille, pas le sien. Atu n'était pas son ennemi, non. Il était l'homme qui lui avait fait connaître ses premiers émois sentimentaux à l'adolescence, et à qui la femme adulte d'aujourd'hui avait librement donné son cœur.

Mais un *bébé* ?

Peu à peu, une autre émotion prenait le pas sur tout le reste. La certitude qu'elle aimerait cet enfant de tout son être. Qu'elle serait la meilleure mère possible pour lui, plus juste et attentionnée que ses parents ou ceux d'Atu ne l'avaient été. Elle s'était réinventée en Malaisie. Elle pouvait le refaire. Cette grossesse marquait le début d'un nouveau chapitre de sa vie, le plus merveilleux de tous. Mais avant toute chose, elle devait être sûre.

Leur avion ne décollait pas avant deux heures. Ni une ni deux, elle s'habilla, attrapa son téléphone et prévint le majordome assigné à leur suite :

— Pouvez-vous informer M. Quayson que je suis sortie, s'il vous plaît ? Je n'en ai que pour quelques minutes.

Il acquiesça en s'inclinant poliment, comme on l'avait sans doute martelé chez chaque employé du Groupe Quayson.

Un fol espoir accompagnait Amelie vers la pharmacie indiquée par la réception. Qui sait s'il ne s'agissait pas d'un nouveau départ pour sa famille et celle d'Atu ? Dans l'officine, elle s'empara d'une boîte de tests sur le comptoir et régla son achat. En dix minutes, elle était de retour dans la suite. Elle s'enferma dans la salle de bains et inspira profondément. Dans quelques instants, sa vie serait peut-être bouleversée à jamais…

Allez, tu peux le faire !

Les doigts tremblants, elle sortit le test.

Malgré ses efforts pour se rassurer, son calme s'évapora devant le signe confirmant sa nouvelle réalité.

Elle portait l'enfant d'Atu.

10.

Le coup à la porte la fit sursauter.

— Amelie ?

La gorge trop nouée pour répondre, elle se leva d'un pas chancelant et tourna la poignée.

— Amelie, tout va bien ? s'enquit Atu, l'air inquiet. Le majordome m'a dit que tu n'avais pas encore déjeuné et…

Il se tut comme son regard tombait sur le test posé sur le lavabo. Le temps se suspendit. Puis lentement, ses yeux revinrent vers elle. Les émotions se succédèrent sur ses traits. Incrédulité, choc… rejet. Ce n'était pas une confirmation qu'il espérait d'elle, mais un démenti. Elle le devinait à sa posture rigide. À son visage hagard. Lorsqu'il recula en vacillant, son cœur saigna. Comment était-ce possible de passer d'un tel espoir en l'avenir à la désillusion la plus totale en à peine quelques secondes ? Se raccrochant à son orgueil, elle sortit de la salle de bains.

— Ne t'inquiète pas, je ne vais pas te coller une poursuite en reconnaissance de paternité sur le dos. Cet enfant sera ma seule responsabilité.

— Pardon ?

La voix d'Atu était glaciale. Son expression fermée. Il se tenait immobile, les bras croisés sur son torse, pareil à un mur. Amelie affecta le détachement.

— Tu m'as très bien entendue. Les hommes dans ta position doivent subir ce genre de chose constamment, n'est-ce pas ? Cela n'arrivera pas avec moi.

Atu écarquilla des yeux incrédules.

— Dis-moi que tu n'es pas sérieuse ?

Elle réprima un rire jaune, consciente que cela ne ferait qu'aggraver les choses.

— Si tu es enceinte… Non, j'ai besoin d'être sûr. Portes-tu mon enfant, oui ou non ?

Sur son visage, c'étaient ses rêves qu'elle voyait partir en fumée. Au fond, elle avait toujours su qu'elle se berçait d'illusions. Il s'était montré très clair dès le début. Mais cela ne l'avait pas empêchée de tomber folle amoureuse de lui.

À bout de patience, il alla chercher le bâtonnet à la salle de bains et se figea devant la preuve incontestable qu'il allait devenir père. Elle le vit frémir. C'en était trop pour elle. Sans un mot, elle tourna les talons et se réfugia dans le dressing, où elle commença à faire sa valise. Quelques instants plus tard, Atu la rejoignit.

— Quand l'as-tu su ? demanda-t-il.

Amelie releva la tête.

— Quelle importance ? Je ne t'ai pas piégé, si c'est ce que tu crois.

Un nerf tressauta sur sa mâchoire.

— Ne me fais pas dire ce que je n'ai pas dit. J'ai le droit de savoir quand mon enfant a été conçu, non ?

Cette fois, elle ne put ravaler le rire qui lui montait à la gorge.

— Je ne peux pas te donner une date et une heure exactes, Atu.

Il se mit à faire les cent pas d'un air agité, avant de se planter devant elle.

— Comment te sens-tu ?

Il y avait quelque chose d'attendrissant dans cette question bourrue. Mais elle s'interdit de fléchir. Cela ne signifiait pas qu'il était prêt à embrasser sa paternité. Il témoignerait la même sollicitude à n'importe lequel de ses employés.

— Je vais bien. Je croyais faire une réaction aux huîtres d'hier soir, mais en fait…

Il hocha la tête. Pendant une interminable minute, ils se

fixèrent en silence. Toute l'insouciance des dernières semaines s'était envolée. Une à une, elle se remit à ranger ses affaires dans sa valise.

— Laisse, le majordome s'en occupera.

— Pas la peine. J'ai fini, dit-elle.

Leur parenthèse enchantée aussi était finie. Il suffisait de voir la tension dans les épaules d'Atu pour le comprendre.

Une heure plus tard, ils prenaient place à bord du jet privé. Atu, le nez collé sur sa tablette, ne lui avait pas adressé la parole de tout le trajet vers l'aéroport.

— Si tu te sens toujours nauséeuse, tu devrais aller t'allonger dans la chambre, conseilla-t-il sitôt après le décollage.

La bile monta à la gorge d'Amelie.

— Alors on ne va vraiment pas en parler ? s'énerva-t-elle.

— Tu es enceinte. Qu'y a-t-il à ajouter ?

— Tu parles de moi comme si j'étais une cause perdue…

— Non, Amelie. Ce que je veux dire, c'est qu'il n'y a qu'une seule solution.

L'indignation la fit se redresser comme un ressort.

— Tu ne suggères quand même pas…

— Bien sûr que non, intervint-il. La nouvelle a beau être un choc, c'est mon héritier que tu portes et je compte bien le reconnaître.

Ces mots étaient ceux qu'elle aurait espéré entendre en d'autres circonstances. Mais sa froideur distante indiquait clairement que la tournure des événements était un coup dur pour lui. Ce qui la plaçait face à un Quayson menaçant de lui prendre ce qui était à elle… Une fois de plus. Elle lui avait confié l'avenir de sa station. Elle lui avait offert son corps et, naïvement, son cœur. Cet enfant était le sien. Rien ni personne ne l'en séparerait.

Elle se leva et, sans un regard pour Atu, marcha vers la chambre. Sitôt la porte refermée, elle s'affala sur le lit et enfouit le visage dans l'oreiller. Pendant une heure, elle donna libre cours à ses émotions, pleurant toutes les larmes de son corps jusqu'à s'endormir d'épuisement.

Atu s'était isolé dans la salle de réunion, sonné par la bombe qui venait d'être lâchée dans sa vie. Avec le recul, il aurait dû le voir venir. Il ne s'était pas passé un jour, ces dernières semaines, sans qu'Amelie et lui fassent passionnément l'amour. La panique lui tordit le ventre. Il n'y connaissait rien en bébés, si ce n'est que ces créatures sans défense absorbaient comme des éponges la moindre émotion dans leur entourage immédiat. Sa panique se mua en…

Oui, en terreur. Lui, Atu Quayson, qui avait pris le risque d'être renié par son père, qui avait porté sans ployer le poids de sa culpabilité après la mort de son frère, était terrifié par ce nouveau défi. Quel serait le conseil de Fiifi s'il était encore là ?

Vis ta vie.

Profite de l'instant.

N'était-ce pas ce à quoi il aspirait ? Ne lui avait-il pas recommandé de suivre ses désirs, lui aussi ? Une vie passée à courir après le prochain contrat en valait-elle vraiment la peine ? Ce dernier mois avait mis en relief la vacuité de son existence avant Amelie. Sa possessivité, son besoin de la protéger, d'être auprès d'elle… Tout cela persistait, tout comme leur intense alchimie qui semblait avoir encore grandi pour pendre une autre forme, plus profonde et intime… Quelque chose qui ressemblait à des sentiments.

Il allait avoir un bébé.

La main qu'il passa dans ses cheveux tremblait. Il était sérieux dans son intention de le reconnaître. Et après ? Il savait diriger une équipe d'architectes pour coucher sur le papier ses projets visionnaires. Mais quels outils possédait-il pour élever un enfant ? Comment pouvait-il prétendre à cette responsabilité alors qu'il ignorait complètement comment être père ?

Amelie fut réveillée par une hôtesse à l'approche de l'atterrissage. Elle cilla plusieurs fois. Avait-elle vraiment dormi pendant tout le vol ? Les larmes lui revinrent aux yeux comme elle s'installait dans un fauteuil et bouclait sa ceinture. Elle avait quitté Accra un mois plus tôt, perdue et démoralisée sur l'état de sa vie. Ces quelques semaines de rêve lui avaient redonné confiance en l'avenir. Et voilà qu'elle revenait plus abattue qu'à son départ.

Elle avait osé aimer, et cela s'était retourné contre elle.

Sitôt l'avion au sol, elle se leva de son fauteuil, stoppée dans son élan lorsque Atu apparut à la porte.

— As-tu réussi à dormir ? s'enquit-il.

Toujours aussi froid et distant. Elle hocha la tête, la gorge sèche en voyant son regard glisser vers son ventre.

— Viens. Ma voiture nous attend.

Alors qu'elle récupérait son sac dans la table de nuit, plusieurs bips se firent entendre. Elle sortit son téléphone. Treize messages de Maria ! La grimace impatiente d'Atu lui fit ranger l'appareil. Elle les lirait plus tard.

La même élégante berline qui l'avait amenée à Accra depuis Saltpond les récupéra sur le tarmac. Perdue dans ses pensées, Amelie vit à peine passer le trajet jusqu'à la villa d'Atu. Une villa située à Quayson Hills… Difficile de ne pas se sentir insignifiante face à un homme si influent que le quartier le plus huppé de la capitale portait son nom.

« C'est mon héritier que tu portes et je compte bien le reconnaître. »

Elle se redressa sur son siège. Elle s'était juré de ne pas se laisser intimider. Elle n'allait pas commencer maintenant.

— Pourquoi allons-nous chez toi ? demanda-t-elle.

— Parce qu'il faut qu'on parle.

— Je croyais que c'était déjà fait…

Son regard de jais la transperça.

— Tu m'annonces que tu es enceinte et tu m'exclus dans la foulée. Je t'ai dit que je comptais reconnaître l'enfant. Alors à moins que tu aies changé d'avis, nous devons trouver un compromis.

Un compromis. Comme toujours, il ramenait cela à une négociation.

— Atu…

— J'ai appelé mon médecin depuis l'avion. Il peut nous recevoir demain, si tu es d'accord.

Amelie se radoucit malgré elle. Elle aimait déjà cet enfant. Atu voulait s'assurer que le bébé allait bien. Comment le lui reprocher ? Mais lorsque la voiture s'arrêta devant le plus somptueux manoir qu'elle ait jamais vu, l'implication de ses mots la frappa de plein fouet.

— Demain ? Tu veux que je passe la nuit ici ? Avec toi ?

— Il y a des chambres d'amis, si partager mon lit t'est devenu si désagréable, répondit-il sèchement.

Il descendit de voiture le premier et lui tendit la main. Elle l'accepta à contrecœur, pour ne pas faire de scène devant le chauffeur et les deux employés déjà affairés à décharger leurs bagages.

L'intérieur de la villa était grandiose avec ses hauts plafonds, ses œuvres d'art exposées çà et là et ses riches tapis au sol. Dans le salon, Atu alla droit au bar et remplit deux verres, l'un d'eau minérale pour elle, l'autre de whisky pour lui. Amelie s'assit sur un canapé tandis qu'il restait debout.

— Je veux faire partie de la vie de cet enfant, Amelie. À temps plein. Autant que tu le saches tout de suite.

Un étau douloureux lui comprima la poitrine. Il voulait leur enfant dans sa vie. Pas elle.

— À ton tour de me dire ce que tu veux.

Soudain, un profond désespoir l'envahit. Elle secoua la tête.

— Ce que je veux est impossible pour toi. Je le sais maintenant.

Il ouvrit la bouche comme pour réfuter ses dires. La sonnerie de son téléphone l'interrompit.

— Tu devrais répondre, l'encouragea-t-elle.

Au même instant, la sonnette d'entrée retentit, suivie par un bruit de pas pressés. Ekow, le jeune frère d'Atu, fit irruption dans le salon. Les deux hommes avaient la même taille et le même physique avantageux des Quayson. Le même visage tendu aussi, nota-t-elle. Il ne manifesta aucun étonnement en la voyant. Atu lui avait-il parlé de leur liaison ? Puis elle se souvint de Joyce Blankson et des dizaines de clients qui les avaient vus ensemble à sa station. La rumeur devait avoir fait le tour du pays, maintenant.

— Ravi de te revoir, Amelie.

Ne sachant s'il était sincère ou non, elle se contenta de le saluer d'un hochement de tête.

Ekow se tourna vers son frère.

— Il faut qu'on parle.

— Cela attendra. Nous sommes au milieu de…

— Non, le coupa Ekow. C'est papa. Il est à l'hôpital. Les médecins pensent à une pneumonie.

L'inquiétude sur le visage d'Atu vrilla le cœur d'Amelie. Il était bel et bien capable d'émotions. Alors pourquoi pas avec elle ? Était-elle aussi indigne de son intérêt que de celui de sa mère ?

Alors que les deux frères échangeaient à voix basse d'un air soucieux, son téléphone vibra dans son sac. Elle s'éloigna de quelques pas et décrocha. Dans un premier temps, elle ne comprit pas de quoi Maria lui parlait. Quand le jour se fit dans son esprit, chaque atome de son corps se glaça.

— Amelie ? Que se passe-t-il ?

Elle dévisagea Atu avec horreur. Seigneur, comment avait-elle pu être aussi stupide ?

— Tout cela n'était qu'un coup monté, n'est-ce pas ? Depuis le début ?

— Qu'est-ce que tu racontes ?

— Tu m'as délibérément attirée hors du pays pour mieux me planter un couteau dans le dos !

Le visage d'Atu s'assombrit.

— Je ne comprends rien à ce que tu dis. Aie au moins l'obligeance de m'expliquer ce dont tu m'accuses.

— Tu le sais très bien, espèce d'ordure ! Pendant que tu m'amadouais à l'autre bout du monde, tu as donné l'ordre à ta banque de racheter mes prêts. Même un partenariat, c'était trop te demander !

Elle toisa Ekow avec mépris.

— Tu étais dans le coup aussi, je parie. Tu n'étais pas du tout surpris de me voir ici.

La mâchoire d'Atu se crispa.

— Amelie, s'il te plaît…

— S'il te plaît quoi ? Tu n'es qu'un salaud. Assume-le !

— Attention à ce que tu dis…

Mais elle n'avait que faire de ses mises en garde. La seule chose qui l'empêchait de lui jeter son verre à la figure était la vie qui grandissait en elle. Un petit être pour lequel elle devait à tout prix garder son sang-froid.

— Je me battrai, tu m'entends ? siffla-t-elle. Jusqu'à mon dernier souffle s'il le faut !

Une émotion indéchiffrable altéra le visage d'Atu. Non, elle avait dû rêver. Il ne ressentait rien pour elle. Sa petite comédie ne prenait plus.

— Amelie, quoi que tu m'imputes, tu te trompes.

— À d'autres. Ta banque a racheté mes prêts il y a deux semaines. Ce matin, tes avocats ont appelé. J'ai quarante-huit heures pour régler ma dette ou ils saisiront ma station. Tu n'as jamais eu besoin de mon accord, pas vrai ?

Le choc se peignit sur ses traits. Il regarda son frère, qui secoua discrètement la tête, coupant court à toute question qu'il s'apprêtait à lui poser. De nouveau, il se tourna vers elle.

— Je dois y aller. Je serai de retour dans quelques heures et alors, nous reprendrons cette discussion.

Amelie marcha droit sur lui, aveuglée par la rage.

— Tu n'as pas dû bien entendre… Je ne veux plus rien avoir à faire avec toi, Atu. Je ne resterai pas une minute de plus ici.

Ses doigts se serrèrent sur son téléphone.

— Et que les choses soient claires. L'accord est annulé. Si tu mets les pieds dans ma station, j'appelle la police.

Atu recula comme si elle l'avait giflé.

— Es-tu sûre de vouloir t'engager sur cette voie, Amelie ?

Si tu dis vrai, ta station sera de toute façon à moi dans deux jours.

Amelie était au bord des larmes. Les hormones, se persuada-t-elle par orgueil. Au prix d'un énorme effort, elle se retint de pleurer, allant même jusqu'à lui décocher un sourire dédaigneux.

— En attendant, elle est toujours à moi, et tu n'y es pas le bienvenu.

Sur ces mots, elle quitta le salon. Dans le vestibule, une domestique s'apprêtait à monter sa valise à l'étage.

— Attendez !

Elle la lui prit des mains, juste au moment où Atu apparaissait derrière elle. Il fit mine de vouloir l'en empêcher, pour finalement se contenter de serrer les poings.

— Nous n'en avons pas terminé, Amelie. Loin de là.

Ses jointures blanchirent sur la poignée de sa valise. Elle sortit de la villa sans répondre. Atu la suivit dehors, où son chauffeur attendait toujours près de la voiture.

— Emmenez Mlle Hayford où elle souhaite aller, lui ordonna-t-il.

Et parce que c'était le moyen le plus rapide à sa disposition, elle monta dans la berline, les yeux fixés droit devant elle tandis que le véhicule s'éloignait, laissant derrière elle l'homme qui avait ruiné sa vie.

La vue de son père affaibli dans son lit d'hôpital ébranla Atu. Le grand Joseph Quayson, qui exerçait encore son pouvoir avec une telle autorité un mois plus tôt malgré la maladie, gisait branché à diverses machines, réduit à l'ombre de lui-même. Atu resta paralysé sur le seuil de la chambre, jusqu'à ce que sa mère lève la tête.

— Tu n'entres pas ?

Les paupières de son père s'ouvrirent.

— Ah, le mouton noir daigne nous honorer de sa présence.

Sa mère se leva, embrassa son mari sur la joue, puis fit de même avec Atu.

— Je vous laisse tous les deux.

— Je t'avais confié une mission. Et il a fallu que toi aussi, tu succombes à une de ces petites traînées du clan Hayford, gronda Joseph dès qu'ils furent seuls.

À ces mots, Atu vit rouge.

— Je t'interdis de l'insulter.

— Sa sœur a manipulé ton frère et l'a conduit à sa perte !

— C'est faux. Il l'aimait et elle aussi.

Il comprenait aujourd'hui ce qu'avait ressenti Fiifi. Lui aussi, ce soir, était prêt à tout envoyer paître juste pour une chance de voir Amelie lui sourire à nouveau. Lui faire confiance. Mais un énième coup bas des Quayson l'avait à jamais privé de cette chance.

— Pourquoi avoir fait cela ? demanda-t-il gravement.

Son père ne se donna même pas la peine de nier.

— Parce que tu t'es ramolli. Ils m'ont pris mon fils et paieront jusqu'au dernier pour cela.

— Non, papa. Le seul responsable, c'est toi.

Un rictus tordit les lèvres de Joseph.

— Alors quoi ? Toi aussi, tu vas tout abandonner par amour, comme ton frère ?

Le ciel tomba sur la tête d'Atu.

— Tu savais ?

— Bien sûr que je savais ! Pourquoi crois-tu que je comptais sur toi pour le ramener à la raison ? Même cela, tu n'en as pas été capable.

— Non, c'est vrai. Mais si quelqu'un nous a causé du tort à tous, c'est toi, riposta-t-il avec un calme qui le surprit lui-même. Puisque tu tiens tant à ce que je reprenne les rênes, j'accepte. Et je ferai les choses à ma manière. À partir d'aujourd'hui, plus de vendetta. Où qu'il soit, je suis sûr que c'est ce que Fiifi aurait voulu.

Choc et fureur déformèrent les traits de Joseph Quayson.

— Je ne te le pardonnerai jamais, cracha-t-il d'une voix sifflante.

Les machines autour de lui se mirent à sonner. Atu ravala tant bien que mal la boule logée au fond de sa gorge.

— Je sais. Mais sache que moi, je te pardonne.

11.

Amelie poussa la porte d'entrée, les yeux lourds des larmes qu'elle s'était refusée à verser. Tout son corps était comme anesthésié. Même être de retour chez elle ne lui mettait aucun baume au cœur. Elle n'avait qu'une envie, retrouver Atu. Du moins, l'Atu de ces dernières semaines avant qu'elle ne découvre sa cruelle trahison. Elle finirait bien par se sevrer de lui, se répéta-t-elle pour la millième fois. Avec le temps… N'avait-elle pas toujours surmonté les épreuves de la vie ?

— Tu rentres enfin.

Elle s'immobilisa sur le seuil du salon. Malgré l'heure tardive, sa mère était habillée, et non en robe de chambre. Le regard qu'elle lui adressa était franc et direct. D'instinct, Amelie posa une main sur son ventre. Ses rêves avaient beau avoir volé en éclats, cet enfant aurait besoin d'elle. Elle l'aimerait et le protégerait, et personne ne l'en empêcherait. Pas même sa propre mère.

— Qu'est-ce que tu fais encore debout, Maa ?

Après sa dispute avec Atu, elle n'était pas sûre d'avoir la force pour une autre confrontation. Son cœur ne supporterait pas un nouveau rejet.

— Tu étais censée ne partir que deux semaines.

— Je sais.

Elle rassembla tant bien que mal le courage de lui annoncer la mauvaise nouvelle.

— Maa, j'ai quelque chose à te dire…

Priscilla Hayford hocha la tête. Si la tristesse n'avait pas disparu, il y avait dans ses yeux une perspicacité qui lui rappela sa mère d'autrefois.

— Tu l'aimes, n'est-ce pas ? Le fils Quayson.

Amelie n'aurait pas été plus secouée si elle avait été frappée par un tremblement de terre.

— Oui. S'il te plaît, ne me déteste pas…

Ce fut au tour de sa mère d'avoir l'air abasourdi.

— Te détester ? Qu'est-ce qui peut bien te faire penser une chose pareille ?

Amelie eut un haussement d'épaules résigné.

— Je t'ai déçue, je le sais bien. J'ai trahi notre famille. Tu m'as dit qu'en allant avec lui, je te brisais le cœur…

— Et je m'en voudrai toute ma vie, intervint Priscilla. Pas seulement pour cela, mais pour ne pas t'avoir soutenue quand tu avais besoin de moi.

Amelie fixa sa mère, incrédule. Avait-elle bien entendu ?

— Quand tu n'es pas revenue il y a deux semaines et que Maria m'a dit que tu prolongeais ton séjour, j'ai eu très peur.

— Maa…

— Non, c'était l'électrochoc qu'il me fallait, continua sa mère. J'ai cru que j'étais en train de te perdre, toi aussi. Ces dernières semaines m'ont forcée à réfléchir, Amelie. J'ai pris conscience que si tu ne rentrais pas, c'était peut-être parce que rien ne te rappelait à la maison. Pas même ta mère. Je n'ai pas vraiment été là pour toi, n'est-ce pas ?

Incapable de la contredire, elle fit non de la tête.

— Ma chérie, je suis tellement désolée, s'exclama Priscilla en ouvrant grand les bras.

Amelie s'y jeta sans hésiter, avide de l'affection qui lui avait tant manqué dans sa vie.

— Oh ! Maa…

— Je me suis laissé submerger par le chagrin, murmura sa mère en lui caressant doucement les cheveux. Je n'ai pas su te montrer à quel point tu comptais pour moi. Mais je vais me rattraper, je te le promets. Dis-moi ce qui se passe.

— Tu es sûre ? C'est que…

Amelie s'était raidie. Priscilla dut le sentir car elle se désgagea pour la regarder. Ses yeux glissèrent de son visage à sa main sur son ventre.

— Quoi qu'il arrive, nous y ferons face ensemble, assura-t-elle. Je suis là, maintenant. Raconte-moi tout.

Dans un sanglot, Amelie lâcha prise et déversa tout ce qu'elle avait sur le cœur depuis trop longtemps.

Atu déambulait le long de la plage, formulant dans sa tête des bribes d'excuses qu'il rejetait aussitôt. Il était arrivé à Saltpond la veille au soir, anonymement. Sa réservation avait été effectuée sous le nom d'une de ses sociétés. Il avait respecté la volonté d'Amelie, bien que la station appartînt désormais à sa banque familiale. Non qu'il eût l'intention d'appliquer la clause de saisie. Après tout, c'était lui, maintenant, le chef des Quayson.

Une vague de tristesse l'envahit, chose dont il aurait été incapable encore quelques mois plus tôt. Il avait érigé un mur autour de son cœur, imperméable à ce genre d'émotion. Mais quelques semaines avec Amelie avaient suffi à en venir à bout. Aujourd'hui, il pleurait son père, décédé une semaine après son retour, tout en gardant espoir de faire partie de la vie de son enfant. D'être un meilleur père pour lui que le sien ne l'avait été. Plus que tout, il se languissait de la femme dont il était tombé éperdument amoureux.

Et qui avait coupé tout contact avec lui depuis qu'ils s'étaient séparés.

Perdu dans ses pensées, il ne s'était pas aperçu qu'il avait atteint la propriété des Hayford. Sur le sentier, quelqu'un s'avançait vers lui. Les battements de son cœur s'accélérèrent. Peu à peu, la silhouette se précisa et ses espoirs retombèrent.

Ce n'était pas Amelie.

Mais cette expression farouche, ce maintien si semblable à celui de la femme qu'il aimait… Priscilla Hayford. Elle fronça les sourcils en le reconnaissant.

— Atu ?

— Bonsoir, ma tante.

Il parvint à sourire malgré le chaos dans son cœur. Les traits de Priscilla s'adoucirent légèrement.

— Que fais-tu ici ?

Son regard s'égara derrière elle, vers la fenêtre de la chambre d'Amelie. Les mots se bloquèrent dans sa gorge.

— Ou plutôt… Qu'est-ce qui t'a pris aussi longtemps ? reformula-t-elle.

La panique le gagna.

— Pourquoi ? Il lui est arrivé quelque chose ?

— S'il lui est arrivé quelque chose ? À ton avis ? Elle erre comme une âme en peine et ne mange que pour l'enfant qu'elle porte.

Le ton accusateur de la mère d'Amelie l'emplit de honte. Il y avait près de dix ans qu'il n'avait plus parlé à Priscilla Hayford. Mais en elle transparaissait la femme forte qu'Amelie était devenue. S'il s'était préparé à une confrontation, il n'avait pas prévu qu'elle l'opposerait à la mère et non à la fille. Tant pis. C'était sa vie qui se jouait en cet instant.

— Je veux la voir, articula-t-il.

— Ce que tu veux n'a pas d'importance. C'est à ma fille de décider.

Était-ce de la fierté dans sa voix ? Un mouvement attira son attention vers le sentier, où une autre silhouette était apparue. Son cœur se mit à cogner à tout rompre. Cette fois, c'était Amelie. Sans qu'il s'en aperçoive, Priscilla s'était rapprochée jusqu'à lui toucher le bras.

— Fais attention, Atu. Pour le bien de mon futur petit-enfant.

Ces mots le remuèrent. C'est à peine s'il la vit partir, car il n'avait d'yeux que pour Amelie. Elle était toujours aussi belle, malgré ses traits tirés et peut-être quelques kilos en moins. Tous ses souvenirs d'elle durant leur mois ensemble ne rendaient pas justice à la jeune femme en chair et en os devant lui.

— Que veux-tu, Atu ?

Il savoura le plaisir d'entendre sa voix avant de répondre :

— Je sais que tu m'avais interdit de revenir, mais... Je ne pouvais *pas* ne pas te voir.

Elle frissonna et serra ses bras autour d'elle. Il faillit enlever sa chemise pour la couvrir, mais sa posture rigide le retint.

— Cela fait deux mois, Atu. Tu t'en sortais très bien jusque-là. Pourquoi ne pas continuer le reste de ta vie ?

— Je ne tiendrai jamais le coup.

Ses yeux s'arrondirent. Puis elle baissa la tête, comme si le regarder lui était insupportable.

— Non, je ne peux pas, murmura-t-elle en pivotant sur ses talons.

— Attends ! S'il te plaît, implora-t-il avec l'énergie du désespoir. Écoute au moins ce que j'ai à dire.

De profil, son ventre formait un léger arrondi sous sa robe légère. L'émotion enfla dans la poitrine d'Atu. Il prit son courage à deux mains.

— Tu as dû apprendre que mon père était décédé ?

Elle hocha la tête.

— Oui. Toutes mes condoléances.

— Je pensais que cela ne me ferait rien, poursuivit-il. Je me trompais. C'était pareil avec Fiifi.

L'expression d'Amelie s'adoucit.

— Oui, c'est toujours quand on se croit immunisé que nos émotions nous rattrapent.

— C'est bizarre... Toute ma vie, je l'ai détesté parce qu'il m'aimait moins que Fiifi. Mais à la seconde où il a eu besoin de moi, je suis revenu en courant, dit-il en secouant la tête.

— C'était ton père. Tous les enfants recherchent l'amour de leurs parents.

Elle lui fit face en disant cela. De nouveau, son regard glissa vers son ventre. Vers cet enfant qu'il désirait avec chaque fibre de son être.

— Amelie...

— Je vais bien. Le bébé aussi.

Il soupira de soulagement. Et maintenant ? Les mots se

mélangeaient dans sa tête. Il ne savait par où commencer. Le plus dur était de résister au besoin de la serrer dans ses bras. *Et de ne plus jamais la lâcher.*

— J'en voulais à Fiifi d'être le préféré de notre père, reprit-il. Le seul de ses fils qu'il aime et respecte. Fiifi se donnait des airs ou se montrait parfois cruel à cause de cela. Mais c'était sa pitié que je haïssais le plus. Je crois que c'est à cause de cela que j'étais… Tu sais. Tel que j'étais.

Un sourire compréhensif s'esquissa sur les lèvres d'Amelie.

— Je sais ce que c'est. Tu t'es endurci pour ne plus souffrir de son indifférence.

Atu eut un rire sans joie.

— S'endurcir est une chose. Ce que j'ai fait en est une autre. J'ai laissé mon frère endosser seul les responsabilités qui me revenaient. J'ai agi avec lui comme mon père avec moi. Pendant des années, je me suis tenu à l'écart de ma famille, par honte et par colère. Et quand je suis revenu, je n'ai fait que reprendre à mon compte une vendetta qui n'avait pas lieu d'être. Tu avais raison, Amelie. Ce qui est arrivé à Esi et Fiifi était un accident. Tragique, mais un accident. Nos familles ne méritaient pas de se détruire à cause de cela.

La jeune femme écarquilla les yeux.

— Qu'essaies-tu de dire ?

— Que j'aurais dû m'efforcer d'être une meilleure personne que mon père au lieu de marcher sur ses traces, sans me soucier du mal que je faisais aux autres.

— Ne dis pas cela, protesta Amelie. L'Atu que je connais n'est pas celui que tu décris. Tu aurais pu saisir ma station il y a des mois, mais il ne s'est rien passé.

— Jamais je ne ferais une chose pareille, gronda Atu avec colère. Les banquiers qui profitent du malheur des gens sont les pires ordures au monde.

— C'est ton père qui est derrière tout cela, n'est-ce pas ? questionna Amelie.

— Oui. Il a attendu que nous ayons quitté le pays pour

racheter tes prêts. Ekow a bien essayé de l'en empêcher quand il a su, mais c'était trop tard.

La jeune femme baissa les yeux.

— Tu es venu pour cela, j'imagine. Pour parler de la station ?

Atu laissa échapper un petit rire.

— La station est le cadet de mes soucis, Amelie.

Elle releva la tête.

— Alors pourquoi es-tu là ?

— Je te l'ai dit. Je suis venu pour toi. Pour recoller les morceaux.

— Quels morceaux ? Ce n'est pas comme si nous étions ensemble.

— Que dirais-tu d'y remédier ?

La méfiance sur le visage d'Amelie lui fit craindre le pire.

— Mais… tu ne crois pas en l'amour.

— J'ai eu une révélation, avoua-t-il, penaud. Même la plus dure des carapaces ne peut résister à la passion de la femme la plus époustouflante que j'aie jamais rencontrée.

— Atu…

— Je t'aime, Amelie. Si l'amour n'existe pas, alors comment décrire ce que je ressens pour toi et toi seule ? J'ai jugé toutes les relations de couple d'après le mariage de mes parents et l'histoire de Fiifi et Esi telle que je la voyais. Je ne voulais pas de cela, alors j'ai tiré une croix dessus. Mais tu m'as donné envie de plus, Amelie. Plus qu'une vie passée à enchaîner les contrats. Me réveiller à tes côtés, te tenir la main, te regarder rire… Tout cela m'a fait prendre conscience de ce que je manquais.

Il osa poser une main sur son ventre.

— Je veux être un meilleur père pour ce bébé que le mien ne l'a été pour moi. Si nous avons d'autres enfants, nous les aimerons tels qu'ils sont et aucun ne se sentira jamais négligé.

Les yeux qu'elle leva vers lui étaient embués de larmes. Il les essuya du pouce. Elle ne l'avait pas repoussé, alors peut-être avait-il encore une chance…

— Je suis prêt à tout pour te prouver que je peux changer. Que je peux être quelqu'un dont tu seras fier.

— Tu l'es déjà.

Le cœur d'Atu dansa dans sa poitrine.

— Alors cela veut dire…

Une joie indicible le submergea lorsqu'elle prit sa main pour la presser contre sa joue.

— Je t'aime, Atu. Depuis mes dix-huit ans. Je me disais que ce n'était qu'un béguin d'adolescente, que je n'étais pas digne de toi…

Elle appuya un doigt sur ses lèvres lorsqu'il voulut objecter.

— Te revoir m'a fait comprendre que c'était toi que j'attendais depuis tout ce temps. Mais quand tu m'as déclaré que tu ne croyais pas en l'amour, j'ai perdu espoir. Je me suis persuadée que cette liaison, aussi brève soit-elle, me suffirait. Puis je suis tombée enceinte.

Atu grimaça en se remémorant sa réaction.

— Je connaissais les risques et nous n'avons pas toujours été prudents. Mais la nouvelle m'a quand même pris de court. J'ai laissé mes doutes sur ma capacité à développer une vraie relation gâcher le moment. Ce n'était pas toi que je rejetais, Amelie. Je ne croyais simplement pas que je puisse être un bon père.

— Et maintenant ? questionna la jeune femme avec douceur.

— Maintenant, je sais que tout est possible avec toi à mes côtés. Je ferai tout pour que notre enfant se sente aimé et soutenu, promit-il. Jamais il ne sera rabaissé comme je l'ai été.

— Je n'en doute pas une seconde, dit Amelie.

Les larmes ruisselaient sur son beau visage. Des larmes de joie, il le savait.

— Dans ce cas, acceptes-tu de…

— Oui, le devança-t-elle. Je t'aime, Atu. Mon seul souhait depuis que je t'ai rencontré est d'être avec toi.

Jamais il n'aurait cru un tel bonheur possible. Le désespoir des deux derniers mois s'envola comme par magie. N'y tenant plus, il l'attira dans ses bras et prit sa bouche dans un long et tendre baiser.

— Nos mères vont devoir apprendre à se supporter, dit-il lorsque leurs lèvres se détachèrent. Je veux qu'elles soient présentes toutes les deux quand je ferai de toi ma femme. Et le plus tôt sera le mieux. Je refuse d'attendre une minute de plus… Si tu es d'accord, bien sûr.

Amelie éclata de rire et noua un bras autour de sa taille.

— D'accord à cent pour cent, approuva-t-elle avec un sourire radieux. Mais autant te prévenir… Ma mère t'en veut d'avoir attendu deux mois pour venir me reconquérir. Elle t'a même maudit plusieurs fois.

Atu la serra plus fort contre lui.

— Je promets de me rattraper. D'ailleurs, maintenant que je suis à la tête du clan Quayson, je déclare officiellement la fin de ce conflit stupide.

— Juste comme cela ?

— L'amour vient à bout de tous les obstacles. C'est toi qui me l'as appris et je compte bien en faire ma devise.

Cet amour, il se reflétait ouvertement dans les yeux d'Amelie. L'amour qu'elle avait pour lui. Pour leurs deux familles qui bientôt ne feraient qu'une. Pour celle qu'ils s'apprêtaient à fonder. Oui, l'amour les souderait tous ensemble. Et il avait hâte de commencer sa nouvelle vie auprès de la femme qu'il aimait plus que tout au monde.

Épilogue

Deux ans plus tard

— Je croyais qu'on s'était mis d'accord. Tu n'es pas censée partir seule en buggy.

Amelie sourit en ouvrant la portière du véhicule. Décidément, son mari était toujours aussi surprotecteur. Mais devant son air inquiet, elle lui pardonna son côté mâle alpha. Pour cette fois.

— Non. *Tu* as décrété que je ne devais pas prendre le buggy sans toi, rectifia-t-elle.

— Amelie, tu es au huitième mois. Sois raisonnable.

— C'est ta faute. C'est toi qui as introduit les buggys à la station. Moi, j'avais proposé des vélos.

Atu prit un air consterné.

— Faire du vélo enceinte jusqu'aux yeux… Tu n'es pas sérieuse.

Il l'aida à descendre et l'enlaça dans une étreinte possessive. Amelie se blottit contre lui avec plaisir. Elle aimait ces moments de complicité, attendrie par le dévouement brillant dans ses yeux.

Sa station… Non, *leur* station, avait triplé en taille, tout en maintenant ses standards de luxe et ses objectifs écologiques. En faire le tour à pied était devenu trop fatigant dans son état. Et puis, elle mourait d'envie de tester les nouveaux buggys à énergie solaire destinés à permettre aux clients d'explorer les environs.

La réalisation du projet avait pris un an. Certes, il n'y avait pas de forêt tropicale, ni d'arbres géants desquels descendre en rappel. Mais les visiteurs pouvaient découvrir la riche histoire des Fante dans les villes voisines de Cape Coast et Elmina. Ses parties de pêche et ses ateliers de création de bijoux écoresponsables connaissaient également un franc succès. Les réservations avaient grimpé en flèche. Quant à l'annonce de sa nomination au poste de vice-présidente du Groupe Quayson, elle avait été applaudie par tous.

Mais si sa carrière florissante dans l'hôtellerie l'épanouissait, c'était sa vie personnelle qui la comblait le plus.

— Quand tu auras fini de me faire frôler la crise cardiaque, peut-être aimerais-tu…

La suggestion d'Atu fut interrompue par un joyeux gazouillis. Ils se tournèrent à l'unisson vers leur fille de dix-huit mois, Amaya, qui trottait vers eux, entourée de ses deux grands-mères.

— Maman ! Papa !

Atu libéra Amelie pour soulever la fillette dans ses bras.

— Comment va ma petite princesse ?

Amaya pointa le buggy du doigt avec un grand sourire.

— Buggy ! Allez !

Son père fit la grimace.

— Tu vois le résultat ? grogna-t-il du coin des lèvres.

Amelie éclata de rire. Atu fléchit aussitôt, le regard débordant d'amour. La passion entre eux était aussi intense qu'au premier jour, preuve qu'il la trouvait toujours aussi désirable, même enceinte ou changée par sa grossesse.

— Qu'est-ce que j'y peux si notre fille a hérité de mon goût de l'aventure ? le taquina-t-elle.

Son futur petit frère donna un coup, comme pour signifier de ne pas l'oublier. Elle posa une main sur son ventre, submergée par une immense vague de tendresse. Atu se rapprocha et mêla ses doigts aux siens. Le bébé donna un autre coup. L'émotion sur le visage de son mari la toucha droit au cœur.

— Vivement que notre fils soit là. Je ne fais pas le poids face à deux femmes de caractère à la maison.

Elle arqua un sourcil.

— Rappelle-moi, qui a conduit la cérémonie du *kokako* quitte à s'attirer les foudres du clan ? Selon la tradition, tu étais censé rester à l'écart.

D'ordinaire, seuls les anciens menaient le *kokako*, la cérémonie par laquelle le futur mari demandait officiellement la main de sa bien-aimée. Mais Atu avait pris la tête des opérations, par impatience, ou peut-être par peur d'un refus après une décennie de conflit entre les Quayson et les Hayford.

Il haussa les épaules.

— Il était hors de question que quiconque m'empêche de t'épouser. J'ai attendu assez longtemps, dit-il en glissant un bras autour de ses épaules.

Amelie était si heureuse en cet instant que son cœur menaçait d'éclater.

— Nous allions faire déjeuner Amaya, annonça Naana Quayson en les couvant tous les deux d'un sourire bienveillant.

Libérée du joug de son mari, la mère d'Atu semblait revivre, particulièrement présente pour sa petite-fille dont elle était gaga. Elle avait pris en main les préparatifs de leur mariage, à leur grand dam parfois, et tentait maintenant d'embrigader Priscilla dans l'organisation d'un baptême grandiose pour leur second enfant, quand elle n'essayait pas de trouver une fiancée à Ekow. En parlant du loup…

Le frère d'Atu arrivait justement de la plage. Il était à Saltpond pour le week-end, où il passait souvent les voir lorsqu'ils n'étaient pas en déplacement dans un de leurs autres hôtels. La ressemblance entre les deux frères était frappante. Même charisme. Même physique à se damner. Ekow avait peut-être les yeux un peu plus clairs que son frère, et Amelie n'était pas chavirée par son sourire comme par celui d'Atu.

— Tout va bien ? s'enquit-elle en notant le pli soucieux sur son front.

Ekow se relaxa comme Amaya l'accueillait avec des gloussements ravis. Il la chatouilla sous le menton, pour le plus grand plaisir de la fillette.

— C'est encore ce problème de sécurité informatique à la banque, répondit-il. Chaque fois que je pense l'avoir réglé, il réapparaît.

— Cela ne te ressemble pas de t'inquiéter pour si peu, remarqua Atu.

Ekow eut une moue agacée.

— Cela dure depuis des semaines.

— Alors c'est plus qu'un simple problème technique ?

— Mon équipe de cybersécurité s'en occupe. Leur enquête a tracé la source en Afrique du Sud. Je devrai sans doute m'y rendre moi-même et avoir une discussion avec le petit malin qui chercher à pirater ma banque.

En se réconciliant avec la famille de son mari, Amelie avait constaté à quel point la dureté de Joseph Quayson s'était enracinée dans le caractère de ses fils. Chez Atu, elle avait été une armure érigée contre l'indifférence de son père. Qui sait quelles blessures secrètes cachait Ekow derrière sa façade implacable ?

Il sourit en surprenant son regard pensif sur lui.

— Mais d'ici là, je compte bien profiter au maximum de mon week-end, affirma-t-il avec un clin d'œil à Amaya.

Et il s'éloigna avec sa nièce, les deux grands-mères sur les talons.

— Ton frère a le même regard que toi quand tu étais en mode guerrier, observa-t-elle.

Atu sourit.

— Maintenant que j'ai conquis ma reine, je préfère faire l'amour plutôt que la guerre. Souvent, lui susurra-t-il à l'oreille.

— En tout cas, je n'aimerais pas être à la place du pirate de sa banque.

— Moi non plus. Mais assez parlé de mon frère.

Il lui prit la main et l'aida à remonter dans le buggy.

— Où allons-nous ?

— Quelque part où nous ne serons pas dérangés. Au risque de réveiller le guerrier en moi…

Amelie partit d'un grand rire. Quelques minutes plus

tard, elle contemplait avec ravissement la scène sous ses yeux. Un pique-nique romantique les attendait sur la plage, disposé sur une couverture. De gros coussins étaient là pour garantir son confort.

— C'est mon endroit préféré au monde, murmura-t-elle.

Celui où il lui avait dit « je t'aime » et où le miracle de l'amour s'était réalisé pour eux.

— J'avais envie d'un moment seul avec toi, dit Atu.

— Tu m'as rien qu'à toi toutes les nuits.

Un sourire de pure satisfaction masculine incurva ses lèvres, et s'adoucit lorsqu'il l'aida à s'installer sur la couverture.

— Même si je pouvais passer chaque seconde de chaque jour avec toi, ce ne serait pas assez. Je te fais le serment de t'aimer et te chérir jusqu'à mon dernier souffle.

Des larmes de bonheur montèrent aux yeux d'Amelie.

— Moi aussi, promit-elle. Toute ma vie, et même au-delà.

Vous avez aimé cette histoire ?
Découvrez le prochain roman de Maya Blake au Ghana
dès le mois de novembre dans votre collection Azur !

Retrouvez prochainement,
dans votre collection

AZUR

L'échappée d'une fiancée, de Caitlin Crews - N°4521
C'est la veille de Noël. Loin d'avoir le cœur en liesse, Timoney est désespérée. Dans quelques heures, elle devra épouser un homme qu'elle n'aime pas. Alors qu'elle songe à Crete Asgard, le seul qui l'ait jamais fait vibrer, le voilà qui surgit dans les jardins du domaine familial, en pleine nuit… pour l'emmener avec lui ! Prête à tout pour échapper à son destin, et même à oublier que Crete l'a jadis abandonnée, elle accepte de le suivre…

Un contrat si tentant, de Melanie Milburne - N°4522
« Cet argent est à toi si tu acceptes d'être ma femme pendant six mois. » Médusée, Élodie écoute Lincoln Lancaster poser les conditions d'un contrat hors norme. L'homme qui a toutes les raisons de la détester est aussi le seul capable de l'aider à créer sa propre marque de vêtements ! Si elle est pressée de tourner le dos à sa carrière de mannequin lingerie, qui lui a valu une réputation scandaleuse, Élodie peut-elle pour autant faire confiance à Lincoln ?

Un château pour refuge, de Kali Anthony - N°4523
Mis au ban de la haute société italienne, le comte Stefano Moretti s'est muré dans son château, résolu à réparer les torts qui ont ruiné le nom de sa famille. L'arrivée inopinée d'une voyageuse n'est donc pas une distraction qu'il peut se permettre ! Pourtant une tempête de neige fait rage, et Stefano n'a d'autre choix que de proposer l'hospitalité à la douce Lucy. Tandis que le froid sévit dehors, la température monte entre Stefano et son invitée…

Un Noël avec lui, de Donna Alward - N°4524
En cette veille de Noël, l'hôtel Sandpiper s'est paré de lumières. L'atmosphère y est féerique, et c'est un plaisir pour Tori d'y travailler chaque jour. Du moins, jusqu'à ce que Jeremy Fisher y fasse irruption un beau matin. Cet homme, avec lequel elle a vécu une idylle passionnée quatre mois plus tôt, a gardé le pouvoir de la troubler d'un seul regard. Or, s'il ne lui a jamais rien promis d'autre qu'une liaison sans engagement, il est maintenant sans le savoir le père du bébé qu'elle attend…

Exquises nuits d'hiver, de Dani Collins - N°4525

La résolution de Becca pour le nouvel an ? Divorcer ! Voilà quatre ans qu'elle n'avait pas remis les pieds au Canada, dans le chalet où Donovan et elle se sont tant aimés. Se retrouver au milieu des montagnes scintillantes de flocons, avec lui, la bouleverse. Tandis que les souvenirs refont surface, le désir renaît entre eux, plus vif qu'autrefois. Un désir qu'une tempête de neige les invite bientôt à explorer, encore et contre toute raison…

Neuf mois de séduction, de Cathy Williams - N°4526

Depuis l'enfance, Jessica éprouve pour son ami Curtis bien plus que de la tendresse. Un regard de lui suffit à la bouleverser tout entière. Jamais elle n'aurait dû accepter de l'accompagner à un mariage à Courchevel pour jouer le rôle de sa petite amie. Quatre jours – et quatre nuits – passés ensemble dans un palace entouré de neige leur ont fait perdre la raison. Et Jessica doit maintenant en assumer les conséquences…

Passion à Paris, de Liz Fielding - N°4527

Autrefois, Chloé a follement aimé James Harrington. Dans ses bras elle a oublié le destin tracé pour elle par sa famille. Durant quelques mois, leurs cœurs ont battu à l'unisson tandis qu'elle connaissait auprès de lui un bonheur sans nuages. Quel choc de le retrouver aujourd'hui à Paris, la ville illuminée pour Noël qu'ils avaient rêvé de visiter ensemble ! S'ils se sont séparés dans des circonstances douloureuses, Chloé ne peut s'empêcher de se demander si ces retrouvailles inattendues ne sont pas l'occasion pour James et elle de s'offrir une seconde chance…

L'enfant secret d'une innocente,

d'Elisa Marshall - N°4528

SÉRIE : *LES MILLIARDAIRES DE GREY MANOR* - 1/3

Il a… un fils ? Sous le choc, Estéban Samaras tente d'assimiler la nouvelle. Dix ans plus tôt, tandis qu'il fuyait Grey Manor avec ses frères, son premier amour, la douce Anna, l'a trahi en renonçant à le suivre. Et voilà qu'il découvre qu'elle a eu un enfant de lui ! Bouleversé et furieux, il se résout à quitter la Grèce et son île pour retourner dans le village où ils se sont aimés, avec deux objectifs en tête : revendiquer sa paternité et exiger d'Anna qu'elle honore enfin la promesse qu'elle lui a faite jadis de l'épouser !

L'héritière d'un scandale, de Joss Wood - N°4529

SÉRIE : *SCANDALE EN AFRIQUE* - 3/3

Lorsque Roisin découvre qu'elle est l'unique héritière des richissimes Tempest-Vane, elle panique. Institutrice en maternelle, elle ne connaît rien au monde dans lequel elle est brusquement projetée ! Que faire de cette fortune, de toutes ces propriétés tombées du ciel ? Un élément de réponse lui arrive quand Muzi Miya-Matthews, le meilleur ami de son frère, se propose de lui racheter le vignoble de Saint-Urban. Si elle est soulagée à l'idée de vendre une partie de ses biens, elle se méfie. Quel secret recèlent donc ces terres pour que le milliardaire s'y intéresse en particulier ?

Dans les bras de Dante King, de Louise Fuller - N°4530

Marchande d'art, Talitha de Sainte-Croix Hamilton est fière d'avoir été choisie pour conseiller un grand collectionneur. Ce qu'elle ignore encore, c'est que le milliardaire secret n'est autre que Dante King. Dante, qu'elle a aimé avec passion autrefois avant de comprendre qu'il se servait d'elle et de son nom ! Furieuse de ne pas être immunisée contre le charisme de son ex-fiancé, Talitha se résout néanmoins à travailler avec lui…

Amoureuse de son amant, de Chantelle Shaw - N°4531

Un petit secret honteux. Voilà tout ce que Marnie est aux yeux de Leandro Vialli, elle en est persuadée. Car, s'il se montre particulièrement passionné en tant qu'amant, il devient froid et distant dès qu'ils quittent la chambre à coucher. Jamais le richissime homme d'affaires ne la convie aux soirées mondaines auxquelles il assiste. Jamais il n'évoque l'avenir avec elle. Or, si Marnie a accepté d'être sa maîtresse pendant un an, il n'est désormais plus question pour elle de se contenter de ce rôle humiliant. Non seulement parce qu'elle aime Leandro depuis le premier jour, mais aussi – et surtout – parce qu'elle attend aujourd'hui un enfant de lui…